BIBLIOTHÈQUE

RELIGIEUSE, MORALE, LITTÉRAIRE,

POUR L'ENFANCE ET LA JEUNESSE,

PUBLIÉE AVEC APPROBATION
DE S. E. LE CARDINAL-ARCHEVÊQUE DE BORDEAUX.

1re SERIE g^d in-8°.

Propriété des Editeurs.

LE
ROBINSON SUISSE

JOURNAL

D'UN PÈRE DE FAMILLE

NAUFRAGÉ AVEC SES ENFANTS

PAR J.-R. WYSS.

TRADUIT PAR MADAME DE MONTOLIEU

REVU PAR L'ABBÉ J***.

LIMOGES,
Eugène ARDANT et C. THIBAUT,
Imprimeurs-Libraires-Éditeurs.

A MESSIEURS LES ÉDITEURS.

Vous me demandez si *Robinson suisse* peut faire partie d'une de vos séries. « Ce livre, me dites-vous, plaît beaucoup à la jeunesse ; c'est un de ceux qu'on nous a le plus fréquemment réclamés pour elle. »

Et sans hésiter je réponds : Ce livre vous convient.

Tout autant que *Robinson Crusoé*, au *genre* duquel il fait de nombreux emprunts, avec qui il a beaucoup de rapports, dont il ne diffère réellement que par le but, celui-ci est certainement propre à distraire, instruire et moraliser l'adolescence. Vous trouvez la preuve de mon assertion dans ces deux faits : D'abord la reproduction de cet ouvrage dans toutes langues, dans tous les formats ; et puis, l'avidité avec laquelle on le demande à nos bibliothèques, malgré la multiplicité des exemplaires qu'elles possèdent, pour peu que ces exemplaires *soient convenablement revus*.

Je souligne ces derniers mots pour qu'ils expliquent et votre incertitude et ma réponse.

Vous adressant, Messieurs, à des familles catholiques, vous ne voulez pas, dans la moindre de vos publications, une pensée, un mot de nature soit à jeter du trouble dans un jeune cœur, soit à affaiblir ou à contrister la foi.

Or, justement ces tristes choses se trouveraient dans la *reproduction entière et textuelle* de l'œuvre du *protestant Wyss*.

Ici, en effet, vous rencontrez un passage sur les défauts des pères et des mères, sur les mauvais genres d'éducation, etc. Assurément ces lignes sont plus qu'inutiles ; quel affreux incendie est trop souvent l'effet d'une étincelle inaperçue !

Ailleurs, vous assistez à des prêches adressés par le principal héros de l'ouvrage à sa femme et à ses quatre fils. Ce personnage, on vous le répète, est un pasteur protestant. En elles-mêmes ces morales, puisées dans l'*utile*, dans la *bonne philosophie*, n'auraient rien de répréhensible, si celui qui les débite avait soin d'ajouter que des raisons d'un ordre bien plus élevé et surtout des secours divins doivent guider et peuvent seuls soutenir l'homme dans les voies de la vertu. Mais non ; il ne semble même pas se douter du vide et des contradictions de son enseignement. Il l'assaisonne de je ne sais quels fragments d'une BIBLE qu'il traduit et commente à sa façon, et cela doit suffire. En un mot, que l'homme ait une forte dose de volonté, qu'il lise, quand il en aura le temps, quelques versets de la Bible, n'importe le sens qu'il y attachera, les conséquences qu'il en déduira, et cet homme, au dire de l'auteur, est sûr d'obtenir tout le bonheur possible en ce monde et dans l'autre. Evidemment il fallait relever de pareilles erreurs, remplacer ces principes impies. Le mal que peut commettre ce savant ministre dans ce qu'il dit, n'est rien en proportion des maux que peut produire ce qu'il ne dit point. Ai-je à vous prouver qu'une mauvaise maxime est pire qu'une mauvaise action ?

Mes corrections ont porté sur ces rares passages ; vous voyez donc qu'elles n'ont pu rien ôter à l'intérêt, à la valeur réelle du livre.

Ajouterai-je ceci : En retouchant une douzaine de feuillets, en taisant la profession de ce *pasteur suisse*, transformé soudain en un autre *Robinson*, je crois même avoir bien mérité des protestants jeunes ou vieux qui désireraient connaître par vous le type d'un *ministre du saint Evangile*. Ils ne le trouveront pas dans vos pages. Mais seraient-ils plus édifiés en y voyant un naufragé qui, parti pour une œuvre évangélique, s'enthousiasme soudain si vivement pour l'îlot où son navire a échoué, qu'il ne pense plus qu'à s'y installer le mieux possible. Ne lui rappelez pas sa *mission*, son *apostolat*, etc. Il a construit une demeure solide et commode, fabriqué des meubles et des outils, organisé des moyens d'attaque et de défense, pourvu sa basse-cour, planté, ensemencé, etc.; il s'est créé un Elysée, il dirait presque le Paradis ; n'est-ce pas suffisamment beau, cela? Sa femme excelle dans la tenue du ménage et l'approvisionnement de la cuisine; leurs quatre fils chassent, pêchent à merveille, etc.; leur royaume s'étend et s'embellit à vue d'œil ; cette vie n'a-t-elle pas pris de la sorte une direction assez sublime ! quel besoin d'y joindre la conquête d'âmes idolâtres ?..

Encore une fois, les protestants qui connaissent, rien que de nom, les Claver, les Gagelin, les Perboyre, les Libermann, les Oliviéri, nous sauront gré d'avoir laissé dans l'ombre le révérend ministre que Wyss a voulu leur offrir pour modèle, et de lui avoir substitué un simple mortel. Et leurs enfants, et leurs élèves, goûteront mieux un livre que ma revue, croyez-le bien, n'a fait qu'améliorer selon vos intentions.

Agréez, etc.

PAUL JOUHANNEAUD,
Chanoine honoraire, directeur de l'œuvre des bons Livres.

LE ROBINSON SUISSE.

I. — NAUFRAGE ET PRÉPARATIFS DE DÉLIVRANCE.

..... Déjà la tempête avait duré six terribles jours, et, loin de se calmer le septième, elle paraissait augmenter de fureur. Nous étions si écartés de notre route, et tellement entraînés vers le sud-est, que personne sur le vaisseau ne savait où nous étions. Tout le monde était épuisé par le travail pénible et les longues veilles, et tout-à-fait découragé. Les mâts étaient fracassés et jetés à la mer, le vaisseau ouvert en plusieurs endroits ; l'eau commençait à y pénétrer. Les matelots récitaient des prières et des oraisons ; chacun recommandait son âme à Dieu. « Enfants, dis-je à mes quatre garçons, qui se serraient contre moi effrayés et gémissants, Dieu peut nous sauver, s'il le veut ; et s'il ne le trouve pas bon, nous ne devons point en murmurer ; ce sera sans doute pour notre plus grand bien. »

Ma bonne, mon excellente femme essuya les larmes qui coulaient de ses yeux, et dès ce moment devint plus tranquille ; elle encouragea ses fils cadets, qui étaient appuyés contre elle, pendant que moi, qui devais leur donner l'exemple de la fermeté, je sentais mon cœur se briser d'inquiétude et d'affliction, en pensant au sort qui attendait mes bien-aimés. Nous priâmes tous à genoux notre Père céleste et miséricordieux de venir à notre secours, et l'émotion et la ferveur de ces innocentes créatures me prouvèrent que les enfants aussi savent prier, et peuvent, ainsi que les hommes, trouver dans la prière consolation et tranquillité.

Fritz, mon fils aîné, demanda à haute voix que Dieu daignât sauver ses chers parents, ses frères, et il parut s'oublier lui-même : ils se relevèrent si fortifiés, qu'ils semblaient avoir oublié le danger qui nous menaçait ; moi-même je sentais ma confiance en la Providence s'augmenter quand je regardais le groupe touchant que formaient mes quatre fils pressés contre leur mère. Le ciel aura pitié d'eux, pensais-je, et nous sauvera pour les protéger

Tout-à-coup nous entendîmes, au milieu du fracas des vagues, des voix de matelots qui criaient : « Terre ! terre ! » Au même instant le vaisseau frappa contre un rocher; la commotion fut si forte que nous en fûmes renversés : on entendait de toutes parts des craquements épouvantables, comme si le bâtiment allait se briser; l'eau entra partout : nous comprîmes que nous venions d'échouer et que le vaisseau était entr'ouvert. Alors une voix lamentable, qui me parut être celle du capitaine, se fit entendre en criant : « Nous sommes perdus! mettez vite la chaloupe à la mer. » Mon cœur fut percé comme par un coup de poignard. « Perdus! » m'écriai-je; et les lamentations des enfants furent encore plus fortes que jamais. Alors je me contins, et je m'écriai : « Courage, mes amis! nous sommes encore à sec; la terre est proche; le Seigneur donne aide aux courageux; restez là, vous êtes pour le moment en sûreté; je vais voir s'il n'est pas possible enfin de se sauver. »

Je les quittai, et je montai sur le tillac : une vague me renversa et me mouilla entièrement; elle fut à l'instant suivie d'une seconde. Combattant toujours contre de nouvelles vagues, je me tins heureusement ferme, et je vis avec épouvante, lorsque je pus regarder autour de moi, le désastre le plus complet : le bâtiment était entièrement fracassé et presque séparé en deux. J'aperçus nos chaloupes remplies de plus de monde qu'elles ne pouvaient en contenir, et le dernier matelot s'élança pour couper la corde, et se joindre à ses compagnons. Je criais, je priais, je conjurais de me prendre aussi sur la chaloupe avec les miens, mais ce fut en vain : le mugissement de la tempête rendait mes ardentes prières inutiles; ils ne m'entendirent pas; et les vagues, qui s'élevaient comme des montagnes, étaient trop fortes pour qu'il fût possible à ceux qui fuyaient de retourner. Tout espoir de ce côté fut anéanti, et bientôt je les eus perdus de vue; mais, pour ma consolation, je m'aperçus que l'eau ne pouvait entrer dans le vaisseau que jusqu'à une hauteur déterminée. La poupe (où se trouvait, au-dessus de la cabine du capitaine, celle qui renfermait tout ce qui m'était cher et précieux sur la terre), avait été poussée assez haut entre deux écueils, et devait rester intacte; en même temps j'aperçus vers le sud, dans l'éloignement, à travers les nuages et la pluie, plusieurs coins de terre, et, quelque rude et sauvage qu'elle me parût être, ce fut cependant le but de mes désirs et de mes espérances, bien impuissantes dans ce moment de détresse.

Abattu, désolé de ne pouvoir plus compter sur aucun secours humain, je retournai vers ma famille, et je m'efforçai avec peine de paraître calme. « Prenez courage, m'écriai-je en entrant, nous ne sommes pas encore perdus; le vaisseau est, à la vérité, complètement échoué entre des écueils, mais du moins nous y sommes aussi en sûreté que sur les rochers mêmes entre lesquels il se trouve engagé : notre chambre est au-dessus de l'eau, et si demain le vent et la mer s'apaisent, il y aura possibilité d'arriver à terre. »

Ce propos calma tout-à-fait mes enfants, et, comme à l'ordinaire, ils prirent pour une certitude ce que je leur disais : ils se réjouirent de ce que le cruel balancement du vaisseau avait cessé : pendant tout le temps qu'il avait duré, ils vaient été jetés douloureusement les uns contre les autres et contre les parois du bâtiment. Ma femme, plus accoutumée à lire dans mon cœur, découvrit l'inquiétude dont j'étais dévoré; je lui fis un signe qui lui confirma notre entier abandon, et j'éprouvai une grande consolation de voir qu'elle supportait ce malheur avec une résignation vraiment chrétienne. « Prenons quelque nourriture, dit-elle : avec le corps l'âme aussi sera fortifiée; peut-être qu'une nuit triste et pénible nous attend. »

En effet, le soir arriva : la tempête et les vagues continuèrent leur fureur; de tous côtés les planches et les poutres du vaisseau furent arrachées avec un épou vantable fracas. Il nous parut impossible que les chaloupes, ni aucun de ceux qu'elles portaient, pussent échapper à la violence de l'orage.

« Papa, s'écriait le plus jeune de mes fils, âgé de six ans, le bon Dieu ne veut-il pas bientôt nous aider?

— Tais-toi, répondit son frère aîné; ne sais-tu pas que nous ne devons rien prescrire à Dieu, mais attendre son secours avec patience et humilité?

— Bien parlé, lui dis-je; seulement tu n'aurais pas dû rudoyer ton frère. » Il alla tout de suite embrasser le petit François.

En attendant, la mère avait préparé quelque nourriture, et mes quatre garçons mangèrent avec un appétit qui nous manquait à tous deux; ils se livrèrent ensuite au sommeil; et bientôt, malgré la tempête, les plus jeunes ronflèrent de bon cœur. Fritz seulement veillait avec nous. » J'ai examiné, dit-il enfin, comment nous pourrions nous sauver; s'il y avait seulement des instruments natatoires, des vessies ou des corselets de liége pour ma mère et pour mes frères, vous, mon père, et moi, nous nagerions sans secours.

— Ta pensée est bonne, répliquai-je; je vais y suppléer, et prendre des mesures pour cette nuit, en cas d'accident. »

Nous cherchâmes dans notre chambre quelques petits tonneaux, des caisses vides, ou des vases de ferblanc, assez forts pour tenir un enfant en équilibre au-dessus de l'eau; nous en nouâmes deux ensemble avec des mouchoirs, à un bon pied de distance l'un de l'autre, et nous attachâmes cette espèce d'instrument de natation sous les bras de chacun des petits garçons, pendant que ma femme en préparait un pour elle-même. Nous nous pourvûmes tous de couteaux, de ficelle, de briquets et d'autres ustensiles qui pouvaient tenir dans nos poches, et nous espérâmes que si le vaisseau achevait de se briser dans la nuit, nous pourrions arriver à terre moitié nageant, moitié poussés par les vagues.

Fritz, qui n'avait point dormi la nuit précédente, et qui était fatigué de son nouveau travail, alla se reposer près de ses frères; il s'endormit aussitôt; mais leur mère et moi, pleins de souci, nous fîmes le guet pour entendre chaque coup et chaque son qui paraissait menacer d'un changement. La plus terrible des nuits s'écoula dans la prière, les inquiétudes mortelles, et des résolutions variées sur ce qui nous restait à faire. Nous remerciâmes Dieu de tout notre cœur quand la lumière du jour parut par une ouverture. La fureur des vents commençait à se calmer, le ciel devint serein, et, plein d'espérance, je vis une belle aurore colorer l'horizon : le cœur ranimé, j'appelle femme et enfants sur le tillac, où j'étais monté. Les enfants furent surpris de se voir seuls avec nous : « Mais où sont nos gens? dirent-ils. — Ils sont partis dans les chaloupes. — Comment ne nous ont-ils pas pris avec eux? Comment pourrons-nous maintenant aller plus loin sans secours? Comment saurons-nous où nous sommes?

— Chers enfants, leur répondis-je, un être plus puissant que les hommes nous a aidés jusqu'à présent; et si nous ne nous livrons pas au désespoir et au murmure, nous en recevrons, n'en doutons pas, des secours ultérieurs. Voyez comme nos compagnons, en qui nous avions tant de confiance, nous ont abandonnés sans miséricorde, et comme la grâce divine a soin de nous! Mais à présent, chers amis, mettons la main à l'œuvre; Dieu veut que l'homme agisse et travaille. Rappelez-vous bien cette utile maxime, et travaillons chacun selon nos forces. Voyons actuellement ce qu'il y a de mieux à faire dans notre situation.

— Il faut, dit Fritz, nous jeter tous à la mer pendant qu'elle est calme, et nager jusqu'à terre.

— C'est fort bien pour toi, répondit Ernest, tu sais nager; mais nous, nous serions bientôt noyés. Ne vaut-il pas mieux bâtir un radeau pour arriver tous ensemble ?

— Fort bien, répliquai-je, si nos forces pouvaient suffire à cet ouvrage, et si un radeau n'était pas toujours un bâtiment fort dangereux. Allons, allons, dispersez-vous sur le vaisseau ; que chacun songe aux objets qui nous seront les plus utiles, et cherche ce qui pourra nous aider à sortir d'ici. »

A ces mots, tous coururent dans les différentes parties du vaisseau pour trouver quelque chose. Avant tout, je me rendis dans l'endroit où étaient les provisions et les tonneaux d'eau douce, pour examiner d'abord ces principes de vie ; ma femme et le petit cadet allèrent faire visite à nos bêtes, qui étaient dans un pitoyable état, et périssaient presque de faim et de soif : Fritz entra dans la chambre des armes et des munitions, Ernest dans celle des charpentiers, Jack dans la cabine du capitaine ; mais à peine l'eut-il ouverte, que deux puissants dogues s'élancèrent joyeusement contre lui, et le saluèrent avec une amitié si rude, qu'il faillit être renversé ; il criait comme s'il eût été égorgé : cependant la faim avait rendu ces animaux si doux, qu'ils léchaient ses mains et son visage avec des gémissements, et le caressaient presque à l'étouffer. Le pauvre enfant employait toutes ses forces à les frapper pour les éloigner de lui : enfin il put se remettre sur ses jambes, et, saisissant le plus grand par les oreilles, il s'élança sur son dos, et vint ainsi avec gravité au-devant de moi ; je sortais du fond de cale, et ne pus m'empêcher de rire ; je louai son courage, mais je l'exhortai à être plus prudent, à l'avenir, avec des animaux de cette espèce, qui peuvent être très dangereux quand ils sont affamés.

Peu à peu toute ma petite troupe se rassembla autour de moi, et chacun vanta ce qu'il apportait. Fritz avait deux fusils de chasse, de la poudre, de la grenaille, des balles renfermées dans des flacons de corne ou dans des bourses.

Ernest tenait son chapeau rempli de clous ; il apportait en outre une hache et un marteau ; une pince, une paire de grands ciseaux et un perçoir sortaient à demi de ses poches.

Le petit François même portait une assez grande boîte sous le bras, de laquelle il tira, avec un grand empressement, de petits crochets pointus : c'est ainsi qu'il les nommait. Ses frères voulaient se moquer de sa trouvaille : « Taisez-vous, leur dis-je, le plus petit a fait la plus belle capture, et souvent cela se voit ainsi dans le monde ; l'être qui court le moins après la fortune, et qui, dans son innocence, la connaît à peine, est souvent celui à qui elle se présente le plus volontiers. Ces crochets, mes enfants, sont des hameçons, et, pour la conservation de notre vie, ils nous seront peut être plus utiles que tout ce qu'on pourrait trouver sur le vaisseau. Cependant Fritz et Ernest n'ont pas mal rencontré non plus.

— Pour moi, dit ma femme, je n'apporte qu'une bonne nouvelle, qui me procurera, j'espère, un bon accueil ; je viens vous dire qu'il y a sur le vaisseau une vache, un âne, deux chèvres, six brebis et une laie pleine, que nous venons de faire manger, d'abreuver, et que nous pourrons conserver.

— Tout ce que vous avez fait est bien, dis-je à mes petits ouvriers ; il n'y a que maître Jack qui, au lieu de penser à quelque chose d'utile, nous amène deux gros mangeurs, qui nous seront bien plus nuisibles qu'utiles.

— Ah ! dit Jack, quand nous serons à terre ils pourront nous aider à chasser.

— Oui, répondis-je ; mais comment arriver à terre ? en sais-tu les moyens ?

— Ah ! cela n'est pas bien difficile, dit en secouant la tête mon petit éveillé : ne pouvons-nous pas prendre de grandes cuves, nous mettre dedans, et nager ainsi sur l'eau ? J'ai navigué très bien de cette manière sur le grand étang de mon parrain, à S***.

— Bien, bien, mon Jack ! tu es de bon conseil ; on peut accepter avec reconnaissance un bon avis de la bouche d'un enfant. Vite, mon fils, donne-moi la scie et le perçoir, des clous ; voyons ce qu'il y a à faire. Je me rappelai avoir vu des tonneaux vides à fond de cale ; nous y descendîmes, les tonneaux nageaient ; nous eûmes moins de peine à les tirer de là et à les poser sur le premier plancher, qui était à peine hors de l'eau. Nous vîmes avec joie que tous étaient très bons, de bon bois et bien garnis de cercles de fer ; ils convenaient parfaitement à mon objet, et je commençai, avec le secours de mes fils, à en scier deux par le milieu. Après avoir travaillé longtemps, j'eus huit cuves égales et à la hauteur que je les voulais. Nous nous restaurâmes tous avec du vin et du biscuit, dont quelques-uns de ces mêmes tonneaux étaient encore remplis. Satisfait, je contemplais mes huit petits bateaux rangés en ligne. J'étais étonné de voir ma femme encore tout abattue ; elle les regardait en soupirant : « Jamais, disait-elle, je ne pourrai me mettre là-dedans.

— Ne juge pas si vite, chère amie, répliquai-je ; mon ouvrage n'est pas encore fini, et tu verras qu'il mérite plus notre confiance que ce vaisseau crevé, qui ne peut bouger de place. »

Je cherchai ensuite une longue planche un peu flexible, et je l'arrangeai de manière que huit cuves pouvaient s'y attacher, et que devant et derrière elle dépassait encore autant qu'il le fallait pour faire une courbure semblable à la quille d'un vaisseau : alors nous fixâmes toutes ces cuves avec des clous sur la planche, et chaque cuve à la partie latérale de sa voisine, afin qu'elles fussent très fermes. Nous clouâmes ensuite deux autres planches de chaque côté des cuves, de la même longueur que la première, et dépassant de même en avant et en arrière. Lorsque tout fut solidement arrangé, il en résulta une espèce de bateau étroit divisé en huit loges, qui paraissait me promettre tout ce qu'il me fallait pour une courte navigation et par une mer calme.

Mais malheureusement ma construction merveilleuse se trouva si pesante que malgré toutes nos forces réunies nous ne pûmes la transporter un pouce de sa place : je demandai le cric, et Fritz, qui en avait remarqué un, courut le chercher : en attendant je sciai une grosse perche ronde en quelques morceaux pour en faire des cylindres ; je soulevai ensuite avec le cric la partie de devant de mon bateau, pendant que Fritz posait dessous un des cylindres.

« C'est bien étonnant, dit Ernest, que cette machine, qui est moins grosse qu'aucun de nous, puisse faire plus que toutes nos forces réunies ; je voudrais bien voir comment elle est faite en-dedans. »

Je lui expliquai aussi bien que je le pus la puissance de la vis d'Archimède, avec laquelle il pourrait, disait-il, soulever le monde s'il avait un point d'appui, et je promis à mon fils de décomposer le cric lorsque nous serions à terre, pour le lui montrer en-dedans. C'était mon système d'éducation d'éveiller la curiosité de mes fils par des observations, de laisser d'abord agir leur imagination et de rectifier ensuite leurs erreurs. Je terminai la définition du cric par cette remarque générale, que Dieu compensait suffisamment la faiblesse naturelle de l'homme par la raison, la force inventive et l'adresse des mains, et que les réflexions et les méditations humaines avaient composé une science qui, sous le nom de *mécanique*, nous enseignait à ménager ou à compenser nos propres forces, et à les étendre jusqu'à l'incroyable, par le moyen des instruments.

Jack fit alors la remarque que le cric agissait très lentement.

« Il vaut mieux lentement que pas du tout, mon fils, lui dis-je. On sait de tout temps par l'expérience, et les observations mécaniques ont établi pour principe, que l'on perd en force ce que l'on gagne en vitesse. Le cric ne doit pas nous servir pour lever vite, mais pour soulever un poids, et plus il en soulève un très pesant, plus lentement il opère : mais sais-tu avec quoi cette lenteur se laisse compenser ?

— Oh ! oui, c'est en tournant plus vite la manivelle.

— Pas du tout, cela ne compenserait rien ; c'est avec la patience, mon fils, et avec la raison ; à l'aide de ces deux fées, j'espère mettre mon bateau à l'eau. »

Aussitôt j'attachai une longue corde à l'arrière de mon bâtiment, et l'autre bout à une poutre qui me parut être encore ferme, de manière que la corde traînait à terre sans être tendue, et devait servir à guider et retenir le bateau lorsqu'il serait lancé ; ensuite, avec un second et un troisième cylindres placés dessous, et en poussant avec le cric, notre petite embarcation fut mise à flot. Elle sortit du vaisseau avec une telle vitesse, que sans ma corde prudemment attachée, elle aurait couru bien loin de nous dans la mer ; mais malheureusement elle était tellement de côté qu'aucun de mes garçons ne voulut hasarder d'y entrer. Je m'arrachais les cheveux de désespoir, lorsqu'il me vint tout-à-coup dans l'idée qu'il y manquait du lest pour la tenir en équilibre : je jetai dans les cuves tout ce que je pus trouver qui avait du poids sans tenir de place ; peu à peu elle se releva, et fut enfin droite et ferme devant nous, nous invitant à y prendre place. Alors tous mes enfants auraient voulu s'y jeter à la fois, et ils commencèrent à se pousser et à disputer à qui entrerait le premier ; mais je les en empêchai, car je voyais clairement que le trajet serait trop hasardeux, et qu'au moindre mouvement de l'un de ces pétulants enfants, la machine pourrait tomber de côté et les culbuter dans la mer. Pour remédier à cet inconvénient, je pensai à un balancier de perches, avec lequel les nations sauvages savent empêcher leurs pirogues de se renverser. Je mis donc encore une fois les mains à l'œuvre pour perfectionner un ouvrage qui faisait la sûreté de tant d'êtres chéris.

Deux morceaux de perches de voile, égaux en longueur, furent placés l'un sur la proue du bâtiment, et l'autre sur la poupe, et attachés avec une cheville en bois, en sorte qu'on pût les tourner à volonté pour faire sortir notre construction de la place encombrée où elle était encore. J'enfonçai de force, dans le bondon d'un tonnelet vide, les bouts de chacune des perches ; et de cette manière je fus sûr que, lorsque mes perches seraient tournées en travers, elles serviraient de balancier, et que leurs tonnelets feraient le contre-poids.

Il ne me restait plus rien à faire que de trouver un expédient pour sortir du milieu de nos débris et entrer en pleine mer. Je montai dans la première cuve, et je dirigeai mon avant tellement, qu'il entrait par la fente de la paroi, qui nous offrait une porte : alors je ressortis, et j'abattis, soit avec la scie, soit avec la hache, à droite et à gauche, tout ce qui obstruait le libre passage. Quand cela fut fait, nous préparâmes des rames pour notre voyage du lendemain.

Dans tout ce travail, la journée s'était écoulée ; il était déjà tard, et comme il n'aurait pas été possible d'arriver le même jour à terre, nous fûmes obligés, quoique à contre-cœur, de passer une seconde nuit sur les débris, menaçant à chaque instant de s'écrouler. Nous prîmes des forces par un repas en règle ; car nous nous étions à peine donné le temps, dans cette journée de travail, de manger un morceau de pain et de prendre un verre de vin. Infiniment plus tranquilles que le jour précédent, nous nous livrâmes tous au sommeil ; cependant je pris encore la précaution d'attacher mes instruments de natation sous les bras de mes trois plus jeunes fils et de ma femme, afin que si une nouvelle tempête s'élevait et qu'elle achevât de détruire le vaisseau, il y eût encore ce moyen de les sauver : je conseillai aussi à ma femme de mettre un habit de matelot, soit pour nager, soit pour d'autres travaux qui pouvaient nous attendre; les habits d'homme sont bien plus commodes. Elle y consentit; après un quart d'heure elle revint avec le plus joli des habits de matelot qu'elle eût trouvés dans la caisse d'un jeune homme qui avait servi comme volontaire sur le vaisseau : elle vint timidement dans son nouveau costume; mais je louai de tout mon cœur son choix, et je lui promis tant de commodité dans ce changement, qu'enfin elle s'enhardit et rit elle-même avec ses enfants de son nouveau costume; elle grimpa comme nous dans son hamac, où, par un sommeil bienfaisant, nous nous préparâmes à de nouveaux travaux.

II. — PRISE DE TERRE OU ABORDAGE. — PREMIÈRES OCCUPATIONS SUR LE RIVAGE.

Le lendemain, avec l'aube du jour, nous étions tous éveillés et alertes; car l'espérance, ainsi que le chagrin, ne permettent pas de sommeiller longtemps. Aussitôt que nous eûmes fait en commun notre prière, je dis à mes chers enfants : « Maintenant, mes amis, avec le secours de Dieu, nous allons bientôt tenter notre délivrance : avant tout, donnez à manger et à boire à nos pauvres bêtes ; donnez-leur de la nourriture pour quelques jours ; nous ne pouvons pas les emmener avec nous, mais peut-être pourrons-nous revenir les chercher, si notre voyage réussit. Etes-vous prêts? Rassemblez ce que nous voulons emporter, ce qui nous est absolument nécessaire pour nos besoins actuels. D'après mon intention, le premier chargement de notre équipage devait consister dans un baril de poudre, trois fusils de chasse et trois carabines, avec grenaille, balles et plomb, autant que je pouvais en emporter; deux paires de pistolets de poche et une paire de grands pistolets, avec les moules à balles : chacun de mes fils, et leur mère aussi, devait avoir une gibecière bien garnie : nous en trouvâmes de très bonnes dans les chambres des officiers; puis nous prîmes une caisse avec des tablettes de bouillon, une autre pleine de biscuit sec, une marmite de fer, une ligne à pêcher, une caisse de clous, et une autre de différents outils, tels que marteaux, scies, pinces, percets, haches, etc., etc., et de la toile de voiles pour faire une tente. Enfin mes enfants apportèrent tant de choses, qu'il fallut en laisser beaucoup en arrière, quoique je changeasse tout le lest inutile contre des choses nécessaires.

Quand tout fut prêt, nous nous décidâmes à monter dans nos cuves, après avoir encore imploré l'assistance du ciel. Au moment où nous allions partir, nous entendîmes inopinément chanter les coqs abandonnés et oubliés, comme s'ils voulaient nous faire leurs tristes adieux : cela me donna l'idée d'emmener avec nous les oies, canards, poules, pigeons; car, dis-je à ma femme, si nous ne pouvons pas les nourrir, ce sont eux qui nous nourriront.

Mon conseil fut suivi; dix poules, avec un vieux et un jeune coq, furent mis dans une des cuves, qui fut recouverte de planches; le reste de la volaille eut sa liberté, dans l'espoir qu'elle trouverait d'elle-même le chemin de la terre, les oies et les canards par eau, et les pigeons dans l'air.

Nous attendions ma femme qui s'occupait de ce soin, lorsque nous la vîmes venir avec un sac assez gros, qu'elle jeta dans la cuve où était déjà son fils cadet; je crus que c'était uniquement pour l'asseoir et le serrer de manière qu'il n'y eût rien à craindre pour lui, et je ne lui fis aucune question là-dessus. Voici l'ordre de notre embarquement, auquel nous procédâmes d'abord.

Dans la première cuve, sur le devant, se plaça ma femme, digne, pieuse, fidèle épouse, et la plus tendre mère.

Dans la seconde, à côté d'elle, notre petit François, aimable enfant de six ans, annonçant d'heureuses dispositions, mais dont le caractère n'était pas encore décidé.

Dans la troisième, Fritz, notre aîné, garçon de quatorze à quinze ans, *à la tête bonne et crépue*, plein d'intelligence et de vivacité.

Dans la quatrième était le baril à poudre, avec les poules et la toile à voile.

Dans la cinquième, nos provisions de bouche.

Dans la sixième, mon fils Jack, âgé de dix ans, garçon d'un caractère léger, entreprenant, téméraire, bon et serviable.

Dans la septième, mon fils Ernest, garçon de douze ans, très raisonnable, assez instruit, mais un peu sensuel et indolent.

Dans la huitième, moi-même, avec le plus tendre cœur paternel, et l'importante commission de conduire le gouvernail pour sauver ma famille chérie. Chacun de nous avait à côté de soi des outils utiles; chacun tenait en main une rame, et avait devant soi un instrument natatoire, pour le cas malheureux où nous serions renversés. La marée avait déjà atteint la moitié de sa hauteur quand nous quittâmes le vaisseau; je comptais qu'elle favoriserait nos faibles forces. Nous tournâmes les deux perches balancières de notre bateau en longueur, et nous passâmes ainsi heureusement, par l'ouverture du vaisseau entr'ouvert, dans la pleine mer : mes enfants avalaient des yeux la terre bleue (car elle nous paraissait de cette couleur); nous ramâmes de toutes nos forces, mais longtemps en vain, pour l'atteindre : le bateau tournait toujours en rond sur lui-même; mais enfin j'eus le bonheur de le diriger de manière qu'il poussa en avant.

Quand les deux chiens qui étaient restés sur le vaisseau virent que nous nous éloignions, ils prirent leur parti, sautèrent dans la mer, et nous atteignirent à la nage; ils étaient trop grands pour notre bateau; je craignais qu'en voulant y entrer ils ne le fissent chavirer. Turc était un dogue anglais, et Bill une chienne danoise. J'eus cependant pitié d'eux, et je craignis qu'ils ne pussent nager aussi loin; mais ils se tirèrent d'affaire avec intelligence : dès qu'ils se sentaient fatigués, ils posaient leurs pattes de devant sur le balancier que nous avions retourné en travers, et le train de derrière des nageurs suivait sans beaucoup d'efforts.

Jack voulait leur refuser cette faveur, mais je lui reprochai d'abandonner ses protégés, qui nous protégeraient peut-être à leur tour, en faisant la garde et chassant pour nous; « d'ailleurs, lui dis-je, le Créateur a donné le chien à l'homme pour être son ami et son compagnon fidèle. »

Notre trajet se fit très heureusement, quoique avec lenteur; mais plus nous approchions de la terre, plus son aspect nous paraissait triste : des rochers nus bordaient la côte, et nous annonçaient la faim et la détresse. La mer était calme, elle se brisait doucement contre le rivage, et le ciel était serein; tout autour de nous nageaient des tonneaux, des ballots, des caisses sortis du vaisseau naufragé. Dans l'espérance d'acquérir quelques bonnes provisions, je voulus tâcher de m'approprier deux tonneaux : je commandai à Fritz de tenir prêts une corde, un marteau et des clous, et de tâcher de les saisir au passage; il parvint heureusement à les accrocher, et à les attacher si bien que nous les traînions derrière nous, et que nous les conduisîmes ainsi au rivage.

Lorsque nous en fûmes plus près, le site nous sembla moins hideux : les rochers paraissaient plus éloignés les uns des autres : Fritz, avec des yeux de faucon, pouvait déjà découvrir des arbres, et disait que c'étaient des palmiers. Ernest se réjouit de manger des noix de coco, bien plus grandes et bien meilleures, disait-il, que les noix d'Europe. Je me désolais de n'avoir pas songé à emporter le grand télescope qui était dans la cabine du capitaine, quand Jack sortit une petite lunette de sa poche, me la donna, et parut très fier de pouvoir satisfaire à l'instant mon désir.

« Ainsi, lui dis-je, tu as escamoté cette lunette pour toi seulement, et sans en parler à personne? Ce n'est pas bien, mon fils ; plaisir et peine, tout doit être commun entre nous. » Il m'assura qu'il avait oublié de me la donner plus tôt, et qu'il l'avait prise pour le bien général. Il me fit en effet un grand plaisir : avec cette lunette je pus faire les observations nécessaires, et mieux diriger ma course et ma route. Je remarquai que le rivage devant nous avait l'air désert et sauvage, et qu'il présentait un meilleur aspect sur la gauche; mais quand je voulais me diriger de ce côté-là, un courant me portait derechef vers le bord désert couvert de rochers arides. Nous aperçûmes bientôt, à côté de l'embouchure d'un ruisseau, un enfoncement étroit entre des rocs, contre lesquels nageaient nos canards et nos oies, qui nous servaient de guides : cette entrée formait une petite baie où l'eau était très tranquille, et ni trop profonde ni trop basse pour notre bateau. J'y entrai, et j'abordai avec précaution à une place où la côte avait environ la hauteur de nos cuves, et où l'eau était encore suffisante pour nous maintenir à flot. Le rivage s'étendait dans les terres, en formant une petite plaine en pente douce et triangulaire, dont la pointe se perdait entre les rochers, et dont le bord de la mer formait la base.

Tout ce qui pouvait bouger sur le bateau sauta promptement à terre : même le petit François, qui avait été couché et serré dans sa cuve comme un hareng, grimpait lestement pour tâcher d'en sortir; mais, malgré tous ses efforts, il eut besoin du secours de sa mère. Les chiens, qui avaient pris les devants à la nage, nous reçurent à leur manière amicale, en faisant autour de nous mille sauts de joie; les oies avec leur caquetage continuel ; les canards au large nez jaune, en faisant la basse continue ; les poules et les coqs, que nous mîmes d'abord en liberté, en gloussant ; les enfants, en babillant tous à la fois, faisant un tapage effroyable : il s'y mêlait le cri désagréable de quelques manchots et flamants que nous aperçûmes, les uns volant au-dessus de nos têtes, les autres perchés sur des pointes de rochers à l'entrée de la baie. Leurs cris prirent bientôt le dessus, étant en plus grand nombre ; ils nous assourdirent d'autant plus que leurs voix n'étaient point d'accord avec l'harmonie de nos musiciens emplumés et mieux civilisés. Cependant tout ce peuple ailé et sauvage me fit plaisir ; je le voyais déjà nous servant de nourriture, si nous devions rester sur cette plage déserte.

La première chose que nous fîmes, en arrivant sains et saufs sur la terre ferme, fut de remercier à genoux Jésus et Marie.

Ensuite nous nous occupâmes à décharger notre bâtiment. Oh ! combien nous nous trouvâmes riches du peu que nous avions sauvé ! Nous cherchâmes une place commode pour établir une tente à l'abri des rochers ; dès que nous l'eûmes trouvée, elle fut bientôt tendue. Nous assujétîmes fortement une perche dans une fente de rocher ; elle formait le faîte de la tente et reposait sur une vergue, plantée dans la terre ; de cette manière elle était très ferme et ne risquait point d'être renversée ; la toile fut ensuite tendue par-dessus et affermie par terre des deux côtés avec des pieux. Par précaution, nous chargeâmes encore les bords de caisses de provisions et d'autres choses pesantes, et nous attachâmes des crochets au bout de la toile sur le devant pour pouvoir en fermer l'entrée pendant la nuit. Alors je recommandai à mes fils de chercher autant de mousse et d'herbe sèche qu'ils pourraient en ramasser, et de les exposer au soleil pour en achever la dessiccation ; elle devait servir à faire notre couche ; et pendant cette occupation, où même le petit François pouvait être employé, je construisis, à quelque distance de la tente, près du ruisseau qui devait nous fournir de l'eau douce, une espèce de petite cuisine : c'était un foyer de pierres plates que je trouvai dans le lit du ruisseau. Je rassemblai aussi une quantité de branches sèches : avec les plus grosses je fis une espèce de petit enclos autour du foyer ; avec les petites j'allumai, en battant mon briquet, un feu réjouissant et pétillant en vives flammes. Un pot rempli d'eau avec des tablettes de bouillon fut mis dessus, et la bonne mère, ayant son petit François pour marmiton, fut chargée de la préparation du dîner. François crut, à la couleur des tablettes, que c'étaient des tranches de colle forte. « Qu'est-ce que papa doit donc coller? demanda-t-il. — Rien : je veux faire de la soupe grasse, lui dit sa mère en riant. — Ah ! oui, répondit-il. Et où prendrons-nous la viande pour la faire, ici où il n'y a ni boucher ni boucherie ?

— Petit fou ! lui dis-je, ce que tu prends pour de la colle, c'est de la viande réduite en gelée à force de cuire, et qui, étant séchée, ne se gâte point ; on peut ainsi la transporter dans de longs voyages sur mer, où l'on ne peut prendre assez de bétail pour nourrir tout l'équipage, et où la viande salée ne ferait pas de bonne soupe ; celle-ci sera excellente, je te le promets. » Le pauvre petit avait bien faim, et dit qu'il se réjouissait d'en manger.

Pendant ce temps-là Fritz avait chargé nos fusils ; il en prit un et s'éloigna du côté du ruisseau. Ernest, à qui il proposa de l'accompagner, lui dit que cette côte montueuse et pierreuse ne le tentait point, et s'en alla rôder à droite, du côté du rivage. Jack se dirigea contre une paroi de rocher qui s'avançait jusqu'au bord de la mer, pour prendre des moules qui y étaient attachées. Pour moi, j'essayai de tirer sur le rivage les deux tonneaux repêchés, et je n'en pus venir à bout ; notre place de débarquement, très commode pour le bateau, avait trop de profondeur perpendiculaire pour ramener les tonneaux. Pendant que je m'inquiétais en vain pour trouver un meilleur bord, j'entendis, à une certaine distance, pousser des cris affreux, et je reconnus la voix de mon petit Jack. Je saisis ma hache, et je courus, plein d'angoisse, à son secours ; quand je l'aperçus, il était dans l'eau, dans un bas-fond, en ayant au plus jusqu'aux genoux, et un gros homard le tenait par la jambe avec ses pinces ; le pauvre petit poussait des cris pitoyables, et faisait d'inutiles efforts pour s'en débarrasser. Je sautai aussitôt dans l'eau : à peine cet hôte incommode eut-il remarqué mon approche, qu'il lâcha l'enfant pour se sauver en pleine eau ; mais je ne l'entendais pas ainsi, et je voulais qu'il payât la peur qu'il nous avait faite. Je le saisis donc avec précaution par le corps, et je l'emportai, suivi de Jack, qui poussait des cris de joie et de triomphe : il désira porter lui-même à sa mère cette belle capture, et, voyant qu'elle ne me faisait aucun mal, par la manière dont je la tenais, il voulut s'en saisir ; mais à peine fut-elle entre ses mains, qu'elle lui donna un coup si violent de sa queue sur la joue, qu'il se laissa tomber, et recommença ses cris. Je ne pus m'empêcher de rire, et de railler le petit fanfaron du soufflet qu'il avait reçu. Alors, dans sa colère, il prit vivement une pierre, et tua le homard en la lui jetant sur la tête, qu'il lui fracassa. Je fus fâché de cette action. « Cela s'appelle tuer son ennemi à terre, lui dis-je ; Jack, il ne faut pas se venger, ni agir dans sa colère : si ce homard t'a pincé, tu voulais le manger, ainsi vous êtes bien à deux de jeu : une autre fois, sois, je te prie, plus prudent et plus doux. — Pourtant, papa, me dit-il, vous me permettez de le porter à ma mère? » Il le prit sans plus courir de risque, et le porta à notre cuisine. « Maman, un homard! dit-il d'un air triomphant; Ernest, un homard! Où est donc Fritz? Prends garde, François, elle va te mordre. » Alors tous se mirent autour de lui à regarder la bête merveilleuse, et s'étonnèrent plus de sa grandeur énorme que de sa forme, qui est exactement la même que celle des écrevisses d'eau douce.

« Oui, oui, regardez, disait Jack en soulevant une de ses pattes avec fierté, c'est avec ces terribles pinces que ce coquin m'a pris par la jambe, et je crois que si je n'avais eu un bon pantalon de matelot, il me l'aurait coupée; oh! mais aussi je l'en ai bien puni.

— Oh! le petit fanfaron! lui dis-je, ce homard t'aurait joliment arrangé si je n'étais venu à ton secours! et cette bonne tape de sa queue sur ta joue, qui t'a obligé de le lâcher! Elle te frappait de ses propres armes, tu as dû avoir recours à une grosse pierre pour te défendre : ce combat, mon pauvre Jack, ne doit pas te rendre bien fier. » Ernest, qui s'occupait toujours beaucoup de ses repas, dit d'abord qu'il fallait le jeter dans le pot au bouillon, auquel il donnerait un très bon goût; mais sa mère ne voulut pas entendre cela, et lui dit que nous devions mieux ménager nos provisions, et que le homard nous donnerait seul à dîner une autre fois. Pour moi, j'allai examiner le bas fond où Jack avait été pincé, pour amener par la mer mes deux tonneaux au rivage; je les fis rouler jusque-là, puis je les dressai sur leurs fonds, pour qu'ils ne pussent retourner en arrière.

En revenant auprès de mes enfants je louai Jack de ce qu'il avait fait la première chasse heureuse, et je lui promis pour sa part la patte entière du homard qui lui avait si bien serré le mollet; ce fut là sa récompense.

« Moi aussi, s'écria Ernest, j'ai vu quelque chose qui est, dit-on, très bon à manger; mais je n'ai pu l'avoir, parce qu'il était dans l'eau, et qu'il aurait fallu me mouiller les jambes.

— Oui, dit Jack, je l'ai bien vu aussi; c'étaient de vilaines moules, dont, pour rien au monde, je ne voudrais manger; parlez-moi de mon beau homard!

— Et moi, je crois que ce sont des huîtres, dit Ernest; elles sont appliquées contre le pied du rocher, et pas très profondément.

— Oh bien! monsieur le délicat, qui crains si fort l'eau, lui dis-je en riant, puisque tu connais la place, tu auras la bonté d'y retourner, et d'en apporter pour notre premier repas; dans notre fâcheuse position il faut que chacun de nous coopère activement au bien commun, et ne craigne pas de se mouiller les pieds tu vois que le soleil nous a bientôt séchés, ton frère et moi.

— Je veux aussi, dit-il, prendre en même temps du sel, que j'ai vu en abondance près de la mer, dans les fentes de rochers, où sans doute il a été cuit par le soleil; j'en ai goûté, et il est excellent : ne pensez-vous pas, mon père, que l'eau de mer l'a déposé là?

— Eh! sans doute, éternel raisonneur : d'où veux-tu qu'il soit venu! Il aurait mieux valu en apporter tout de suite un sac plein, que de réfléchir si profondément pour la chose la plus simple et la plus naturelle; et si tu ne veux pas manger une soupe fade, cours chercher ce que tu as découvert. »

Il y alla. Ce qu'il nous apporta était sans doute du sel marin, mais tellement mêlé de terre et de sable, que je fus sur le point de le jeter; ma femme m'en empêcha; elle le fit dissoudre dans de l'eau douce, puis le filtra à travers un linge, et de cette manière nous pûmes saler notre soupe.

« Est-ce que nous n'aurions pas pu prendre tout simplement de l'eau de mer, dit Jack, au lieu de nous donner tant de peine?

— L'eau de mer, lui dis-je, est encore plus amère que salée ; elle a de plus un goût nauséabond qui se perd quand on sépare le sel, comme vient de le faire votre mère. » Pendant que je parlais, ma femme goûta la soupe avec un petit bâton qui lui servait à la remuer, et déclara qu'elle était bonne et salée fort à propos. « Mais, dit-elle, Fritz nous manque encore ; et puis comment mangerons-nous notre soupe? nous n'avons ni cuillers ni assiettes? Pourquoi n'avons-nous pas pensé à en prendre sur le vaisseau ?

— Parce qu'on ne pense jamais à tout, chère femme ; nous nous apercevrons peu à peu de bien d'autres privations.

— Mais celle-là, dit-elle, sera une des plus pénibles ; il est impossible que chacun de nous soulève ce gros pot brûlant pour le porter à sa bouche, et prenne le biscuit à la main. »

Elle avait raison ; nous restions stupéfaits à regarder notre marmite, comme le renard de la fable quand la cigogne lui présente une cruche à long col. Enfin nous partîmes tous d'un éclat de rire de notre dénûment d'ustensiles et de notre imprévoyance, car des cuillers et des fourchettes étaient des instruments de première nécessité.

« Si nous avions seulement des noix de coco, disait Ernest, nous pourrions les casser, et nous servir des fragments de la coquille comme de cuillers.

— Oui, oui, dis-je, c'est fort bien, si nous en avions! mais nous n'en avons pas ; on va loin avec des si ; et si des vœux suffisaient, j'aimerais autant avoir tout de suite quelques douzaines de bonnes et belles cuillers ; mais à quoi nous servent les souhaits?

— Nous pouvons au moins, répondit-il, prendre des coquilles de moules.

— Bien! bien! Ernest, voilà ce que j'appelle une pensée utile ; va donc chercher ces huîtres dont tu nous parles. Mais, Messieurs, point de dégoût entre nous ; nos cuillers n'auront point de manche, et nos doigts tremperont dans la gamelle. » Jack courut le premier, Ernest le suivit lentement, et Jack était déjà dans l'eau jusqu'à mi-jambe quand il arriva : le petit entreprenant arracha vite les huîtres et les jeta au petit paresseux, qui en remplit son mouchoir, mit de plus une grosse moule dans sa poche, et tous deux arrivèrent avec leurs provisions.

Fritz n'était pas encore de retour, et sa mère commençait à s'inquiéter, lorsque nous l'entendîmes crier de loin joyeusement, et nous lui répondîmes de même : il arriva les mains cachées derrière le dos, et s'approchant d'un air triste et capot : « Qu'apportes-tu? lui demandèrent ses frères ; montre-nous ta chasse, et tu verras la nôtre. — Hélas! dit-il, je n'apporte rien, je n'ai rien rencontré. — Rien du tout? lui demandai-je. — Rien du tout, » me dit-il; mais cette fois une sourire de fierté perçait à travers son air mécontent. Au même instant Jack, qui s'était glissé derrière lui, s'écria : « Un cochon de lait! un cochon de lait! » Alors Fritz trahi nous montra sa belle chasse avec un regard de satisfaction, et je reconnus d'abord que le prétendu cochon était une espèce d'agouti ; je dis une espèce, car je savais que les vrais agoutis ne se sont jamais trouvés que dans l'Amérique méridionale, dont nous étions bien éloignés. « Où l'as-tu trouvé? où l'as-tu tiré? t'a-t-il bien fait courir? » disaient à la fois les petits garçons. « Voyons, voyons... » Pour moi j'étais sérieux. Je préférerais, lui dis-je, qu'en effet tu n'eusses rien apporté, et que tu ne te fusses pas permis un mensonge ; ne fais plus cela, mon fils, même en badinant : on s'accoutume ainsi à dire ce qui n'est pas, cette habitude dégénère facilement en fausseté, c'est le plus affreux des vices. A présent, voyons ta chasse; où l'as-tu trouvée? »

Fritz nous raconta qu'il avait été de l'autre côté du ruisseau : « Ah! nous dit-il, c'est bien autre chose qu'ici! Le rivage est bas, et vous ne vous faites aucune idée de la quantité de tonneaux, de caisses, de planches, de toute sorte de choses que la mer y a déposées : n'irons-nous pas les prendre? Nous devrions aussi, mon père, faire encore demain une course au vaisseau pour aller chercher notre bétail ; ne faut-il pas du moins amener la vache? Notre biscuit, trempé dans du lait, ne serait pas si dur. — Et serait meilleur, dit le gourmand Ernest. — Là, de l'autre côté, reprit Fritz, il y a de l'herbe tant qu'on en veut pour la faire paître, et puis un joli bois, où nous serons à l'ombre. Pourquoi resterions-nous ici, sur ces bords stériles et déserts? — Patience, patience! répondis-je; il y a temps pour tout, ami Fritz; demain, après-demain, sont aussi des jours qui auront leur tâche. Avant toute chose, dis-moi si tu n'as découvert aucune trace de nos compagnons de voyage? — Pas la moindre trace d'homme, ni mort ni vivant, ni sur la terre ni sur mer; mais il y a des animaux qui ressemblent plus à des cochons que celui-ci, qui a plutôt des pattes de lièvre; je le voyais sauter sur l'herbe, tantôt assis sur celles de derrière, se frottant le museau avec celles de devant, tantôt cherchant des racines et les rongeant comme les écureuils. Si je n'avais craint qu'il m'échappât, j'aurais essayé de le prendre vivant; il me paraissait presque apprivoisé. »

L'observateur Ernest tournait et retournait la bête de tous les côtés : « Je ne pense pas, dit-il enfin, que ce soit, comme nous l'avons d'abord cru, un cochon de lait; il est vrai que ses soies et son museau ressemblent assez à ceux des cochons ; mais voyez ses dents : il n'en a que quatre incisives par-devant, comme les animaux rongeurs; à tout prendre, il ressemble plus à un lapin ou à un lièvre. J'en ai vu une gravure dans notre livre d'histoire naturelle; si je ne me trompe, on l'appelle *agouti*.

— Ha! ha! dit Fritz, voilà monsieur le savant qui veut tout savoir.

— Et qui cette fois n'a pas tort, lui dis-je ; ne précipite pas tes railleries; car tout m'annonce que cet animal est vraiment un agouti. Je ne le connais, à la vérité, que par des descriptions ou des gravures, mais ton marcassin leur ressemble parfaitement; il est indigène en Amérique; il vit dans des creux, sous des racines d'arbre, et c'est, dit-on un excellent manger; nous en jugerons.

Pendant que nous parlions, Jack s'efforçait d'ouvrir une huître avec son couteau; mais, malgré tous ses efforts et toutes ses grimaces, il ne put en venir à bout. Je ris, et je lui en fis poser quelques-unes sur des charbons ardents; bientôt elles s'ouvrirent d'elles-mêmes : « Eh bien! mes enfants, il ne tient qu'à vous, à présent, de vous régaler de la friandise la plus estimée des gourmets les plus délicats. » J'en mangeai une; mais elles m'ont toujours répugné, et je ne pus retenir un signe d'aversion; ils me regardèrent avec surprise. « Mais tout le monde dit, mon père, que les huîtres sont excellentes à manger? — Je ne dispute du goût de personne, lui répondis-je; quant à moi, je n'en mangerais qu'à la dernière extrémité; essayez, peut-être les aimerez-vous. » Ce coquillage est si peu attrayant à voir quand on n'en a pas l'habitude, que pas un n'en voulut tâter. Cependant Jack, se montrant le plus courageux, avala la sienne comme une médecine en fermant les yeux, et tous suivirent son exemple; mais tous déclarèrent, ainsi que moi, que l'huître n'était pas un mets de leur goût, et se hâtèrent de plonger la coquille dans le pot pour l'en retirer pleine de bonne soupe; ils se brûlèrent les doigts, et ce fut à qui crierait le plus fort. Ernest seul n'avait eu garde de s'y exposer; il sortit sa moule de sa poche, et elle était aussi grande qu'une assiette, et plus profonde; il prit avec précaution toute sa portion à la fois; et, se moquant des autres, il attendit qu'elle fût un peu refroidie pour la manger à son aise.

« Tu as bien soin de toi, lui dis-je; mais dis-moi, mon cher Ernest, pourquoi tu ne penses qu'à ta personne, à ton bien-être, et si rarement aux autres? Tu mérites que ton égoïsme soit puni, et que ta soupe, refroidie dans ta belle et bonne assiette, soit pour nos fidèles serviteurs les chiens. Nous pouvons tous, et toi comme les autres, prendre dans le pot avec nos coquilles d'huîtres; les chiens ne le peuvent pas; ainsi ton assiette et ta portion de soupe seront pour nos dogues, et tu auras la bonté d'attendre, et de manger avec nous et comme nous. »

Mon petit reproche se fit sentir à son cœur, et, tout obéissant, il posa son assiette à terre, où les chiens la vidèrent en deux léchées. Nous étions presque aussi affamés qu'eux; tous les regards étaient fixés sur le pot, pour voir quand la fumée commencerait à baisser, lorsqu'on s'aperçut que les dogues, après avoir mangé leur soupe, avaient flairé l'agouti de Fritz, et le déchiraient à belles dents; les enfants poussèrent des cris lamentables. Fritz se leva furieux, prit son arme, les frappa, leur dit des injures, leur jeta des pierres, et les aurait tués si je ne l'avais retenu; il courba son fusil, à force de leur donner des coups; et, dans sa fureur, il criait si fort, que sa voix se répétait entre les rochers.

Dès qu'il fut en état de m'entendre, je lui reprochai très sérieusement sa violence, et je lui représentai combien il nous avait affligés, et comme il avait effrayé sa mère, en poussant des cris si terribles, en gâtant son fusil, qui pouvait nous être si utile, et en tuant presque de pauvres animaux, qui pouvaient l'être encore plus. « La colère, lui dis-je, conseille toujours mal, et peut conduire à des crimes. — Mon père!... dit-il avec effroi. — Oui, je sais bien que, cette fois, ce n'étaient que des bêtes; mais on ne raisonne pas dans la colère, on ne sait à quoi l'on s'attaque; et la preuve en est que tu t'en prenais à de pauvres êtres sans jugement, qui ne savaient point si ton agouti n'était pas là pour eux, comme la soupe. Conviens aussi que c'est la vanité qui a excité ta fureur : si un autre que toi avait chassé et tué l'agouti, tu aurais beaucoup mieux supporté cet accident. » Il en convint, sentit son tort, et me demanda pardon en versant des larmes amères.

Bientôt après notre repas, le soleil baissa vers le couchant; la volaille se rassembla peu à peu autour de nous, en picotant les miettes de biscuit tombées; ma femme prit alors son sac mystérieux, et l'ouvrit; elle en tira des graines de vesce, de pois, d'avoine, dont elle leur donna quelques poignées; il y avait aussi plusieurs autres semences de plantes légumineuses, qu'elle me montra. Je louai beaucoup sa prudence, la priant seulement d'être plus économe de cette utile provision, qui pourrait nous servir de semailles et nous procurer des récoltes, et de nourrir plutôt la volaille avec le biscuit gâté que nous apporterions du vaisseau. Nos pigeons s'envolèrent dans les rochers voisins; les poules, et le coq à leur tête, se rangèrent en ligne sur le faîte de la tente; les oies et les canards allèrent, en caquetant, dans un endroit marécageux et couvert de broussailles, près du rivage. Nous aussi, nous fîmes nos préparatifs de repos. Nous chargeâmes, par précaution, nos armes, fusils et pistolets, que nous posâmes dans la tente; nous fîmes ensuite nos prières en commun; nous remerciâmes Dieu du secours qu'il nous avait donné; nous nous recommandâmes à sa garde vigilante, et, avec le dernier rayon du soleil, nous entrâmes dans notre tente, où, bien serrés les uns contre les autres, nous nous couchâmes sur la mousse que nous y avions étendue.

Ce fut avec étonnement que les enfants remarquèrent que l'obscurité arrivait si subitement, et que la nuit succédait au jour presque sans crépuscule : « Cela, leur dis-je, me fait soupçonner que l'endroit où nous sommes n'est pas loin de l'équateur, ou du moins qu'il se trouve entre les deux tropiques, où ce phénomène est ordinaire ; car le crépuscule provient des rayons solaires rompus dans l'atmosphère : plus ils tombent obliquement, plus leur faible lueur s'étend et se prolonge ; mais au contraire, plus ils sont perpendiculaires, moins ils s'écartent, et par conséquent il fait totalement nuit beaucoup plus vite quand le soleil est au-dessous de l'horizon. Du reste, d'ici à quelques jours, je tâcherai de découvrir, au moins par approximation, le lieu où nous sommes. »

Je regardai encore une fois hors de la tente, pour voir si tout était tranquille autour de nous ; puis j'en fermai soigneusement l'entrée : le coq, réveillé par le lever de la lune, nous chanta vêpres, et je me couchai. Mais autant le jour avait été chaud, autant la nuit fut froide, et nous fûmes obligés de nous serrer les uns contre les autres pour nous réchauffer : un doux sommeil commença alors à fermer les paupières de tous mes bien-aimés ; je tâchai de ne m'endormir que lorsque je vis leur mère jouir en paix de son premier sommeil : alors mes paupières se fermèrent aussi, et, grâce à la fatigue, la première nuit que nous passâmes dans notre île déserte fut très supportable.

III. — VOYAGE DE DÉCOUVERTE.

A peine l'aube du jour eut-elle paru, que je fus réveillé par le cri de notre coq ; j'appelai aussitôt ma femme, et je délibérai avec elle sur ce qui devait nous occuper ce jour-là : nous fûmes d'accord que la première chose importante était d'aller à la recherche de nos compagnons de voyage, et d'examiner en même temps la nature du pays de l'autre côté du ruisseau avant de prendre une résolution définitive.

Ma femme concevait bien qu'un voyage dans ce but ne pouvait se faire en famille, et, pleine de confiance en la bonté de Dieu, elle consentit avec courage à la proposition de garder auprès d'elle Ernest et les deux petits, tandis que Fritz, comme le plus âgé et le plus vaillant, irait avec moi à la découverte. Je la priai de ne pas perdre de temps et de préparer le déjeuner : elle nous prévint que les portions seraient petites, parce qu'il n'y avait plus de provisions que pour une soupe. « Mais, demandai-je, le homard de Jack, qu'est-il devenu ? — C'est ce que Jack nous apprendra, dit sa mère : va éveiller les petits ; moi, je vais faire du feu et mettre de l'eau dessus. »

Les enfants furent bientôt sur pied, et même le paresseux Ernest consentit sans murmure à se lever de si bon matin. Quand je demandai à Jack où était son homard, il courut le chercher dans une fente de rocher, où il l'avait soigneusement caché. « Je ne voulais pas, dit-il, que les chiens le mangeassent comme le gibier de Fritz ; il me paraît que ces gaillards ne méprisent rien. — Il me paraît aussi, dis-je, que mon étourdi sait réfléchir à ce qui l'intéresse. Heureux celui qui devient sage par le dommage d'autrui ! dit le proverbe ; mais ne veux-tu pas céder à Fritz, pour son voyage, la grosse pince qui t'avait pris la jambe et que je t'avais promise ?

— Quel voyage ? s'écrièrent-ils tous ; nous voulons en être aussi. Voyage ! voyage ! répétèrent-ils en frappant des mains et sautant autour de moi comme de petits chevreaux. — Pour cette fois, leur dis-je, c'est impossible ; nous ne savons pas ce qui nous arrivera : moi et votre frère aîné, nous pouvons mieux affronter le danger et nous en tirer : outre cela, un voyage en famille se ferait très lentement ; vous resterez donc tous trois ici avec votre mère, à cette place, qui paraît être sûre, et vous garderez pour vous protéger le vaillant Bill, pendant que Turc nous accompagnera ; une telle garde et un fusil chargé peuvent inspirer du respect. Allons, Fritz, attache Bill pour qu'il ne nous suive pas, et garde Turc près de toi ; prépare aussi nos fusils. »

Fritz rougit. Son fusil était courbé et ne pouvait servir ; il alla le chercher, et tâcha en vain de le redresser. Je le laissai faire pendant quelque temps. Enfin, je lui permis d'en prendre un autre ; mais je vis avec plaisir son regret d'avoir abîmé le sien. Un moment après, il voulut prendre Bill pour l'attacher, mais l'animal se souvenait des coups qu'il lui avait donnés : il lui montra les dents, et ne voulut pas venir à lui, non plus que Turc : ils n'obéirent qu'à ma voix. Alors Fritz, en pleurant, demanda du biscuit à sa mère, en disant qu'il se passerait plutôt de déjeuner pour faire sa paix avec les chiens ; il leur en porta, les flatta, les caressa, et sembla leur demander pardon. Comme de tous les animaux, sans en excepter l'homme, le chien est le moins rancunier et le plus sensible aux caresses, Bill consentit à le lécher ; mais Turc, qui était plus fier, résistait encore et paraissait le craindre. « Donne-lui une patte de mon homard, lui dit Jack ; aussi bien je veux te la céder pour ton voyage.

— Bon, dit Ernest, ne t'inquiète pas, ils trouveront sûrement des noix de coco, comme Robinson, et c'est bien autre chose que ton misérable homard ! Imagine-toi une amande grosse comme ma tête, et une grande jatte pleine de bon lait d'amandes.

— Tu m'en apporteras si tu en trouves, » dit le petit François.

Nous nous préparâmes au départ. Nous prîmes chacun une gibecière et une hache ; je mis une paire de pistolets dans la ceinture de Fritz, outre son fusil ; je m'équipai de même, et je n'oubliai pas une provision de biscuit et un flacon de fer blanc plein d'eau douce du ruisseau : ma femme nous appela ensuite à déjeuner, et le homard nous parut si dur à tous, qu'il nous en resta beaucoup pour le voyage : aucun de mes enfants ne vit de mauvais œil qu'il passât dans notre poche. Cependant nous étions tous rassasiés : la bête était énorme, et sa chair est beaucoup plus nourrissante que celle des écrevisses de rivière, mais bien moins délicate.

Fritz nous conseilla de nous mettre en route avant l'ardeur du soleil : « Je le veux bien, lui dis-je ; mais nous avons oublié ce qu'il y a de plus important. — Quoi donc, mon père ? dit-il en regardant autour de lui ; je ne vois plus rien à faire que de dire adieu à maman et à mes frères. » Mais Ernest dit : « Moi, je devine ce que c'est ; nous n'avons pas fait notre prière du matin.

— C'est cela même, mon cher enfant, répondis-je : on oublie trop souvent Dieu, notre père à tous ; prions-le d'alléger nos peines, de pourvoir à notre subsistance, à notre bien-être, car jamais nous n'avons eu tant besoin de son secours et de sa protection que dans une situation telle que la nôtre, et au moment d'entreprendre un voyage sur une plage inconnue. »

Nous nous mîmes tous à genoux, et je fis la prière avec plus de dévotion et de ferveur encore qu'à l'ordinaire, nous recommandant humblement à la continuation des bontés de Dieu, et à sa garde paternelle pour ce jour d'une première et urgente séparation : je lui demandai aussi pardon pour nous.

J'embrassai ensuite mes enfants, et je leur fis encore quelques petites exhortations en leur recommandant d'obéir en tout à leur mère : alors je chargeai les fusils qui restaient, et que je leur laissai, et je dis à ma femme de se tenir toujours près du bateau, qui, pour la défense et la fuite, était le meilleur asile. Après cela, nous nous arrachâmes de ses bras et de ceux des enfants, non sans émotion et sans douleur, car des deux côtés nous ne pouvions savoir ce dont nous étions menacés sur cette plage inconnue. Tous fondaient en larmes ; mais le bruit du ruisseau, dont nous approchions, fit que nous n'entendîmes plus leurs sanglots et leurs adieux répétés, et nous obligea de penser à nous-mêmes et au but de notre marche.

Les bords du ruisseau étaient si escarpés des deux côtés, que l'on ne pouvait approcher de son lit que par un passage fort étroit du côté où nous étions, et près de son embouchure dans la mer. C'était là que nous avions été pour puiser de l'eau ; mais il n'y avait pas moyen de le traverser en cet endroit, le bord opposé étant hérissé de rocs perpendiculaires et trop élevés. Pour y parvenir, nous fûmes obligés de monter, en suivant son cours, jusqu'à la paroi de rochers d'où l'eau tombait en cascade : il se trouvait par-ci par-là de grosses pierres dans le lit du ruisseau, que nous franchîmes en faisant des sauts bien hasardés ; mais enfin nous arrivâmes sur l'autre rive. Nous marchâmes alors très péniblement au travers de hautes herbes à moitié séchées par le soleil. Nous descendions en diagonale pour tâcher d'arriver au bord de la mer, où nous espérions trouver moins d'obstacles à notre marche, et peut-être découvrir la chaloupe ou quelques-uns de nos camarades, lorsque, après avoir fait une centaine de pas, nous entendîmes derrière nous un bruit très fort comme si nous étions poursuivis, et nous vîmes un grand mouvement dans les herbes, presque aussi hautes que nous. J'avoue que j'eus un moment d'effroi intérieur, pensant que c'était peut-être un tigre ou quelque autre bête féroce, et que nous allions être dévorés ; mais je fus très content du courage de Fritz, qui, au lieu de s'effrayer et de fuir, s'arrêta avec beaucoup de sang-froid et de calme, se mit en position de tirer en bandant le chien de son fusil et en jetant les yeux du côté du bruit qui approchait. Il découvrit enfin d'où ce bruit provenait. Notre joie fut grande en voyant que cette créature si redoutée n'était autre que notre fidèle Turc, que la douleur des adieux nous avait fait oublier, et que nos amis nous avaient sans doute envoyé. Je reçus le gros dogue avec joie, et je louai Fritz de ne s'être pas laissé entraîner par la peur, ou à fuir, ou à tirer sur le chien avant de l'avoir vu distinctement, puisqu'il aurait pu tuer notre plus zélé défenseur. « Vois-tu, cher Fritz, lui dis-je, quels ennemis dangereux sont les passions et la pusillanimité? Si tu avais cédé aujourd'hui à la peur comme hier à la colère, tu aurais pu nous faire un dommage irréparable. »

Il en convint, me promit de veiller sur lui-même, pour ne plus se laisser aller à la colère, et caressa si fort le brave Turc, qu'enfin ils devinrent amis.

En causant ainsi, nous avancions : nous avions alors à notre gauche la mer, et à notre droite, à une demi-lieue de distance, la paroi de rochers continus qui, depuis notre place de débarquement, se prolongeait sur une ligne presque parallèle au rivage, et les sommités étaient parées d'une riante verdure et d'une grande variété d'arbres ; l'espace entre cette paroi et la mer était couvert en partie de hautes herbes à demi séchées, en partie de petits bois qui s'étendaient, d'un côté, jusqu'aux rochers, de l'autre jusqu'à la mer. Nous nous tenions soigneusement près du rivage, et nous regardions plus attentivement la plaine liquide que celle sur laquelle nous marchions, dans l'espérance d'apercevoir la chaloupe et nos compagnons ; nous ne négligions cependant pas de chercher aussi sur le sable des traces d'hommes, sans pouvoir rien découvrir ni d'ancien ni de récent.

— Je veux, dit Fritz, tirer de temps en temps un coup de fusil, pour que nos camarades puissent nous entendre, s'ils sont cachés quelque part.

— Fort bien, lui dis-je, si tu peux tirer de manière que nos amis entendent seuls les coups, et non pas les sauvages qui sont peut-être dans les environs, et qui pourraient facilement nous épier et nous surprendre.

Fritz. Mais pourquoi courons-nous, au péril de notre vie, après des gens qui nous ont abandonnés si cruellement sur le vaisseau?

Le père. Par plusieurs raisons, mon cher : premièrement, parce qu'il ne faut pas rendre le mal pour le mal; ensuite, parce qu'ils peuvent aussi nous être utiles et nous aider; mais surtout parce qu'ils ont peut-être le plus grand besoin de notre secours; ils n'ont sauvé du vaisseau que leur personne, si tant est qu'ils l'aient sauvée, et nous, nous en avons tiré beaucoup de choses sur lesquelles ils ont autant de droit que nous.

Fritz. Cependant nous courons ici dans l'incertitude, sur le rivage, tandis que nous pourrions retourner sur le vaisseau et sauver notre bétail.

Le père. Entre plusieurs devoirs, mon fils, nous devons toujours préférer le plus important pour le remplir le premier; essayer de sauver des hommes est plus noble que de s'occuper d'animaux auxquels nous avons donné de la nourriture pour plusieurs jours; d'ailleurs la mer est tranquille, elle ne menace pas de submerger le vaisseau de sitôt.

Fritz se tut et nous marchâmes en avant; après avoir fait environ deux lieues, nous entrâmes dans un bois un peu éloigné de la mer. Nous fîmes halte, et nous nous restaurâmes à l'ombre au bord d'un ruisseau qui coulait doucement à côté de nous. Tout à l'entour volaient, chantaient, gazouillaient des espèces d'oiseaux inconnus, qui se distinguaient plus par la beauté de leur plumage que par l'agrément de leur voix. Fritz prétendait aussi avoir découvert, entre le feuillage et les branches, des animaux ressemblant à des singes. En effet, ce qui parut le confirmer dans cette opinion fut l'inquiétude de Turc; il commença à lever le nez en l'air, et à aboyer si fort, que le bois en retentissait. Fritz se glissa de tout côté pour s'en assurer; il leva aussi le nez vers les arbres, et heurta contre un corps arrondi qui était à terre; il faillit tomber tout de son long; il ramassa cependant ce qui l'avait fait broncher, et me l'apporta, en me disant que c'était peut-être un nid d'oiseau. « Pourquoi penses-tu cela? lui dis-je en l'examinant; c'est plutôt une noix de coco. »

Fritz. Mais j'ai lu cependant qu'il y a vraiment des oiseaux qui bâtissent des nids tout ronds; voyez comme c'est croisé et hérissé.

Le père. Oui, sans doute; mais tu ne dois pas si légèrement, et au premier regard, décider la chose; ne vois-tu pas que ce que tu prends pour des brins croisés par un bec d'oiseau est une enveloppe fibreuse faite par la nature? Ne te rappelles-tu pas aussi d'avoir lu que la noix de coco est enveloppée dans un corps rond, fibreux, entouré d'une peau mince et fragile, semblable à celle que tu tiens? Cette peau est gâtée par le temps, c'est pourquoi tu vois ces petites fibres hérissées en dehors; à présent nous allons les ôter entièrement, et tu trouveras la noix dessous. »

Nous le fîmes, et la noix fut cassée; nous ne trouvâmes rien dedans qu'un noyau desséché, qui n'était plus mangeable.

Fritz. Ah! mon Dieu! que dirait Ernest, qui m'enviait tant ces amandes grosses comme la tête et ces jattes pleines d'orgeat? Je croyais aussi, mon père, que les noix de coco renfermaient un liquide doux et rafraîchissant comme du lait d'amandes. Les voyageurs sont de grands menteurs!

Le père. Quelquefois, mon fils ; mais dans ce cas ils ont eu raison ; ce lait existe dans les noix de coco quand elles ne sont pas tout-à-fait mûres, comme dans les nôtres, mais en plus grande quantité ; plus le fruit mûrit, plus ce liquide s'épaissit, se forme en noyau, se dessèche enfin complètement ; si cette noix mûre est mise dans un bon terrain, les noyaux germent et rompent la coque ; mais s'ils restent sur la terre ou dans un endroit qui ne leur convient pas, ils étouffent par la fermentation intérieure, et périssent comme celui-ci.

Fritz. Je suis maintenant étonné que tous n'étouffent pas ; la coque est si dure ! comment un noyau peut-il la percer ?

Le père. Nos noyaux de pêche ne sont pas moins durs, et cependant le pépin peut les rompre quand ils sont mis dans un bon terrain.

Fritz. C'est ce que je conçois très bien ; le noyau de pêche est divisé en deux parties, comme une coquille de moule ; il y a une couture qui s'ouvre facilement d'elle-même quand le pépin se gonfle par l'humidité ; mais celui-ci est rond et tout d'une pièce.

Le père. Tu vois qu'il est peut-être plus aisé de l'ouvrir en-dedans qu'en-dehors ; conviens que les noix de coco ont une tout autre construction ; mais tu peux voir encore, par ces fragments, que la nature sait aussi venir à leur secours. Ici, près de la queue, tu trouveras trois trous ronds, qui ne sont point couverts d'un tissu aussi dur que le reste de la coque ; ce n'est qu'une espèce de bondon spongieux qui les ferme, et c'est par là que le germe des pépins peut sortir.

Fritz. Je vais remettre ensemble ces fragments, et je rapporterai cette noix à maître Ernest, qui en est si friand, pour voir s'il la trouvera de son goût.

Le père. Et moi, mon cher Fritz, j'aimerais bien à te trouver moins de méchanceté ; badine avec ton frère sur cette mauvaise noix, à la bonne heure, pourvu que tu lui en portes aussi une meilleure, si tu peux la trouver ; cherchons bien, peut-être en ramasserons-nous qui ne seront pas gâtées.

Après avoir cherché longtemps, nous en trouvâmes une seule et nous l'ouvrîmes ; elle était passable, et nous permit d'épargner les provisions que nous avions emportées pour notre dîner ; il était encore trop tôt pour le faire. Quoique cette noix fût déjà un peu huileuse et un peu rance, nous nous en étions pourtant rassasiés, et nous continuâmes notre route. Pendant quelque temps encore le chemin nous conduisit à travers des bois, où nous fûmes souvent obligés de nous frayer une route avec la hache, parce qu'ils étaient entrelacés d'une grande quantité de lianes. Enfin nous arrivâmes de nouveau dans la plaine, où nous eûmes la vue libre et un chemin plus ouvert ; la forêt se prolongeait à environ une portée de fusil sur la droite, et par-ci par-là se montraient aussi quelques arbres d'une espèce particulière. Fritz, qui jetait continuellement son regard à la découverte, en remarqua bientôt qui lui parurent si extraordinaires, qu'il voulut les voir de plus près. « O mon père ! s'écria-t-il, quel singulier arbre est-ce donc là, avec ces gros goîtres au tronc ? Examinons-les plus attentivement. » Et il y courut.

Je m'en approchai aussi, et je trouvai, avec un joyeux étonnement, une quantité d'arbres à calebasse, qui portent à leur tronc de gros fruits assez semblables à de grosses courges. Fritz, qui n'en avait jamais entendu parler, ne concevait pas ce que ce pouvait être ; il me demanda si c'étaient des éponges. « Nous allons bientôt découvrir ce mystère, lui dis-je ; tâche d'en abattre une ou deux, alors nous les examinerons de plus près. »

Pendant que Fritz faisait ce que je lui avais prescrit, je réfléchissais profondément à cette nouvelle découverte. Quoique la longue tempête que nous avions éprouvée nous eût écartés de notre route et probablement fait dépasser Batavia, lieu de notre destination, il était impossible que nous nous trouvassions en Amérique, et cependant, de même que l'agouti que nous avions pris la veille, ce calebassier est un produit du nouveau monde. Cette découverte me faisait de plus en plus désirer de savoir à peu près où nous étions.

— En voilà une, dit Fritz; elle a parfaitement l'air d'une courge; seulement la coque paraît plus dure.

Le père. Sûrement elle l'est, et on s'en sert, comme des courges à gourde, pour des ustensiles; on en fait des assiettes, des écuelles, des plats et des flacons; on peut donc les nommer arbres à courges.

Fritz sautait de joie : « Des plats, des assiettes, disait-il; ma bonne mère sera bien contente, elle saura dans quoi nous servir notre soupe.

Le père. Pourquoi penses-tu, Fritz, que cet arbre ne porte ses fruits qu'au tronc et aux plus fortes branches?

Fritz. Parce que les petites branches inférieures se casseraient par la pesanteur de leurs fruits.

Le père. Bien deviné.

Fritz. Mais ces courges sont-elles bonnes à manger?

Le père. Du moins je ne les crois pas nuisibles; mais elles ne sont pas d'un goût exquis. Les sauvages, les nègres, font grand cas de la coque, qui leur vaut de l'or et leur est presque indispensable; elle leur sert à conserver leurs aliments et même à les faire cuire.

Fritz. Oh! oui, cuire! c'est impossible! Cette coque s'enflammerait bien vite si on la mettait sur le feu.

Le père. Je ne te dis pas qu'on mette la coque sur le feu.

Fritz. Ha! ha! et comment peut-on faire cuire quelque chose sans feu?

Le père. Je n'ai pas dit non plus que cela fût possible; mais on n'a pas besoin de mettre sur le feu le vase dans lequel on fait cuire les aliments.

Fritz. Je n'y comprends rien; c'est un miracle.

Le père. C'est le propre de l'homme, lorsque ses lumières ne suffisent pas, ou qu'il ne veut pas se donner la peine de réfléchir.

Fritz. Allons, je veux le croire, puisque vous le dites.

Le père. Ainsi, pour abréger, tu veux donc jurer sur la parole d'autrui? C'est un bon moyen pour laisser ta raison en friche. Mais je t'aiderai à comprendre ce phénomène. Ecoute : lorsqu'on veut faire cuire quelque chose dans ces courges, il faut les couper en deux et en ôter la moelle; dans une de ces écuelles on met de l'eau, et dans cette eau des poissons, des crabes, enfin tout ce qu'on veut faire cuire; alors on jette peu à peu dans cette eau des pierres qu'on a fait rougir au feu, et qui communique à l'eau assez de chaleur pour cuire ce qui est dedans sans que la coque en souffre.

Fritz. Mais cette manière de cuire doit gâter les mets par les cendres et par les morceaux qui se détachent des pierres rougies qu'on jette dans l'eau?

Le père. Sans doute, on ne peut pas faire de cette manière des sauces ou des ragoûts bien fins, mais enfin c'est toujours cuire; et les nègres et les sauvages, qui en font usage, ne sont pas bien délicats; mais on peut encore mettre les mets à part dans un plus petit vase, qu'on pose sur un plus grand, où il n'y a que de l'eau que l'on fait bouillir avec les pierres rougies : c'est ce qu'on appelle cuire au bain-marie. On en fait un grand usage en chimie; et ce qui se cuit de cette manière a l'avantage de ne jamais s'attacher au vase. »

Nous procédâmes ensuite à notre fabrication de plats et d'assiettes; je montrai à Fritz à couper la courge avec une ficelle, bien mieux et bien plus droit qu'avec un couteau : j'attachai la ficelle autour de la calebasse aussi fort que possible ; je la fis entrer un peu avant dans la peau tendre, en la frappant tout autour avec le manche de mon couteau ; puis je la serrai davantage, jusqu'à ce qu'elle eut traversé tout l'intérieur de la courge, et formé ainsi deux écuelles fort régulières ; tandis que mon fils, qui avait voulu essayer de partager une calebasse avec son couteau, l'avait complètement gâtée, parce que le couteau avait glissé tantôt trop haut et tantôt trop bas. Je lui conseillai de fabriquer des cuillers avec les morceaux qu'il avait faits, et qui ne pouvaient lui servir à autre chose. Je fis ainsi deux plats assez grands, et d'autres plus petits pour servir d'assiettes.

Fritz était émerveillé. « Comment l'idée de cette manière de couper vous est-elle venue, mon père ? me demanda-t-il.

Le père. J'en ai lu la description dans des livres de voyage. J'ai lu que des sauvages, qui n'ont pas de couteau, mais qui fabriquent des espèces de ficelles d'écorce d'arbre, s'en servent pour couper différentes choses ; et tu vois quelle est l'utilité de la lecture et de la réflexion.

Fritz. Et pour faire des flacons, comment s'y prend-on ? Je ne le comprends pas.

Le père. On s'en occupe d'avance. Pour avoir une bouteille avec un cou, il faut entourer la courge toute jeune d'un bandage de toile ou d'écorce, en sorte que la partie libre se forme seule en rondeur, et que celle qui est comprimée reste étroite ; de cette manière on obtient un flacon de la meilleure forme. On le fait ensuite sécher, puis on fait une ouverture en haut, par laquelle on fait sortir la moelle, en y mettant de petits cailloux qu'on secoue, et qui détachent l'intérieur.

Fritz. Les courges en flacon, qu'on nomme des gourdes, et que j'ai vues dans notre pays, ont-elles été faites de cette manière ?

Le père. Non, mon cher ; c'est une espèce à part, qui a naturellement cette forme. »

Tout en causant, l'ouvrage avançait ; Fritz avait aussi fait un plat et des assiettes, et il les admirait. « Ah ! quel plaisir ma mère aura à manger là-dessus ! disait-il ; mais comment les emporterons-nous ? Elles me paraissent bien fragiles.

— Nous allons, lui dis-je, les laisser ici au soleil, sur le sable, pour qu'elles sèchent bien, et nous les prendrons au retour ; mais il faut avoir soin de les remplir de sable pour que l'ardeur du soleil ne les rétrécisse pas. » Ce conseil plut à mon Fritz, qui se voyait dispensé de les porter pendant toute la route. Notre porcelaine de nouvelle fabrique fut donc mise sur la grève, remplie de sable et abandonnée ainsi.

Tout en cheminant, Fritz s'amusait à sculpter les cuillers de coque de courge, et moi j'essayai d'en faire une de fragments de noix de coco ; mais il faut avouer que ni l'une ni l'autre ne ressemblaient le moins du monde à celles que j'avais vues au muséum de Londres, travaillées par des insulaires de la mer du Sud. Lorsqu'on manque d'instruments, il faut céder le pas aux sauvages dans ce qui tient à l'adresse et à la patience ; encore avions-nous des couteaux, et ils n'ont que des pierres plates. « J'ai fait là, dis-je en riant à mon fils, une cuiller qui ne vaut guère mieux que la tienne. Il faudrait avoir la bouche fendue jusqu'aux oreilles pour manger la soupe avec ces cuillers-là.

— Je le crois bien, me répondit-il ; mais ce n'est pas ma faute, c'est la courbure du morceau de courge qui m'a dirigé ; si je les avais faites plus petites, elles seraient devenues trop plates ; il est encore plus difficile de manger la soupe avec une pelle qu'avec une coquille d'huître. En attendant que je trouve le moyen d'en faire de meilleures, celles-ci pourront toujours servir, et feront plaisir à maman.

Je pense que Dieu met quelquefois ses enfants en détresse pour qu'ils apprennent à se contenter de peu.

Le père. Cette remarque est bonne, mon fils, et me fait plus de plaisir que cent écus. » Fritz éclata de rire : « Vous ne la taxez pas trop haut, mon père, car à quoi vous serviraient à présent cent écus? Si vous aviez dit *une bonne soupe* ou *un cent de noix de coco*, vous m'auriez rendu plus fier de ma remarque.

Le père. Eh bien! sois-le encore de celle-ci. Je suis bien aise que tu commences à estimer les choses suivant leur utilité, et à ne pas les regarder invariablement comme bonnes ou mauvaises, ainsi que le font en général les enfants. L'argent n'est qu'un moyen d'échange dans l'état de la société; mais ici, sur cette côte solitaire, la bonne nature ne nous en demande point pour ce qu'elle veut bien nous donner. »

Pendant cette conversation et pendant la fabrication des cuillers, nous n'avions pas négligé de regarder attentivement partout, pour chercher à découvrir nos compagnons; mais, hélas! ce fut en vain. Enfin, après une marche de quatre bonnes heures, nous arrivâmes à une langue de terre qui avançait fort au loin dans la mer, et sur laquelle se trouvait une colline très élevée; cette hauteur nous parut la plus favorable pour étendre nos recherches et notre vue au loin, sans avoir besoin de rôder plus longtemps, et nous y montâmes avec courage.

Ce ne fut pas sans peine et sans sueur que nous arrivâmes sur le sommet, qui nous offrit une vue magnifique, embrassant une très vaste étendue d'eau et de terre; mais nous eûmes beau regarder avec notre excellente lunette au long et au large, nous ne découvrîmes nulle part aucune trace d'hommes. La belle nature était devant nous, parée de toutes ses grâces naturelles; et malgré le manque de secours humain, elle nous parut charmante au plus haut degré. Le rivage arrondi d'une baie considérable, dont le bord de l'autre côté se perdait en un promontoire d'un beau bleu; la mer doucement frisée, dans laquelle le soleil répétait ses rayons; ces bois d'une verdure variée, ces productions nouvelles à nos yeux, nous auraient extasiés, si le chagrin de ne pas trouver nos camarades, et de penser qu'ils avaient péri misérablement dans la vaste mer, ne nous eût accablés de tristesse; nous étions abattus de voir ainsi disparaître notre plus douce espérance; nous ne sentîmes pas moins, cependant, la grâce que Dieu nous avait faite en nous préservant et en nous plaçant solitaires dans cette belle contrée, où du moins nous n'éprouverions pas la faim, et où, autant qu'on pouvait en juger, nous serions ainsi préservés d'autres dangers : nous n'avions point rencontré d'animaux cruels ou venimeux, et, aussi loin que notre vue pouvait s'étendre, nous n'apercevions aucune hutte de sauvages. « Eh bien! mon Fritz, lui dis-je, il paraît que Dieu nous a destinés à une vie solitaire, et nous a donné ce beau pays pour notre habitation, du moins jusqu'à ce que le sort amène un vaisseau sur ces parages; eh bien! que sa volonté soit faite! Nous pensions déjà à mener une vie de colons et de planteurs; que nous soyons quelques personnes de plus ou de moins, notre repos et notre confiance en Dieu ne doivent pas diminuer; il faut tâcher d'être aussi bons et aussi heureux que possible dans la situation où il nous a placés.

Fritz. Quant à moi, je ne m'affligerai pas de nous voir rester seuls dans ce pays si Dieu vous conserve, ainsi que ma mère; que m'importent ces méchantes gens du vaisseau?

Le père. Ne dis pas cela, mon fils; tous n'étaient pas méchants. La plupart seraient devenus meilleurs ici, parce qu'ils n'auraient pas été attaqués par la séduction. La vie sociale, les intérêts communs, les forces réunies, les réflexions, les conseils, les services mutuels, sont les agents qui aident au bien-être individuel et à l'activité heureuse et prospère.

FRITZ. Quand nous serons grands, c'est nous qui ferons tout l'ouvrage pénible; vous n'aurez plus qu'à vous reposer.

LE PÈRE. C'est bien, cher Fritz, tu me donnes du courage. Qui sait les intentions de Dieu à notre égard? Ne dit-il pas jadis à un de ses favoris solitaires : « De toi je ferai descendre un grand peuple? »

FRITZ. Ne pourrons-nous pas aussi devenir patriarches, si Dieu nous laisse la vie et s'il veut nous bénir?

LE PÈRE. Pourquoi non? Mais viens, mon petit patriarche en herbe, nous allons nous mettre à l'abri du soleil, pour que tu ne brûles pas avant de le devenir; là-bas, dans ce joli bois, nous nous reposerons, nous dînerons et nous retournerons ensuite vers nos amis. »

Nous descendîmes vers un agréable bois de palmiers, que nous avions aperçu de la hauteur; mais, avant d'y arriver, nous fûmes obligés de passer au milieu d'une quantité de roseaux qui étaient couchés pêle-mêle et gênaient beaucoup notre marche; nous avancions lentement et avec précaution, parce qu'à chaque pas nous redoutions la blessure mortelle de quelque serpent caché dans les roseaux, car j'avais lu que c'était là leur retraite ordinaire. Nous fîmes une longue et grosse canne de roseau, pensant que je pourrais mieux me défendre avec cette arme qu'avec toute autre contre un ennemi rampant; ce ne fut pas sans étonnement que j'aperçus bientôt un jus glutineux qui sortait de la canne coupée. Curieux, j'en goûtai; je le trouvai doux et agréable; de sorte qu'il ne me resta pas le moindre doute d'avoir découvert la plus belle plantation de canne à sucre; j'en mangeai davantage, et je me sentis singulièrement rafraîchi et restauré par cet excellent jus. Je ne voulus pas communiquer tout de suite à mon Fritz cette heureuse découverte; je préférai lui préparer la joie de la faire lui-même. Comme il avait pris les devants de quelques pas, je lui criai de couper aussi une canne pour sa défense. Il le fit d'abord, et, sans rien remarquer, il s'en servit comme d'un bâton, avec lequel il frappait vaillamment à droite et à gauche devant lui; le jus glutineux en sortit en plus grande abondance par ces secousses, et excita sa curiosité. Il s'arrêta et commença à en goûter; il en coula sur ses doigts, qu'il lécha l'un après l'autre; puis il sauta, rit et cria : « O papa! papa! du sucre! du sirop de la canne à sucre! excellent! excellent! Quelle joie ce sera pour mes petits frères, qui aiment tant le sucre, et pour ma mère, lorsque je leur en porterai! » Il la coupa par morceaux, et les suça les uns après les autres, au point que le nectar coulait de toutes parts, et qu'il fut obligé de modérer son avidité. « Je te conseille de respirer un peu, lui dis-je; il ne faut jamais s'abandonner aux excès, à la sensualité, et l'on doit savoir se modérer, même dans les plaisirs permis.

FRITZ. Mais j'étais altéré, et ce jus est si bon!

LE PÈRE. Tu t'excuses précisément comme les ivrognes, qui boivent immodérément parce qu'ils ont soif, disent-ils, et parce que le vin a un goût exquis; cependant, quelque bonnes que soient leurs excuses, ils n'en perdent pas moins la raison.

FRITZ. Je veux du moins prendre une bonne provision de cannes à sucre avec moi, afin que, chemin faisant, nous puissions en sucer de temps en temps, et en régaler maman et mes frères.

LE PÈRE. Oui, j'approuve cela; mais ne fais pas ton fardeau trop gros, car tu as déjà beaucoup à porter, et tu auras longtemps à marcher. »

J'avais beau prêcher, il coupa au moins une douzaine des plus belles cannes, les dépouilla de leurs feuilles, les lia et les prit sous le bras, pendant que nous avancions pour sortir enfin de ces épaisses broussailles. Nous arrivâmes heureusement au bois de palmiers, nous y pénétrâmes pour nous coucher à l'ombre et manger le reste de notre dîner. Tout-à-coup un nombre assez grand de singes, effrayés par notre arrivée et par l'aboiement de notre chien, grimpèrent si lestement sur les arbres, que nous ne les aperçûmes guère que lorsqu'ils furent logés tout en haut dans la couronne; alors ils grincèrent des dents, firent des grimaces épouvantables, et nous saluèrent d'un affreux cri hostile. Je remarquai bientôt que les arbres étaient des cocotiers, et j'eus l'espoir d'obtenir, par le moyen des singes, quelques fruits peu mûrs et remplis de lait. Fritz, de son côté, était empressé à tirer sur ces bêtes; il jeta à terre le paquet de cannes à sucre, mit en joue, et... j'eus à peine le temps de l'empêcher de faire feu en le prenant par le bras pour donner une autre direction à son fusil : « Que voulais-tu faire, lui dis-je, dans ton ardeur de jeunesse? Quelle utilité ou quel plaisir aurais-tu trouvé à mettre à bas un de ces singes?

Fritz. Ah! mon père! pourquoi ne m'avez-vous pas laissé faire? Les singes sont des bêtes méchantes et nuisibles; voyez comme ils nous montrent le dos pour se moquer de nous.

Le père. Et cela peut-il exciter à la vengeance ce Fritz si raisonnable? A dire la vérité, je n'aime pas trop les singes : ce sont des animaux malicieux par caractère; mais aussi longtemps qu'une bête ne nous nuit pas, ou que sa mort ne nous est pas utile pour conserver notre propre vie, nous ne sommes pas en droit de la tuer, et nous le sommes moins encore de la tourmenter pour nous amuser, ou par un désir insensé de vengeance.

Fritz. Nous aurions aussi bien pu rôtir un singe que tout autre gibier.

Le père. Grand merci! tu nous aurais fait là un beau régal! D'ailleurs, ton singe tué n'aurait pas couru de lui-même à la cuisine, et moi je n'avais, je t'assure, nulle envie de le porter chez nous. Pour toi, mon fils, tu es chargé de reste avec ton gros paquet de cannes à sucre; les singes vivants nous seront peut-être d'une plus grande utilité. Regarde-moi faire; mais prends garde à ta tête; si je réussis, ils nous fourniront des noix de coco en abondance. »

Je commençai alors à jeter des pierres contre les singes; et quoique je n'atteignisse pas la moitié de la hauteur des palmiers, ils furent cependant très excités et fort en colère. Dans leur manie d'imitation, ils arrachèrent avec acharnement de la tige des palmiers noix sur noix pour les jeter contre nous, de sorte que nous avions beaucoup à faire pour éviter d'en être frappés, et bientôt il y eut autour de nous une grande quantité de fruits. Fritz riait de bon cœur de ce que ce tour avait si bien réussi; et quand la grêle de cocos fut ralentie, il ramassa autant de noix qu'il voulut. Nous choisîmes une place sûre pour jouir de notre récolte, et nous ouvrîmes les coques avec la hache; mais auparavant nous bûmes, par les trois petits trous que nous pouvions percer avec le couteau, le lait qui s'y trouvait. Nous ne le trouvâmes pas très bon; mais il désaltère. Ce qui nous parut excellent, ce fut une espèce de crème solide qui s'attache à la coque, et que nous grattâmes avec nos cuillers; nous y mêlâmes du jus de nos cannes, et nous fîmes un régal délicieux. Maître Turc y gagna le reste de notre homard, que nous méprisions, et un peu de biscuit; mais cette grosse bête était loin d'être rassasiée : elle mâcha de tout son cœur des morceaux de canne à sucre et des pépins de coco.

Enfin nous nous levâmes; j'attachai ensemble quelques noix qui avaient encore leurs tiges, et je les jetai sur mon épaule. Fritz reprit son paquet de cannes; nous

nous chargeâmes, et nous nous préparâmes à repartir pour reprendre le chemin de notre habitation.

IV. — RETOUR DU VOYAGE DE DÉCOUVERTES. — ALARMES NOCTURNES.

Fritz n'acheva pas son voyage sans faire entendre ses plaintes : le paquet de cannes à sucre pesait sur ses épaules ; il le changeait souvent de place ; enfin il s'arrêta en respirant fortement : « Non ! s'écria-t-il, je n'aurais jamais pensé que quelques cannes à sucre fussent si pesantes à porter ; que je plains les pauvres nègres qui les apportent de beaucoup plus loin ! Je voudrais bien cependant que ma mère et mes frères eussent part à notre butin.

— Patience et courage, cher Fritz ! lui criai-je ; pense au panier de pain d'Esope, qui était d'abord le plus pesant fardeau, et qui devint à la fin le plus léger ; tes cannes à sucre diminueront aussi, et nous pourrons bien, avant d'arriver chez nous, en sucer encore plusieurs. Dès à présent, allège-toi d'une en ma faveur ; elle me servira de bâton de pèlerin et de ruche à miel en même temps. Prends-en une aussi à la main ; quant aux autres, tu les lieras fortement ensemble et tu les attacheras sur ton dos en sautoir avec ton fusil, et alors tu les porteras avec plus d'aisance. Dans notre situation, il faut apprendre à faire usage de son intelligence ; la réflexion et la faculté *inventrice* doivent compenser le défaut de secours. »

Pendant que nous marchions et causions ainsi, Fritz s'aperçut que je suçais de temps en temps le bout de ma canne, et voulut en faire autant ; mais il eut beau sucer de toutes ses forces, rien ou presque rien n'arrivait dans sa bouche. « D'où vient donc, me dit-il, que je ne tire point de jus ? Cependant elle en est pleine.

— Cela provient, lui dis-je, de ce que tu ne fais usage ni de ton jugement ni de ton imagination.

Fritz. Ah ! j'y suis ; c'est sans doute par défaut d'air. S'il n'y a pas une ouverture en bas, je sucerai en vain ; rien n'arrivera.

Le père. Tu l'as deviné ; mais que faut-il faire maintenant ?

Fritz. Prêtez-moi un moment votre canne, mon père.

Le père. Point du tout ; il n'y aurait pas alors grand mérite ; il faut que tu trouves toi-même le moyen.

Fritz. Voyons... Je pense qu'il n'y a qu'à faire un petit trou au-dessus du premier anneau, alors l'air peut y entrer.

Le père. Fort bien pensé ; mais pourquoi fais-tu ce trou au premier anneau, et comment l'air fait-il entrer ce jus dans ta bouche ?

Fritz. La canne étant fermée à chaque anneau, le trou que je ferais au-dessous ne servirait à rien pour la partie supérieure. En suçant, j'aspire mon haleine et je fais un vide d'air dans ma bouche, l'air extérieur pénètre alors par le trou pour remplir ce vide ; il est arrêté par le jus, et le presse jusque dans ma bouche. Mais comment m'y prendrai-je, quand cette partie sera vide, pour en venir à la seconde ?

Le père. Comment ! grand physicien, qui viens de raisonner si juste sur la force et la fluidité de l'air, tu n'imagines pas de couper la partie vidée jusqu'au-dessous de l'anneau, de faire une nouvelle ouverture au bas, et ainsi de suite.

Fritz. Oui, oui, j'y suis, cela va bien ; mais à présent que nous savons la bonne manière, j'ai grand'peur que nous n'en apportions pas beaucoup à nos amis.

Le père. Je crains fort aussi que nous ne leur apportions que des bâtons qui seront bons à brûler ; d'ailleurs le jus s'aigrit facilement dans les cannes coupées, et par un soleil aussi brûlant. Ne t'afflige donc pas trop si leur nombre diminue.

Fritz. Eh bien ! si le sucre se gâte, je leur porterai au moins une bonne provision de lait de coco, que j'ai dans mon flacon de ferblanc ; nous en ferons tous en famille un joli régal.

Le père. Pauvre petit ! comme tu te charges ! et peut-être à la fin tu n'auras que du vinaigre ; car le jus de coco, sorti de son vase naturel, se gâte encore plus vite que le sucre dans les cannes ; peut-être est-il déjà gâté maintenant : le vase de ferblanc où tu l'as mis s'échauffe excessivement aux rayons du soleil.

Fritz. Cela serait bien malheureux ! il faut que je le goûte. » Le flacon fut vite ôté de dessus son dos, et il essaya de tirer avec force le bouchon, qui sortit tout-à-coup avec un grand fracas et le jus aussi, en écumant comme du vin de Champagne.

Le père. Bravo, monsieur Fritz ! vous avez fait là de bon vin mousseux, à ce qu'il me paraît. Prenez garde à présent de vous enivrer.

Fritz. Papa, papa, goûtez, goûtez : c'est délicieux, et, bien loin d'être du vinaigre, ceci ressemble tout-à-fait à d'excellent vin nouveau ; c'est doux et piquant ; goûtez. N'est-ce pas que c'est bon ? Si cela reste ainsi, ils vont bien se régaler.

Le père. Je le désire ; mais j'ai grand'peur qu'il ne se dénature encore. Ceci est le premier degré de fermentation ; la même chose arrive lorsque le miel est dissous dans de l'eau pour en faire de l'hydromel. Quand cette première fermentation est passée et que le fluide s'est épuré, on obtient du vin ou quelque liqueur fermentée plus ou moins bonne, suivant le jus qu'on a ; ensuite, par la chaleur, il résulte une nouvelle fermentation plus lente, qui fait tourner le fluide en vinaigre ; mais celle-ci peut être prévenue par des soins et de la fraîcheur ; enfin il s'établit dans le vinaigre même une troisième fermentation, qui le dénature, lui ôte toute sa force et le corrompt. Sous la température brûlante où nous sommes actuellement, cette triple fermentation peut s'opérer très rapidement, et tu pourrais fort bien n'apporter à la maison que du vinaigre, ou peut-être une eau sale et puante. Nous pouvons donc boire chacun un peu de ta nouvelle boisson pour en profiter pendant qu'elle est encore bonne, et nous restaurer. Donne, mon fils. A ta santé et à celle de nos bien-aimés ! En effet, cette liqueur est excellente, mais assez forte ; et il faut que nous en soyons sobres, si nous ne voulons pas qu'elle nous porte à la tête. »

Cette boisson nous redonna des forces et de la gaieté ; nous cheminâmes avec courage jusqu'à l'endroit où nous avions enfermé dans le sable nos ustensiles d'écorce de calebasse : nous les trouvâmes très secs, point déformés et durs comme de l'os ; nous pûmes donc les prendre dans nos gibecières sans en être incommodés : cela fait, nous continuâmes notre route. A peine avions-nous traversé le petit bois où nous avions déjeuné, que Turc nous quitta tout furieux pour fondre sur une troupe de singes qui, au bout du bois, jouaient et folâtraient dans la plaine sans nous remarquer. Ils furent donc complètement surpris ; et, avant que nous eussions pu accourir, le dogue sanguinaire avait déjà attrapé une grande guenon qui tenait son petit dans ses bras et le caressait comme si elle eût voulu l'étouffer, ce qui l'empêcha de se sauver et causa sa perte : elle fut tuée et dévorée ; le petit s'était caché dans l'herbe, et regardait cet affreux spectacle en grinçant des dents. Fritz avait couru de toutes ses forces pour prévenir cette triste scène ; il perdit son chapeau, jeta flacon, cannes, etc., le tout en vain ; il arriva trop tard pour empêcher le meurtre de la pauvre mère, mais assez tôt pour une scène comique, et qui m'amusa beaucoup.

A peine le petit singe l'eut-il aperçu, qu'il sauta lestement sur ses épaules, et il se tint si ferme avec ses pattes dans les cheveux frisés du pauvre Fritz, que ni cris, ni menaces, ni secousses, ne purent le faire descendre. J'accourus en riant, car je voyais bien que l'animal était trop jeune pour qu'il y eût le moindre danger, et la terreur panique du pauvre garçon contrastait risiblement avec les grimaces de la petite bête. Je tâchai de le dégager sans pouvoir en venir à bout.

« Je crois, di-je à Fritz, que tu seras obligé de le porter ainsi : cette provision plaira moins à ta mère que celle que tu lui destinais ; cependant le petit animal donne là un trait de génie : il a perdu sa mère, et il t'adopte pour son père.

Fritz. Le coquin aura remarqué que je suis une bonne pâte d'enfant qui ne puis faire mal à aucune bête quand elle se met sous ma protection ; cependant il me tire un peu trop les cheveux, et je vous prie instamment de l'ôter. »

J'en vins à bout avec adresse et douceur ; je pris le singe dans mes bras comme un petit enfant, et je ne pus m'empêcher de le plaindre et de le caresser ; il n'était pas plus grand qu'un chat, et point en état de se tirer d'affaire par lui-même : la mère était, à ce qu'il nous parut, de la grandeur de Fritz au moins. « Que ferai-je de toi, m'écriai-je, pauvre orphelin, et quelle nourriture pouvons-nous te donner dans notre misère ? Nous avons déjà trop de bouches à nourrir et trop peu de bras pour travailler.

— Ah ! mon père ! s'écria Fritz, je vous en prie, laissez-moi ce petit drôle, j'en aurai bien soin ; je lui donnerai toute ma part de lait de coco jusqu'à ce que nous ayons nos vaches et nos chèvres ; peut-être son instinct de singe nous aidera-t-il un jour à découvrir quelques bons fruits.

— A la bonne heure, lui dis-je, tu t'es conduit dans cet événement tragi-comique comme un jeune homme brave et sensible, et je suis content de toi : il est juste que ton protégé t'appartienne ; tout dépendra de la manière dont tu l'élèveras ; nous verrons bientôt s'il peut nous aider par son intelligence ou nous nuire par sa malice ; dans ce dernier cas, il sera vite renvoyé. »

Pendant que nous traitions, Fritz et moi, de l'adoption du petit singe, Turc se rassasiait de la chair de la mère : mon fils voulait l'en empêcher ; mais, outre que cela eût été difficile, nous étions nous-mêmes en danger avec cette bête affamée, tout ce que nous lui avions donné auparavant étant loin de pouvoir satisfaire son appétit vorace.

Nous nous mîmes donc en marche, laissant le dogue avec sa proie ; le petit orphelins se tint sur l'épaule de son protecteur, et je me chargeai du paquet de cannes. Nous avions à peine fait un quart de lieue, que Turc nous atteignit au galop, en léchant de droite et de gauche son museau ensanglanté : nous le reçûmes de très mauvaise humeur ; mais il ne s'en embarrassa guère et se mit à marcher tranquillement, et d'un air satisfait, derrière Fritz. Le petit singe, inquiet de ce redoutable voisinage, se retourna et vint s'établir sur la poitrine de mon fils, qui en fut incommodé : alors son esprit inventif s'éveilla ; il attacha Turc à une corde, puis il lui en passa une seconde autour du cou, mit le singe sur son dos, donna le bout de la seconde corde au petit cavalier, qui la prit très bien, et dit pathétiquement au dogue : « Puisque tu as assassiné la mère, c'est à toi à prendre soin de l'enfant. » D'abord le chien se montra rétif ; mais des menaces et des caresses de notre part le rendirent si souple, qu'il consentit à porter son petit

3

fardeau ; et le singe, qui faisait aussi quelques difficultés, finit par s'y trouver très bien. Fritz menait le dogue en laisse pour qu'il ne s'écartât pas ou n'allât pas trop vite, et moi je m'amusais de l'idée que nous arriverions chez nous comme des conducteurs de bêtes rares ; je jouissais d'avance de la joie de nos petits cadets lorsqu'ils nous verraient arriver ainsi. « Ah ! je vous en réponds, disait Fritz, frère Jack aura à présent un bon modèle pour des grimaces et des malices. — Prends modèle toi-même, mon fils, lui dis-je, sur ta bonne mère, pour être indulgent avec tes frères ; tes réflexions sur leurs défauts, qui ne sont, grâce au ciel, nuisibles à personne, ne me font nul plaisir ; je les vois très bien sans que tu m'en avertisses ; laisse-moi le soin de les corriger.

Fritz. Je voudrais pourtant bien aussi qu'on pût corriger Turc d'attaquer ainsi les bêtes en vie et de les déchirer à belles dents : c'était, je vous assure, un affreux spectacle, d'autant plus que les singes ressemblent si fort aux hommes, qu'il me semblait que c'en était un.

Le père. Il suffisait que ce fût une bête souffrante pour ne pas aimer un tel spectacle ; mais, dans notre situation, il serait dangereux d'accoutumer notre chien à ne pas attaquer et tuer, s'il le peut, les animaux qu'il ne connaît pas : tu verras que bientôt il aimera ton petit singe comme un membre de la famille, et tu vois déjà qu'il le souffre sur lui ; mais il est bon qu'il ne craigne pas de se mesurer avec les bêtes sauvages. Le ciel a fait présent du chien à l'homme pour sa garde et pour sa défense, ainsi que du cheval ; ce sont, pour ainsi dire, des auxiliaires contre le reste de la nature. Quelle bonté de Dieu n'aperçoit-on pas dans les dispositions de ces êtres utiles qui montrent un si grand penchant pour l'homme et se laissent si facilement dompter et apprivoiser ! A cheval, et entouré d'une troupe de vaillants chiens, l'homme ne doit craindre aucun animal sauvage, ni lion, ni hyène ; il pourrait même échapper à la rapacité du tigre.

Fritz. C'est donc bien bon que nous ayons deux chiens si vaillants, si attachés à nous, et qui nous protégent ! C'est seulement dommage que les chevaux qui étaient sur le vaisseau aient péri dans le voyage, et qu'il ne nous reste qu'un âne.

Le père. Gardons-nous bien de le mépriser ; je voudrais qu'il fût déjà sur la terre ; par bonheur il est de la grande race, et non de l'espèce commune ; il peut fort bien nous servir comme un cheval ; et peut-être encore s'améliorera-t-il par les soins, la bonne nourriture et l'influence du climat. »

Dans de semblables conversations, sur des sujets qui nous intéressaient également, le chemin fuyait sous nos pieds, et nous nous trouvâmes au bord du grand ruisseau, et près des nôtres, sans presque nous en être aperçus. Le grand danois Bill nous annonça par ses aboiements, et l'anglais Turc lui répondit si fortement, que son petit cavalier singe, tout effrayé, sauta de dessus son dos sur celui de Fritz, et ne voulut plus en descendre. Turc, qui commençait à reconnaître la contrée, lui échappa, prit les devants pour rejoindre son camarade et annoncer notre arrivée. Bientôt aussi nos bien-aimés parurent sur le rivage opposé, jetant des cris de joie de notre heureux retour, et ils remontèrent le ruisseau vis-à-vis de nous, jusqu'à ce que, des deux côtés, nous parvinssions à la même place où nous l'avions traversé le matin : nous arrivâmes heureusement sur la rive opposée et courûmes nous jeter dans les bras les uns des autres. A peine les petits furent-ils près de leur frère, qu'ils recommencèrent leurs cris de joie : « Un singe, un singe en vie ! Papa, maman, un singe en vie ! ah ! que c'est délicieux ! que nous sommes contents ! Comment l'as-tu attrapé ? Quelle drôle de mine ! Il est bien laid, dit le petit François, qui en avait presque peur. — Il est plus joli que toi, dit Jack ; voyez comme il rit : que je voudrais le voir manger ! — Si nous avions

seulement des noix de coco, dit Ernest; en avez-vous trouvé? sont-elles bonnes?
— M'apportes-tu de bon lait d'amandes? disait François. — N'avez-vous fait aucune rencontre fâcheuse? demandait ma femme. » Ainsi les questions, les exclamations se succédaient, et si rapidement, que nous ne pouvions y répondre.

Enfin, quand on commença à se calmer un peu, je pris la parole, et je dis : « Je vous salue encore une fois de tout mon cœur, mes bien-aimés; nous arrivons, Dieu soit loué, sans avoir rien rencontré de fâcheux, et nous vous apportons toutes sortes de bonnes choses; mais je n'ai pas réussi dans ce qui me tenait le plus à cœur : nous n'avons rencontré aucun de nos compagnons d'infortune. J'espérais être plus heureux.

— Puisque Dieu le veut ainsi, dit ma femme, soumettons-nous et remercions-le de nous avoir sauvés tous ensemble et réunis encore une fois : combien je l'ai prié pour que vous revinssiez en bonne santé, et combien de malheurs je redoutais pour vous! Cette journée m'a paru un siècle. Racontez-nous maintenant votre petit voyage et quittez vos fardeaux ; quant à nous, nous sommes reposés, quoique nous n'ayons pas été tout-à-fait oisifs. Mes enfants, débarrassez votre père et votre frère de ce qu'ils ont porté si longtemps. »

Jack prit mon fusil, Ernest les noix de coco, François les coques de courges, et ma femme ma gibecière. Fritz distribua les cannes à sucre, mit son singe sur le dos de Turc, à la grande joie des enfants, et pria son frère Ernest de prendre encore son fusil; mais Ernest n'aimait pas à s'incommoder plus qu'il ne fallait, et prétendit que les grosses boules qu'il portait étaient assez pesantes pour ses forces : sa mère, très disposée à le gâter, les lui prit, et nous nous acheminâmes ainsi vers notre tente.

« Ah! dit Fritz, si Ernest avait connu ce qu'il a trouvé si pesant, il l'aurait gardé; ce sont des noix de coco, Ernest, de tes chères noix de coco dont tu as tant d'envie.

ERNEST. Dis-tu vrai? des noix de coco! Maman, vite, rendez-les-moi, s'il vous plaît ; je les porterai bien, et le fusil aussi.

LA MÈRE. Non, non, je ne veux plus entendre tes plaintes sur ta fatigue, et tu ne tarderais pas à les recommencer. » Il aurait volontiers prié sa mère de prendre le fusil en échange, mais il n'osa pas : « Je n'ai, dit-il, qu'à jeter ces bâtons et à porter le fusil à la main.

FRITZ. Je ne te le conseille pas, tu t'en repentirais bientôt; ces bâtons sont des cannes à sucre.

— Des cannes à sucre! s'écrièrent-ils tous, des cannes à sucre! » Ils entourèrent Fritz, lui firent raconter sa découverte, et demandèrent des instructions sur le grand art de sucer.

Ma femme aussi, qui avait toujours eu dans son ménage un grand respect pour le sucre, était tout émerveillée, et me demandait des explications : je lui en donnai avec grand plaisir, ainsi que sur la marche successive de nos découvertes, en les lui montrant tour à tour; rien ne lui fit plus de plaisir que nos plats et nos assiettes, parce que nous en avions le besoin le plus urgent. Nous arrivâmes à la cuisine, et nous y trouvâmes avec grande joie les préparatifs d'un excellent repas; d'un côté du feu il y avait un tourne-broche de bois sur deux fourches plantées en terre, où toutes sortes de poissons rôtissaient, attachés tout du long avec une baguette que François s'était chargé de tourner de temps en temps ; de l'autre côté, une oie était enfilée dans une seconde baguette, et sa graisse, en fondant, tombait dans des coquilles d'huîtres rangées dessous et serrées les unes contre les autres : au-dessus de la flamme était une marmite de fer, d'où s'évaporait l'odeur restaurante d'un bouillon savoureux. Derrière le foyer, un des tonneaux repêchés était ouvert, et nous montrait dans son intérieur les plus beaux fromages de Hollande, renfermés dans des cercles de plomb. Tout cela était fait pour exciter l'appétit de deux voyageurs qui n'avaient fait qu'un mauvais repas, et rien ne ressemblait moins à un dîner d'île déserte.

« Non, en vérité, mes chers amis, vous n'avez pas été oisifs pendant notre absence, m'écriai-je ; je vois ici l'utile résultat de vos travaux ; je suis seulement fâché que vous ayez déjà tué une oie ; il faut être plus économe de notre volaille, et la garder pour les mauvais moments.

— Que cela ne te tourmente pas, me dit ma femme ; ce rôti ne vient pas de notre basse-cour ; c'est une espèce d'oie sauvage et un butin de ton fils Ernest, qui lui donne un nom singulier, et qui m'assure qu'elle est bonne à manger.

ERNEST. Oui, mon père ; je crois que mon gibier est une espèce de *manchot*, qu'on pourrait distinguer par le surnom de *stupide*. Il est si bête que j'ai pu le tuer d'un coup de bâton.

— Quels pieds et quel bec avait-il ? demandai-je.

ERNEST. Il avait des pieds faits pour nager, les quatre doigts étaient liés par une *membrane* ; le bec était long, étroit, et un peu recourbé sur le devant : j'ai conservé la tête et le cou pour vous les faire examiner vous-même ; ils me rappellent exactement le manchot stupide de mon livre d'histoire naturelle.

— Bien, mon cher, lui dis-je ; tu vois à présent combien il est utile de lire et d'étendre ses connaissances, surtout celles de la nature ; elles servent à nous guider pour reconnaître sur-le-champ tous les objets que nous n'avons pas encore vus. *Quels oiseaux ont des pieds tels que ceux que tu viens de dépeindre, destinés à battre l'eau et à se soutenir dessus?*

ERNEST. Les frégates, les cormorans, les pélicans.

LE PÈRE. Mais à quoi distingues-tu ceux que tu viens de nommer du *manchot* ou *stupide*?

LA MÈRE. En vérité, mon cher, c'est moi qui te répondrai, et qui te prierai de prendre un autre moment pour ton questionnaire d'oiseaux ; quand tu es une fois en train de donner tes leçons, c'est à n'en pas finir : chaque chose a son temps ; Ernest a tué l'oiseau, l'a reconnu, nous le mangerons ; que te faut-il de plus ? Ne vois-tu pas que le pauve enfant ne perd pas de vue les noix de coco ? laisse-lui à présent le plaisir de les examiner et de les goûter.

ERNEST. Oh ! oui, ma bonne mère, si papa voulait le permettre.

LE PÈRE. Eh bien ! à la bonne heure ; mais il faut que Fritz vous apprenne comment on les ouvre pour en jouir et ne pas perdre leur lait ; et puis n'oubliez pas le petit singe qui n'a plus le lait de sa mère.

JACK. Il ne veut absolument rien manger ; je lui ai offert de tout ce que nous avons.

LE PÈRE. Je le crois bien ; il ne sait pas encore manger seul ; il faut le nourrir de lait de coco jusqu'à ce que nous ayons quelque chose de meilleur à lui donner.

JACK. Je lui cède avec plaisir toute ma part, à ce pauvre petit.

ERNEST. Je voudrais cependant boire de ce lait pour savoir quel goût il a.

— Et moi aussi, dit le petit François.

— Il faut pourtant que le singe vive, dit Jack avec son petit ton mutin.

LA MÈRE. Et nous tous aussi ; le souper est prêt, et les noix de coco seront pour le dessert. »

Nous nous assîmes par terre : ma femme commença à dresser le repas dans notre vaisselle de calebasse, qui nous fut très utile. Mes fils n'avaient pu y tenir ;

les noix de coco étaient cassées, on les trouvait excellentes, et on se faisait des cuillers avec les fragments de la coquille. Le petit singe avait été servi le premier, grâce au zèle de Jack; et tous mes enfants s'amusaient à lui faire sucer le coin de leur mouchoir trempé dans du lait de coco; il s'en régalait, et nous vîmes avec plaisir que nous pourrions le conserver.

On allait fracasser encore quelques noix avec la hache, après en avoir vidé la liqueur par les trous naturels qui se trouvent au bas, et qui sont légèrement recouverts d'une peau facile à percer, lorsque je criai : *Halte!* et demandai une scie. Je pensais qu'en ouvrant les noix de cette manière nous aurions dans les deux moitiés de très jolies tasses ou écuelles toutes façonnées. Jack, toujours le plus leste, m'apporta la scie; je travaillai de mon mieux à ma vaisselle, et bientôt chacun de nous eut devant lui un vase commode où ma femme nous servit à tous une portion de soupe. Elle était si contente, cette bonne mère, de ce que nous n'avions plus besoin, comme la première fois, de tremper les doigts dans le pot! Certainement aucun service, soit de vermeil, soit de porcelaine du Japon, n'a fait autant de plaisir à son possesseur que nos ustensiles de courge et de noix en firent à cette digne femme. Fritz me demanda si nous ne voulions pas boire de son vin de Champagne pour égayer le repas : « J'y consens, lui dis-je; mais goûte-le auparavant pour savoir ce que tu nous offres.

Il ouvrit son flacon et goûta... « O malheur! dit-il, ce n'est plus que du vinaigre.

— Du vinaigre! s'écria ma femme; il sera parfait pour la sauce de notre oie; la graisse servira d'huile, et nous aurons une bonne salade. Fut dit, fut fait; ce vinaigre de lait de coco aigri se trouva très fort et très bon; il corrigea le goût désagréable et saumâtre du manchot, que sans cela nous n'aurions pu manger, et rendit moins fades les poissons rôtis. Chacun vantait son plat; c'étaient Jack et François qui avaient pris les poissons dans le bas-fond, pendant qu'Ernest chassait sans beaucoup de peine son *stupide*; ma pauvre femme avait eu plus à faire à rouler le tonneau de fromage jusqu'à la cuisine et à le défoncer par un bout; mais aussi cet excellent dessert fut ce qui nous fit le plus de plaisir, et elle en reçut un juste tribut d'éloges.

Quand nous eûmes fini de souper, le soleil était à son déclin; sachant que la nuit arrivait presque aussitôt, nous n'eûmes rien de plus pressé que de regagner notre gîte; ma femme avait eu l'attention de ramasser encore beaucoup d'herbe sèche et de l'étendre dans la tente, de sorte que nous nous réjouîmes d'avoir des matelas mieux fournis et plus tendres que la nuit précédente. Toute notre volaille se plaça comme la veille; nous fîmes notre prière du soir, et nous nous glissâmes dans la tente; nous prîmes le singe avec nous, c'était le petit favori de tous; Fritz et Jack se partagèrent son amitié et le mirent tendrement au milieu d'eux, en le couvrant avec soin pour qu'il n'eût pas froid. Nous couchâmes tous d'ailleurs dans l'ordre accoutumé; je restai pour fermer la tente, et, après les grandes fatigues du jour, je tombai bientôt, ainsi que les autres, dans un sommeil profond et restaurant.

Mais à peine commençais-je à jouir de sa douceur, que je fus réveillé par l'inquiétude des poules perchées sur le faîte de la tente et par un fort aboiement de nos chiens vigilants. Je courus promptement à leur secours; ma femme et Fritz furent de leur côté réveillés et alertes; nous prîmes tous les trois des armes, et nous sortîmes de la tente. « Veux-tu aussi faire feu, chère amie? dis-je à ma femme.

— Oui, sans doute, s'il le faut, répondit-elle; j'oserai tout ce que notre sûreté et celle de nos chers enfants exigeront ; mais il vaut peut-être mieux que je vous laisse ce soin et que je m'occupe à charger les fusils et à vous les présenter à mesure que vous tirerez.

— Bien, dis-je ; à présent allons courageusement voir à quel ennemi nous avons affaire. » Nos chiens continuaient d'aboyer avec force, et il s'y joignait d'autres hurlements. Nous sortîmes de la tente ; à notre grand étonnement, nous aperçûmes au clair de la lune un terrible combat : une douzaine au moins de chacals avaient entouré nos deux braves dogues, qui se défendaient avec un courage inouï. Déjà nos vaillants champions avaient étendu par terre trois ou quatre de leurs adversaires, de sorte que les autres aboyaient timidement autour des chiens, et tâchaient, en les serrant de près, de gagner l'avantage ; mais les vigilantes bêtes étaient sur leurs gardes, se tournaient de tout côté, et ne laissaient pas approcher l'ennemi.

« Oh ! m'écriai-je, je craignais bien pis que des chacals ! Voyons, Fritz, tirons en même temps, et visons bien pour ne pas blesser nos chiens. Ta mère commandera ; ajuste bien ton ennemi pour ne pas le manquer ; le mien ne m'échappera pas. » Nous fîmes feu, et voilà deux de nos voleurs de nuit étendus sans vie sur le sable ; les autres s'enfuirent, et nous en vîmes qui se traînaient péniblement, étant sans doute blessés ; Turc et Bill les poursuivirent et les achevèrent. Quand la bataille fut finie, ils se régalèrent en véritables Caraïbes de la chair de leurs ennemis ; il fallait qu'ils fussent affamés, car les chiens ne mangent pas volontiers les renards, et le chacal en est une espèce plus sauvage et plus méchante que les renards de nos contrées. La bonne mère, voyant que tout était tranquille, nous exhortait à nous recoucher ; mais Fritz me demanda la permission de traîner son chacal tué vers la tente, pour pouvoir le montrer à ses frères le lendemain dès le matin. Sur notre consentement, il alla le chercher et le traîna avec beaucoup de peine, car il était de la grosseur d'un grand chien. Je dis cependant à Fritz que si Turc et Bill n'étaient pas rassasiés, ce dernier chacal devait encore leur être accordé pour récompense de leur bravoure.

Nous en restâmes là ; le corps du chacal fut posé à côté de la tente, sur le rocher, près des petits dormeurs, qui ne s'étaient pas réveillés à tout ce bruit, et sans autre interruption nous nous endormîmes à côté d'eux jusqu'à ce que l'aube du jour commençât à paraître et que le coq au cri perçant me réveillât, ainsi que ma bonne femme. Pendant que les enfants dormaient encore, je deliberai avec elle sur le plan des travaux de la journée.

V. — RETOUR SUR LE VAISSEAU ÉCHOUÉ.

« Ah ! chère amie, m'écriai-je, je vois devant nous tant de travaux, tant de soucis, que j'en suis effrayé. Un voyage au vaisseau est d'une nécessité indispensable si nous ne voulons pas perdre notre bétail et tant d'objets utiles que nous sommes encore en état de nous procurer et que la mer peut engloutir d'un moment à l'autre ; et nous avons tant de choses à soigner et à faire ici ! Ne serait-il pas nécessaire, avant tout, de nous préparer une meilleure demeure et un moyen de nous mettre à l'abri, nous et nos provisions ? Je ne sais par où commencer.

— Tout s'arrangera peu à peu, me dit ma femme ; l'ordre et la patience font bien de la besogne. Je frémis, il est vrai, de ce voyage ; mais, puisque tu le juges si nécessaire, je pense que c'est par là que tu dois commencer ; le reste se fera de lui-même, je te le promets. N'ayons pas le souci du lendemain : à chaque jour suffit sa peine.

— Je suivrai ton conseil, répondis-je, et cela dès aujourd'hui. Tu resteras ici avec nos trois cadets ; et Fritz, comme le plus fort et le plus habile, viendra avec moi. »

A ces mots, je me levai en criant à haute voix : « Levez-vous, mes enfants ; le jour va paraître, et nous avons de grands projets pour aujourd'hui ; ce serait une honte que le soleil nous trouvât dormant encore, nous les fondateurs d'une nouvelle colonie. »

A mes paroles, Fritz sauta lestement hors de la tente, pendant que ses petits frères bâillaient et se frottaient les yeux pour chasser le sommeil ; il courut vers son chacal tué, qui était devenu tout roide pendant la nuit ; il le mit debout, en sentinelle, à l'entrée de la tente, pour savoir ce que les petits diraient en le voyant ; mais aussitôt que les chiens l'eurent aperçu, ils grognèrent et aboyèrent d'une manière épouvantable, et le croyant en vie, ils voulurent l'attaquer. Fritz eut beaucoup de peine à les retenir ; il en vint cependant à bout en joignant la douceur à la fermeté.

Cependant le bruit qu'ils faisaient acheva d'éveiller nos enfants, qui sortirent de la tente, curieux de savoir ce qui l'excitait. Jack parut le premier, avec le petit singe sur les épaules ; mais quand ce dernier aperçut le chacal, il se sauva avec terreur dans l'endroit le plus reculé de notre gîte, et se retrancha si bien derrière de la mousse et du foin, qu'on apercevait à peine son museau. Les petits furent très surpris en voyant cette grande bête d'un fauve doré, qui se tenait toute droite sur ses pieds de derrière. « Bon Dieu ! un loup, je crois ! s'écria François en reculant un peu. — Non, non, dit Jack en s'approchant et le prenant par la patte, c'est un chien jaune et qui est mort ; il ne bouge pas. — Ce n'est ni un loup ni un chien, dit Ernest d'un ton de docteur ; ne voyez-vous pas que c'est un renard doré ? — Ha ! ha ! s'écria Fritz, monsieur le savant professeur, vous ne savez pas ce que vous dites, cette fois ; vous avez si bien pu reconnaître l'agouti, et vous ne connaissez pas un chacal, rien que cela, et que j'ai tué cette nuit ?

— Cette nuit ! en dormant, sans doute ? dit Ernest.

FRITZ. Non, Monsieur, en veillant pour votre sûreté ; j'ai tué ce chacal pendant votre sommeil, et vous ne savez pas seulement ce que c'est qu'un chacal, que vous appelez un renard doré.

ERNEST. Tu ne le saurais pas non plus si papa ne te l'avait dit.

— Allons, allons, mes enfants, m'écriai-je, point de dispute. Fritz, tu as tort de te moquer de ton frère, lors même qu'il se tromperait. Ernest, tu as tort d'être si sensible à une légère raillerie, et vous avez raison quand vous nommez cet animal *chien*, *loup* et *renard* ; il tient de ces trois espèces, et il a vraiment le poil doré. »

Les enfants firent la paix, et il y eut questions, narrations, admirations sans fin.

« Enfants, m'écriai-je, celui qui commence la journée sans adresser sa prière à Dieu n'aura ni bonheur ni succès dans ses entreprises ; prions donc avant d'aller à l'ouvrage. » Ils se mirent tous à genoux autour de moi. Lorsque j'eus fini les prières, il fut question de déjeuner, car l'appétit des petits garçons s'ouvre en même temps que leurs yeux ; cette fois, leur mère n'avait à leur donner que du biscuit, et il était si dur et si sec, qu'ils pouvaient à peine l'avaler ; Fritz demanda d'y joindre un peu de fromage, et Ernest se glissa vers l'autre tonneau repêché, que l'on n'avait pas ouvert, et que nous pensions aussi être plein de fromage. Au bout d'un moment, il revint auprès de nous; la joie brillait dans ses yeux.

« Papa, me dit-il, si nous avions seulement de bon beurre sur notre biscuit, il serait bien meilleur, n'est-ce pas ?

— Oui, dis-je, *si, si*, avec tes éternels *si;* ce biscuit avec du fromage vaut mieux que tes *si...*, qui ne signifient rien.

ERNEST. Peut-être qu'ils signifieraient beaucoup si on ouvrait cette tonne.

LE PÈRE. Quelle tonne, et que veux-tu dire ?

ERNEST. Que cette autre tonne est pleine d'un beurre salé excellent ; j'y ai fait une petite ouverture avec un couteau ; voyez ce que j'en ai tiré. » Et il nous montra une excellente tartine au beurre.

« Ton instinct de gourmand te conduit fort bien, lui dis-je, et tu as eu bon nez. Allons, à l'ouvrage! qui veut des tartines ? » Tous entourèrent la tonne ; mais j'étais dans l'embarras sur la manière la plus prompte et la plus sûre de l'ouvrir. Fritz pensait qu'il fallait ôter un des premiers cercles pour faire sauter le fond ; je lui représentai qu'il fallait bien se garder de relâcher les douves, parce que la chaleur du jour, qui serait très forte, ferait fondre tout le beurre, qui coulerait dehors. J'eus l'idée de faire une ouverture assez grande au fond, pour en tirer le beurre dont nous aurions besoin, avec une petite pelle de bois, qui fut bientôt fabriquée. Cela réussit très bien ; nous eûmes pour notre déjeuner une coque de noix de coco pleine de beau beurre salé de Hollande, autour duquel nous nous mîmes par terre, désirant plus que jamais du lait de vache ou de coco pour nous désaltérer. Nous fîmes griller notre biscuit, et lorsqu'il fut bien chaud, nous y mîmes le beurre, qui nous parut excellent.

Nos chiens nous laissèrent déjeuner tranquillement ; ils dormaient à côté de nous ; mais pendant leur repos, nous vîmes qu'ils n'étaient pas sortis du combat sans blessures ; ils en avaient d'assez grandes en plusieurs endroits, et principalement au cou. Dans la crainte que la chaleur n'envenimât leurs plaies, je fis laver du beurre dans de l'eau fraîche, et je dis à Jack l'intrépide de les oindre pendant qu'ils étaient tranquilles ; il le fit avec compassion et adresse ; les chiens se réveillèrent, mais ne bougèrent pas, comme s'ils avaient eu le sentiment du bien qu'il leur faisait ; ensuite ils se léchèrent, et ils furent guéris en peu de jours.

« Il ne faut pas oublier, dit Fritz, de chercher sur le vaisseau si nous ne trouvons pas pour eux des colliers à pointes, afin de préserver nos vaillants défenseurs, dans le cas où ils auraient encore des chacals à combattre ; et je ne doute pas que cela n'arrive, à présent que ces animaux savent le chemin.

— Ah! dit Jack, je leur ferai moi-même des colliers, si maman veut m'aider.

LA MÈRE. Je te le promets, petit fanfaron ; nous verrons ce que ta bonne tête inventera.

LE PÈRE. Oui, oui, petit homme, exerce ta force *inventrice*, tu ne saurais mieux faire ; si tu produis quelque chose d'utile, il y aura pour toi éloges et honneur. A présent, il est temps de nous mettre à l'ouvrage ; préparez-vous, monsieur l'aîné ; vous qui, par votre âge et votre prudence, êtes de droit mon conseiller privé, vous viendrez avec moi pour sauver ce qui pourra être emporté. Vous autres petits, vous resterez encore sous l'aile de votre bonne mère, bien sages, bien obéissants, et vous prierez Dieu qu'il nous ramène heureusement vers vous. »

Pendant que Fritz préparait le bateau, j'arrangeai une perche avec un morceau de toile blanche à l'un des bouts, je la plantai sur le rivage, de manière que je pusse la voir du vaisseau, et je convins avec ma femme que, dans le cas de quelque danger, ils l'abattraient et tireraient trois coups de fusil en signe de détresse, ce qui nous ferait revenir à l'instant ; mais je la prévins que, vu tout ce que nous aurions à faire au vaisseau, il était très possible que nous fussions obligés d'y passer la nuit, et je lui promis, de mon côté, de leur faire des signaux. Cette femme excellente et courageuse consentit à tout, malgré le danger qu'il pouvait y avoir pour elle à passer une nuit seule avec ses trois enfants ; mais elle préféra s'y résoudre, plutôt que de nous exposer à revenir pendant la nuit ; elle nous fit même promettre de la passer sur nos cuves, et non pas sur le vaisseau.

Nous ne prîmes avec nous que nos armes et leurs charges. Il devait y avoir sur le vaisseau encore assez de provisions pour nous nourrir ; le petit singe seulement fut admis, parce que Fritz était impatient de le régaler de lait de vache ou de chèvre.

En silence, et très émus, nous quittâmes le rivage, où nous laissions la moitié de nous-mêmes ; Fritz ramait fortement, et je le secondais autant que possible, placé sur le derrière, avec une seconde rame, qui me servait aussi de gouvernail. Quand nous fûmes à une grande distance de la terre, environ au milieu de la baie, je remarquai qu'outre l'ouverture par où nous avions passé la première fois, elle en avait une seconde, par laquelle le ruisseau qui s'y jetait non loin de là formait un courant jusque très avant dans la mer.

Profiter de cette circonstance pour ménager nos forces fut ma première pensée, et mon premier soin ; tout mauvais pilote que j'étais, je réussis pourtant à entrer dans ce courant, qui nous entraîna doucement, et nous porta jusqu'aux trois quarts du trajet qu'il y avait à faire pour arriver au vaisseau ; nous n'avions d'autre peine que de tenir le bateau dans une direction droite, jusqu'à ce qu'enfin la diminution graduelle du courant nous obligeât d'avoir de nouveau recours aux rames ; mais nos bras étaient reposés et ils s'acquittèrent bien de ce devoir ; nous entrâmes dans l'ouverture du vaisseau brisé, et nous y attachâmes notre petit bâtiment.

A peine fûmes-nous sortis des cuves, que Fritz prenant son petit singe dans les bras, le porta sur le tillac, où étaient toutes nos bêtes ; je le suivis promptement, et je me réjouis de la noble impatience qu'il témoignait de porter du secours à ces pauvres créatures. Oh ! comme ces animaux abandonnés nous saluèrent par les cris naturels à chaque espèce ! Ce n'était pas autant le besoin de nourriture que le plaisir de voir des hommes qui leur fit manifester ainsi leur joie, car ils avaient encore dans leurs auges du fourrage et de la boisson. Le singe fut d'abord placé au pis d'une chèvre et le suça avec un plaisir et des grimaces qui nous amusèrent beaucoup. Nous allâmes ensuite rafraîchir, autant qu'il nous fut possible, l'eau et la nourriture des bestiaux, pour ne pas être interrompus dans nos autres fonctions ; nous ne négligeâmes pas non plus de nous réconforter par un bon repas.

Pendant que nous dînions avec appétit, je délibérai, avec mon fils, par où nous devions commencer ; à ma grande surprise, son avis fut d'arranger d'abord une voile à notre bateau. « Mais, lui dis-je, es-tu fou ? Comment cela te paraît-il si important dans ce moment ? Nous avons tant d'autres choses plus nécessaires à faire ! Nous penserons à celle-là à loisir, d'autant plus qu'elle nous prendra beaucoup de temps. » J'avais à cœur de pouvoir revenir le même soir auprès de ma famille.

« Vous avez raison, dit Fritz, mais il faut que je vous avoue que j'ai bien de la peine à ramer, quoique je n'aie pas épargné mes forces ; j'ai remarqué que le vent soufflait fortement de la mer, et malgré cela le courant nous portait en avant ; au retour, il ne nous aidera plus ; je pensais que le vent pourrait y suppléer. Notre bâtiment sera trop pesant quand nous l'aurons chargé de tout ce que nous trouverons d'utile, et je crains de n'avoir pas assez de force pour l'amener à terre; une voile nous aiderait beaucoup. Un seul doute m'arrête : si le vent venait à changer?

— Ah! ah! monsieur Fritz, voilà le fin mot; tu veux t'épargner un peu de peine; au reste, tu as raison, et je remercie mon conseiller privé de son avis; il vaut mieux bien charger notre bâtiment, et ne pas courir le risque d'être submergés ou obligés de jeter notre charge à la mer. Allons, à l'ouvrage ! si ta voile doit t'épargner du travail sur le bateau, elle t'en donnera à présent; va chercher tout ce qu'il faut. Du reste, n'aie aucune inquiétude pour le changement de vent. Dans les régions où nous sommes, il ne change jamais. Le vent souffle toute la journée de la mer vers la terre, et toute la nuit de la terre vers la mer. »

Je l'aidai ensuite à porter une perche assez forte pour servir de mât, et une plus mince pour y attacher la voile; je chargeai Fritz de faire, avec un ciseau, dans une planche, une ouverture assez grande pour y faire entrer le bout du mât. J'allai dans la chambre aux voiles; je coupai, d'un grand rouleau de toile, une voile triangulaire, j'y mis des cordes en y faisant des trous; je pris ensuite une moufle pour l'attacher au haut du mât, et pour pouvoir hausser et baisser la voile à volonté; puis je vins rejoindre mon Fritz, qui travaillait avec zèle. Dès que son ouvrage fut achevé, nous posâmes la planche percée sur la quatrième de nos cuves, où elle fut bien affermie; la moufle fut suspendue à un anneau à la pointe du mât; la corde, attachée à l'angle le plus long de la voile, y fut passée; et enfin le mât fut planté dans l'ouverture de la planche jusqu'au fond de la cuve, puis affermi avec des coins de bois et des pièces écrouées sur la planche et contre le mât. Ma voile formait un triangle rectangle, dont un côté touchait le mât et y fut attaché; le côté le moins long fut aussi attaché avec des ficelles à une vergue, qui avançait hors du bateau, et dont un des bouts était fixé au mât, et l'autre, au moyen d'une corde, au gouvernail; en sorte que je pouvais de ma place diriger la voile, ou l'abandonner tout-à-fait. Sur l'avant et sur l'arrière-banc du petit bâtiment, nous fîmes des trous avec un gros perçoir pour l'attacher et pouvoir ainsi l'employer des deux côtés sans être obligés de tourner le bateau lui-même.

Pendant que j'étais ainsi occupé, Fritz, avec une bonne lunette d'approche, observait la terre, ce que nous avions déjà fait plusieurs fois. Il m'apporta la bonne nouvelle que tout y était en ordre; il avait distingué sa mère marchant tranquillement. Il m'apporta ensuite une petite flamme ou pavillon, qu'il me conjura d'attacher au haut du mât, et qui lui fit presque autant de plaisir que la voile. Il donna à notre équipage le nom de *la Délivrance,* et ne l'appela plus que le petit vaisseau. Cette vanité, dans notre misère, me fit rire, et me montra de nouveau un trait caractéristique du genre humain; moi-même je pris grand plaisir à voir ce pavillon flottant dans l'air, et le bon aspect de mon bâtiment.

« Cher papa, me dit Fritz en m'embrassant, à présent que vous m'avez délivré du banc de rameur, il faut aussi avoir soin de vous, et vous faire un bon gouvernail pour pouvoir diriger le vaisseau plus facilement et plus sûrement. — Cette pensée, lui dis-je, serait très bonne; mais je ne voudrais pas perdre l'avantage de pouvoir avancer et reculer sans être obligé de tourner le bateau; je vais diriger nos rames de manière à pouvoir les remuer en avant et en arrière, pour que nous puissions ramer ensemble, et doubler ainsi de force. » Nous fîmes les préparatifs nécessaires; aux deux bouts du bateau nous arrangeâmes des appuis pour les rames, qui nous épargnèrent beaucoup de peine.

Durant ces travaux le jour avançait, et je vis bien que nous serions obligés de passer la nuit dans nos cuves, n'ayant encore rien fait sur le vaisseau. Nous avions promis à nos amis de planter un pavillon si nous devions rester jusqu'au lendemain sur le vaisseau ; il se trouvait tout prêt, et celui du vaisseau suffisait.

Nous employâmes le reste du jour à ôter des cuves le lest de pierres et à mettre en place des choses utiles, des clous et des ustensiles, des étoffes, etc. Nous pillâmes le vaisseau comme des Vandales, et nous remplîmes notre bateau à souhait : dans l'apparence de notre entière solitude, nous dirigeâmes notre attention principale sur la poudre et le plomb, pour avoir aussi longtemps que possible des moyens de défense contre les bêtes sauvages ; les outils de toute espèce de métiers, dont il y avait une quantité, me parurent indispensables. Notre vaisseau était destiné à l'établissement d'une colonie dans la mer du Sud, et renfermait une foule de choses qui ne se trouvent pas dans les chargements ordinaires. On avait emmené et conservé autant de bétail d'Europe qu'il avait été possible ; mais les bœufs et les chevaux n'avaient pu supporter ce long trajet sur mer, et on avait été obligé de tuer ceux qui n'étaient pas crevés.

Dans la quantité de choses utiles dont les magasins étaient remplis, j'avais de la peine à faire un bon choix, et je regrettais tout ce que j'étais forcé de laisser ; mais Fritz méditait déjà un second voyage. En attendant, nous n'eûmes garde cette fois d'oublier des couteaux de table, des fourchettes, des cuillers, de la batterie de cuisine. Dans la chambre du capitaine se trouvèrent quelques couverts d'argent, des assiettes, des plats de bel étain, et une petite caisse remplie de bouteilles de différentes sortes de bons vins ; j'enlevai de l'habitacle la boussole, et je n'eus garde d'oublier un quart de cercle de Hadley, dont je voulais me servir pour mesurer la hauteur du soleil. Dans la cuisine, nous nous pourvûmes de grils, de chaudières, de poêles, de rôtissoires, de pots, etc.; enfin je fis une caisse des provisions de bouche destinées aux officiers : jambons de Westphalie, saucissons de Boulogne, etc.; et j'eus soin de ne pas oublier quelques petits sacs de maïs, de blé, d'autres graines, et de quelques patates ou pommes de terre. Nous embarquâmes aussi ce que nous pûmes d'instruments aratoires, pelles, fossoires, hoyaux. Fritz me rappela combien notre couche sur la terre était dure et froide, et me fit augmenter notre charge de quelques hamacs et couvertures de laine. Comme il ne trouvait jamais assez d'armes, il apporta encore une charge de fusils, de sabres et de couteaux de chasse. Pour conclusion, j'embarquai encore un baril de poudre et une quantité de cordages, un gros rouleau de toile à voiles et de ficelles. Le vaisseau nous parut si délabré et si chancelant, que le moindre coup de vent devait le détruire de fond en comble ; il était donc bien incertain qu'on pût y revenir.

Ainsi notre bateau fut chargé jusqu'au haut des cuves ; il ne resta de libres que nos deux places de rameurs dans la première et la dernière ; et il était si fort enfoncé dans l'eau, que, si la mer eût été moins calme, nous aurions été obligés de le décharger. Cependant nous mîmes les corsets de liége, en cas d'événements malheureux.

On peut facilement comprendre que le reste de la journée ayant été employé par ce travail, et que la nuit étant survenue tout-à-coup, il ne nous fut plus possible de penser à retourner. Un beau et grand feu sur le rivage ne tarda pas à nous prouver le bien-être des nôtres, et nous envoya leur bonsoir ; nous le leur rendîmes par quatre lanternes allumées et attachées à notre mât. Deux coups de feu, suivant notre convention, nous dirent qu'on avait reconnu et compris notre signal. Après une prière cordiale pour nos chers insulaires, et non sans soucis pour leur nuit, nous allâmes chercher un peu de repos dans nos cuves, où nous n'étions pas mollement couchés, mais où nous nous trouvions cependant plus en sûreté que sur le vaisseau, et plus à portée de garder notre chargement. Au moindre craquement du vaisseau, nous pouvions couper la corde et gagner le large. Notre nuit fut, grâce à Dieu, assez tranquille. Mon jeune Fritz dormait comme dans son lit; quant à moi, malgré ma fatigue, je ne pouvais fermer les yeux, les tenant toujours attachés sur le rivage, et pensant à la visite nocturne des chacals, qui pouvaient pénétrer dans la tente; mais j'espérais que les braves chiens feraient leur devoir, et je bénis le ciel de nous avoir donné cette bonne garde.

VI. — TROUPEAU A LA NAGE.

De grand matin, quoiqu'il fît à peine assez clair pour voir la côte, j'étais déjà sur le tillac du vaisseau, dirigeant ma lorgnette vers la tente qui renfermait mes bien-aimés. Fritz prépara promptement un déjeuner nourrissant de biscuit et de jambon; il alla ensuite dans la cabine du capitaine chercher le grand télescope. Dans cet intervalle, le jour s'était tout-à-fait levé, et nous pûmes distinguer, au travers du tube, ma femme qui sortait de la tente, et qui nous paraissait regarder attentivement du côté du vaisseau; nous vîmes aussitôt voler en l'air un pavillon planté sur le rivage. Mon cœur fut soulagé d'un grand poids lorsque j'eus la certitude que tout mon monde se portait bien, qu'il avait passé la nuit sans accident.

« Fritz, dis-je à mon fils, je pensais ce matin qu'il me serait impossible de rester un moment de plus sur le vaisseau, tant j'étais impatient de savoir ce qui se passait dans l'île; mais j'ai vu ta mère : je sais que toute la famille se porte bien ; ma compassion se réveille pour les pauvres créatures qui, sur les débris du navire, sont en danger chaque jour de perdre la vie. Je ne sais ce que je donnerais pour pouvoir au moins en sauver quelques-unes et les avoir avec nous dans l'île.

Fritz. Ne pouvons-nous pas, mon père, bâtir un radeau, les mettre toutes dessus et les conduire au rivage?

Le père. Mais pense, mon fils, à la difficulté de cette construction et à celle, bien plus grande encore, de porter une vache, un âne, une truie prête à mettre bas, sur un radeau, et de les obliger à y rester tranquilles. Les brebis et les chèvres seraient peut-être plus accommodantes et plus aisées à transporter; mais pour les gros animaux, je t'avoue que je ne sais quel moyen employer. Cherche, imagine, invente; ta jeune tête réussira peut-être mieux que ma vieille cervelle.

Fritz. Mon avis serait, à notre départ, de jeter sans façon le cochon dans la mer; sa graisse et son large ventre le soutiendront sur l'eau, et nous pourrons, avec une corde, le traîner après nous.

Le père. Bonne idée, mais qui ne peut s'appliquer qu'au cochon ; et je t'avoue que les autres bêtes me tiennent beaucoup plus à cœur que celle-là.

Fritz. Eh bien! mon père, mettons à tout ce peuple des corsets de liége sous le ventre; alors ils nageront comme des poissons, et nous les conduirons à notre bateau.

Le père. Oui, oui, cher Fritz, oui, tu as bien raison; c'est excellent, excellent! Allons, vite à l'épreuve! »

Nous nous levâmes promptement, et nous attachâmes un corset de liége à un agneau, que nous jetâmes ensuite à la mer. Plein de crainte, d'espérance et de curiosité, je suivis des yeux le pauvre animal; l'eau le couvrit d'abord avec bruit et sembla vouloir l'engloutir ; mais bientôt il reparut effrayé, secouant la tête, agitant les pieds l'un après l'autre ; et il commença à nager si joliment, que nous prîmes grand plaisir à le voir. Enfin, fatigué, il laissa pendre ses pieds sans faire aucun mouvement ni aucune résistance à l'eau, qui le portait et le soutenait à merveille. « Victoire ! m'écriai-je en embrassant mon fils ; nos utiles animaux sont à nous ; je vais préparer les grands ; tâche de sauver ce pauvre petit. » Fritz voulait, sans balancer, se jeter à l'eau pour nager après l'agneau, qui flottait toujours doucement. J'arrêtai mon fils, et je lui mis aussi un corset de liége ; après quoi je le laissai aller. Il prit une corde à nœud coulant, la jeta sur la tête de l'agneau lorsqu'il fut à sa portée, et le traîna en nageant jusqu'à l'ouverture du vaisseau, où nous mîmes la bête à sec, à sa grande satisfaction.

Alors nous allâmes chercher quatre tonnes parmi celles où l'eau douce était renfermée ; nous les vidâmes, puis je les refermai avec soin ; je les liai ensuite par une grande pièce de toile à voiles, dont je clouai les deux bouts sur chacune ; je clouai dessus, dans leur longueur, une forte toile à voile ; cette toile était destinée à coucher la vache et l'âne dessus, de manière que les tonnes se trouvassent des deux côtés et les soutinssent en équilibre sur l'eau. Quand les bêtes furent placées sur la toile, où elles montèrent facilement, elle enfonça par leur poids ; les tonnes se trouvèrent au niveau de leur dos ; l'espace vide fut partout rempli de foin et de paille, pour qu'aucune pression ne pût les blesser : toute cette machine fut attachée à une courroie sur la poitrine de l'animal, pour qu'elle ne pût glisser en arrière ; ainsi en moins d'une heure la vache et l'âne furent prêts à nager. Ce fut ensuite le tour du petit bétail ; le cochon fut celui qui nous donna le plus de peine : nous fûmes obligés de le museler pour l'empêcher de mordre, et nous lui attachâmes alors une grande pièce de liége sous le ventre. Les chèvres et les brebis furent plus dociles : ainsi nous réunîmes heureusement le troupeau sur le tillac. Tous les animaux étant prêts au départ, nous attachâmes une corde aux cornes ou au cou de chacun, et à l'autre bout de la corde un morceau de bois, comme celui avec lequel on marque les filets pour pouvoir les prendre dans l'eau et attirer l'animal. Nous arrachâmes encore quelques pièces de la paroi du vaisseau qui était fracassée, afin d'élargir l'ouverture par laquelle nous étions entrés et devions encore ressortir avec notre troupeau, après l'avoir jeté à la mer. Nous commençâmes notre essai par l'âne, que nous conduisîmes aussi près que possible du bord ; nous lui donnâmes une bonne bourrade, il tomba dans l'eau et disparut un moment en s'enfonçant ; mais bientôt on le vit remonter et nager entre ses deux tonnes avec une grâce qui lui valut nos applaudissements. Vint alors le tour de la vache, et comme elle m'était infiniment plus précieuse que l'âne, j'avais aussi plus de crainte. L'âne avait nagé de si bon courage, qu'il s'était fort écarté du vaisseau ; la vache eut ainsi une place suffisante pour sa chute. Nous la jetâmes dehors avec plus de peine, mais tout aussi heureusement que son prédécesseur ; elle n'enfonça pas autant, et, soutenue au-dessus de l'eau par les tonnes vides, elle nagea avec beaucoup de gravité. Nous jetâmes ensuite peu à peu tout le petit bétail, et il flotta tranquillement autour du vaisseau ; le cochon seul était furieux, il poussait des cris perçants, et se démenait dans la mer avec tant d'impétuosité, qu'il s'éloigna bientôt de nous ; mais il prit heureusement son chemin du côté de la terre. Nous ne tardâmes pas un seul instant : revêtus de nos corsets de liége, ainsi que notre troupeau, nous descendîmes dans nos cuves : nous sortîmes sans obstacle des débris du vaisseau, et nous nous trouvâmes en mer au milieu d'un singulier parc de nageurs quadrupèdes : alors nous repêchâmes tous les petits morceaux de bois flottant sur l'eau, qui étaient attachés aux cordes : nous attirâmes ainsi la flotte vivante, et nous l'attachâmes au bord du bateau : quand toutes les bêtes furent ainsi rassemblées, nous hissâmes notre voile, qui, enflée par un vent favorable, nous conduisit vers le rivage avec notre escorte.

Nous vîmes alors combien le secours du vent nous était indispensable; car toutes ces bêtes, attachées au petit bâtiment, lui donnaient un poids immense, et nos seules forces n'auraient jamais suffi à le conduire; mais, au moyen de la voile, et des balanciers, il chemina, traînant après lui notre cortége d'animaux nageants, qui faisait le plus singulier effet; de sorte qu'en peu de temps nous avançâmes considérablement. Fiers de notre ouvrage, satisfaits de voir comme il avait bien réussi, nous étions assis tranquillement au fond de nos cuves, où nous fîmes une espèce de dîner. Fritz s'amusait avec le singe, et moi, uniquement occupé des amis que j'avais laissés à terre, je regardais au travers de ma lunette pour les chercher : avant même de quitter le vaisseau, j'avais remarqué qu'ils s'étaient mis en marche pour quelque excursion, et je m'étais en vain donné beaucoup de peine pour chercher leur trace; j'étais profondément occupé à les découvrir, lorsqu'un cri de Fritz me glaça d'effroi : « Dieu! s'écria-t-il, nous sommes perdus! un horrible poisson s'approche.

— Pourquoi perdus? lui dis-je moitié effrayé, moitié en colère. Prépare tous nos fusils, et, au moment où il sera à notre portée, faisons feu en même temps. » Chacun de nos fusils était chargé de deux balles, et nous fûmes en un instant sur pied pour saluer notre pirate; il s'approcha de nous, et, avec la rapidité de l'éclair, il fondit sur la brebis, qui nageait le plus en avant. Alors Fritz dirigea si habilement son coup de feu, qu'il frappa de ses deux balles la tête du monstre : c'était un énorme requin. Il fit à l'instant un demi-tour à gauche, et prit le large en nous montrant son ventre brillant; une trace rouge dans la mer nous témoigna qu'il avait été grièvement blessé. Je me mis en garde avec le meilleur de nos fusils, dans le cas où un autre animal semblable à celui-là, ou peut-être le même, aurait voulu revenir.

Fritz était avec raison très fier de l'avoir éloigné, et moi j'en étais surpris; je savais que ces monstres marins ne se laissent pas facilement effrayer, et qu'on réussit rarement à les blesser d'un coup de feu : ils sont extrêmement avides du butin, et leur peau est très dure. Celui-ci nous laissa pourtant en repos; je repris donc le gouvernail, et comme le vent nous poussait droit vers la baie, je laissai tomber la voile, et je ramai jusqu'à ce que nous fussions arrivés à une place où notre bétail prît fond et pût se mettre sur pied. Alors je lâchai les cordes, et il marcha de lui-même vers le rivage : nous amarrâmes notre petit bâtiment dans son ancienne place, et nous descendîmes. D'abord je n'aperçus aucun des nôtres, et je fus vivement inquiet; je ne savais de quel côté les chercher; d'ailleurs il fallait débarrasser nos bêtes de leurs instruments de natation. A peine avions-nous commencé, que des cris de joie vinrent frapper nos oreilles et remplir nos cœurs d'espérance; bientôt nous vîmes arriver nos trois chers petits garçons, suivis de leur mère, et tous bien portants et joyeux vinrent se jeter dans nos bras. Après que la première ivresse de bonheur en nous retrouvant sains et saufs fut passée, nous nous couchâmes tous sur l'herbe, et je commençai à raconter avec ordre nos occupations sur le vaisseau, ainsi que notre trajet. Ma femme était si surprise et si contente de voir autour d'elle tous nos utiles animaux, et exprimait si naïvement sa joie, que mon plaisir en fut doublé. « Je me suis cassé la tête toute la journée, me disait-elle, pour imaginer un moyen de les transporter, sans qu'il me soit venu aucune idée.

— Oui, dit Fritz avec fierté ; pour cette fois, monsieur le conseiller privé a fait preuve de talent.

— C'est très vrai, répondis-je ; j'avoue en toute humilité que c'est à Fritz que les éloges appartiennent, et que c'est lui qui m'a mis sur la bonne route. » Sa mère se leva et l'embrassa tendrement. « Notre reconnaissance vous est due à tous deux, nous dit-elle, vous nous avez ramené avec ce troupeau tout ce qui peut nous être le plus utile dans notre situation.

— Ah ! ah ! s'écria le petit François, que vois-je là sur notre bateau ? Regardez, maman, cette jolie petite voile, et ce pavillon qui flotte là-haut dans l'air : oh ! comme c'est joli ! combien je suis plus content encore de cette voile que de l'âne et de la vache !

— Petit fou ! lui dit sa mère, tu changeras d'avis quand je te donnerai tous les matins une jatte de coco pleine de bon lait. »

Ernest et Jack coururent aussi sur le bateau admirer le mât, la voile et la flamme, et se firent expliquer par leur frère comment tout cela s'était fait, et comment on pouvait s'en servir. Cependant nous commençâmes à déballer, et nous eûmes beaucoup à faire ; mais Jack, à qui cette occupation ne plaisait pas, se glissa de côté, s'occupa du bétail, détacha les corsets des brebis et des chèvres, rit aux éclats du plaisant costume de l'âne, qui était encore entre ses deux grosses tonnes et brayait à nous rendre sourds ; il chercha à l'en débarrasser, mais il ne put y réussir. Mon petit drôle, hardi comme un page de cour, s'élança alors sur le dos de la bête entre les deux tonnes, et arriva auprès de nous majestueusement comme sur le plus bel alezan, se démenant tellement des pieds et des mains qu'il vint à bout de le faire avancer.

Nous rîmes beaucoup de ce plaisant équipage, et moi plus encore, lorsqu'en aidant le petit bonhomme à descendre de sa monture, je le vis entouré d'une belle ceinture de cuir à poils jaunâtres, dans laquelle étaient deux pistolets.

— Ah ! ah ! lui dis-je, où as-tu pris ce costume de contrebandier ?

— Dans ma propre fabrique, me répondit-il ; regardez nos chiens. »

Je remarquai pour la première fois seulement alors que chacun des gros dogues avait un collier comme la ceinture de Jack, avec la seule différence que ces colliers étaient armés d'une quantité de clous qui se dressaient en l'air d'une manière formidable et devenaient une terrible défense. « Comment ! petit drôle, lui dis-je, est-ce bien toi qui as inventé et exécuté ces colliers et cette ceinture ?

JACK. C'est de mon invention, papa ; mais maman m'a aidé pour ce qu'il a fallu coudre.

LE PÈRE. Mais où avez-vous pris le cuir, le fil et les aiguilles ?

— Le chacal de Fritz nous a fourni le premier, dit ma femme, et une bonne mère de famille doit toujours être pourvue de fil et d'aiguilles. Vous autres hommes, vous ne pensez qu'aux grandes affaires ; les petites sont de notre département, et souvent sont plus utiles. N'ai-je pas un sac enchanté, d'où je fais sortir tout ce dont j'ai besoin ? Dans l'occasion tu n'auras qu'à parler. » J'embrassai cette aimable et bonne mère, et Jack eut aussi sa part de mes caresses et de mes éloges. Mais Fritz ne voyait pas de bon œil que Jack eût disposé de son chacal et coupé sa belle peau. Cependant il cacha sa mauvaise humeur aussi bien qu'il put ; mais, comme il était le plus près de Jack, il s'écria tout-à-coup en se bouchant le nez : « Quelle horrible odeur on sent par ici ! il y a de quoi donner la peste. Ne serait-ce point vous, monsieur l'écorcheur ? est-ce aussi là du parfum de votre fabrique ?

— C'est de la vôtre, Monsieur, reprit Jack très piqué ; c'est votre chacal que vous avez pendu au soleil.

Fritz. Et qui se serait desséché dans sa peau, si vous aviez bien voulu, Monsieur, ne pas la couper, et me laisser disposer de ma chasse comme je l'aurais voulu.

— Fritz, dis-je à mon fils aîné d'un ton fâché, tu es peu généreux ; qu'importe que ce soit ton frère qui ait écorché le chacal, si l'on s'est servi utilement de sa peau ? Mes chers enfants, ayons ici tout en commun, bannissons le *tien* et le *mien* : ce que l'un tue ou découvre est au profit de toute la famille et appartient autant aux uns qu'aux autres. Il est vrai, Jack, que ton ceinturon, qui n'est pas sec, a beaucoup d'odeur ; le plaisir de porter ton bel ouvrage te fait passer sur cet inconvénient ; mais il ne faut pas incommoder les autres pour ton plaisir. Ainsi, mon fils, va l'ôter et mets-le sécher de manière qu'il ne se rétrécisse pas ; ensuite tu iras aider à tes frères à jeter le chacal à la mer. » Le moment d'humeur de Fritz était passé, mais Jack, toujours un peu mutin, résistait à ôter sa belle ceinture et se pavanait d'un air d'importance ; enfin, ses frères ne cessant de l'éviter et de lui crier : « Jack ! sous le vent, sous le vent ! » il prit son parti, jeta sa ceinture, et courut aider à ses frères à traîner le chacal dans la mer, où il ne nous incommoda plus.

Je voyais cependant qu'on n'avait fait aucun préparatif pour le souper : je donnai l'ordre à Fritz d'apporter les jambons de Westphalie qui étaient dans le tonneau. Tous me regardaient avec étonnement et croyaient que je plaisantais, lorsque Fritz accourut en sautant et montrant de loin un superbe jambon que nous avions entamé le matin. « Bienvenu ! bienvenu ! s'écrièrent-ils ; un jambon tout prêt à manger ! quel excellent repas nous allons faire ! » Et le messager de bonnes nouvelles fut reçu avec des battements de mains et des cris de joie. « Il vient fort à propos, dis-je à ma femme, car il me paraît que notre ménagère comptait nous faire jeûner ce soir ; cependant, après une course en mer, l'appétit est réveillé.

— Je te raconterai, me dit-elle, ce qui m'a empêché de vous préparer un festin de bonne arrivée ; ton beau jambon y suppléera, et voici de quoi faire une omelette qui sera prête dans un instant. » Elle me montra, dans un panier qu'elle avait au bras, une douzaine d'œufs de tortue.

« Voyez, papa, me dit Ernest, si ce n'est pas là de ces bons œufs de tortue dont Robinson se régalait dans son île. Voyez, ils sont comme des boules blanches enveloppées d'une peau comme un parchemin mouillé, et nous les avons trouvés dans le sable, près de la mer.

— C'est cela même, mon cher Ernest, lui dis-je ; mais comment avez-vous fait cette belle découverte ? — Cela se lie avec toute notre histoire, me dit ma femme, car j'ai aussi une histoire à raconter, lorsque tu voudras bien m'entendre.

Le père. Eh bien ! chère amie, prépare ton omelette, tu nous donneras ton histoire pour le dessert : en attendant, je vais délivrer entièrement la vache et l'âne de leur attirail marin ; ils doivent en être incommodés. Allons, jeunes gens, venez m'aider. » Je me levai, et tous me suivirent avec joie sur le rivage, où nos animaux se trouvaient encore. Nous eûmes bientôt mis en liberté la vache et l'âne, qui sont de bonnes bêtes ; mais quand vint le tour du vilain porc grognard, la chose ne fut pas si facile. Dès que nous eûmes détaché la corde, il nous échappa par un mouvement si brusque et si prompt, que nous ne pûmes le retenir ; il prit le large, et ni moi ni mes fils ne fûmes assez lestes pour le rattraper. Ernest eut l'idée de lâcher après lui les deux chiens, qui le prirent aux oreilles. Nous arrivâmes à demi sourds des cris affreux qu'il poussait : il se laissa ôter assez paisiblement son corset de liége. Nous chargeâmes toutes ces dépouilles sur le dos de l'âne, et nous revînmes vers la cuisine; mon paresseux Ernest était enchanté d'avoir un serviteur quadrupède pour porter les fardeaux.

Pendant ce temps-là, la bonne mère avait préparé l'omelette et mis le couvert sur la tonne de beurre, avec des assiettes de bel étain et des couverts d'argent brillant, qui avaient très bonne façon : le jambon au milieu, l'omelette vis-à-vis du fromage formaient un repas dans les règles. Les deux chiens, les poules, les pigeons, les brebis et les chèvres se rassemblèrent peu à peu autour de notre grand couvert, ce qui nous donnait tout-à-fait l'air de souverains de la contrée. Il ne plut pas aux oies et aux canards d'augmenter le nombre de nos sujets curieux; ils se sentaient mieux dans leur élément naturel, et restèrent dans une mare, où ils trouvaient en abondance une espèce de petits crabes qui leur fournissaient une nourriture friande, et nous débarrassaient du soin de pourvoir à leur entretien.

Quand nous eûmes fini notre repas, je fis présenter par Fritz une bouteille de vin de Canarie, que nous avions conquise dans le caveau du capitaine; alors je priai la bonne mère de raconter l'histoire qu'elle nous avait promise de ses faits et gestes pendant notre absence; je lui versai une tasse de coco à demi pleine de la précieuse liqueur. Elle commença son mémorable récit comme on le verra dans le chapitre suivant.

VII. — SECOND VOYAGE DE DÉCOUVERTES PAR LA MÈRE DE FAMILLE.

« Tu prétends être curieux de savoir ce que j'ai à te raconter, me dit ma bonne femme avec un malin sourire, et tu ne m'as pas laissé prononcer un seul mot de la soirée; mais plus l'eau a mis de temps à s'amasser, plus longtemps elle coule. Maintenant donc que tu veux bien m'écouter, je vais m'en donner à cœur joie. Cependant, pour ne pas trop t'impatienter, je sauterai à pieds joints par-dessus le premier jour de votre absence, où rien ne fut changé à notre train accoutumé, si ce n'est que l'inquiétude que j'éprouvais ne me permettait pas de quitter le rivage où nous étions débarqués, et d'où je pouvais voir le vaisseau; mais ce matin, après avoir remarqué avec joie votre signal, et y avoir répondu avec reconnaissance, j'ai cherché, avant que mes petits fussent levés, une place ombragée pour me reposer, et je n'en ai pu trouver; il ne croît pas un seul arbre sur cette plage stérile, et il n'y a d'autre ombre que celle de notre tente. Alors je me suis mise à réfléchir profondément sur notre situation. Il est impossible, dis-je à part moi, de rester plus longtemps à cette place où nous sommes grillés toute la journée par un soleil dévorant, et où je n'ai d'autre abri pour m'en garantir qu'une misérable tente, dans laquelle la chaleur est plus forte encore. Courage donc! pendant que mon mari et mon fils aîné sont en activité sur le vaisseau pour le bien général, je veux, de mon côté, être active, courageuse, et travailler avec mes fils cadets au bien de la famille. Je veux aller à mon tour de l'autre côté du ruisseau, visiter cette contrée dont Fritz et mon mari m'ont dit tant de merveilles, et voir si je ne trouverai pas une place agréable, ombragée, où nous puissions nous établir. Je vous attendis encore quelques moments, mais, ne voyant sur la mer aucune apparence de retour, je résolus, après un repas plus court qu'à l'ordinaire, de hasarder un voyage pour aller à la découverte d'une habitation commode.

» Pendant la matinée, Jack s'était glissé de l'autre côté de la tente, où le chacal de Fritz était suspendu; avec son couteau, qu'il aiguisait de temps en temps sur le rocher, il coupait, le long du dos de l'animal, de longues courroies de peau, qu'il nettoyait ensuite avec adresse. Ernest le découvrit livré à cette occupation assez malpropre ; et, comme il est très délicat, et qu'il craint toujours de se salir le bout des doigts, non-seulement il ne voulut pas lui aider, mais il lui fit des plaisanteries assez dures sur le métier d'écorcheur qu'il s'était choisi. Jack, qui n'est pas endurant, voulut lui donner un coup ; Ernest s'échappa, pour n'être pas sali par les mains de son frère, et moi j'accourus à leurs cris, et je les grondai tous les deux. Jack se justifia pleinement, en démontrant l'utilité de son ouvrage, destiné à faire à nos chiens de bons colliers de défense ; il eut mon approbation, et je reprochai à Ernest une délicatesse qui ne convenait plus à notre situation, dans laquelle nous devions exercer tour à tour tous les métiers utiles.

» Jack s'était remis au travail et se tirait fort adroitement des fonctions de corroyeur. Lorsqu'il eut achevé de nettoyer tant bien que mal ses colliers, il alla chercher dans la caisse aux clous ceux qui étaient les plus longs et qui avaient la tête large et plate ; il en larda les colliers, puis il coupa une bande de toile à voile de la largeur de la courroie, la posa en double sur la tête des clous, et me proposa de coudre cette toile pour que ces têtes ne blessassent pas nos deux dogues. Je le remerciai de la fonction qu'il me destinait ; mais enfin, voyant qu'il se résignait de bonne grâce à la coudre lui-même, et qu'il s'y prenait fort gauchement, je surmontai la répugnance que me causait l'odeur sauvage et fétide qui s'exhalait des colliers, et je lui fis le plaisir de l'achever. Lorsqu'une mère peut donner un instant de satisfaction à ses enfants, il n'existe plus de dégoût pour elle.

» Il me fallut encore avoir une complaisance égale pour sa ceinture, qu'il fabriqua de la même manière, et dans laquelle il était impatient de mettre deux pistolets. « Nous verrons, disait-il en se redressant, si messieurs les chacals oseront nous attaquer. — Mais, lui dis-je, tu ne prévois pas, mon cher Jack, ce qui alors va t'arriver : la peau est sujette à se rétrécir par la chaleur ; tu ne pourras plus en faire usage, et tu m'auras fait faire inutilement un ouvrage très désagréable. » Mon petit bonhomme se frappa le front. « C'est vrai, dit-il, je n'avais pas songé à cela ; mais je sais bien ce que je vais faire. Il prit un marteau et des clous, et fixa ses courroies sur un bout de planche qu'il exposa à l'ardeur du soleil pour les sécher promptement sans qu'elles pussent se retirer. Je louai son invention, et je lui promis de te raconter tout cela.

» Je rassemblai ensuite mes trois fils autour de moi ; je leurs fis part de mon projet de voyage ; ils consentirent avec joie à m'accompagner, et se préparèrent au départ. Ils examinèrent leurs armes, leurs gibecières ; ils choisirent des couteaux de chasse, reçurent des provisions sur leur dos ; moi, je me chargeai d'un grand flacon d'eau et d'une hache en place d'un couteau de chasse ; je pris aussi le fusil léger d'Ernest, et je lui donnai une carabine qui pouvait être chargée de quelques balles. Nous fîmes un modeste repas, et nous nous mîmes en chemin, escortés des deux chiens. Turc, qui vous avait accompagnés dans la première excursion, vit très bien que nous prenions la même route, et se mit à notre tête en guise de conducteur. Nous arrivâmes à la place où vous aviez passé le ruisseau, et nous le franchîmes aussi heureusement que vous, mais non sans peine.

» En avançant, je réfléchissais que notre sûreté reposait en partie sur deux petits garçons, parce qu'ils savaient se servir d'armes à feu, et je pensais combien tu avais eu raison de les avoir familiarisés de bonne heurre avec le danger. Souvent, dans notre patrie, je t'avais blâmé de leur laisser tenir des fusils et de leur apprendre à tirer ; je craignais que tu n'en fisses des chasseurs, ce que je n'aimais guère, ou qu'ils ne fussent dans le cas de se blesser ; mais à présent je suis convaincue que les mères ne peuvent trop tôt apprendre à leurs fils ce que les hommes doivent savoir. Je reviens au passage du ruisseau.

» Ernest passa le premier sans accident : le petit François me pria de le porter sur mon dos, ce qui était difficile, à cause de tout ce dont j'étais chargée, et qu'il aurait fallu laisser au bord du ruisseau : j'en vins cependant à bout, grâce à Jack, qui s'empara de mon fusil et de ma hache; mais, succombant presque sous le poids de sa charge, il prit le parti d'entrer dans l'eau, et ne voulut pas risquer de glisser, chargé comme il était, en marchant sur des pierres mouillées; j'eus bien de la peine à m'y tenir en équilibre avec mon cher petit fardeau, qui joignait ses mains autour de mon cou, et se collait de toutes ses forces sur mes épaules. Après avoir rempli mon flacon d'eau du ruisseau, nous marchâmes en avant; et quand nous eûmes atteint sur l'autre rive la hauteur dont tu nous avais parlé avec tant d'enchantement, la vue de ce charmant paysage fit le même effet sur moi; je l'admirais en silence, et mon cœur s'ouvrit, pour la première fois depuis notre naufrage, au plaisir et à l'espérance.

» J'avais remarqué, en promenant mes regards dans la vaste étendue, un petit bois qui me paraissait agréable; j'avais si longtemps soupiré pour un peu d'ombrage, que je résolus de diriger tout droit notre marche de ce côté-là. Mais il fallait traverser de l'herbe si haute, qu'elle passait la tête de mes petits garçons, et que nous eûmes beaucoup de peine à la franchir : nous résolûmes alors de marcher le long du bord de la mer jusqu'à ce que nous fussions vis-à-vis du petit bois. Nous retrouvâmes vos traces et nous les suivîmes; ensuite nous tournâmes sur la droite pour gagner le bois; mais bientôt nous retrouvâmes cette herbe haute, et si serrée qu'à peine pouvait-on passer au travers, ce qui était extrêmement pénible et fatigant. Jack était resté en arrière; je regardai ce qu'il était devenu, et je le vis arracher des poignées de cette herbe, et s'en servir pour essuyer ses armes : il mit ensuite son mouchoir de poche, qui était tout mouillé, sur son dos, pour le faire sécher au soleil : j'allai à lui, et je m'informai de ce qui lui était arrivé.

« O maman! me dit-il, toute l'eau du ruisseau que nous avons traversé est entrée, je crois, dans mes poches; voyez comme mes pistolets, mon briquet, sont mouillés.

» — Comment! lui dis-je avec effroi, tu avais mis des pistolets dans tes poches! ils n'étaient pas chargés, j'espère ?

» — Je n'en sais rien, maman; je les ai mis là en attendant que ma ceinture fût sèche, afin de les avoir toujours sur moi.

» — Ah! petit étourdi! continuai-je, et s'ils étaient partis, avec tout le mouvement que tu t'es donné, ils t'auraient tué : que cela ne t'arrive plus, je t'en prie.

» — J'y ai mis bon ordre avec l'eau dont je les ai remplis; » me dit-il en les secouant. En effet, il en était tellement entré, qu'il n'était pas à craindre qu'ils fissent feu. Pendant que nous parlions ainsi, nous fûmes effrayés par un bruit soudain, et nous aperçûmes un grand oiseau sorti de l'épaisseur de l'herbe, lequel s'élevait en l'air : chacun des enfants se prépara à tirer son coup de fusil; mais avant qu'ils l'eussent couché en joue, l'oiseau était bien loin. Ernest se désolait, et s'en prenait à la carabine que je lui avais donnée : « Si j'avais eu mon fusil léger, disait-il, et que l'oiseau ne fût pas parti si vite, je vous promets que je l'aurais abattu.

— » Tu devais lui ordonner d'attendre que tu eusses bien pris toutes tes mesures, lui répondis-je en riant.

» — Mais, maman, comment me serais-je douté qu'un oiseau allait partir au vol dans ce moment? Ah! qu'il en vienne un à présent!

» — Un bon chasseur, Ernest, doit toujours être prêt; et voilà pourquoi il est si difficile de tirer au vol. Les oiseaux n'envoient pas des messagers dire qu'ils vont passer.

» — Je voudrais bien savoir, dit Jack, quel oiseau c'était; je n'en ai jamais vu de semblable.

» — Je suis sûr que c'est un aigle, dit le petit François; j'ai vu, dans mes Fables, que les aigles peuvent enlever un mouton, et cet oiseau était terriblement grand !

» — Comme si tous les grands oiseaux devaient être des aigles ! dit Ernest avec importance. Il y en a de plus grands encore : l'autruche, et un oiseau que les voyageurs nomment *condor*. Ah ! si du moins j'avais eu le temps de l'examiner !

» — Tu aurais eu alors celui de le tuer, lui dis-je; mais cherchons au moins dans l'herbe, à l'endroit où il est parti; en voyant où il était posé, nous pourrons juger de sa grandeur. » Ils coururent vers la place d'où il s'était élancé, et tout-à-coup un second oiseau semblable au premier, mais un peu plus grand encore, s'envola devant eux avec grand bruit. Ils restèrent tous les trois stupéfaits, la bouche béante, et le suivant des yeux. Je ne pus m'empêcher de rire aux éclats. « Oh ! les bons chasseurs que j'ai là ! dis-je; ils ne nous laisseront pas manquer de gibier : Qu'il en vienne un à présent ! disais-tu, Ernest; eh bien ! le voilà venu, et il s'est échappé ; autant aurait-il valu, ce me semble, ne pas charger vos fusils... » Ernest, qui est assez pleureur, commença à sangloter; mais Jack, avec la mine la plus comique, suivait des yeux le pèlerin ailé; il ôta son chapeau, et s'inclina en criant : « A une autre fois, monsieur l'oiseau ! votre très humble serviteur. Revenez seulement ; vous voyez que nous sommes de bons enfants; au revoir, au revoir !... »

» Nous examinâmes alors la place d'où ce couple d'oiseaux était parti, et nous y trouvâmes une espèce de grand nid mal construit avec des herbes sèches, mais vides, à l'exception de quelques coques d'œufs cassés ; je présumai, d'après cela, que les petits venaient seulement d'éclore, et les pointes d'herbes agitées à quelque distance me firent juger que la couvée était en fuite devant nous; mais le mouvement cessa, et nous ne sûmes plus par où nous diriger pour les trouver. Ernest reprit son ton doctoral :

» Tu vois bien, petit François, dit-il à son frère cadet, que ces grands oiseaux ne peuvent être des aigles; ceux-là ne nichent ni sur la terre ni dans l'herbe, et les petits aiglons sont incapables de courir tout de suite en sortant de l'œuf : ce sont les petites cailles ou les perdrix qui marchent seules en naissant.

» — Ou bien, repris-je, tous les oiseaux de l'espèce des poules : les poules d'Inde, les paons, les pintades; et sans doute il y a des espèces de poules sauvages qui peuvent faire de même.

» — Mais, ma mère, reprit-il, les poules n'ont pas le ventre blanc et les ailes couleur de tuile, comme les oiseaux que nous venons de voir s'envoler; moi, je pense que ce sont des outardes ; le second avait à côté du bec une petite moustache comme j'en ai vu dans les gravures de la poule outarde.

» — Tu as tout vu dans les gravures, toi, lui dit Jack ; moi, j'aimerais mieux voir un oiseau que tu aurais su abattre. Si Fritz était avec nous, les fuyards seraient là étendus, et tu pourrais à loisir les comparer à tes gravures.

» — Je suis bien aise, mes enfants, leur dis-je, qu'il n'en soit pas ainsi, et que ces pauvres petits, qui ont encore besoin de leurs parents, n'en soient pas privés. Que diriez-vous si quelque méchant sauvage voulait tuer votre papa et votre

» — Je dis que je ne manquerais pas cet oiseau-là, dit Jack en tendant un de ses pistolets ; tout petit que je suis, j'ajusterais si bien le sauvage qu'il n'aurait nulle envie d'y revenir.

» — Pauvre enfant! cela ne-te serait pas si facile que tu le crois, et tu aurais même bien de la peine, quoique tu aies près de dix ans, à te tirer d'affaire tout seul ; plus jeunes, vous péririez tous sans notre aide. Tâchez, mes bons petits, que la passion de la chasse ne vous rende pas cruels, inhumains ; c'est pour cela que je ne l'ai jamais aimée : je voudrais qu'on ne tuât d'autres animaux que ceux qui sont nuisibles à l'homme ou indispensables à sa nourriture.

» Tout en discourant, nous arrivâmes dans le petit bois, et c'est là que mon Ernest put se rappeler ses gravures d'histoire naturelle, faire le savant ou montrer son ignorance : une foule d'oiseaux inconnus chantaient ou folâtraient sur les branches des arbres sans avoir peur de nous. Malgré la morale que je venais de débiter à mes fils, l'envie de tirer dessus les prit encore ; mais je le permis d'autant moins que les arbres étaient d'une hauteur trop considérable pour qu'un coup de fusil y pût porter facilement. Non, mon ami, tu ne peux te faire une idée de ces arbres ; il faut que tu ne sois pas entré dans ce bois, car il t'aurait frappé ; je n'en ai vu de ma vie d'aussi beaux et d'aussi grands : ce qui nous avait paru de loin être un bois n'était qu'un groupe de dix à douze plantes dont les tiges paraissaient soutenues dans les airs par de grands arcs-boutants, formés par d'énormes racines fort épaisses et très étendues, qui ont l'air d'avoir soulevé l'arbre entier à une hauteur considérable, et de l'y supporter. Le tronc principal tient aussi à la terre par une racine perpendiculaire qui se trouve au milieu des autres, mais qui est infiniment plus mince, et dont le volume immense paraît se joindre à celui de l'arbre et doubler sa circonférence.

» Jack grimpa, avec assez de peine, sur un de ces arcs-boutants, et, muni d'une ficelle, il mesura la circonférence du tronc au-dessus des racines ; il y trouva plus de dix-huit aunes ; j'eus quarante pas à faire pour mesurer la circonférence de l'un de ces arbres gigantesques autour des racines, là où elles sortent de terre : la hauteur de l'arbre, depuis la terre jusqu'à l'endroit où les branches commencent, peut être d'environ trente-six aunes. Les rameaux sont épais et forts ; les feuilles, assez grandes, ressemblent à celles des noyers ; mais je n'ai pu y découvrir de fruits. Une herbe courte, épaisse, parfaitement nette, sans buissons ni épines, croît autour et dessous, entre les racines détachées de terre ; de sorte que tout se réunit pour faire de ces lieux la place de repos la plus fraîche, la plus parfaite et la plus délicieuse.

» Aussi je m'y plus tant, que je résolus d'y faire la méridienne : je me couchai dans ce joli palais de verdure, sur une place commode, avec mes fils autour de moi. Les sacs de provisions furent visités. Un charmant ruisseau, qui ajoute à l'agrément de cet ombrage, coulait à nos pieds et nous fournissait une boisson fraîche et salutaire. Nos chiens ne tardèrent pas à arriver ; ils étaient restés en arrière sur la lisière du bois. A ma grande surprise, ils ne demandèrent point à manger, mais se couchèrent tranquillement et s'endormirent bientôt à nos pieds. Pour moi, je ne pouvais me rassasier de regarder et d'admirer cet endroit incomparable ; il me semblait que si nous pouvions nous établir sur un de ces arbres, nous y serions parfaitement en sûreté ; nulle part je ne voyais rien qui pût nous convenir mieux à tous égards. Je résolus donc de m'en tenir là, et de retourner, en côtoyant le bord de la mer, pour voir si nous ne trouverions pas quelques débris du vaisseau, que les vagues pourraient avoir poussés contre le rivage.

» J'allais me lever pour partir, mais Jack m'arrêta en me suppliant d'achever de coudre les bandes de toile à sa ceinture de peau de chacal; le petit orgueilleux avait si grande envie d'être paré de sa ceinture, qu'il avait pris avec lui dans notre course la petite planche sur laquelle il l'avait clouée, et, par l'ardeur du soleil, elle était complètement sèche. Je lui fis ce plaisir, aimant mieux, puisqu'il le fallait, travailler sous cet ombrage que sur notre plage aride et brûlante. Quand j'eus fini, il se hâta de l'attacher autour de son corps, et d'y placer la paire de pistolets; il marcha devant nous avec fierté, le poing sur la hanche, et laissa à Ernest le soin de mettre les colliers aux deux chiens, pour leur donner aussi, disait-il, un air guerrier. Ce petit drôle était si impatient de te faire voir, ainsi qu'à Fritz, sa nouvelle parure, qu'il se mit à courir en avant, et si lestement, qu'il me fallut aussi marcher très vite pour ne pas le perdre de vue : dans un pays où il n'y a aucun chemin battu, il aurait pu facilement s'égarer. Je fus plus tranquille à cet égard quand nous eûmes gagné le bord de la mer; nous y trouvâmes, en effet, des perches, des poutres, de grosses caisses et d'autres objets; mais il était au-dessus de nos forces de les amener sur terre; nous traînâmes cependant sur le sable tout ce que nous pûmes remuer pour le mettre à l'abri des vagues et de la marée. Nos chiens se mirent de leur côté à pêcher fort adroitement des crabes, qu'ils tiraient avec leurs pattes au bord de l'eau, et dont ils se régalaient; je compris que c'était là ce qui les avait si bien rassasiés. Que le ciel soit béni, m'écriai-je, que ces bêtes aient trouvé moyen de se nourrir ainsi! Je commençais à trembler qu'ils ne nous dévorassent nous-mêmes, avec leur énorme appétit.

» — Nous dévorer! s'écria mon brave petit Jack; ne suis-je pas là pour vous défendre avec mes pistolets?

» — Pauvre petit fanfaron! ils t'avaleraient comme un oiseau s'ils en avaient envie; mais ce sont de bonnes bêtes, qui nous aiment et qui ne nous feront aucun mal : quand j'ai dit qu'ils nous dévoreraient, j'ai voulu faire entendre qu'ils diminueraient si fort nos provisions que nous en souffririons.

» Tout-à-coup nous vîmes Bill qui grattait quelque chose de rond qu'il avait trouvé dans le sable, et qu'il avala avidement. Ernest le regardait aussi, et dit tranquillement : — Ce sont des œufs de tortue.

» — Oh! m'écriai-je, venez, mes enfants; ramassons-en autant qu'il nous sera possible; c'est excellent, et je serai si contente de régaler nos chers navigateurs, à leur arrivée, avec ce nouveau mets!

» Il nous fallut un peu de peine pour écarter le chien, qui y prenait goût; mais enfin nous réussîmes à en recueillir près de deux douzaines, que nous distribuâmes dans nos sacs de provisions. Après cette occupation, nos regards se portèrent par hasard sur la vaste mer, et nous aperçûmes, à notre grand étonnement, une voile qui s'approchait joyeusement de la terre; je ne savais qu'en penser. Ernest, qui veut toujours tout savoir, tout deviner, s'écria que c'était papa et Fritz; mais le petit François avait grand'peur que ce fussent des sauvages qui venaient nous manger, comme ceux qui vinrent dans l'île de Robinson Crusoé. Bientôt nous reconnûmes qu'Ernest avait raison, et que c'était effectivement vous, mes bien-aimés. Nous courûmes promptement vers le ruisseau, et nous sautâmes de pierre en pierre jusqu'à l'autre bord, moi chargée, comme le matin, de mon petit François. Nous arrivâmes bientôt à la place du débarquement, où nous volâmes dans vos bras avec des cris de joie. Voilà, mon cher ami, la narration fidèle et circonstanciée de notre voyage de découvertes; maintenant, si tu veux me rendre bien heureuse, nous irons demain avec tout notre mobilier nous établir auprès de mes superbes arbres.

— Voilà donc, chère femme, tout ce que tu as découvert pour notre établissement futur! un arbre haut de trente-six aunes, où nous percherons comme des perroquets, si nous pouvons trouver moyen d'y grimper, ce qui, certes, ne sera pas facile!

— Hélas! mon bon ami, je n'ai rien vu de mieux, et je ne voulais pas me hasarder plus loin sans toi; tu seras peut-être plus heureux et sûrement plus habile. »

Ma femme avait presque les larmes aux yeux de ce que je plaisantais de sa découverte et de ses arbres gigantesques. « Je suis bien loin de me plaindre de toi, mon amie, lui dis-je; au contraire, j'admire ton courage; tu es bien la preuve que les femmes en trouvent autant dans leur cœur que les hommes dans leurs forces: ne te fâche donc pas, ma chère amie; mais dis-moi si tu veux que je te fasse un ballon de toile à voiles avec lequel nous puissions monter dans tes beaux arbres? — Oui, oui, me dit-elle, raille-moi si cela t'amuse, je le veux bien, mais je t'assure que mon idée n'est point si folle que tu le crois; au moins serions-nous, la nuit, à l'abri de la visite des chacals et d'autres animaux semblables. Te rappelles-tu ce grand tilleul dans la promenade de notre ville, entre les branches duquel on a pratiqué un joli cabinet où l'on arrive par un escalier? Qu'est-ce qui nous empêche d'en arranger un de même sur mes arbres, qui sont encore plus commodes par la force de leurs branches et par la manière dont elles sont disposées?

— Eh bien! eh bien! nous verrons cela. A présent, mes enfants, faisons sur ces arbres merveilleux une petite leçon d'arithmétique; voilà du moins une utilité réelle à en tirer. Dis-moi, savant Ernest, combien de pieds font trente-six aunes, qui sont, nous dit ta mère, à peu près la hauteur de ces arbres?

Ernest. Pour vous répondre, il faudrait que je susse combien de pieds ou de pouces contient l'aune.

Le père. Tu le savais fort bien autrefois; mais ce qui entre par une oreille sort par l'autre, dans vos jeunes têtes.

Je te rappellerai donc, puisque tu l'as oublié, que l'aune contient un pied dix pouces, ou vingt-deux pouces. A présent, calcule, mon fils.

Ernest. Cela n'est pas si facile! aide-moi, Fritz, toi qui es le plus âgé.

Fritz. Volontiers. Il y a d'abord trente-six pieds, puis dix fois autant de pouces, qui font trois cent soixante pouces, lesquels, divisés par douze, donnent trente pieds; additionnons ces trente pieds avec les trente-six, et tu en auras soixante-six. N'est-ce pas cela, mon père?

Le père. A merveille, mon fils. Ainsi, chère femme, tu auras tous les soirs à grimper soixante-six pieds pour arriver dans ton lit, ce qui n'est pas très facile quand on n'a point d'échelle. A présent, voyons combien de pieds contient la circonférence de l'arbre autour de ses racines; ta mère a mesuré trente-deux pas; qu'en penses-tu, Ernest? combien cela fait-il de pieds?

Ernest. Vous me demandez toujours des choses que je ne sais pas; dites-moi du moins d'abord combien on compte de pieds pour un pas.

Le père. Deux pieds et demi font un pas ordinaire.

Ernest. Deux fois trente-deux font soixante-quatre; la moitié de trente-deux est seize, qui, ajoutés aux soixante-quatre, font quatre-vingts pieds.

Le père. Fort bien. Dis-moi à présent, si tu te le rappelles, comment on nomme en géométrie la circonférence d'un cercle, ou bien celle d'un arbre, dont il est à présent question.

Ernest. Oh! pour celui-là, je ne l'ai pas oublié: c'est la périphérie.

Le père. Bien. Et comment s'appelle la ligne d'un point de la périphérie à l'autre en passant par le centre? Toi, maître Jack, montre-nous que tu deviendras un grand géomètre.

JACK. Je crois que c'est le diamètre.

LE PÈRE. Bien, mon garçon. Pouvez-vous me dire à présent quel est le diamètre d'une périphérie de quatre-vingts pieds, et à quelle distance s'étendent les racines du grand arbre de maman? »

Tous réfléchirent, et dirent des nombres à tort et à travers. Fritz s'écria tout-à-coup : « A vingt-huit pieds.

LE PÈRE. A peu près. Comment es-tu arrivé à cela? est-ce par hasard?

FRITZ. Pas du tout, cher papa. J'ai souvent vu chez nous que, lorsque les chapeliers veulent mesurer le cordon pour garnir le bord du chapeau, ils prennent trois fois le diamètre et y ajoutent quelques lignes : ainsi le tiers de quatre-vingts doit faire environ vingt-six; j'ajoute deux pieds pour ce que le chapelier met de plus, et j'en ai vingt-huit.

LE PÈRE. Je suis bien aise que tu aies fait cette observation et ce calcul; mais un grand garçon comme toi, qui as étudié, devait savoir par cœur que la proportion du diamètre à la circonférence est du moins, par approximation, comme cent treize à trois cent cinquante-cinq. Actuellement, résumons la mesure de nos arbres, qui sont vraiment d'une grandeur extraordinaire : hauteur jusqu'aux branches, soixante-six pieds; épaisseur, huit pieds de diamètre, et vingt-huit pieds de distance d'une extrémité des racines à l'arbre : oh! ce sont vraiment des arbres gigantesques. »

Nous pensâmes alors à nous aller reposer; notre prière faite, nous nous couchâmes dans l'ordre accoutumé, bien contents d'être réunis, et nous dormîmes tranquillement jusqu'au jour.

VIII. — CONSTRUCTION D'UN PONT.

« Ecoute, chère femme, dis-je lorsque nous fûmes tous deux réveillés, tu m'as promis hier au soir une chose difficile à résoudre, celle d'un changement de domicile : ne faisons rien à la légère et dont nous pourrions nous repentir, et réfléchissons mûrement. Dans le fond, il me paraît que nous ferons bien de rester où la Providence nous a conduits; cette place paraît nous convenir à merveille, tant pour notre sûreté que par la proximité du vaisseau échoué, d'où nous pouvons encore tirer un si riche butin. Vois comme les rochers nous protègent de tout côté; on ne peut pénétrer dans notre asile que par la mer, ou en traversant le ruisseau, ce qui n'est pas aisé. Prenons donc patience encore quelque temps, jusqu'à ce que du moins nous nous soyons emparés de tout ce qui peut nous être utile sur le navire.

— Tes raisons sont bonnes, cher ami, me répondit-elle; mais je t'avoue qu'il n'y a patience qui tienne contre l'ardeur insupportable du soleil sur cette plage aride et entourée de rochers qui la rendent plus brûlante encore. Tu ne peux te faire une idée de ce que je souffre pendant que tu es sur la mer avec Fritz, ou dans tes voyages de découvertes au milieu de bois ombragés. Ici nous devons renoncer à toute espèce de fruits, puisque nous n'avons point d'arbres, et vivre d'huîtres, que nous n'aimons pas, ou d'oies sauvages, que tu trouves détestables. Quant à cette sûreté que tu me vantes, nos rochers n'ont pas empêché les chacals de nous faire une visite, et les tigres pourront à leur tour trouver le même chemin.

Tu m'objecteras les trésors du vaisseau ; j'y renonce de bon cœur ; nous avons à présent de tout en abondance, et je suis dans des angoisses mortelles toutes les fois que tu t'exposes avec ton fils sur cet élément perfide.

— Comme ta langue s'est déliée, chère amie, depuis que tu as été sous l'ombrage de tes géants ! Je vois qu'il faudra finir par t'obéir. Tu es et tu dois être notre souveraine ; mais nous pouvons tout arranger ! établissons notre demeure dans ton bois, et faisons de ces rochers notre magasin et notre forteresse ; en cas de danger et d'invasion, nous pourrons toujours nous y retirer. Je pourrai à loisir faire sauter quelques quartiers de rocs des bords du ruisseau avec de la poudre : alors, pas même un chat sauvage n'y pourra passer malgré nous... Allons, c'est décidé ; mais avant tout, il faut construire un pont sur le ruisseau si nous voulons le traverser avec armes et bagages.

— Un pont ! s'écria ma femme ; y songes-tu ? Il nous faudrait un temps infini pour sortir d'ici : pourquoi ne pouvons-nous pas traverser le ruisseau comme nous l'avons déjà fait ? L'âne et la vache porteront sur leur dos les objets les plus nécessaires.

— Fort bien, mais il faut que ces bêtes puissent le passer à gué ; si elles étaient obligées de nager, adieu toutes nos provisions ! Il faut avoir des sacs et des corbeilles à leur mettre sur le dos ; pendant que tu les feras, nous pouvons travailler au pont : il nous sera toujours utile ; le ruisseau peut augmenter et le passage devenir impraticable : il l'est déjà pour nos chèvres et pour nos brebis, je ne veux pas les exposer à se noyer, ainsi que nous-mêmes et nos garçons, si jeunes encore ; nous pourrions ne pas être toujours aussi heureux en sautant de pierre en pierre.

— Eh bien ! à la bonne heure ! dit la bonne mère ; je me rends ; mais travaillons sans interruption pour pouvoir partir. Tu laisseras, j'espère, ici toute ta provision de poudre ; je n'aime point à en avoir une si grande quantité dans notre voisinage ; le tonnerre, l'étourderie d'un petit garçon, peuvent nous exposer aux plus grands dangers.

— Tu as raison, chère amie, et je loue ta prudence ; nous n'en aurons avec nous que pour l'usage journalier ; je verrai dans la suite à la cacher dans le rocher même, à l'abri du feu et de l'humidité : la poudre peut devenir notre plus dangereux ennemi si nous ne la soignons pas ; mais elle peut être aussi notre ami le plus utile. »

Ainsi fut décidée l'importante question du changement de domicile, et notre ouvrage du jour fut en même temps arrêté. Nous réveillâmes nos fils, notre plan leur fut communiqué ; ils en furent enchantés, mais effrayés cependant de la construction du pont et du temps qu'elle nous prendrait : ils auraient voulu ce même jour pouvoir s'établir dans le bois, auquel ils donnaient déjà le nom de *Terre promise*.

Notre prière faite, chacun chercha son déjeuner, et Fritz n'oublia pas celui de son singe, qui s'était attaché à la chèvre comme si elle eût été sa mère. Jack s'était glissé doucement du côté de la vache, et pour aller plus vite il voulait la traire dans son chapeau ; mais ne pouvant en venir à bout, il imita le singe, se coucha sous la bête, et la téta. — Viens à côté de moi, François, cria-t-il à son petit frère, tu suceras du lait autant que tu voudras. Ces mots éveillèrent notre attention ; nous ignorions ce qu'il était devenu : ses frères se moquèrent de lui et l'appelèrent le veau ; sa mère lui reprocha son avidité et sa malpropreté. Elle le fit ôter de là, et s'occupa à traire la vache et la chèvre ; elle distribua une partie du lait à ses enfants, et mit le reste moitié sur le feu pour faire une soupe avec du biscuit, moitié dans un flacon pour notre voyage. Pendant ce temps, je préparais le bateau pour aller au vaisseau chercher des planches et des poutres pour la construction du pont. Après déjeuner, je partis avec Fritz et Ernest : leur secours réuni me parut nécessaire pour hâter notre retour. Nous ramâmes vigoureusement jusqu'à ce que nous eûmes atteint le courant, qui nous conduisit promptement hors de la baie; mais à peine eûmes-nous dépassé un îlot qui se trouve à son extrémité, et qu'un amas de sable nous masquait, que nous vîmes une quantité prodigieuse de mouettes et d'autres oiseaux de mer, qui nous étourdissaient tellement de leurs cris affreux, que nous fûmes obligés de nous boucher les oreilles. Fritz avait grande envie de tirer sur eux, et l'aurait fait si je ne l'en avais empêché. Je désirais découvrir ce qui pouvait rassembler en cet endroit cette foule innombrable d'oiseaux; je cinglai donc de ce côté, et, n'avançant pas assez à mon gré, je hissai la voile pour retourner sur l'îlot, à l'aide du vent.

Ernest était heureux d'avoir obtenu la permission de venir avec nous; il jouissait de voir la voile se gonfler, et la flamme du pavillon se balancer dans l'air. Fritz était tout yeux, et regardait sans cesse l'îlot où la troupe des oiseaux s'était placée : « Ah ! s'écria-t-il enfin, je vois ce que c'est : tous ces oiseaux piquent un gros poisson et le dévorent à belles dents.

— À belles dents ! dit Ernest : cela doit être curieux de voir des dents d'oiseaux. »
Fritz avait raison cependant; je m'approchai du rivage assez pour pouvoir descendre; nous amarrâmes notre bateau avec une grosse pierre, et nous marchâmes doucement et avec précaution jusqu'à l'endroit où se trouvait ce groupe énorme d'oiseaux. Nous vîmes en effet près de la mer un monstre marin échoué, sur le corps duquel tous les oiseaux des environs s'étaient invités au festin, et dont ils étaient si fort occupés que, quoique nous nous fussions approchés d'eux à une demi-portée de fusil, aucun ne pensa à s'envoler. Nous regardions avec étonnement la pétulance et la voracité de ce peuple emplumé; il était tellement acharné sur sa proie, qu'il nous eût été facile de tuer, à l'aide de bâtons, une grande quantité de ces oiseaux; mais le genre de leur nourriture ne nous donna nulle envie d'en faire la nôtre. Fritz s'étonnait de la grosseur démesurée du monstre, et me demandait ce qui pouvait l'avoir mis là.

« Toi-même, mon fils, lui dis-je; il y a toute apparence que c'est le requin que tu blessas hier si adroitement; regarde à la tête, il a trois blessures au museau.

— C'est cela même, dit mon jeune chasseur en sautant de joie, j'avais mis trois balles dans mon fusil, et je les ai envoyées dans son horrible tête.

— Ah ! oui, bien horrible ! elle fait frémir; et si tu n'avais pas si bien tiré, il nous aurait sans doute dévorés. Voyez quelle effroyable gueule ! quel singulier lambeau de chair qui s'avance par-dessus ! quelle peau rude et chagrinée ! on pourrait s'en servir pour limer; et ce gaillard n'est pas un des plus petits de son espèce; il a, je parie, plus de vingt pieds de la tête à la queue. Que Dieu soit béni de nous avoir délivrés de ce monstre ! Mais nous devrions emporter de sa peau; j'ai dans l'idée qu'elle pourra nous être utile : si nous savions seulement comment en approcher au milieu de cette cohue vorace qui l'entoure ! »

Ernest tira promptement la baguette de fer de son fusil, et frappa si lestement de droite et de gauche, qu'il tua plusieurs oiseaux, et que les autres prirent le large; alors Fritz et moi nous coupâmes de la peau plusieurs longues courroies, que nous portâmes dans notre bateau. Je remarquai avec plaisir une quantité de planches et de poutres que l'eau avait amenées récemment sur le rivage de la petite île, et qui nous épargnaient la peine d'aller au vaisseau. Je choisis donc ce qui me parut bon pour la construction du pont : j'avais avec moi un levier et un cric, qui me furent très utiles pour soulever ce qui était à sec. Je liai les poutres en forme de radeau, et j'attachai le tout derrière notre bateau ; de sorte que, quatre heures après notre départ, nous étions prêts à revenir, et nous pouvions nous vanter avec justice d'avoir fait une bonne journée. Pour faciliter notre retour, je cinglai de nouveau dans le courant, qui nous poussa bientôt en pleine mer ; alors je revirai de bord, et je repris le chemin de la baie et de notre île en direction plus droite, et courant moins de danger d'être arrêté par les bas-fonds. Tout me réussit à merveille ; je déployai ma voile, et un bon vent nous eût bientôt ramenés vers nos amis, à la place du débarquement.

Tout en cheminant, Fritz, par mon ordre, clouait sur le mât les bandes de peau de requin, pour les faire promptement sécher au soleil. Ernest s'occupait à examiner les oiseaux qu'il avait tués avec sa baguette de fer. « Mais, mon père, demandait-il, pourquoi dites-vous que ces oiseaux ne seraient pas bons à manger ? comment les nomme-t-on ?

Le père. Je crois que ce sont des mouettes, qui ne vivent que de la chair d'autres animaux morts, et qui doivent, en raison de leur nourriture, avoir mauvais goût ; il y en a de plusieurs espèces, et de si stupides, qu'à la chasse de la baleine elles se jettent sur la graisse de ce poisson, à côté des pêcheurs qui le dépècent ; elles en arrachent des morceaux entre leurs mains, et se laissent tuer plutôt que de les lâcher.

Fritz. Il faut, en effet, que ces mouettes soient bien bêtes et bien avides, pour s'être laissé tuer avec une baguette. Mais voyez, mon père, vous m'avez fait faire une mauvaise besogne en clouant la peau du requin sur le mât ; elle s'est tout-à-fait arrondie en séchant ainsi sur une perche.

Le père. C'est précisément ce que je voulais ; ces bandes nous seront plus utiles rondes que plates ; d'ailleurs, ce que tu n'as pas encore étendu restera plat, et nous aurons là une belle provision de chagrin, si nous pouvons enlever ces pointes et polir les peaux.

Fritz. Je croyais que le chagrin se faisait avec de la peau d'âne.

Le père. Et tu avais raison : dans la Turquie, la Perse, la Tartarie, le meilleur chagrin se fabrique avec la peau du dos de l'âne et des chevaux. Lorsqu'elle est encore tendre, on étend dessus une espèce de graisse très dure ; on bat ensuite la peau, cette graisse s'y incorpore, et fait que la superficie ressemble à une lime. Mais on en fait aussi de très bon, et surtout en France, avec des peaux de poissons de mer. »

Ernest demanda à son frère s'il devinait pourquoi les requins n'avaient pas, comme les autres animaux, la gueule au-devant du museau, mais directement dessous. Fritz avoua son ignorance. « Je ne sais que les tuer dans l'occasion, dit-il d'un air important ; et toi, monsieur le savant, que sais-tu là-dessus ? Voyons.

— Je suppose, dit Ernest, que le requin a la gueule ainsi placée pour ne pas dépeupler la mer et la terre ; avec sa voracité, rien ne lui échapperait s'il pouvait saisir sa proie sans se retourner ; mais, par ce moyen, on peut encore lui échapper.

Le père. Fort bien raisonné, mon petit philosophe : si nous ne pouvons pas toujours deviner l'intention du Créateur dans ce qui nous entoure, les conjectures sont du moins un exercice utile pour notre esprit. »

Enfin, nous entrâmes heureusement dans la baie, et nous abordâmes bientôt à la place du débarquement ; aucun des nôtres ne se trouva là ; mais on ne pouvait nous attendre encore ; nous les appelâmes en criant, et bientôt on nous répondit de même. La mère parut entre ses deux petits garçons, du côté du ruisseau, dont le lit, très encaissé, et la hauteur du rivage, les avaient dérobés à nos yeux ;

chacun d'eux portait à la main un mouchoir, et François avait sur l'épaule un petit filet à poisson, en forme de sac, attaché à un bâton. Dès qu'ils nous eurent aperçus, ils vinrent à notre rencontre, en s'étonnant de notre prompt retour; Jack prit les devants, et, dès qu'il nous eut joints, il ouvrit le mouchoir qu'il tenait, et laissa tomber devant nous de belles écrevisses; la maman et le petit François en firent autant, et nous eûmes en un instant un nombre considérable d'écrevisses vivantes, et qui nous promettaient un excellent régal. Elles voulaient s'échapper de tout côté; on courait après, et il y eut beaucoup de cris, de sauts, de gronderies, de questions, d'éclats de rire. « N'est-il pas vrai, papa, disait mon petit cadet, que j'ai fait une bonne pêche? C'est moi qui les ai découvertes, au moins! voyez, il y en a plus de deux cents : et comme elles sont grosses, et quelles belles pinces! Elles seront bonnes, je vous en réponds.

— Excellentes! Mais est-ce vraiment mon petit François qui a fait cette trouvaille?

JACK. Lui-même; mais c'est moi qui suis bien vite allé le dire à maman, c'est encore moi qui ai été chercher et arranger le filet, et qui me suis mis dans l'eau jusqu'aux genoux pour les pêcher.

— Racontez-moi cela, mes enfants, car c'est vraiment un événement important pour notre cuisine, et je me réjouis fort de manger un bon coulis de votre façon.

JACK. Eh bien! papa, quand vous avez été partis, maman s'est assise à côté de la tente pour travailler, et François et moi nous sommes allés nous promener vers le ruisseau pour voir où nous ferions le pont.

— Bravo, monsieur l'architecte! c'est donc vous qui voulez diriger les ouvriers? Mais, badinage à part, je suis charmé que ta tête légère ait une fois pensé à quelque chose d'utile. Eh bien! as-tu trouvé une bonne place pour cette construction?

JACK. Oui, oui; écoutez seulement, et vous saurez tout. Nous avancions vers le ruisseau, et mon petit frère s'amusait à ramasser des pierres de différentes couleurs : quand il en trouvait une brillante, il accourait tout joyeux, et me disait : « Vois-tu, Jack, comme c'est beau! c'est de l'or : je veux le piler, et en faire de la poudre pour mettre sur l'écriture. » Arrivé le premier près du ruisseau, il en vit une de cette espèce au bord de l'eau, et s'avança pour la prendre; tout-à-coup il s'écria : « Jack, Jack, le chacal de Fritz est tout couvert d'écrevisses : viens vite! » J'accours; j'en vois des légions, non-seulement sur le chacal, mais encore dans l'eau, et qui cheminaient pour y arriver. Je courus l'annoncer à maman, qui alla chercher un filet que vous aviez apporté du vaisseau; moitié avec cet instrument, moitié avec les mains, nous prîmes en un instant ce que vous voyez; nous en aurions pêché bien davantage si nous n'avions entendu votre appel; le ruisseau en fourmille.

LE PÈRE. Vous en avez bien assez pris pour une fois, mes enfants, il faut faire vie qui dure : mon avis est même de laisser courir les plus petites; il nous en restera plus qu'il n'en faut pour faire un bon repas. Ainsi nous avons découvert un nouveau marché aux provisions, que le ciel soit loué! Sur cette plage nous trouvons non-seulement le nécessaire, mais le luxe et l'abondance; qu'il nous préserve à présent de l'ingratitude et de la paresse. »

De notre côté, nous racontâmes les événements de notre voyage sur mer. Ernest parla avec feu de la mouette, dont ma femme ne fut point tentée de faire un mauvais rôti. On remit les écrevisses dans les mouchoirs et dans le filet, et on les porta à l'office. Pendant que ma femme les faisait cuire, nous nous occupâmes, mes fils et moi, à défaire mon radeau de poutres et de planches, et à les porter à terre. Je fis ensuite comme les Lapons quand ils attellent leurs rennes devant le traîneau : à défaut de traits, de licou, de courroie, une longue corde, formée en nœud coulant, fut mise au cou de l'âne ; l'autre bout passa entre les jambes, et fut attaché au morceau de bois que je voulais transporter. La vache fut attelée de la même manière : ainsi nous charriâmes notre vaisseau, pièce à pièce, jusqu'au ruisseau, et le déposâmes à la place même que le petit architecte Jack avait choisie comme la plus convenable pour la construction du pont ; elle me parut vraiment la meilleure. Les deux rives étaient escarpées, resserrées, fermées, et de la même hauteur : il y avait de plus de notre côté un vieux tronc d'arbre sur lequel je pouvais poser ma poutre principale, pendant que, de l'autre, deux gros arbres parallèles me promettaient un bon point d'appui.

« Maintenant, dis-je à mes enfants, il s'agit de savoir si nos poutres seront assez longues pour atteindre l'autre côté ; à en juger par l'apparence, je pense que oui ; mais si nous avions une planchette de géomètre, nous en serions bientôt assurés, au lieu que nous travaillons au hasard.

— Mais, répliqua Ernest, ma mère a des ficelles d'emballage avec lesquelles elle a mesuré son gros arbre ; nous pourrions y attacher une pierre et la lancer de l'autre côté : nous la retirerons ensuite, et nous aurons par ce moyen la largeur du ruisseau ; après quoi nous pourrons mesurer nos poutres.

— C'est excellent ! m'écriai-je : j'aime à te voir un esprit inventif ; va vite chercher la ficelle. » Il y courut, et revint bientôt ; la pierre y fut attachée et jetée de l'autre côté ; nous la tirâmes ensuite doucement à nous, en la marquant à l'endroit où le pont devait s'appuyer ; ensuite nous la mesurâmes, et nous trouvâmes que la distance de l'une des rives à l'autre était de dix-huit pieds. Il nous parut nécessaire que les poutres, pour être solides, eussent au moins trois pieds d'assise de chaque côté ; il fallait donc qu'elles eussent environ vingt-quatre pieds, et nous fûmes assez heureux pour que celles que nous avions amenées se trouvassent toutes plus longues. Il nous restait encore la difficulté de savoir comment nous pourrions les passer de l'autre côté du ruisseau ; nous résolûmes de nous en occuper pendant notre dîner, qui nous attendait depuis plus d'une heure.

Nous nous rendîmes tous à la cuisine, où notre bonne ménagère avait, en nous attendant, préparé les écrevisses ; mais, avant de nous mettre à table, il fallut voir son ouvrage de couture : elle avait fait deux sacs pour l'âne, et les avait péniblement cousus avec de la menue ficelle ; mais, comme il lui manquait pour cela de grosses aiguilles, elle avait été obligée de faire à chaque point un trou avec un clou ; aussi on peut juger qu'il avait fallu toute sa patience, ou plutôt son ardent désir de déménager, pour être parvenue à les achever : elle en reçut de ma part un juste tribut d'éloges, accompagné de quelques légères railleries. Cette fois, notre repas se fit très lestement ; nous causâmes sur le travail que nous allions entreprendre ; chacun donna son avis ; nous nous accordâmes à peine le temps nécessaire pour éplucher nos écrevisses, et nous fûmes bientôt sur pied pour aller au pont du Chef-d'œuvre : ce fut le nom qu'il reçut, pour nous encourager, même avant d'être achevé.

La première chose que je fis fut de poser une poutre derrière le tronc d'arbre dont j'ai parlé, le long du rivage. Je l'attachai à quatre ou cinq pieds du bout, avec une corde assez lâche pour qu'elle pût tourner autour du tronc ; j'attachai ensuite à l'autre bout de la poutre, une autre corde assez longue pour passer et repasser sur le ruisseau. Une pierre y fut attachée ; on la lança, comme la première, de l'autre côté ; ensuite j'y passai moi-même, et j'emportai une poulie. Je la fixai à un arbre ; j'y passai la corde après en avoir ôté la pierre ; puis la tenant dans la main, je repassai le ruisseau, j'attelai à cette corde l'âne et la vache, que je poussai fortement. Ils résistèrent d'abord, mais ils allèrent : la poutre tourna doucement autour du tronc, et y tint ferme, pendant que l'autre bout, plus long et plus pesant, planait librement au-dessus de l'eau. Bientôt elle toucha l'autre côté du rivage et s'y tint ferme par son propre poids. Jack et Fritz furent dessus en un saut, et, malgré mes craintes paternelles, traversèrent légèrement le ruisseau sur ce pont étroit, mais solide.

Dès que la première poutre fut posée, la difficulté de notre ouvrage diminua beaucoup ; une seconde, une troisième furent passées avec facilité, étant soutenues et affermies par la précédente. Mes fils d'un côté et moi de l'autre, nous les rangeâmes à une distance convenable pour former un beau et large pont. Il ne nous resta plus après cela qu'à poser des planches en travers, serrées les unes contre les autres, ce qui fut bientôt fait, et notre ouvrage fut conduit à la perfection en moins de temps que je ne l'aurais imaginé. Il fallait voir mes trois jeunes ouvriers sauter et danser sur le pont en poussant des cris de joie ; j'eus bien de la peine à m'empêcher d'en faire autant, et ma femme plus encore. Elle nous embrassa tous pour notre récompense ; elle ne pouvait se lasser de passer et de repasser sur ce beau plancher, qui était très solide et très uni : il avait neuf à dix pieds de large. Je n'affermis point les planches, qui se tenaient fort bien serrées les unes contre les autres, parce que je pensai que, dans le cas de danger et d'invasion, nous pourrions plus aisément les ôter et rendre ainsi le passage du ruisseau plus difficile.

Cet ouvrage nous avait tellement fatigués que nous ne pûmes en entreprendre un autre ce jour-là ; et dès que la soirée approcha, nous allâmes chercher notre souper et notre couche. La jouissance de l'un et de l'autre nous parut fort douce après notre utile travail, et nous n'oubliâmes pas de remercier Dieu de notre réussite et du bonheur de cette journée.

IX. — CHANGEMENT DE DEMEURE.

Le lendemain, au réveil, je rassemblai ma famille autour de moi, et nous prîmes ensemble un congé solennel de notre première demeure dans l'île, de notre place d'abordage. J'avoue que je la quittai à regret ; nous y étions plus en sûreté et plus près du vaisseau ; mais ma compagne s'y trouvait mal, y souffrait de la chaleur ; et celui-là mérite-t-il d'avoir une bonne compagne qui ne sait pas céder même à ses simples désirs ? Je représentai fortement à mes fils, et surtout aux plus jeunes, le danger de s'exposer comme ils l'avaient fait la veille lors de la construction du pont. « Nous allons maintenant, leur dis-je, habiter une contrée moins protégée par la nature que celle que nous quittons ; nous ne connaissons ni le pays ni ses habitants. Il est donc nécessaire d'être prudents, de ne pas nous diviser, car cela affaiblirait nos forces. Ne vous hasardez donc point, mes enfants, soit à courir seuls en avant, soit à rester en arrière ; promettez-le-moi. » Tous vinrent m'embrasser en me jurant obéissance. Nous fîmes la prière, et nous nous mîmes en marche. Mes fils reçurent l'ordre de rassembler notre troupeau, et d'amener près de nous l'âne et la vache pour être chargés des sacs que ma femme avait préparés avec beaucoup d'intelligence. Ils étaient fermés par les deux bouts, qui pendaient de côté et d'autre ; dans le milieu était une ouverture, aux deux côtés de laquelle étaient attachées des ficelles qui, en se croisant, passaient sous le ventre de l'animal et servaient ainsi à retenir fortement les sacs sur son dos. Nous nous empressâmes ensuite d'empaqueter ce dont nous avions le plus besoin pour les premiers jours, en outils, en batterie de cuisine, etc., ainsi que l'étui à vaisselle du capitaine et une petite provision de beurre. J'arrangeai le tout dans des sacs, de manière que le poids fût en équilibre des deux côtés ; puis j'attachai sur les sacs nos hamacs et nos couvertures pour compléter la charge, et nous allions nous mettre en route lorsque ma femme m'arrêta : « Il m'est impossible, me dit-elle, de laisser nos poules seules cette nuit : elles seraient perdues ; il faut leur trouver une place ; il en faut une aussi pour notre petit François, qui ne peut pas faire ce long trajet à pied, et nous arrêterait. J'ai encore mon sac enchanté, que je te recommande, me dit-elle en riant ; Dieu sait combien nous en aurons besoin !

— Les femmes, répondis-je en riant aussi, ont toujours plus d'effets à emporter qu'il n'y a de place ; voyons cependant où nous pourrons mettre tous les tiens. » Par bonheur j'avais ménagé l'âne dans ma charge, parce que j'avais déjà pensé que nous pourrions dans la route placer François dessus. Je lui fis donc un dossier du sac enchanté de sa mère, et je l'assis tellement ferme entre les trois sacs, que la monture aurait pu galoper sans renverser le petit cavalier.

Pendant ce temps-là, ses frères avaient couru après les poules et les pigeons sans pouvoir les attraper ; ils revinrent de très mauvaise humeur et les mains vides. « Petits imbéciles ! dit leur mère, comme vous voilà tous échauffés à courir après cette volaille indocile ! Vous allez voir comment je vais m'y prendre pour m'en saisir. — Oui, oui, essayez, bonne mère, dit Jack avec son air mutin ; je consens à être rôti à la place du premier poulet que vous pourrez attraper. — Pauvre Jack ! dit-elle en riant, tu serais bientôt à la broche, et ce serait dommage, quoique tu n'aies pas beaucoup plus de cervelle qu'un poulet, puisque tu n'as pas songé au seul moyen de les prendre. » Elle passa dans sa tente, en rapporta ses deux mains pleines de pois et d'avoine ; puis elle appela amicalement la troupe emplumée, qui ne tarda pas à se rassembler autour d'elle ; elle s'en fit suivre en lui jetant quelques grains, et la conduisit ainsi jusque dans la tente. Lorsque les poules y furent entrées, et pendant qu'elles s'occupaient à piquer leur nourriture, ma femme en ferma l'entrée et s'empara facilement de sa volaille réunie dans ce petit espace. Les enfants se regardaient en souriant d'un air honteux. « Grâce de la broche, maman ! s'écria Jack ; je vais vous aider à prendre les prisonniers. » Il se glissa dans la tente, et réussit à les saisir ; les captifs furent attachés par les pieds et par les ailes, mis dans un panier recouvert d'un filet, et placés en triomphe au-dessus de notre bagage. Ernest imagina de courber un bâton en forme d'arc sur le panier, et de mettre une couverture par-dessus pour que l'obscurité les fît tenir tranquilles, car leur caquetage nous empêchait de nous entendre.

Nous entassâmes dans la tente tout ce que nous fûmes obligés de laisser ; elle fut fermée avec soin par des pieux fichés en terre. Nous rangeâmes autour les tonnes vides et pleines comme un rempart, et nous confiâmes ainsi nos richesses à la protection du ciel.

Enfin notre marche commença : petit et grand, chacun portait une gibecière sur le dos et un fusil sur l'épaule. Les enfants aiment le changement de place ; tous étaient de bonne humeur, et la mère autant que les enfants : elle marchait en avant avec son fils aîné, suivie de la vache et de l'âne ; les chèvres, conduites par Jack, venaient ensuite ; le petit singe était assis sur le dos de sa nourrice et faisait mille grimaces ; après les chèvres venait Ernest conduisant les brebis ; moi j'étais le dernier : j'accompagnais et je surveillais tout ; à côté de la caravane, les chiens allaient et venaient de la tête à la queue comme de braves aides-de-camp. Notre marche était lente ; elle avait quelque chose de solennel et de patriarcal ; il me semblait voir nos premiers pères cheminant dans les déserts avec leur famille et leurs richesses. « Eh bien ! Fritz, criai-je à mon fils aîné, tu commences à présent la vie de patriarche ; comment la trouves-tu ? — Fort bonne, mon père, me répondit-il.

ERNEST. Pour moi, je suis enchanté de cette vie ; il me semble que je suis un Tartare, un Arabe, et que nous allons découvrir je ne sais combien de choses nouvelles. N'est-il pas vrai, mon père, que ces peuples que je viens de nommer passent ainsi leur vie à cheminer d'un lieu à l'autre avec armes et bagages ?

LE PÈRE. Oui, mon fils, et ces peuplades errantes s'appellent *nomades* ; mais elles ont ordinairement des chevaux et des chameaux, avec lesquels on peut aller plus vite et plus loin qu'avec une vache et un âne. Moi, pour ma part, je désire que ce pèlerinage soit le dernier que nous fassions.

LA MÈRE. Dieu le veuille ! et j'espère que dans notre nouvelle demeure et sous nos beaux arbres nous nous trouverons si bien qu'aucun de nous ne voudra la quitter ; je consens à prendre sur moi la responsabilité de la fatigue de cette journée, sûre que vous m'en remercierez tous.

LE PÈRE. Je t'assure, ma bonne amie, lui dis-je, que nous te suivons volontiers, et que nous te remercions déjà de notre bonheur futur ; il doublera pour nous tous en pensant que c'est à toi que nous le devrons. »

Pendant cet entretien, nous traversâmes heureusement notre pont. Ce fut là seulement que notre cochon vint aussi se joindre à nous, et contribuer pour sa part à la beauté de notre caravane ; il s'était montré si rétif au moment de notre départ, que nous avions été contraints de le laisser ; mais quand il vit que nous étions partis, il vint se réunir à nous volontairement, quoique par ses grognements continuels il nous témoignât qu'il désapprouvait notre émigration ; mais nous le laissâmes grogner.

Bientôt nous fûmes menacés d'un embarras auquel nous n'avions pas songé. La belle herbe qui croissait de l'autre côté du ruisseau était une tentation trop forte pour nos bestiaux ; ils ne purent y résister, et ils se mirent tous à courir de côté et d'autre pour la brouter avec avidité ; sans le secours de nos chiens, nous n'aurions pu les faire entrer en ligne. Nos braves dogues furent très utiles dans cette occasion, et lorsque chacun eut repris sa place, nous pûmes continuer notre route ; mais, de peur de récidive, j'ordonnai de tourner à gauche et de côtoyer le bord de la mer, où il n'y avait point d'herbe qui pût nous arrêter.

A peine nous étions-nous avancés de quelques pas sur la grève, que nos deux chiens, qui s'étaient arrêtés dans l'herbe, commencèrent à aboyer et à hurler, comme s'ils avaient été blessés ou qu'ils se battissent contre une bête féroce. Fritz avait déjà mis son fusil en joue et s'apprêtait à faire feu ; Ernest, toujours un peu craintif, se retirait avec sa mère ; Jack courait étourdiment après Fritz, son fusil sur le dos ; moi-même, dans la crainte que les chiens n'eussent été attaqués par quelque animal dangereux, je disposais mes armes pour aller à leur secours. Mais la jeunesse est plus ardente, et malgré ma recommandation d'avancer avec prudence, mes deux petits curieux ne firent qu'un saut jusqu'à l'endroit où les chiens s'étaient arrêtés ; bientôt je vis Jack accourir au-devant de moi en frappant dans ses mains : « Venez vite, mon père ! un grand porc-épic ! il est monstrueux ! »

J'arrivai, et je vis qu'il avait dit vrai, quoiqu'en exagérant un peu. Les chiens couraient, le museau ensanglanté, autour de la bête, et quand l'un d'eux approchait trop, elle faisait un bruit effrayant, en hérissant ses dards si promptement contre lui, que quelques-uns étaient entrés dans la peau de notre vaillant Turc, et y étaient restés, ce qui faisait jeter les hauts cris à ce pauvre chien et à son compagnon.

Pendant que nous regardions, M. Jack fit un coup de sa tête qui lui réussit à merveille; il prit un des pistolets qu'il avait mis dans sa ceinture, le banda et tira le coup si ferme et si près de la tête du porc-épic, que l'animal tomba mort au moment où le coup partit et avant que nous nous en fussions aperçus. Jack était au comble de la joie et plein d'orgueil, comme Fritz de jalousie; il était près de pleurer. « Est-ce raisonnable, Jack, lui dit-il, ce que tu viens de faire? un petit garçon comme toi faire partir ainsi ton pistolet! pense donc que tu aurais pu blesser mon père, moi ou un des chiens. — Ah! oui, blesser! n'étiez-vous pas derrière moi et les chiens à côté? N'ai-je pas vu cela avant d'ajuster mon coup? me prends-tu pour un imbécile? Celui-là saurait qu'en dire, s'il pouvait parler; du premier coup, paf! roide mort; c'est tirer, cela! tu voudrais bien avoir fait ce coup-là? » Fritz répondit en secouant la tête; il était mécontent de ce que son jeune frère lui avait enlevé l'honneur de cette chasse, et il lui cherchait chicane comme le loup à l'agneau. « Allons, allons, mes enfants, dis-je, point d'envie, point de reproches; aujourd'hui à toi, demain à moi, nous agissons tous pour le bien commun. Le petit Jack a peut-être été un peu imprudent, mais il a été adroit et courageux, et nous ne devons pas troubler sa victoire. » Alors éclata la joie complète des petits; ils entourèrent le singulier animal à qui la nature a donné une si forte défense en armant son corps de longs piquants. Mes enfants ne savaient comment s'y prendre pour l'emporter, ils voulaient le traîner sur l'herbe; mais toutes les fois qu'ils s'en approchaient, ils poussaient des cris et revenaient en montrant leurs mains ensanglantées : « Il faudra le laisser là, disaient-ils; c'est pourtant bien dommage!

— Pas pour un empire! s'écria Jack; il faut que ma mère le voie. » En disant cela, il attacha son mouchoir par un des bouts au cou de la bête, et tirant l'autre bout, il traîna lestement sa proie aux pieds de ma femme, qui avait été dans de grandes inquiétudes.

« Maman, dit-il, voilà le monstre armé de ses cent mille lances, et je l'ai tué d'un seul coup de pistolet; c'est excellent à manger, papa me l'a dit. »

Ernest commença avec son sang-froid accoutumé l'examen du porc-épic; après l'avoir longtemps regardé, il dit : « C'est un singulier animal! il a des dents incisives et les oreilles et les pieds à peu près comme ceux d'un homme.

— Ah! dit Jack, si tu avais vu comme il a hérissé toutes ses pointes contre les chiens! si tu avais entendu le bruit qu'elles faisaient en se choquant les unes contre les autres! c'est un terrible animal! je l'ai approché sans crainte, je lui ai fourré quelques balles dans la tête, et le voilà par terre.

— Il n'est donc pas si terrible, dit Ernest, puisqu'un enfant a pu si facilement le tuer. — *Un enfant!* » reprit Jack d'un ton piqué et en élevant la tête. Il semblait que sa victoire l'avait grandi d'un demi-pied.

En attendant, nous nous occupions, ma femme et moi, d'ôter aux chiens leurs piquants et d'examiner leurs blessures; nous allâmes ensuite nous joindre au groupe qui regardait de tous côtés le porc-épic. Jack en faisait les honneurs comme s'il l'eût montré à la foire. « Voyez, disait-il, quelle terrible bête! voyez ses dards, comme ils sont longs et durs! voyez ses pieds; je suis sûr qu'il court comme un lièvre; et pourtant c'est moi qui l'ai tué! Et ce toupet qu'il a sur la tête, voyez comme c'est plaisant!

— C'est pourquoi, dis-je, les naturalistes le nomment *porc-épic à crête*. Mais dis-moi à présent, mon petit héros, n'as-tu pas craint, en t'approchant de lui, qu'il ne te passât ses piquants à travers le corps?

— Oh! non, mon père, je sais bien que ce qu'on dit à cet égard n'est qu'une fable.

— Mais pourtant tu as vu qu'il en a lancé contre les chiens, à qui nous venons d'en ôter cinq ou six.

— C'est que les chiens attaquaient la bête par derrière, et, comme des furieux, ils se sont jetés d'eux-mêmes sur les piquants; il n'est pas étonnant qu'ils en aient été blessés : moi j'attaquais par devant, et je n'avais rien à craindre. On raconte qu'en fuyant ils lancent leurs dards contre le chasseur et peuvent le tuer : mais cela n'est pas vrai, j'y ai bien regardé.

— Tu as raison, mon petit héros; cependant un accident comme le nôtre peut avoir donné lieu à propager cette fable. C'est une remarque assez singulière, mais vraie, que l'histoire naturelle, où cependant la vérité devrait être palpable, a donné lieu à plus de fables que la mythologie. En général, les hommes aiment le merveilleux, et la belle marche de la nature leur a paru trop simple, trop uniforme; ils l'ont chargée de toutes les rêveries de leur imagination. Mais dis-moi, Jack, que veux-tu faire de ta chasse? devons-nous la prendre avec nous ou la laisser?

— La prendre, la prendre, mon père, je vous en prie; vous dites que c'est bon à manger. »

Je ne pus résister à ses pressantes instances, et je résolus de mettre le porc-épic sur le dos de l'âne, derrière le petit François; j'ôtai une des couvertures, dans laquelle je l'enveloppai, après avoir mis beaucoup d'herbe autour de sa tête ensanglantée, et avoir couché avec soin ses dards; j'attachai ce nouveau paquet sur notre grison, et, contents de notre ouvrage, nous nous remîmes en route. A peine avions-nous fait quelques centaines de pas, que l'âne commença à frapper avec fureur des pieds de derrière; il s'arracha des mains de ma femme, qui le conduisait, prit le large au grand galop, poussant des cris lamentables, et faisant des sauts si plaisants que les enfants en riaient aux éclats; mais notre crainte pour le petit cavalier qui le montait nous ôta, à ma femme et à moi, toute envie de rire : à un signal donné, les chiens partirent comme un trait après le déserteur, se mirent sur son chemin en faisant avec lui un concert de *hi han!* et d'aboiements; ils allaient l'arrêter, lorsque, courant aussi de toutes nos forces, nous arrivâmes au secours de notre petit François : il n'était pas trop effrayé; grâce à la bonne idée que j'avais eue de l'attacher, il n'avait pas couru risque de tomber. « Mais, François, lui dis-je en riant, as-tu donc donné de l'éperon à ta monture? qu'est-ce qui a pu lui mettre dans la tête de prendre ainsi le large? » Tout-à-coup je pensai au porc-épic dont j'avais chargé maître Aliboron, et j'examinai si les dards n'avaient point percé la couverture dont je l'avais enveloppé : c'était cela même; quoiqu'elle eût trois doubles, ils passaient tous au travers, et tenaient lieu du plus formidable éperon. J'eus bientôt paré à cet inconvénient : le sac enchanté de ma femme fut mis dessous, et il était si bien rempli, qu'il n'y avait pas à craindre qu'il fût transpercé; la couverture fut placée de côté pour garantir François; je l'exhortai à se tenir droit comme un écolier de manége, et je fis continuer la route.

Fritz avait pris les devants avec son fusil, tout prêt à tirer aussi quelque bel animal; il aurait bien désiré trouver une ou deux de ces outardes dont sa mère lui avait parlé; nous le suivîmes lentement pour ne pas nous fatiguer, et enfin, sans qu'il nous arrivât d'autre accident, nous parvînmes au palais d'arbres gigantesques. Ils l'étaient en effet, et nous en fûmes tous frappés. « Ah! mon Dieu! quels arbres! s'écria Ernest; quelle hauteur! quels troncs! c'est vraiment prodigieux! — Je conviens, dis-je en les mesurant des yeux avec étonnement, que je ne m'en étais pas fait une idée. Honneur à toi, chère femme, pour la découverte de cette agréable demeure; si nous réussissons à nous établir sur un de ces arbres, nous y serons à merveille et parfaitement à l'abri de toute invasion de bêtes sauvages; je défie même à un de ces ours qui grimpent si bien de gravir sur un tronc aussi immense et dépourvu de branches. »

Nous commençâmes alors à nous débarrasser et à décharger nos bêtes de somme; nous prîmes ensuite la bonne précaution de leur lier les jambes de devant avec une corde, pour qu'elles ne pussent ni s'éloigner ni s'égarer; la volaille fut laissée en liberté : nous nous assîmes ensuite sur l'herbe, et nous tînmes un conseil de famille sur notre établissement futur. J'étais un peu en peine de cette première nuit; j'ignorais si dans cette vaste contrée, ouverte de tous côtés, nous ne serions point exposés aux bêtes féroces. « Je veux, dès ce soir, tenter notre établissement sur l'arbre, » dis-je à ma femme. Pendant que j'en délibérais avec elle, Fritz, qui n'avait plus en tête que sa chasse et son désir de prendre sa revanche du porc-épic, s'était esquivé; bientôt nous entendîmes tout près de nous un coup de feu qui m'aurait effrayé si, au moment même, nous n'avions reconnu la voix de notre Fritz, qui s'écriait : « J'ai touché! j'ai touché! » et bientôt nous le vîmes accourir en sautant, et tenant par la patte un superbe animal mort. « Papa! voyez quel beau chat tigré! » Il l'éleva avec fierté en l'air pour nous le montrer.

« Bravo! bravo! m'écriai-je; bravo, mon cher Nemrod! tu as rendu là aux pigeons et aux poules un vrai service de chevalier; dès cette nuit, ton beau chat sauvage nous aurait privés pour toujours de notre basse-cour : je te charge de chercher avec soin ses camarades, et d'en détruire la race dans notre voisinage : le leur est un peu trop dangereux.

ERNEST. Dites-moi, mon père, pourquoi Dieu a-t-il créé les bêtes féroces, puisque l'homme doit chercher à les anéantir?

LE PÈRE. Il est toujours difficile de dire précisément pourquoi Dieu a produit telle ou telle chose qui nous semble nuisible, et qui pourtant entre dans l'ordre de la création. Quant aux bêtes de proie, je suis porté à croire que leur destination est d'abord d'embellir et de varier les œuvres de la création, puis de maintenir un équilibre nécessaire parmi les créatures douées de la vie, et enfin de fournir à l'homme, qui naît sans être vêtu, de quoi se préserver du froid par leurs fourrures, qui deviennent un moyen d'échange et de commerce entre les nations. On pourrait dire aussi que le soin de se garantir des animaux entretient les forces physiques et morales de l'homme, soutient son activité, le rend inventif et courageux. Les Allemands, par exemple, se sont exercés, par l'habitude de la chasse, à devenir des guerriers robustes et vaillants, qui ont su, au besoin, défendre leur patrie et leur liberté, comme ils savaient tuer les loups et les ours.

JACK. Mais les insectes, qui dévorent l'homme tout vif sans que leur chasse et leur fourrure l'en dédommagent, à quoi servent-ils?

LE PÈRE. Ils exercent notre patience, mon fils, et nous obligent à la propreté, qui contribue à entretenir la santé. Mais revenons à ce bel animal; raconte-nous, Fritz, comment tu l'as tué.

FRITZ. Avec un pistolet, mon père, comme Jack a tué le porc-épic.

— Sur cet arbre?

— Oui, sans doute : j'avais remarqué que quelque chose se mouvait sur ses branches, je me suis approché doucement, et j'ai reconnu le chat tigré; j'ai tiré dessus, il est tombé à mes pieds blessé et furieux, et je l'ai vite achevé d'un second coup.

— Vraiment tu as eu du bonheur qu'il ne soit pas tombé sur toi, il aurait pu te dévorer : tu aurais dû tirer de plus loin.

— Pourquoi, mon père? j'aurais risqué de le manquer : je me suis, au contraire, approché le plus possible, et j'ai tiré sous ses oreilles.

— Tu as donc fait comme Jack, dont tu t'es tant moqué? Que cela te serve de leçon, pour ne pas blâmer chez tes frères ce que tu seras peut-être obligé de faire à ton tour, et de ne pas troubler leur joie quand ils ont un succès que tu devrais partager au lieu d'en concevoir un sentiment de jalousie.

— Eh bien! mon père, tout ce que je demande à présent de Jack, c'est qu'il ne me gâte pas cette belle peau comme celle du chacal. Voyez, papa, ce beau dessin, ces taches régulières noires et blanches sur ce fond jaune d'or; c'est comme la plus magnifique étoffe! Quelle espèce d'animal est-ce donc, à proprement dire?

— Provisoirement tu peux t'en tenir à la dénomination de chat tigré; nous verrons plus tard quel nom il faudra lui donner. C'est, du reste, certainement une méchante bête, très dangereuse; elle dépeuple les forêts de nos chèvres : nous devons te remercier d'avoir anéanti cet ennemi redoutable.

— Je ne demande qu'une chose pour ma récompense : c'est de garder la peau pour moi; si je savais seulement ce que j'en pourrais faire d'utile!

— Il me vient une idée : il faut que tu écorches l'animal toi-même, de manière à ne point gâter la peau, surtout celle des quatre jambes et de la queue; ensuite tu feras une ceinture comme celle de ton frère Jack, mais beaucoup plus belle; les quatre cuisses peuvent te servir à faire de jolis étuis pour renfermer des services de table, couteaux, fourchettes, cuillers, et tu pourras facilement les porter dans ta ceinture lorsque nous ferons quelques excursions; tu les recouvriras adroitement avec le reste de la peau coupée par bandes, et si tu veux t'y appliquer, les étuis seront d'une beauté remarquable : il n'est pas mal, dans notre situation, de s'exercer à toute sorte de métiers, et il faut toujours perfectionner le plus possible ce que l'on fait : mais, avant tout, il faut songer à dépouiller la bête; nous verrons ensuite ce que nous en ferons.

Jack. Et moi, papa, je voudrais bien aussi faire des étuis de la peau de mon porc-épic.

Le père. Et pourquoi pas, mon fils? Le chat tigré n'en peut fournir que quatre, et il nous en faut deux encore, puisque nous sommes six; exerce donc ton adresse : je te prie seulement de me réserver les dards, que je veux employer, dans l'occasion, comme aiguilles d'emballage ou comme pointes de flèches; le reste de la peau pourra servir à remplacer les colliers de nos chiens lorsqu'ils seront usés, ou, ce qui serait un chef-d'œuvre, à leur faire une espèce de cotte d'armes pour les préserver plus sûrement dans les combats.

Jack. Oui, oui, papa, une cotte d'armes : entendez-vous, mes frères? nos chiens seront comme de vrais guerriers : excellent! excellent! une cotte d'armes! comme je me réjouis de les voir! »

Ils ne me laissèrent ni l'un ni l'autre aucun repos, jusqu'à ce que je leur eusse montré comment il fallait séparer les peaux sans les déchirer. Pendant ce temps-là, Ernest cherchait une pierre plate pour notre foyer, et le petit François ramassait des morceaux de bois sec, et les portait à sa mère pour allumer du feu. Ernest eut bientôt trouvé et apporté une pierre telle qu'il la fallait ; il vint alors nous aider, ou plutôt raisonner à tort et à travers sur les animaux écorchés ; il passa de là aux arbres, et s'inquiéta beaucoup de savoir quel nom portaient ces gigantesques végétaux. « Je croyais, disait-il, que c'étaient tout simplement de gros noyers ; voyez, la feuille est exactement la même. — Ce n'est pas une preuve, lui dis-je ; on voit des arbres dont le feuillage a beaucoup de rapport, et qui cependant ne sont pas de la même espèce ; d'ailleurs il me paraît qu'il y a une différence sensible entre ces feuilles et celles du noyer ; celles-ci sont plus pâles et blanches en dessous : au reste, je me rappelle que les mangliers et les figuiers sauvages s'élèvent, avec leurs racines, en belles voûtes, et parviennent quelquefois à une hauteur démesurée.

Ernest. J'ai cru que les mangliers croissaient uniquement sur les bords de la mer et dans les terrains marécageux ?

Le père. Et tu n'avais pas tort : c'est le manglier noir qui aime l'eau ; mais il y a encore le manglier rouge à grappes à peu près comme nos groseilles ; ceux-là croissent à des distances considérables de la mer, et avec leur bois on peut teindre des étoffes en rouge : il y en a une troisième espèce, que l'on nomme *mangle de montagne*, ou bois jaune, et ce sont ceux-là qui forment, avec leurs racines, de belles voûtes, comme tu en vois devant nous.

Tandis que nous causions ainsi en travaillant, et que je tâchais de suppléer, autant qu'il dépendait de moi, au manque de livres pour l'instruction de mes enfants, le petit François revint chargé de rameaux secs, et mangeant à pleine bouche, en criant à sa mère : « Maman, maman, j'ai trouvé quelque chose de bien bon ; tiens, manges-en aussi ; c'est excellent.

— Petit gourmand, lui dit ma femme tout effrayée, que fais-tu là ? N'avale pas ainsi tout ce que tu trouves, tu pourrais t'empoisonner et en mourir ! » Elle courut à lui et lui mit le doigt dans la bouche pour en faire sortir ce qu'il mangeait de si bon appétit : elle ramena avec assez de peine le reste d'une figue. « Une figue ! m'écriai-je, où l'as-tu trouvée ? Dieu merci, ce n'est pas du poison ; mais ta mère a raison, mon fils ; tu ne dois rien mettre dans ta bouche sans nous le montrer : à présent, dis-nous où tu as trouvé cette figue.

François. Là, dans l'herbe, il y en a une quantité ; j'ai pensé que ce devait être bon et sain, puisque nos poules, nos pigeons, et même notre cochon, en mangent aussi avec beaucoup de voracité.

Le père. Tu vois bien, chère amie, que nos beaux arbres sont des figuiers, du moins ce qu'on nomme ainsi aux Antilles ; car ils ne ressemblent en rien à nos figuiers d'Europe, excepté pour le fruit, qui y a du rapport : je me rappelle à présent que les mangles ont les feuilles plus arrondies et non ovales comme celle-ci. Je fis encore une leçon à mes fils sur la nécessité d'être prudents dans un pays inconnu, et de ne manger que ce qu'ils verraient manger aux oiseaux et aux singes. Alors ils coururent tous à notre singe, qui était assis sur une racine, et regardait du coin de l'œil, en faisant les grimaces les plus drôles, le porc-épic et le chat à demi écorché. François lui présenta des figues ; il les tourna de tout côté en les flairant, et les croqua ensuite avec volupté. « Bravo ! bravo, monsieur le singe ! s'écrièrent tous les petits en battant des mains ; elles sont donc bonnes, d'après votre décision, et nous nous en régalerons. »

Sur ces entrefaites, notre bonne ménagère avait fait du feu, avait posé le pot de fer dessus et commencé à préparer notre dîner. Une partie du porc-épic fut jetée dans la marmite, l'autre fut salée et conservée pour rôti ; le chat écorché fit le repas de nos dogues, qui se jetèrent dessus avec avidité. Pendant que le nôtre cuisait, et pour ne pas perdre de temps, je m'occupai à faire des aiguilles d'emballage avec des dards du porc-épic ; je fis rougir au feu un grand clou du côté de la pointe ; je saisis ensuite la tête avec un linge mouillé, et je perçai, le plus facilement du monde, le côté le plus épais des dards ; j'eus le plaisir de présenter à ma femme un gros paquet de bonnes et longues aiguilles, qui furent pour elle un trésor d'autant plus précieux qu'elle avait le projet de faire des courroies et des traits pour atteler notre bétail, et que, sans de fortes aiguilles, elle ne savait comment s'y prendre ; je la priai seulement de ménager les ficelles, dont j'aurais bientôt grand besoin pour la construction de l'escalier de notre demeure. J'avais fait choix du figuier le plus haut et le plus touffu, et en attendant le dîner je fis faire à mes fils des essais pour jeter des pierres et des bâtons par-dessus les branches inférieures ; je l'essayai aussi moi-même ; mais les plus basses étaient encore à une telle hauteur que nous ne pûmes y parvenir ni les uns ni les autres : il fallut inventer un autre moyen d'y réussir, car sans cela il me devenait impossible d'attacher une échelle de corde à ces branches. En attendant que j'eusse donné l'essor à mon imagination, j'allai avec Jack et Fritz porter les peaux de nos bêtes dans le ruisseau voisin, où elles furent assujéties avec de grosses pierres ; puis on nous rappela pour le dîner, et nous vînmes manger avec plaisir notre porc-épic bouilli, qui se trouva très bon, quoiqu'un peu dur, et qui nous avait fait surtout une excellente soupe. Ma femme ne put se résoudre à en manger, ce qui chagrina un peu notre petit chasseur Jack, qui en faisait les honneurs : elle s'en dédommagea en dînant avec du fromage et du jambon ; et, sous ces beaux arbres qu'elle avait tant désirés, ce premier repas lui parut délicieux.

Ce fut ce jour-là qu'en attendant le dîner j'accomplis à la fin le projet qui me tenait à cœur depuis le moment de notre naufrage ; je veux dire de prendre, à l'aide du quart de cercle, la hauteur du soleil, afin de savoir, d'une manière approximative, le lieu où nous étions.

Je savais que la veille du jour où la tempête nous avait assaillis, le capitaine avait trouvé 13° 40' de latitude sud, et 114° 5' de longitude est de l'île de Ténériffe. Pendant six jours, après cela, ainsi que je l'ai dit en commençant, nous avions été ballottés par les vents furieux sans avoir pu faire aucune observation ; aussi n'avais-je pas la moindre espérance de découvrir, même à dix degrés près, notre longitude, si ce n'est que, sachant que le vent avait soufflé presque continuellement du nord, je ne pensais pas qu'elle dût avoir beaucoup changé. En conséquence, ayant fait une observation avec autant de soin que mon peu d'habitude me le permettait, je crus être à peu près certain que notre nouvelle habitation était à environ 19° 30' de latitude sud, d'où je calculai que nous devions être à 300 lieues marines environ de la côte occidentale de l'Australie.

X. — CONSTRUCTION D'UNE ÉCHELLE.

Après le repas, je dis à ma femme que je ne croyais pas possible de nous nicher ce soir-là sur l'arbre, et que nous serions obligés de coucher à terre ; cependant je la priai de se mettre tout de suite à coudre les courroies pour atteler nos bêtes et aller chercher au bord de la mer le bois de construction qui nous serait nécessaire pour monter sur l'arbre, si j'en trouvais les moyens. Elle alla sur-le-champ se mettre à l'ouvrage, et moi, pendant son travail, je suspendis nos hamacs à des branches, pour pouvoir au moins nous gîter en sûreté pour la nuit ; j'étendis ensuite une grande toile à voile au-dessus pour nous couvrir tous, et nous garantir du serein si dangereux et des insectes. Je me hâtai après cela d'aller, avec mes deux fils aînés, au bord de la mer, pour examiner le bois que les vagues y avaient jeté, et choisir celui qui serait propre à faire des échelons : je n'osais me fier, pour cet objet, aux branches sèches du figuier, qui me paraissaient trop fragiles, et il ne croissait aucune broussaille dans le voisinage. Sur le rivage, il y avait sans doute une quantité de bois échoué de toute espèce, et cependant je n'en trouvai point qui n'eût demandé beaucoup de travail pour le rendre propre à mon but, et ma bâtisse aurait été trop retardée, si par hasard Ernest n'avait découvert un nombre de cannes de bambous presque entièrement couvertes de sable et de boue. Je les nettoyai avec le secours de mes fils; lorsqu'elles furent dépouillées de leurs feuilles, je les examinai, et je trouvai, à ma grande joie, qu'elles étaient exactement ce qu'il me fallait. Je commençai donc à couper avec ma hache ces bâtons en pièces de quatre à cinq pieds de long ; mes fils les lièrent en trois faisceaux, proportionnés aux forces de chacun, pour que nous pussions les porter à la place où nous avions fixé notre demeure. J'en choisis ensuite de plus minces ; je voulais en faire des flèches, dont j'avais besoin pour arriver sur notre arbre. J'aperçus à quelque distance un buisson vert dont les branches pouvaient m'être utiles ; mais il fallait l'examiner de plus près : nous nous dirigeâmes donc de ce côté, et, comme il pouvait servir de repaire à quelque animal dangereux, nous préparâmes nos armes à feu. Bill, qui nous avait suivis par hasard, prit les devants et alla à la découverte : à peine étions-nous près du buisson, qu'il fit quelques sauts, entra comme un furieux dans le fourré, et mit en fuite une troupe de flamants, qui, avec un élan bruyant, s'élevèrent en l'air. Fritz, toujours prêt à tirer, fit promptement feu sur cette troupe aérienne, et il en tomba deux dans le buisson : l'un était mort ; l'autre, légèrement blessé à l'aile, fut bientôt sur ses pieds ; et après s'être secoué, voyant qu'il ne pouvait voler, il fit usage de ses hautes jambes, et courut avec une telle vitesse dans le marais, que nous vîmes le moment où il allait nous échapper. Fritz, dans la joie de son cœur, voulut aller relever celui qui était resté sur place ; il s'enfonça jusqu'aux genoux dans le marais, et il eut assez de peine à s'en tirer : pour moi, averti par son exemple, je courus avec plus de prudence après le fuyard blessé ; Bill vint à mon secours ; sans lui j'aurais perdu sa trace ; mais il courut devant, fraya le chemin, atteignit le flamant, et le tint en arrêt jusqu'à ce que je vinsse m'en emparer ; ce ne fut pourtant pas sans peine : ce gros oiseau fit beaucoup de résistance en frappant de l'aile ; pourtant j'en vins à bout.

Pendant ce temps-là, le paresseux Ernest s'était étendu commodément sur l'herbe au bord du marais, et nous regardait faire. Du milieu du buisson partirent des cris de victoire : « Mon père, je l'ai ! je l'ai ! — Et moi aussi, mon fils. — De superbes oiseaux, mon père, n'est-ce pas ? — Eh ! oui, sans doute. Allons, arrive ; au sec, au sec ! »

Fritz fut bientôt hors du marais, tenant par les pieds son beau flamant mort : le mien, que je voulais, s'il était possible, guérir et conserver vivant, était moins commode à porter ; je lui avais attaché les ailes et les pieds avec mon mouchoir, et malgré cela il se débattait encore : je le pris sous mon bras gauche, mon fusil à la main droite, et je sautai de place en place pour rejoindre mes fils ; je ne connaissais pas le terrain, et je craignais d'enfoncer dans le marais, qui était très profond, et où j'aurais très bien pu rester. Emporté par l'ardeur de la chasse, je n'y avais pas fait attention en allant ; au retour, je frémis en voyant les endroits par où j'avais passé.

La joie de mes fils fut immodérée quand ils virent que mon flamant était encore vivant. Pourvu, disait-il, qu'on puisse guérir sa blessure et le nourrir! nous allons le panser. Croyez-vous qu'il s'accoutume avec nos poules?

— Je sais, leur dis-je, que cet oiseau s'apprivoise très facilement, et nous en ferons l'essai ; mais il se souciera peu de la nourriture des poules, il vous demandera humblement de petits poissons, des vers, des insectes.

Ernest. Notre ruisseau fournit de tout cela ; Jack et François en prendront plus qu'il n'en faudra pour le nourrir, et bientôt il saura fort bien les aller chercher lui-même.

Le père. Je l'espère, et je désire beaucoup le conserver.

Fritz. Comme ce serait beau si nous pouvions ainsi nous former une basse-cour d'oiseaux indigènes et privés! Mais voyez donc, il a les pieds palmés comme les oiseaux aquatiques, et cependant de longues jambes comme les cigognes; cela n'est-il pas très rare et très singulier?

Le père. Non, mon cher ami, cela n'est point rare : plusieurs oiseaux ont, comme celui-ci, la double faculté de courir et de nager.

Ernest. Mais, mon père, tous les flamants sont-ils, comme celui-ci, d'une si belle couleur de rose, avec les ailes rouge pourpre? Il me semble en avoir vu dans mon histoire naturelle peints d'une autre couleur : ce n'est donc peut-être pas un flamant que nous avons pris?

Le père. Je crois, mon fils, que cette différence de plumage tient à l'âge : très jeunes, ils sont gris; plus âgés, ils deviennent blancs, et ce n'est que lorsqu'ils ont toute leur croissance qu'ils prennent ces belles nuances.

Ernest. Celui qui est mort est donc très vieux : il fera, je le crains, un rôti bien coriace, car il a de fort vives couleurs. Mais n'allons-nous pas le porter à maman?

Le père. Oui, sans doute, je vous laisse le soin de l'arranger de la manière la plus commode pour l'emporter; pendant ce temps-là, je vais couper encore quelques bouts de cannes dont j'ai besoin, et pour lesquels je suis principalement venu. »

Je coupai, en effet, les cannes qui n'étaient plus fleuries, pour en faire des pointes de flèches, à la manière des sauvages des Antilles ; puis j'en cherchai deux des plus hautes, que je coupai de toute leur longueur, pour mesurer la hauteur de notre arbre, ce que j'étais très curieux de savoir. Quand je dis à messieurs mes fils l'usage auquel je les destinais, ils se moquèrent de moi, et m'assurèrent que, quand j'en mettrais dix au bout les unes des autres, je n'atteindrais pas les branches les plus basses ; je leur demandai un peu de patience, et je leur rappelai l'histoire de nos poules, qu'ils nous défiaient de prendre, parce qu'eux n'avaient pu en venir à bout.

Lorsque tout fut arrangé, je fis mes dispositions de départ. Ernest fut chargé des cannes longues et petites; Fritz eut à porter le flamant mort, et je me chargeai du vivant. A peine avions-nous fait quelques pas, que Fritz dit à notre chien Bill : « Qu'est-ce que c'est donc que cela, monsieur le paresseux? Croyez-vous donc que vous ne porterez rien à la maison? Ayez la bonté de vous charger de mon flamant, comme votre camarade Turc porta mon singe. »

En disant cela, il lui attacha son oiseau sur le dos, et la patiente bête le laissa faire sans murmurer.

« Ainsi donc, dis-je, monsieur Fritz marchera à vide, fort à son aise, lui qui est dans la force de l'âge, pendant que son vieux père et son jeune frère sont chargés; cela sera singulier.

— Vous avez bien raison, mon père, dit le bon jeune homme; donnez-moi votre oiseau vivant, je le porterai avec confiance; je n'ai nulle peur de son grand bec recourbé; il ne paraît pas qu'il ait envie de me mordre.

— C'est d'autant plus beau à lui, répondis-je, que c'est toi qui l'as blessé; mais les animaux sont souvent moins vindicatifs et plus généreux que l'homme, et tu verras que celui-ci s'attachera à toi. » En disant cela, je lui remis le flamant emmaillotté.

Après quelques pas, nous trouvâmes les trois paquets de bambous que j'avais préparés, et, comme mes fils étaient suffisamment chargés, ce fut moi qui les pris tous les trois. « Tu vois maintenant, dis-je à mon fils aîné, que ta bonne disposition à me soulager t'a été utile; si tu ne m'avais pas pris mon flamant, tu aurais eu à porter ces trois paquets, qui sont beaucoup plus pesants. Sois donc persuadé que la bonté et la complaisance sont toujours tôt ou tard récompensées. »

Nous arrivâmes enfin près des nôtres, qui nous accueillirent avec intérêt et curiosité. « Ernest, que portes-tu donc d'un si beau rouge? et toi, Fritz, qu'as-tu dans ce mouchoir ? » Tous se réjouirent de voir ces oiseaux. Ma femme, toujours un peu soucieuse, s'inquiétait seulement de savoir où trouver de quoi nourrir toutes les bêtes qui nous arrivaient. « Il y en a aussi qui nous nourrissent, chère amie, lui dis-je, et celle-ci ne te donnera pas beaucoup de peine; si elle vit, comme je l'espère, elle saura bien trouver elle-même ce qu'il lui faut. » En disant cela, j'examinais sa blessure. Une aile seulement était attaquée par le coup de feu, et l'autre légèrement atteinte par les dents du chien. Je les pansai toutes les deux, d'après mes faibles connaissances chirurgicales; avec du beurre et du vin, je composai une espèce d'onguent, qui parut soulager l'animal. Je l'attachai ensuite par une de ses jambes, avec une longue ficelle, à un pieu planté près du ruisseau, où il pouvait facilement se plonger, et j'eus ainsi l'espérance de le conserver vivant.

Sur ces entrefaites, mes petits railleurs avaient lié ensemble les deux longues cannes que j'avais apportées, et tâchaient de mesurer notre arbre; mais à peine purent-ils atteindre la place où la voûte des racines se joignait au tronc; j'entendis de grands éclats de rire, et ils m'assurèrent de nouveau qu'il fallait bien autre chose pour mesurer notre arbre gigantesque; mais je les arrêtai en rappelant à Fritz quelques leçons de géométrie et d'arpentage que je lui avais fait donner en Europe : « Ne sais-tu pas, lui dis-je, qu'au moyen de cette utile science on détermine la hauteur des montagnes les plus élevées, ainsi que les distances, par le moyen des triangles et des lignes supposées ? » Je procédai sur-le-champ à cette opération avec mes cannes plantées en terre, et des cordes que Fritz dirigeait par mes ordres. Je n'ennuierai pas le lecteur de mes procédés géométriques pour suppléer aux instruments qui me manquaient; ils me réussirent, et je trouvai que notre arbre avait quarante pieds de haut, ce qu'il m'était nécessaire de savoir pour faire mon échelle en conséquence. Je donnai à Fritz et à Ernest la commission de mesurer notre provision de grosses cordes, dont il me fallait quatre-vingts pieds pour les deux côtés de l'échelle; les petits eurent la tâche de ramasser toute la ficelle qui nous avait servi à mesurer, et de la porter à leur mère; pour moi, je m'assis sur l'herbe, et je m'occupai à faire, avec un morceau de bambou et avec de courtes pointes de cannes, une demi-douzaine de flèches; comme elles étaient vides, je pus les remplir de sable humide pour qu'elles ne fussent pas trop légères; je les garnis ensuite avec les plumes du flamant, pour qu'elles allassent plus droit.

A peine eus-je fini mon travail, que mes jeunes gens vinrent sauter autour de moi en jetant des cris de joie : « Un arc! un arc et de belles flèches! Qu'en voulez-vous faire, mon père? — Oh! laissez-moi tirer, je vous en prie! — Moi aussi! — Moi aussi!

Le père. Patience! mes chers amis, patience! Pour cette fois je demande la préférence; je veux faire, le premier, l'essai de mon ouvrage; je l'ai exécuté pour l'utilité et non pour l'amusement; nous allons tout de suite en faire usage. Ma femme, si par hasard tu avais du fil bien fort, donne-le-moi. — Nous allons voir, dit-elle en riant et en courant à son sac, ce que pourra faire mon sac enchanté; jusqu'ici il ne m'a pas refusé son secours. » Elle l'ouvrit : « Allons! dit-elle, montre-toi bien, mon sac; donne-moi ce que je te demande; mon mari veut du fil, et du fort... Eh bien! que vous avais-je promis? En voilà une pelote précisément comme tu le désires.

Ernest. Voilà vraiment une grande magie, bonne mère, que de tirer d'un sac ce qu'on y a mis!

Le père. Non, mon fils, ce n'est pas un sortilége, j'en conviens; mais avoir pensé, dans un moment d'effroi tel que celui où nous étions en quittant le vaisseau, à tout ce qui pouvait être utile ou agréable à chacun de nous, c'est vraiment un enchantement dont une bonne femme et une excellente mère est seule capable; et la vôtre, avec son sac qui subvient à tous nos besoins, est pour nous comme une fée secourable; mais des étourdis comme vous ne savent pas seulement le sentir. »

En ce moment Fritz arriva; il avait achevé le mesurage de nos cordes, et m'apportait la bonne nouvelle qu'il y en avait environ cinquante toises, ce qui était plus que suffisant pour mon échelle. J'attachai alors le bout de la pelote de gros fil à une flèche; je la mis sur l'arc, et je la tirai de manière à faire passer ma flèche par-dessus une des fortes branches de l'arbre, et de la faire retomber de l'autre côté; on conçoit qu'elle entraînait avec elle le fil que je dévidais à mesure, et qui, de cette manière, se trouva suspendu sur la branche; il me fut facile alors d'y attacher le bout d'une corde, que l'on tira en haut à l'aide du fil. Lorsqu'elle eut passé à son tour sur la branche, nous mesurâmes la moitié du fil, qui nous donna quarante pieds, ainsi que je l'avais déjà trouvé géométriquement. Sûr alors de pouvoir élever mon échelle en l'air jusqu'à la branche, au moyen de la corde qui y était déjà, nous nous mîmes tous avec zèle et confiance à l'ouvrage. Je coupai d'abord environ cent pieds de ma provision de cordes, d'un pouce d'épaisseur; je les partageai ensuite en deux parties égales, que j'étendis sur la terre en deux lignes parallèles, à la distance d'un bon pied l'une de l'autre; je fis couper par Fritz des morceaux de bambou longs de deux pieds, et tous égaux; Ernest me les tendait à mesure; je les fis passer l'un après l'autre dans des nœuds que je faisais aux cordes, à la distance aussi d'un pied. A mesure que le bambou était passé dans les nœuds, Jack, par mon ordre, les traversait aux deux bouts avec un long clou, qui les empêchait de ressortir. J'eus ainsi en très peu de temps une échelle de quarante échelons très solides, que nous regardions tous dans un joyeux étonnement; je l'attachai ensuite fortement au bout de la corde qui pendait de la branche, et par l'autre bout nous la tirâmes facilement au but, et le haut de notre échelle parvint à la branche et s'y posa si bien, que les cris de mes fils retentirent de tous côtés, et que moi et ma femme nous y joignîmes les nôtres. Chacun des petits garçons voulait monter le premier; je décidai que ce serait Jack, comme le plus léger et le plus leste; ses frères et moi nous tînmes en bas le bout de la corde aussi ferme qu'il nous fut possible. Mon petit téméraire grimpa comme un chat et fut bientôt en haut, posté sur la branche; mais il n'était pas assez fort pour nouer solidement la corde qui tenait l'échelle. Fritz m'assura qu'il pourrait aussi monter sans danger ; comme il était beaucoup plus pesant que son frère, je n'étais pas tout-à-fait sans crainte ; je lui donnai mes instructions pour monter de manière à diviser son poids en occupant quatre échelons à la fois avec les pieds et les mains ; je lui fis prendre dans sa poche quelques bons clous et un marteau pour assurer fortement l'échelle sur la branche. Notre aîné entreprit son ascension avec courage, et fut bientôt à côté de son jeune frère, à quarante pieds au-dessus de nous, nous saluant avec des cris de triomphe. Il se mit tout de suite à l'ouvrage pour affermir l'échelle, en passant et repassant les bouts de la corde autour de la branche, et fit cette opération avec tant d'intelligence et d'adresse, que j'osai moi-même, après cela, grimper dessus pour la rendre plus solide encore. Avant de monter, je fis attacher une grosse poulie au bout d'une corde, que je fixai solidement à une branche au-dessus de nous, et à laquelle je pouvais atteindre, afin de parvenir, au moyen de ce secours, à monter le lendemain les planches et les poutres dont j'aurais besoin pour bâtir mon château aérien. J'achevai tout ce travail au clair de la lune ; je trouvai que ma journée avait été bien remplie, et je redescendis doucement mon escalier de cordes et de bambous pour rejoindre ma femme et mes enfants. Comme Fritz et Jack me gênaient autour de moi sur le haut de l'échelle, je leur avis dit de descendre les premiers ; qu'on juge donc de mon étonnement et de mon effroi en ne les retrouvant en bas ni l'un ni l'autre, et en apprenant de leur mère qu'elle ne les avait pas revus depuis qu'ils étaient montés ; je ne comprenais pas ce qu'ils étaient devenus, lorsque j'entendis tout-à-coup, vers la cime de l'arbre, des voix qui nous paraissaient venir du ciel, et qui chantaient un cantique du soir. Je reconnus bientôt que c'étaient mes deux petits drôles, qui, pendant que j'étais occupé de mon travail, étaient montés de branche en branche au lieu de descendre. Je les appelai, le cœur bien allégé de ce qu'il ne leur était rien arrivé de fâcheux, et je les exhortai à revenir avec précaution ; il était presque nuit, et la clarté de la lune avait peine à percer à travers cet épais feuillage ; ils arrivèrent bientôt sans accident, et tout de suite ils reçurent l'ordre de rassembler nos bêtes, et de ramasser ce qu'il nous fallait de bois sec pour allumer des feux, avec lesquels je voulais mettre notre petite peuplade à l'abri de la visite des chacals. J'expliquai mes intentions à cet égard, et j'appris à mes enfants qu'en Afrique même, où il se trouve tant de bêtes sauvages et féroces, les naturels du pays se garantissent de leurs attaques nocturnes en se mettant sous la protection du feu, que tous ces animaux redoutent.

Cela fait, ma femme me remit son ouvrage du jour : c'étaient des courroies de trait et un poitrail pour l'âne et pour la vache ; et je lui promis, en récompense de sa peine et de son zèle, que, le lendemain, nous pourrions nous établir entièrement sur son arbre. Pour le moment il n'était plus question que du souper ; elle, Ernest et le petit François s'en étaient activement occupés. Ernest avait fait deux petites fourches pour retenir un tourne-broche, et il tournait une bonne pièce de porc-épic devant le feu ; un autre morceau bouillait dans la marmite pour nous faire une bonne soupe, et tout cela exhalait une odeur appétissante.

Toutes nos bêtes arrivèrent les unes après les autres. Ma femme distribua du grain à la volaille pour l'accoutumer à se rassembler à cette place ; le grain mangé, nous eûmes le plaisir de voir nos pigeons prendre leur vol vers les branches supérieures de notre grand arbre, et les poules se percher en caquetant sur nos échelons ; les quadrupèdes furent attachés aux racines voûtées de l'arbre et dans le voisinage de nos hamacs, où ils se couchèrent sur l'herbe pour ruminer en paix. Le beau flamant ne fut pas oublié; on lui donna du lait et du biscuit émietté, qu'il mangea fort bien; puis il mit sa tête sous son aile droite, souleva son pied gauche, et se livra en toute confiance à la douceur du sommeil.

Enfin arriva pour nous le moment désiré du repas du soir. Nous avions arrangé en tas les petits bûchers que je comptais allumer les uns après les autres, lorsque ma femme nous appela pour le souper, que nous attendions avec impatience, et qui fut trouvé excellent par moi et par mes enfants; leur mère, qui ne put se résoudre à goûter du porc-épic, mangea sobrement du pain et du fromage. Pour le dessert, les enfants nous apportèrent des figues qu'ils avaient ramassées sous l'arbre, et dont nous nous régalâmes tous; après quoi des bâillements, de petits bras étendus, nous avertirent qu'il était temps de faire reposer nos jeunes ouvriers. Après la prière du soir, j'allumai quelques tas de rameaux, je préparai les autres pour les allumer successivement, et je vins à mon tour gagner mon hamac; mes petits bonshommes étaient déjà encaissés dans les leurs, et je n'entendis de tous côtés que des gémissements de ce qu'ils étaient couchés si à l'étroit et sans pouvoir remuer. « Ah! ah! Messieurs, leur dis-je, vous vous étiez tant réjouis de coucher dans des hamacs! Il faut bien vous y habituer et vous en servir comme les matelots, qui y dorment à merveille. » Je leur indiquai la manière d'y être à leur aise; en se couchant obliquement et se balançant doucement, le sommeil arrive bientôt comme dans les meilleurs lits. Après quelques essais et quelques soupirs, ils y parvinrent; toute la famille s'endormit paisiblement, à l'exception de moi, qui voulais veiller cette nuit-là à la sûreté générale.

XI. — ETABLISSEMENT SUR L'ARBRE.

Cette nuit ne se passa pas sans inquiétude de ma part pour la sûreté de tous les miens; je n'entendais pas bouger une feuille que je ne crusse que c'était un chacal ou un tigre qui venait dévorer mes enfants. Dès qu'un de mes petits bûchers était consumé, j'en allumais un autre; mais voyant enfin qu'aucun animal ne paraissait, je me calmai un peu, et sur le matin le sommeil s'empara si puissamment de moi, que je m'éveillai le lendemain presque trop tard pour la tâche que j'avais projetée pour la journée. La plupart de mes enfants étaient déjà debout; nous fîmes la prière, nous déjeunâmes et nous nous mîmes au travail. Ma femme, après avoir fait son ouvrage accoutumé du matin, c'est-à-dire après s'être occupée à traire la vache, à préparer le déjeuner pour nous et nos bêtes, partit avec Ernest, Jack, le petit François et l'âne, pour aller au bord de la mer chercher quelques charges de bois, que les vagues y jetaient en quantité.

Pendant ce temps-là je montai avec Fritz sur l'arbre, et je fis les préparatifs nécessaires pour nous y arranger avec commodité. Tout y était à souhait : les branches étaient très rapprochées les unes des autres; quelques-unes, plus fortes, sortaient horizontalement du tronc et s'élevaient dans les airs; celles qui ne me parurent pas placées convenablement furent sciées ou coupées avec la hache; je laissai toutes celles qui se trouvaient de niveau, et qui s'étendaient le plus au-dehors, pour établir mon plancher; au-dessus de celle-ci, à la hauteur de quarante-six pieds, j'en ménageai quelques autres pour y suspendre nos hamacs; et plus haut une série de branches serrées fut destinée à recevoir la couverture de mon toit, qui, provisoirement, devait consister seulement dans un grand morceau de toile à voile.

La marche de ces préparatifs était assez lente; il s'agissait de monter plusieurs poutres fort lourdes, et ma femme et ses petits aides avaient grand'peine même à les soulever; heureusement j'avais le secours de ma poulie, qui me fut très utile; ma femme et mes fils les attachaient en bas, et moi je les tirais avec Fritz pièce à pièce. Lorsque j'eus assuré deux poutres sur les branches, je posai les planches dessus, et je fis mon plancher double, pour qu'il fût plus solide si les poutres venaient à se déranger; je formai ensuite une espèce de parapet tout autour avec d'autres planches, pour qu'il n'y eût pas de danger de tomber en-dehors. Ce travail, et le troisième voyage pour aller au bord de la mer chercher le bois nécessaire, remplirent tellement notre matinée, que personne ne songeait à dîner; il fallut, pour cette fois, nous contenter de lait et de jambon. Aussitôt que nous eûmes achevé ce frugal repas, nous nous remîmes à l'ouvrage pour finir notre palais aérien, qui commençait à se montrer avec avantage; nous détachâmes les hamacs et les pièces de toile des racines où nous les avions accrochés, et, avec la poulie, nous les montâmes roulés, non sans beaucoup de peine, dans notre nouveau gîte; la toile fut étendue sur les branches ombragées, au-dessus de la demeure. Comme cette toile était grande, et qu'elle descendait des deux côtés, j'eus l'idée de la clouer au parapet, et de former ainsi non-seulement un toit, mais encore deux parois; l'immense tronc de l'arbre nous en formait une troisième. Je n'avais fait notre établissement que sur un des côtés, pour être appuyé contre le tronc; le quatrième côté fermait au-devant l'entrée de notre appartement; je le laissai ouvert, tant pour savoir ce qui se passait au-dehors que pour nous procurer un courant d'air dans cette température brûlante; nous avions aussi de ce côté-là une vue très étendue et très libre vers le rivage et sur la vaste mer. Les hamacs furent bientôt suspendus aux branches préparées à cet effet, et tout fut prêt pour y coucher le soir même.

Content de mon ouvrage, je descendis avec mon aîné, qui m'avait aidé dans ce travail assez pénible, et comme la journée n'était pas encore très avancée, et que je trouvai en bas quelques planches de reste, nous nous mîmes tout de suite à fabriquer une grande table entourée de bancs entre les racines de notre arbre; ce fut la place destinée à former notre salle à manger. Cet ouvrage fut fait à la légère, parce que j'étais fatigué; cependant le tout fut très passablement arrangé, et fit grand plaisir à la bonne ménagère, qui s'occupait du souper pendant que je faisais la table. Durant ce temps-là, mes trois petits garçons ramassaient avec soin tous les débris du bois que nous avions coupé sur l'arbre; ils en firent des faisceaux qu'ils dressèrent à une place un peu éloignée du foyer, et où il y avait assez de soleil pour les faire sécher. Je sciai et coupai encore toutes les branches basses pour augmenter notre provision.

Complètement épuisé par la fatigue des travaux de la journée, je me jetai sur un banc en essuyant la sueur qui coulait de mon front. « Vraiment, dis-je à ma femme, j'ai travaillé aujourd'hui comme un forçat, mais demain je me permettrai du repos. — Tu le peux et même tu le dois, me répondit-elle, car j'ai calculé que demain sera un dimanche. Malheureusement nous n'avons ici ni église ni prêtre pour nous aider à bénir Jésus et Marie, nos deux sauveurs.

— Bien, bien, chère amie, je te remercie d'y avoir songé, et je te promets que le jour du Seigneur sera sanctifié demain comme il doit l'être sur cette plage déserte sur laquelle il a plu à Dieu de nous jeter, et où nous sommes sous sa protection immédiate. A présent que, par sa grâce, nous voilà bien établis, et en sécurité, nous serions très coupables si nous négligions son saint service, et si nous ne célébrions pas plus solennellement que par notre prière ordinaire le jour qui lui est consacré.

— Nous allons promptement souper et nous coucher sans dire un mot du dimanche à mes enfants ; je me fais une fête de les surprendre en leur annonçant un jour de repos et de récréation auquel ils ne s'attendent point.

— Et moi, chère amie, lui dis-je en l'embrassant, je me réjouis de te voir aussi résignée à ton sort, aussi contente même, en examinant l'ouvrage de tes apprentis charpentiers. A présent, voyons ce que tu nous a préparé pour notre récompense ; rassemble nos enfants ; je sens que j'ai besoin de quelque restaurant après un si rude travail. »

Tout notre monde fut bientôt réuni autour de la table. La bonne mère arriva, tenant dans ses deux mains un pot de terre que nous avions vu longtemps auprès du feu : nous étions tous curieux de savoir ce qu'il renfermait : quand le couvercle fut levé, elle en tira avec la fourchette le flamant que Fritz avait tué ; elle nous dit qu'elle avait mieux aimé le faire cuire à l'étouffade que de le mettre à la broche, parce qu'Ernest lui avait assuré que c'était une vieille bête qui serait dure et coriace, et lui avait conseillé de chercher à l'attendrir par la cuisson. Nous raillâmes notre petit gourmand de sa précaution, et ses frères ne l'appelèrent plus que *le cuisinier* ; mais nous finîmes par trouver qu'il avait eu raison : cet oiseau qui, rôti, n'aurait sans doute pu être mangé, nous parut excellent, et fut dévoré, rongé jusqu'au plus petit os.

Pendant que nous disséquions ainsi notre flamant, en buvant à la santé du cuisinier, du chasseur et de la bonne mère, l'oiseau qui était en vie arriva tout paisiblement près de nous au milieu de nos poules pour avoir sa part du repas, sans se douter que son camarade en faisait les frais ; il s'était tellement apprivoisé, que nous l'avions déjà détaché de son pieu ; il se promena avec gravité dans les environs, et ne fit pas mine de vouloir nous quitter. Son beau plumage flattait notre vue, pendant que, d'un autre côté, les gentillesses et les grimaces de notre petit singe nous donnaient le plus plaisant des spectacles : il était complètement familiarisé avec nous tous, sautait d'une épaule à l'autre, attrapait ce qu'il pouvait de nos repas, et le mangeait si plaisamment, que nous en riions tous aux éclats. Pour augmenter notre gaieté, notre grosse truie, qui jusqu'alors s'était montrée très insociable, et qui nous manquait depuis deux jours, arriva en grognant ; mais cette fois ses grognements indiquaient la joie de nous avoir retrouvés : cette joie était réciproque, et ma femme le lui prouva en lui donnant à boire pour sa bienvenue tout ce qui nous restait du lait que l'on avait trait le soir.

J'avoue que je la trouvai un peu trop généreuse ; mais elle me fit observer que, jusqu'à ce que nous eussions des ustensiles propres à faire du beurre et du fromage, il valait mieux profiter du lait de cette manière que de le laisser gâter dans un climat si chaud sans en faire usage, n'ayant ni cave ni laiterie pour le tenir au frais : « Il est de plus nécessaire, ajouta-t-elle, de ménager le sel et le grain, qui tendent à leur fin, et les cochons aiment beaucoup le laitage, c'est un moyen de retenir le nôtre auprès de nous.

— Tu as toujours raison, excellente femme, lui dis-je, nous irons au plus tôt te chercher du sel et faire encore un voyage au vaisseau échoué, où nous renouvellerons les provisions de grains pour ta volaille.

— Encore ce vaisseau ! dit-elle avec tristesse et dépit, je n'aurai de vrai bonheur que lorsqu'il sera tout-à-fait au fond de la mer, et que vous n'y penserez plus ; chaque fois que vous y allez, je suis dans des angoisses mortelles, et vraiment il y a du danger.

— Je conviens, répliquai-je, qu'il peut y en avoir, mais nous choisissons toujours pour ce trajet un beau temps, une mer calme, et, à mon avis, nous serions impardonnables si, par des craintes et des soucis exagérés, nous négligions de sauver et de nous approprier des choses qui nous sont si utiles, et que la Providence paraît nous avoir réservées. »

Pendant cette conversation, mes fils, par mon ordre, avaient allumé un de nos tas de bois pour protéger notre bétail ; cela fait, nos braves chiens furent attachés à des cordes qui passaient librement sous leur collier et arrivaient jusque sur l'arbre, pour qu'au premier aboiement je pusse les lâcher sur l'ennemi. Chacun désira d'aller se coucher, et le signal de *grimpade* fut donné. Mes trois aînés furent bientôt en haut ; vint ensuite le tour de la mère, qui monta plus lentement et avec précaution, mais qui arriva enfin heureusement. Mon ascension fut la dernière et la plus difficile : je portais sur mon dos mon petit François, et j'avais détaché l'échelle en bas pour pouvoir la retirer ; j'eus donc assez de peine à monter, à cause de son balancement ; j'y parvins cependant, et au grand plaisir de mes fils, je tirai l'échelle en haut ; il leur semblait que nous étions dans un de ces châteaux forts des anciens chevaliers, où, lorsqu'on a levé le pont, on est à l'abri de toutes les attaques. Je préparai cependant à tout événement mes armes à feu, pour être en état, en cas d'invasion, de bombarder l'ennemi. Nous nous livrâmes ensuite au repos, contents et en toute sûreté, et la fatigue générale nous fit jouir sans interruption du plus doux sommeil jusqu'à l'aube du jour.

XII. — LE DIMANCHE ET LA PARABOLE.

Au réveil, tout le monde se sentit reposé et plein de courage. « Eh bien ! Messieurs, dis-je en riant à mes enfants, vous vous êtes accoutumés à coucher dans un hamac ; je n'ai entendu cette nuit aucunes plaintes, et tout est resté tranquille. — Ah ! me dirent-ils en étendant les bras, nous étions hier si fatigués qu'il n'est pas étonnant que nous ayons bien dormi.

Le père. Eh bien ! mes enfants ! voilà encore un avantage du travail, celui de procurer un sommeil doux et paisible.

Les enfants. Oui, oui, papa ! c'est bien vrai ; aussi nous voulons aujourd'hui nous mettre vaillamment à l'ouvrage. Qu'y a-t-il à faire ? que faut-il entreprendre ?

Le père. Rien, absolument rien aujourd'hui de toute la journée.

Les enfants. Oh ! vous badinez, cher papa. Nous le voyons bien, vous vous raillez de notre paresse, parce que nous nous sommes peut-être éveillés trop tard.

Le père. Non, mes enfants, je ne badine point. C'est aujourd'hui dimanche : le Seigneur a dit : *Six jours tu travailleras, mais le septième sera le jour de l'Eternel, ton Dieu.* Nous allons donc le célébrer, mes chers petits amis.

Jack. Dimanche ! il y a donc aussi des dimanches par ici ? Je vais tirer mes flèches, me promener, m'amuser, et ne rien faire de tout le jour.

Le père. Crois-tu donc, mon enfant, que ce soit uniquement pour qu'on puisse s'amuser et faire le paresseux que Dieu s'est réservé le dimanche ? Tu te trompes, mon cher Jack : c'est pour qu'il y ait un jour marqué pour le servir, l'adorer, le remercier, sans que rien puisse nous en détourner, et c'est à cela que nous devons trouver notre plus grand plaisir.

Ernest. J'ai cru, mon père, que le service de Dieu consistait à aller à l'église entendre la sainte messe et assister aux offices : nous n'avons point d'église. Comment pourrons-nous donc célébrer le dimanche?

François. Nous n'avons point d'orgues non plus, et j'en suis fâché, car j'aime bien à les entendre.

Jack. Vous voyez donc bien, papa, que nous ne pouvons pas célébrer le dimanche, comme vous le dites.

Le père. Dieu est partout où l'on pense à lui sincèrement et de cœur, où l'on réfléchit à sa sainte volonté, où l'on se propose de la remplir. Dans ce sens, chaque endroit du monde peut servir d'église, parce qu'on peut avoir partout de bons sentiments ; et cette belle et majestueuse voûte du ciel, ouvrage du Tout-Puissant, doit aussi élever l'âme et toucher le cœur comme un édifice de pierres fait par la main des hommes. Nous allons donc ce matin prier Dieu davantage ; nous chanterons un des beaux cantiques d'adoration que votre mère vous a appris, et puis je vous raconterai la parabole du grand roi, que je crois propre à réveiller en vous des pensées et des sentiments pieux. Cela, autant que possible, vous remplacera l'instruction de notre paroisse.

Les enfants. Une parabole ! une parabole ! Oh ! oui, mon papa, s'il vous plaît ! nous l'écouterons bien. Commencez vite, s'il vous plaît !

Après la prière, nous descendîmes de l'arbre ; nous fîmes un bon déjeuner de lait chaud ; nous eûmes soin de nos bestiaux, puis nous nous assîmes sur l'herbe tendre : leur mère, dans une silencieuse réflexion, les mains jointes, le regard souvent tourné vers le ciel ; et moi, avec le plus vif désir de graver profondément dans le jeune cœur de mes enfants ce que je regardais comme tout ce qu'il y a de plus important pour ce monde et pour l'autre.

Après avoir fait à genoux la prière, nous nous assîmes de nouveau et je commençai :

« Mes chers enfants, il y avait autrefois un grand roi dont le royaume s'appelait le *pays de la Réalité ou du Jour*, parce que la lumière la plus pure et la plus douce y régnait continuellement, et qu'on y était dans une activité perpétuelle. Sur les frontières les plus éloignées, du côté du nord glacé, il y avait une autre contrée qui appartenait aussi au grand roi, mais dont personne que lui ne connaissait l'immense étendue ; depuis un temps infini on en conservait un plan exact dans les archives. Ce second royaume s'appelait le *royaume de l'Insensibilité ou de la Nuit*, parce que tout y était sombre et inactif.

» Dans la partie la plus fertile et la plus agréable de son empire de la Réalité, le grand roi avait une magnifique résidence nommée la *Ville céleste*, où il demeurait et tenait sa cour, qui était la plus brillante dont l'imagination puisse se former une idée. Des milliers de gardes et de serviteurs, élevés en dignité, lui obéissaient, et des myriades se tenaient respectueusement en sa présence. Les uns étaient vêtus d'une étoffe plus légère que la soie et blanche comme la neige ; car le blanc, image de la pureté, était la couleur favorite du grand roi. D'autres avaient en main des glaives étincelants, et ils étaient couverts d'armures plus brillantes que les couleurs de l'arc-en-ciel ; chacun d'eux se tenait prêt à exécuter les volontés du roi au premier signe et avec la rapidité de l'éclair. Tous étaient heureux d'être admis en sa présence ; leur visage, resplendissant de la plus douce joie, portait l'empreinte du calme, de la sérénité, de l'absence de toute inquiétude et de toute peine. Ils n'étaient entre eux tous qu'un cœur et qu'une âme ; un accord fraternel les liait tellement, qu'il n'y avait jamais parmi eux ni rivalité ni jalousie. L'amour pour leur souverain était le centre commun où se réunissaient toutes leurs pensées et tous leurs sentiments; il aurait été impossible de les voir ou de converser avec eux sans désirer passionnément et au prix de tous les sacrifices d'obtenir leur amitié et de partager leur sort. Dans le reste des habitants de la ville céleste se trouvaient aussi d'autres bourgeois moins rapprochés du grand roi; mais ils étaient tous bons, tous heureux, riches par les bontés du monarque, et, ce qui valait encore mieux, ils recevaient sans cesse des marques de sa bonté; car tous ses sujets étaient égaux à ses yeux : il les aimait, il les traitait comme ses enfants.

» Or, le grand roi avait encore, dans les confins de son royaume de la Réalité, une île très considérable et inhabitée, qu'il désirait peupler et faire cultiver, car tout y était dans une espèce de chaos. Il la destinait pour être, pendant quelques années, le séjour des futurs bourgeois qu'il comptait recevoir dans sa résidence, car il voulait y admettre peu à peu tous ceux de ses sujets qui s'en rendraient dignes par leur bonne conduite : cette île s'appelait *Demeure terrestre*. Celui qui y aurait passé quelque temps, et qui se serait rendu digne d'une récompense par ses vertus, par son application au travail et au défrichement de ce pays, devait être reçu ensuite dans la Ville céleste, et faire partie de ses heureux habitants.

» Pour atteindre son but, le grand roi fit équiper une flotte qui devait transporter les nouveaux colons dans cette île; il les prit dans le royaume de l'Obscurité, et leur accorda ainsi, pour premier bienfait, la jouissance de la lumière et d'une belle nature, dont ils avaient été jusqu'alors totalement privés dans leur sombre demeure. Tous ceux qui obtenaient cette faveur étaient joyeux et contents; car non-seulement cette île était belle et fertile lorsqu'elle était cultivée, mais encore le grand roi, toujours bienfaisant, donnait à chacun de ceux qui y abordaient tout ce qui lui était nécessaire pour y passer agréablement le temps qu'il avait fixé, avec la certitude d'entrer un jour dans la magnifique demeure du souverain, et d'en devenir bourgeois en sortant de l'île terrestre; il ne fallait pour cela que s'occuper sans relâche à des travaux utiles et obéir strictement aux volontés du grand roi. Pour faire connaître ses volontés à ses sujets, il leur envoya son fils unique, et voici ce que ce fils leur dit de la part de son père :

« Mes chers enfants, je vous ai appelés du royaume de la Nuit et de l'Insensibilité, pour vous rendre heureux par la vie, le sentiment et l'activité; mais la plus grande partie de votre bonheur dépendra de vous-mêmes, vous serez heureux si vous voulez l'être : si c'est là votre sincère désir, n'oubliez jamais que je suis votre bon roi, votre tendre père, et observez fidèlement ma volonté dans la culture du pays que je vous ai confié. Chacun recevra, à son débarquement dans l'île, la portion de terre qui lui est destinée; mes ordres ultérieurs sur votre conduite s'y trouveront tracés. Je vous enverrai des hommes sages et instruits qui vous exposeront mes ordres et vous les expliqueront; et, afin que vous puissiez vous-mêmes chercher la lumière nécessaire et vous rappeler à chaque instant ma volonté, je veux que chaque père de famille ait une copie exacte de mes lois dans sa maison, pour les lire journellement avec les siens. Outre cela, le premier jour de chaque semaine doit être consacré à mon service; dans chaque établissement particulier, tout le monde se rassemblera, comme autant de frères, dans un endroit commun, où l'on vous lira et où l'on vous expliquera les lois tirées de mes archives; le reste de la journée, vous réfléchirez sérieusement et avec gravité sur les devoirs et la destination des colons, et sur les moyens d'atteindre le but désiré : de cette façon, il ne tiendra qu'à vous tous d'être instruits, de la manière la plus avantageuse, des moyens de faire valoir le terrain qui vous a été confié et de travailler chaque jour à l'améliorer, à le semer, le planter, l'arroser, à le purger d'ivraie et de tout ce qui pourrait étouffer la bonne semence. Ce même jour, chacun pourra aussi me présenter ses suppliques, me dire ce qui lui manque et ce qu'il désire pour perfectionner son travail. Toutes ces requêtes passeront sous mes yeux, et je répondrai chaque fois, en accueillant celles que je trouverai raisonnables et conformes au but. Si, en outre, votre cœur vous dit que les nombreux bienfaits dont vous jouissez méritent de la reconnaissance, si vous voulez me la témoigner doublement en consacrant à me la prouver le jour qui m'est destiné, j'aurai soin que ce jour de délassement, loin de vous être préjudiciable, vous soit utile par le repos de votre corps, par celui des bêtes que je vous ai données pour vous être en secours dans vos travaux, et qui doivent aussi se reposer pour reprendre de nouvelles forces; je veux même que le gibier des champs et des forêts soit, ce jour-là, à l'abri des poursuites du chasseur.

» Celui qui, dans la Demeure terrestre, aura obéi le plus strictement à mes volontés, qui aura rempli tous ses devoirs de bon frère envers les autres habitants, qui aura conservé sa plantation dans le meilleur ordre et dans le plus riche rapport, en sera récompensé, et deviendra bourgeois de ma magnifique résidence de la Ville céleste; mais le négligent, le paresseux, le mauvais sujet, qui n'aura fait que troubler les autres dans leur utile travail, sera mis pour la vie aux galères, ou condamné aux mines situées dans les entrailles de la terre.

» De temps en temps j'enverrai des frégates pour chercher quelques-uns des individus de la *Demeure terrestre*, pour les récompenser ou les punir, suivant qu'ils auront bien ou mal fait; et comme personne ne saura d'avance quand je jugerai à propos de le faire partir, il vous sera bon à tous d'être sur vos gardes, toujours prêts à faire le voyage et dignes d'arriver à la *Ville céleste*. Il ne sera permis à personne de se glisser sur les frégates et de partir sans mon ordre; il en serait sévèrement puni. J'aurai la plus exacte connaissance de tout ce qui se passera dans la *Demeure terrestre*, et personne ne pourra me tromper; un miroir magique me montrera, de la manière la plus claire et la plus précise, tout ce qui se passera dans l'île, et chacun de vous sera jugé d'après ses actions et ses pensées les plus secrètes. »

» Tous les colons se montrèrent très contents du discours du roi et promirent monts et merveilles. Après leur avoir laissé quelque temps de repos pour prendre les forces nécessaires au travail, on leur distribua à chacun une portion de terrain et des instruments pour le défricher. Ils reçurent aussi des semences, des plantes utiles, de jeunes arbres pour y greffer de bons fruits : on laissa ensuite chacun libre d'agir et de mettre à profit ce qui lui était confié. Mais qu'arriva-t-il? Au bout de quelque temps, chacun voulut faire à sa tête : l'un établissait sur son terrain des bosquets, des parterres fleuris, des jardins anglais, très jolis à voir, mais d'aucun rapport; un autre plantait des pommiers sauvages, et au lieu de les greffer de bons fruits, comme le grand roi l'avait recommandé, il se contentait de donner un beau nom au misérable fruit qu'il cultivait; un troisième semait, il est vrai, de bon blé; mais, ne sachant pas distinguer l'ivraie, il arrachait le froment avant sa maturité, et ne conservait dans son champ que le mauvais grain : la plupart laissaient leur terrain en friche, sans même le labourer, parce qu'ils avaient gâté leurs outils ou perdu leurs semences, soit par négligence, soit par une légèreté ou une paresse qu'ils ne cherchaient pas à vaincre, aimant mieux s'amuser ou ne rien faire que de travailler. Plusieurs n'avaient pas voulu comprendre les instructions du grand roi; d'autres cherchaient par des subtilités à en corrompre le sens.

» Peu, fort peu travaillèrent avec courage et diligence, d'après les ordres qu'ils avaient reçus, et cherchèrent à mettre leur terrain en bon rapport. Le grand mal venait de ce qu'ils ne voulaient pas croire tout ce que le grand roi leur avait fait dire : à la vérité, tous les pères de famille possédaient une copie des volontés du souverain, mais la plupart ne la lisaient pas ; quelques-uns disaient qu'il était inutile de la lire, parce qu'ils la savaient par cœur ; et cependant ils n'y pensaient presque jamais : d'autres prétendaient que ces lois étaient bonnes pour le temps passé et ne valaient plus rien pour l'état actuel du pays ; ils avaient même l'audace de dire qu'il s'y trouvait des contradictions inexplicables, et ne voulaient pourtant pas aller demander des éclaircissements à ceux qui en avaient fait une étude particulière ; d'autres encore soutenaient que ces lois étaient supposées ou falsifiées, et qu'ils étaient, par conséquent, en droit de s'en écarter autant qu'il leur plairait. De temps en temps, il y en avait même qui osaient dire qu'il n'y avait point de roi au-dessus d'eux ; que, s'il y en avait un, il visiterait ses États et se ferait voir quelquefois ; d'autres croyaient bien que ce grand roi existait ; « mais, disaient-ils, il n'a besoin ni de nous ni de notre service, puisqu'il est si grand, si heureux, si puissant : n'est-il pas trop élevé pour songer à ce qui se passe dans une petite colonie éloignée ? » Quelques-uns assuraient que le miroir magique était une fable ; que le roi était trop bon pour entretenir des galères ; qu'il n'avait point de mines souterraines, et que tout le monde entrerait, à la fin, dans sa *Ville céleste*. On célébrait encore par habitude le premier jour de la semaine, mais une petite partie seule en était consacrée à honorer le grand roi : beaucoup se dispensaient d'aller à l'assemblée générale, ou par paresse, ou pour se livrer à quelque travail, malgré la défense expresse qui leur en avait été faite ; la plus grande partie pensait que le jour du repos n'était destiné qu'au plaisir, et dès le matin ils ne songeaient qu'à se parer et à s'amuser. Il n'y avait donc qu'un très petit nombre de gens qui le célébrassent d'après sa destination ; et même ceux qui se rendaient exactement à l'assemblée, au lieu d'écouter ce que leur disaient les préposés du souverain, étaient ou distraits ou endormis, ou occupés de mauvaises pensées. Cependant le grand roi suivait la marche immuable qu'il avait annoncée : de temps en temps paraissaient quelques frégates qui portaient les noms désastreux de plusieurs maladies et qui étaient suivies d'un gros vaisseau de ligne nommé *le Tombeau*, sur lequel l'amiral *Mort* faisait flotter son pavillon de deux couleurs, verte et noire : il montrait aux colons, suivant la situation dans laquelle il les trouvait, ou la riante couleur de l'espérance, ou la sombre couleur du désespoir.

» Cette flotte arrivait toujours sans être annoncée et ne faisait aucun plaisir à la plupart des habitants. L'amiral envoyait les capitaines de ses frégates se saisir de ceux qu'il avait ordre d'emmener : bien des planteurs qui n'en avaient nulle envie furent subitement embarqués ; d'autres, qui avaient tout préparé pour leur récolte, et dont le terrain était dans le meilleur état, le furent aussi ; mais ceux-là partaient gaiement et sans crainte, sachant bien quel bonheur les attendait : c'étaient ceux qui avaient le plus mal cultivé leur terrain qui partaient le plus à contre-cœur ; il fallait même quelquefois employer la force pour les y contraindre ; mais la résistance ne servait à rien. Quand la flotte était chargée, l'amiral cinglait vers le port de la résidence royale, et le grand roi, qui s'y trouvait présent, répartissait avec une sévère justice les récompenses et les punitions qu'il avait annoncées. Toutes les excuses que les colons négligents alléguaient pour leur justification étaient inutiles ; ils allaient travailler aux mines et aux galères, tandis que les bons insulaires qui avaient obéi au grand roi et bien cultivé leur terrain étaient admis dans la *Ville céleste,* revêtus de robes brillantes et élevés à différents grades, suivant qu'ils les avaient plus ou moins mérités. »

« Voilà ma parabole finie, mes chers enfants ; puissiez-vous l'avoir comprise et la mettre à profit! faites-en le sujet de vos réflexions pendant cette journée. Toi, Fritz, mon aîné, tu es là tout pensif; dis-moi ce qui t'a le plus frappé dans ma narration.

Fritz. La bonté du grand roi et l'ingratitude des colons, mon père.

Le père. Et toi, Ernest?

Ernest. Je les trouve d'une bêtise excessive de n'avoir pas mieux calculé : que gagnaient-ils à se conduire ainsi? Avec un peu de soin et de peine, ils pouvaient passer une vie agréable, même dans l'île, et de là aller sûrement à la *Ville céleste.*

François. Pour moi, j'aurais préféré aller vers ces beaux hommes habillés comme l'arc-en-ciel : ah! que cela devait être beau!

Le père. Fort bien, mes enfants; chacun, suivant son âge et son caractère, a saisi le sens de ma parabole. Je vous ai représenté, par cette image, la conduite de Dieu envers les hommes, et celle des hommes envers Dieu ; voyons maintenant si vous en avez bien saisi le sens. » Je leur fis alors des questions ; je leur expliquai ce qu'ils n'avaient pas compris parfaitement.

Puis chacun se livra à une innocente récréation. Fritz eut envie de travailler à son bel étui de chat tigré, et me pria de lui donner des conseils. Le petit François me mit aussi en activité ; il voulait que je lui fisse un arc et des flèches, n'osant pas encore tirer des armes à feu. Il fallut bien céder à la volonté de mon cher petit dernier, et je me mis à l'ouvrage. Après avoir donné à Jack ce qu'il demandait avec instance, je l'instruisis comment il devait d'abord faire sortir le sable que j'avais introduit dans les roseaux, puis comment il parviendrait à adapter les pointes et à consolider ce travail avec de la ficelle et de la colle.

« Oui, oui, me dit Jack en secouant sa mutine tête, c'est fort bien, papa ; ayez seulement à présent la bonté de m'indiquer la boutique du marchand de colle, pour que j'aille en acheter.

— Je te l'apprendrai, moi, dit en riant le petit François ; adresse-toi à maman, elle te donnera une de ses tablettes de bouillon, qui ressemble parfaitement à un morceau de colle forte.

— Petit imbécile, lui dit Jack, crois-tu qu'il suffise que cela y ressemble? J'ai besoin de colle et non d'un consommé.

Le père. Pas si imbécile, monsieur Jack : la vérité sort souvent de la bouche des enfants, et vous ferez fort bien de suivre le conseil de ce petit garçon : pour moi, je suis convaincu qu'une tablette de viande fondue dans très peu d'eau, puis épaissie par la cuisson, doit faire une très bonne colle ; prends-en une, mets-la sur le feu dans une coque de noix de coco ; il faut au moins en faire l'essai. »

Pendant que Jack préparait sa colle, et que François, fier de l'avoir inventée, l'aidait en soufflant le feu, Fritz vint me demander des explications sur la manière de fabriquer son étui : « Va chercher la peau, lui dis-je, et tu travailleras près de moi. » Je m'assis sur l'herbe, je pris mon couteau, et je commençai à faire un petit arc pour François avec un reste de bambou. J'étais enchanté qu'ils pussent se perfectionner dans cet exercice, qui était l'arme des anciens guerriers, et qui pouvait devenir par la suite notre seul moyen de défense et de subsistance : notre provision de poudre devait finir par s'épuiser, nous pouvions d'ailleurs la perdre d'un moment à l'autre par un accident ; il était donc très utile d'avoir un autre moyen de chasser et de tuer notre gibier et nos ennemis. Les Caraïbes, pensai-je, parviennent très jeunes à toucher de leur flèche, à la distance de trente ou quarante pas, le centre d'une cible pas plus grande qu'un écu ; ils tirent les plus petits oiseaux au sommet des plus grands arbres; mes garçons peuvent parvenir à en faire autant, et je veux les pourvoir d'arcs et de flèches.

Pendant que je réfléchissais en travaillant à l'arc de François, Ernest, qui m'avait regardé faire mon ouvrage pendant quelque temps, s'échappa sans être aperçu; comme au même moment Fritz arrivait avec la peau mouillée du chat tigré, je ne remarquai pas l'absence d'Ernest. Je commençai mes instructions à mon aîné sur le métier de tanneur; je lui appris à bien dégraisser la peau en la frottant avec du sable et la remettant dans l'eau courante, jusqu'à ce qu'elle n'eût plus vestige de chair et qu'elle fût sans odeur ; je lui conseillai ensuite, pour l'assouplir, de la frotter avec du beurre salé, de l'étendre en tous sens jusqu'à ce qu'elle devînt flexible, et d'employer aussi à cela quelques-uns des œufs de nos poules, si sa maman voulait lui en céder, puis de recommencer avec des cendres chaudes. « Tu ne feras pas encore, lui dis-je, des étuis aussi beaux que ceux qui sortent des fabriques anglaises; mais, avec de la patience, et en ne craignant ni ton temps ni ta peine, tu peux en avoir de très propres, et qui te feront d'autant plus de plaisir qu'ils seront le fruit de ta chasse et de ton travail. Quand la peau sera ainsi préparée, coupe de petits morceaux de bois de la forme et de la dimension des quatre cuisses du chat, partagés en deux ; creuse chaque partie avec un ciseau, de manière que les couverts puissent y entrer facilement ; tu tireras ensuite sur ces espèces d'étuis la peau mouillée, de façon qu'elle dépasse un peu le bois et le garnisse à l'entrée ; puis tu la laisseras sécher et s'adapter d'elle-même sur ces moules : alors ton ouvrage sera fini et te fera honneur.

FRITZ. Je comprends fort bien, et j'espère réussir ; mais, si je prenais du liége pour mes moules, les étuis seraient plus légers et plus commodes à porter.

LE PÈRE. Sans aucun doute ; mais où prendrais-tu du liége, et comment le creuser ? C'est un bois revêche, et qui résiste au couteau.

FRITZ. Oh! si vous vouliez me permettre de prendre un des corselets de liége dans lesquels nos brebis ont nagé, j'essayerais de le creuser avec du feu.

LE PÈRE. A la bonne heure, mon fils, j'aime qu'on invente, qu'on cherche ce qu'il y a de mieux. Nous avons, en effet, plusieurs de ces corselets, et j'espère que nous n'en aurons plus besoin ; prends-en un, mais ne vas pas le gâter en le brûlant. Qu'as-tu donc, chère maman ? tu secoues la tête. Tu ne parais pas satisfaite de l'ouvrage de ton fils ?

LA MÈRE. De son ouvrage, oui, s'il en vient à bout; de sa destination, non, pas du tout. Croyez-vous que je vous donne ainsi les couverts d'argent du capitaine pour les traîner avec vous dans vos courses, et risquer de les perdre ? Je ne les regarde point comme étant à nous. Que dirons-nous au capitaine si nous le retrouvons un jour?

JACK. Que sans nous ils seraient au fond de la mer, où les requins ne les lui rendraient pas; que c'est nous qui les avons sauvés, et que nous ne sommes pas non plus obligés de les rendre.

LA MÈRE. Tu t'associes donc aux requins, mon cher petit? J'espère que tu as une plus haute idée de ton être, et, si tu y penses bien, tu verras qu'en équité et en justice nous ne devons regarder ces couverts, et tous les objets qui ont une valeur réelle, que comme un dépôt qui nous est confié, et que nous devons tâcher de conserver. Je crois bien cependant que, les ayant sauvés aux dépens de notre vie, nous avons le droit de nous en servir pour notre usage pendant que nous sommes ici, dénués de tout secours ; mais, si nous trouvons jamais ceux à qui ils appartiennent, nous devons les leur rendre.

Fritz. Et je crois que monsieur le capitaine, tout capitaine qu'il est, ne sera pas fâché de les retrouver dans un magnifique étui de peau de chat tigré que je lui donnerai pour conserver son argenterie ! »

Je riais de l'orgueil de mon petit fanfaron, lorsque un coup de feu se fit entendre sur l'arbre de notre chambre à coucher, et deux oiseaux tombèrent presque à nos pieds. Nous fûmes à la fois effrayés et surpris, et tous les regards se portèrent en haut : alors nous vîmes Ernest debout devant la chambre ouverte, son fusil à la main, criant d'un ton triomphant : « Attrapés, attrapés, ces deux-là n'ont pas été manqués ; j'ai fait ma chasse aussi, messieurs les chasseurs ! » Joyeux, il descendit précipitamment de l'échelle, et courut avec François ramasser les deux oiseaux, pendant que Fritz et Jack grimpaient à leur tour au château de l'arbre, avec l'espoir d'en faire autant.

L'un des oiseaux tués était de la petite espèce des grives, et l'autre d'une très petite race de pigeons, que l'on nomme ortolans dans les Antilles ; ils sont très gras et d'un goût délicieux. En même temps nous remarquâmes avec plaisir que les figues sauvages commençaient à mûrir, et qu'elles attiraient une quantité de ces oiseaux, de sorte que je prévis que nous allions avoir notre crochet bien garni, et sur notre table un mets que les plus grands seigneurs nous envieraient. Je savais que, rôti à demi et mis dans des tonnes avec du beurre fondu dessus, ce gibier se conservait à merveille et pouvait nous faire une bonne provision, ainsi qu'une ressource pour la mauvaise saison. Ma femme se mit à plumer pour notre souper les oiseaux qu'Ernest avait tués ; je m'assis à côté d'elle en continuant à faire l'arc et les flèches de François, et je dis à la bonne ménagère qu'elle trouverait dans l'abondante récolte de figues de quoi épargner la graine pour nourrir nos poules et nos pigeons, qui s'en régaleraient sûrement aussi bien que les ortolans ; cet espoir lui fit grand plaisir.

Ainsi finit notre jour de repos. La chasse d'Ernest fut trouvée excellente ; mais il n'y avait pas de quoi nous donner une indigestion. Le souper fini, et la prière dite, nous allâmes dans nos hamacs goûter la douceur du sommeil sans être aussi fatigués que la veille.

XIII. — CONVERSATION. — PROMENADE. — DÉCOUVERTE IMPORTANTE.

Longtemps avant dîner, Jack avait fini d'essayer ses flèches ; elles allaient à merveille, et il s'exerçait à tirer. Le petit François attendait avec impatience le moment d'en faire autant et suivait des yeux mon travail : mais, lorsque j'eus fini mon arc et préparé pour lui quelques petites flèches, il fallut absolument lui faire un carquois ; car, me disait-il, un tireur d'arc doit avoir un carquois tout comme un soldat a une giberne. Il fallut le contenter. Je pris l'écorce d'une branche d'arbre qui se trouvait déjà arrondie ; et avec la colle des tablettes de viande, qui se trouva bonne, je fixai l'une à l'autre les deux parties que j'avais rapprochées ; je mis ensuite un fond à ce carquois et j'y adaptai une ficelle pour le prendre au cou de l'enfant. Il le garnit de flèches, prit son arc à la main, et, content comme un chevalier armé de toutes pièces, il alla joindre son frère pour s'exercer avec lui. Fritz avait aussi nettoyé et préparé les cuisses du chat tigré, lorsque la bonne mère nous appela pour le dîner. Nous nous mîmes joyeusement à l'ombre sous notre bel arbre, autour de la table que j'avais préparée : ce fut à la fin de ce repas que je fis à mes enfants la proposition suivante, persuadé d'avance qu'elle leur plairait.

« Ne serait-il pas bien, mes chers amis, leur dis-je, de donner des noms à notre demeure et aux différentes parties de ce pays qui nous sont connues? Nous ne parlerons pas des côtes : qui sait si quelque illustre voyageur européen ne les a pas déjà baptisées depuis longtemps du nom de quelque grand navigateur ou de quelque saint, et si notre île ne figure pas déjà dans des cartes géographiques? Mais nous pouvons au moins donner des noms à nos établissements, ce qui nous sera très commode pour nous entendre quand nous en parlerons; cela nous procurera aussi une douce illusion ; nous croirons habiter une contrée peuplée et connue. »

Tous poussèrent des cris de joie et trouvèrent mon idée parfaite.

Jack. Oh ! je vous en prie, papa, inventons des noms bien longs, bien difficiles à prononcer ; je serai bien aise qu'on se casse un peu la tête dans le monde à retenir les noms de notre île. Combien ne m'a-t-il pas fallu de peine pour apprendre leur *Monomotapa*, leur *Zanguebar*, leur *Coromandel*, et tant d'autres noms plus difficiles encore ! Ah! nous leur écorcherons aussi la bouche et les oreilles.

Le Père. Oui, si l'on apprend jamais l'existence de notre pays et de nos noms, et si l'on nous trouve ici ; en attendant, ce serait notre propre bouche que nous fatiguerions à prononcer sans cesse des noms barbares et incompréhensibles.

Jack. Comment ferons-nous donc ? quels jolis noms pourrions-nous trouver?

Le Père. Nous ferons comme ont fait tous les peuples de la terre; nous indiquerons les endroits, dans notre langue maternelle, d'après les circonstances qui nous ont le plus frappés.

Jack. Oui ! oui ! fort bien ! ce sera encore mieux : par où commencerons-nous donc ?

Le Père. Nous commencerons naturellement par la baie où nous sommes d'abord entrés. Comment l'appellerons-nous? allons, mon Fritz, parlez le premier, vous qui êtes l'aîné.

Fritz. La *baie aux Huîtres ;* vous savez combien nous y en avons trouvé.

Jack. Oh non! plutôt la *baie du Homard* : vous vous rappelez bien celui qui m'empoigna si fortement la jambe et que je vous apportai.

Ernest. Alors tu pourrais la nommer aussi la *baie des Pleurs* : te rappelles-tu les beaux cris que tu poussais?

La Mère. Mon avis, à moi, serait, par reconnaissance envers Dieu, qui nous y a si heureusement conduits, de l'appeler la *baie du Salut*.

Le Père. Voilà un nom juste, sonore et qui me plaît beaucoup, chère amie ; mais quel est celui que nous choisirons pour désigner la place où nous nous établîmes d'abord?

Fritz. Tout simplement *Zeltheim*, car nous y avons eu une *tente* pour demeure.

Le Père. A la bonne heure ; ce nom me plaît assez et me paraît convenable. Et le petit îlot, à l'entrée de la baie du Salut, où nous trouvâmes des bois de construction pour notre pont, quel nom lui donnerons-nous?

Ernest. Nous pouvons le nommer l'*île des Mouettes*, ou l'*île du Requin* : c'est là que nous les avons trouvés.

Le Père. Je suis pour ce dernier nom, l'*île du Requin*. C'était le requin qui était la cause de la présence des mouettes, et cette dénomination éternisera le courage et la victoire de Fritz, qui a tué ce monstre marin.

JACK. Par la même raison, nous appellerons le marais où vous avez coupé les cannes pour nos flèches le *marais des Flamants*.

LE PÈRE. Oui, mon fils; et la plaine par où nous avons passé pour venir ici le *champ du Porc-Epic*, en mémoire de ton adresse. Maintenant vient la grande question : comment devons-nous appeler notre demeure actuelle?

ERNEST. Simplement le *château de l'Arbre (Baumschloss)*.

FRITZ. Non! non! cela ne vaut rien; c'est comme si on voulait baptiser une ville et qu'on l'appelât la *Ville*; inventons quelque chose de plus noble. Quant à moi, j'aimerais mieux *nid d'Aigle (Adlerhorst)*; cela sonne mieux. Dans le fond, notre demeure sur un arbre est plutôt un nid qu'un château, et l'aigle l'ennoblit, puisque c'est le roi des oiseaux.

LE PÈRE. Eh bien! je vais tous vous arranger, nous l'appellerons *Falkenhorst*; car, mes pauvres enfants, vous n'êtes pas encore des aigles, mais de véritables oiseaux de proie, et vous serez, j'espère, dociles, obéissants, prompts et courageux comme les faucons. Ernest n'aura rien à objecter, car les faucons nichent sur les plus grands arbres.

LES ENFANTS (en frappant des mains). Oui! oui! *Falkenhorst*; c'est un nom chevaleresque. « Salut, château de Falkenhorst! » dirent-ils en regardant le haut de l'arbre et en s'inclinant. Je versai à chacun d'eux un petit verre de vin doux pour solenniser ce baptême. « Et comment, leur dis-je, nommerons-nous le promontoire où Fritz et moi avons en vain cherché des yeux nos compagnons du vaisseau? Nous pourrions, ce me semble, l'appeler le promontoire de l'*Espoir trompé*.

LES ENFANTS. Oui, fort bien! Et le ruisseau avec le pont?

LE PÈRE. Si vous voulez aussi éterniser un de nos grands événements, nommons-le le *ruisseau des Chacals*; c'est par là qu'ils sont venus nous attaquer, c'est là que l'un d'eux a péri; et le pont, le *pont de Famille*, parce que nous l'avons tous construit et traversé en famille pour nous rendre ici.

JACK. A présent, c'est un plaisir de parler de notre pays; tout y a son nom, donné par nous, comme s'il nous appartenait.

ERNEST. C'est comme si nous avions des fermes, des maisons de campagne dépendantes de notre château!

FRANÇOIS. C'est comme si nous étions rois.

LA MÈRE. Et là la reine mère espère que tous ces petits roitelets seront bienfaisants pour leurs sujets, les petits oiseaux, les agoutis, les oies, les flamants, les.... que sais-je? j'ignore les noms de famille de vos vassaux; mais vous ne dépeuplerez pas votre royaume.

FRITZ. Non, bonne mère, nous tâcherons seulement d'en extirper les méchants. »

C'est ainsi qu'en babillant nous passâmes agréablement le temps du dîner, que nous prolongeâmes plus que les jours ouvriers. Nous posâmes les fondements d'une géographie de notre nouvelle patrie, et nous décidâmes de l'envoyer en Europe par le premier courrier.

Aussitôt après le dîner, Fritz alla de nouveau travailler à son étui et se servit d'un de nos corselets de liège, qu'il entreprit de couper pour en doubler les cuisses de son chat. « Mais, lui dis-je, où as-tu pris ce corselet? tu m'as bien attrapé, je croyais les avoir tous laissés à Zeltheim dans notre tente; et lorsque je te permis, ce matin, d'en prendre un, c'était dans l'espoir que, te lassant d'attendre, tu te servirais de quelque autre bois et que le corselet serait sauvé : à présent il faut que je ferme les yeux, car je n'ose retirer ma parole; mais dis-moi d'où tu l'as tiré. — C'est moi, me dit ma femme, qui l'avais arrangé comme une selle sous mon petit François quand je le mis sur l'âne; tu ne l'avais pas remarqué, mais rien n'échappe aux yeux de lynx de M. Fritz.

— Eh bien! qu'il s'en serve pour son étui, s'il le peut, répliquai-je; il exercera sa patience à le couper. — J'en viendrai bien à bout, » dit-il. Nous le laissâmes faire, et j'allai au-devant de Jack, qui arrivait traînant avec peine la peau de son porc-épic encore armée de tous ses piquants, à l'exception d'une douzaine qui avais servi pour nos flèches; il l'étendit à mes pieds, en me priant de l'aider à faire des cottes de mailles ou des cuirasses à nos deux chiens, comme je le lui avait promis; cette idée ne lui sortait pas de la tête. Après lui avoir fait nettoyer complètement la peau en-dedans avec du sable et des cendres, je l'aidai à la couper, et sa mère à la garnir de bandes. Cela fait, nous posâmes la première à demi sèche sur le dos du patient Turc, qui avait un air tout-à-fait guerrier et respectable avec cette défense; et sous ce harnais il me parut suffisamment armé pour se battre, fut-ce même contre une hyène.

Le camarade Bill trouva peu de plaisir à porter ce costume. Turc, qui ne connaissait pas le danger de sa nouvelle parure, s'approchait trop de son ami ou voulait se coucher à côté de lui; celui-ci s'éloignait brusquement et ne savait où se cacher pour se mettre à l'abri des familiarités piquantes de son compagnon.

Jack finit sa découpure par la peau de la tête, qu'il étendit sur une racine pour la faire sécher et en faire ensuite, à son usage, un bonnet qui devait effrayer tous nos ennemis, et, en attendant, nous faire rire.

Pendant notre travail, Ernest et François s'étaient exercés à tirer de l'arc. La soirée avançait, et l'ardente chaleur du jour commençait à se calmer : j'invitai toute ma famille à faire une promenade. « Enfants, laissez là votre travail, leur dis-je; nous allons nous mettre en marche, et, pour finir convenablement cette journée, nous chercherons dans la belle nature des traces de la sagesse divine et de la bonté du Créateur : de quel côté porterons-nous nos pas?

Fritz. Allons à Zeltheim, mon père; nous avons besoin de poudre et de plomb pour éclaircir un peu demain les rangs de nos petits mangeurs de figues, nous procurer un bon dîner et nous approvisionner pour la mauvaise saison.

Ma femme. Je vote aussi pour Zeltheim; mon beurre tire à sa fin, Fritz en a consommé le reste pour sa tannerie; et ces Messieurs, qui prêchent toujours une vie frugale et économique, sont très contents cependant quand je soigne ma cuisine et que je leur présente un dîner bien apprêté.

Ernest. Si nous allons à Zeltheim, tâchons d'apporter quelques oies et quelques canards; ils seront très bien ici dans le ruisseau de Falkenhorst.

Jack. Je me charge de les prendre si on veut m'aider à les porter.

François. Et moi je remplirai mon mouchoir d'écrevisses au ruisseau des Chacals; nous en mettrons dans celui de Falkenhorst, et peut-être y réussiront-elles.

Le père. Vraiment, vous me donnez tous de si bonnes raisons, qu'il faut bien y céder. A Zeltheim donc, j'y consens; mais nous ne prendrons pas notre ancien chemin au bord de la mer; pour varier nos plaisirs, nous en suivrons un autre. Nous remonterons ici notre petit ruisseau jusqu'à la paroi de rochers; nous passerons de là sous son ombre bienfaisante jusqu'à la chute que forme le ruisseau des Chacals : il nous sera facile, j'espère, n'étant point chargés, de le traverser là de pierre en pierre pour arriver à notre tente; nous reviendrons avec nos provisions par le chemin du pont de Famille et en côtoyant le bord de la mer : nous aurons alors le soleil au dos s'il n'est pas couché. Ce nouveau chemin, mes enfants, peut amener de nouvelles découvertes. »

Mon idée fut approuvée, et bientôt tout fut prêt pour se mettre en marche sous ma conduite. Fritz était paré de sa belle ceinture de queue de chat tigré; mais ses étuis n'avaient pu être assez complètement achevés pour les emporter; Jack marchait gravement avec son bonnet de porc-épic sur la tête, sa ceinture de chacal et ses pistolets; les enfants portaient chacun une arme et une gibecière, même le petit François, qui avait son arc à la main et son carquois d'écorce sur l'épaule; la mère seule était sans armes, mais elle portait un gros pot à beurre pour le remplir au magasin. Turc marchait devant nous avec sa cotte d'armes hérissée de pointes; mais il était visiblement intimidé dans cet équipage, et s'avançait d'un pas tranquille et mesuré. Le singe eut aussi grande envie de nous suivre, et voulut se planter sur sa monture ordinaire, le dos de l'ami Turc. Quand il vit cette formidable selle garnie de dards, il fit quatre sauts en arrière avec la mine la plus plaisante qu'on puisse imaginer; mais il eut bientôt pris son parti, et s'élança sur Bill, qui n'avait pas encore sa cuirasse; il s'y cramponna si bien, que le chien, ne pouvant s'en débarrasser, se résigna et trotta en avant avec son petit cavalier : notre beau flamant même, frappé du mouvement général de la marche, se mit aussi en devoir de nous suivre. Ce bel et bon animal s'apprivoisait tous les jours davantage et s'attachait à nous avec une aimable confiance. Pendant cette promenade, tantôt excité par les jeunes gens, il luttait d'agilité pour la course avec eux, tantôt il venait cheminer gravement à côté de moi.

Le chemin, tout le long du ruisseau, fut d'abord très agréable à l'ombre des grands arbres; nous avions sous les pieds un moelleux tapis d'une herbe unie et courte. Pour prolonger le plaisir de cette promenade, nous marchions lentement en regardant à droite et à gauche; mes fils faisaient des excursions en avant et souvent échappaient à nos regards. Nous parvînmes ainsi jusqu'au bord du bois. Alors, comme la contrée nous parut moins ouverte, nous voulûmes rassembler notre petit monde pour continuer notre route en troupe serrée; mais nous les vîmes tout-à-coup approcher au grand galop, et cette fois, par extraordinaire, le grave Ernest en avant; il arriva haletant près de moi, plein de joie et d'empressement : il ne pouvait prononcer un seul mot, tant il était essoufflé, mais il me présenta trois petites boules violettes.

« Des pommes de terre! des pommes de terre, papa! s'écria-t-il enfin quand il put reprendre sa voix; de la graine de pommes de terre !

— Comment! des pommes de terre! tu te trompes certainement, mon fils. Songe que nous sommes dans la zone torride, où cette plante utile a pu être cultivée parfois dans les jardins en y donnant un soin particulier, mais où jamais on n'en a vu croître spontanément en pleine terre. En attendant, mes enfants, approchez-vous, examinez ces boules; quand même ce ne seraient pas précisément des pommes de terre, cela pourrait être quelque racine qui y ressemblât. »

Nous allâmes donc tous à l'endroit où il avait trouvé ces tubercules, et je reconnus avec une joie extrême que depuis le bout de notre bois jusqu'en haut la terre était couverte de plants de patates. J'expliquai à mon fils la différence qu'il y avait entre la patate et la pomme de terre, en lui déclarant, toutefois, que sa découverte n'était guère moins importante pour nous, puisque cette plante est, à tous égards, pour les pays chauds, ce que la pomme de terre est pour les zones tempérées. Le pétulant Jack s'écria en sautant de joie : « Vivent les patates! si je ne les ai pas découvertes, je saurai bien au moins les déterrer. » En parlant ainsi, il se mit à genoux, et commença à gratter la terre. Avec ses petits doigts, il n'aurait pas beaucoup avancé; mais, encouragé par son exemple, le singe se mit aussi à gratter avec plus de succès : il arracha quelques racines; mais, après les avoir flairées, il allait les jeter au loin, si Jack ne les lui eût arrachées d'entre les griffes. Il les donna à sa mère. « Tenez, maman, dit-il, voilà les premières pièces de notre trésor. » Et lui et le singe recommencèrent à gratter : bientôt ils en eurent une assez grande quantité. Nous ne voulûmes pas rester spectateurs oisifs, et avec nos couteaux et nos bâtons nous récoltâmes assez de cette précieuse denrée pour remplir nos sacs, nos gibecières et nos poches. Quand nous fûmes bien chargés, nous nous remîmes en route pour arriver à Zeltheim : quelques voix s'élevèrent pour demander de retourner plutôt à Falkenhorst, afin de nous décharger de notre trouvaille et en faire un délicieux repas ; mais des motifs si pressants nous appelaient à notre magasin de provisions, qu'il fut décidé que nous continuerions notre route, et, malgré notre charge inattendue, nous avançâmes gaiement vers notre but.

« Mes enfants, dis-je en cheminant, cette précieuse découverte de patates est pour nous un souverain bien ; elle me rappelle un passage des *Saintes Ecritures* qui s'applique à merveille à notre situation, et doit réveiller en nous le sentiment de la plus vive reconnaissance envers notre Père céleste : il se trouve dans le psaume 106, et en voici à peu près le sens :

« Vous, qui êtes les élus du Seigneur, il vous a sauvés de la détresse ; vous
» erriez dans le désert sans trouver de demeure, près de périr de faim et de soif.
» Dans votre calamité, vous avez adressé vos prières à Dieu, et il vous a délivrés
» de vos anxiétés en vous conduisant dans le droit chemin. Vous devez remercier
» le Seigneur de sa bonté et des miracles qu'il a faits en faveur des fils des hom-
» mes ; il abreuve l'âme altérée et la comble de biens. »

Fritz. Oui vraiment, cela nous convient parfaitement, et nous allons remercier Dieu de ce don inappréciable.

Le père. Il y a sans doute des mets plus recherchés et plus succulents ; mais ce sont précisément ceux qui irritent le moins le goût dont l'homme fait le plus d'usage, et qu'il préfère à la longue, comme le pain, le riz et les racines esculentes : pourriez-vous, enfants, me dire pourquoi ?

Ernest. Sans doute, parce qu'ils sont plus sains ?

Jack. Et parce qu'ils ne répugnent jamais ; je mangerais des pommes de terre tous les jours de ma vie sans qu'elles me causassent le moindre dégoût.

Le père. Vous avez raison tous deux. A présent, il s'agit de savoir comment nous remercierons Dieu de ce bienfait d'une manière convenable.

François. Il faut ajouter à nos prières du soir et du matin : « Nous vous remercions, pour les bonnes patates que vous nous avez données. »

Fritz. Ce n'est pas assez, François ; le meilleur remercîment à faire au Tout-Puissant, c'est de l'aimer de tout son cœur, d'être sages, obéissants, et de mériter, autant que nous le pourrons, les grâces qu'il nous accorde.

Le père. Tu as très bien parlé, cher Fritz ; les bienfaits doivent réveiller notre amour, et l'amour doit conduire à l'obéissance ; car on n'a nul plaisir à offenser l'objet que l'on aime et qui nous comble de biens. »

Tous mes enfants, d'un commun accord, s'écrièrent : « Nous voulons l'aimer de tout notre cœur. — Bien, mes enfants, leur dis-je ; et vous verrez qu'avec ce sentiment il nous bénira toujours. »

XIV. — CONTINUATION DU CHAPITRE PRÉCÉDENT ET DES DÉCOUVERTES.

En conversant ainsi, nous étions parvenus jusqu'à la longue chaîne de rochers d'où notre petit ruisseau s'échappait en cascades qui faisaient entendre un doux murmure et avaient un aspect délicieux ; nous côtoyâmes la paroi des rocs qui devait nous conduire au ruisseau des Chacals et de là à Zeltheim. Nous y retrouvâmes l'herbe haute, où nous eûmes assez de peine à marcher ; mais, d'ailleurs, nous avions deux points de vue très différents et très agréables : l'un, à notre droite, sur la vaste mer que nous voyions à quelque distance, ainsi que sur l'île et la baie qui en formait l'entrée ; l'autre, à notre gauche, sur la chaîne de rochers, qui nous présentait le spectacle le plus pittoresque qu'il fût possible de désirer : ils me donnaient l'idée d'une belle serre de jardinier ouverte : au lieu de pots de fleurs, les petites terrasses, les fentes, les saillies, les corniches étaient couvertes des plantes les plus rares et les plus variées, et de la plus belle végétation. Dans le nombre se distinguait surtout la famille de plantes grasses, la plupart épineuses, et qui sont précisément celles que l'on cultive dans les serres d'Europe. Là se trouvaient en abondance la figue d'Inde avec ses larges palettes, des aloès de différentes formes et couleurs, le superbe cierge épineux, ou cactus, portant des tiges droites plus hautes qu'un homme, chargées de longs piquants : la serpentine laissait pendre le long des rocs ses innombrables tiges entrelacées, et des fleurs portant une houppe d'un rose vif ; mais ce qui nous réjouit le plus, et ce qui s'y trouvait aussi en abondance, c'était le roi des fruits pour la forme et pour le goût, le bel ananas couronné. Nous tombâmes dessus avec avidité, parce que nous le connaissions et qu'il pouvait se manger sans autre préparation que de le cueillir : le singe ne fut pas le dernier à s'en saisir, et comme il sautait mieux que mes petits garçons, ceux-ci prirent plaisir à l'irriter pour qu'il leur jetât des ananas lorsqu'ils n'y pouvaient atteindre ; ils y allaient de si bon courage, que je jugeai à propos d'arrêter leur avidité, de peur que la crudité de ce fruit ne les rendît malades. Ma femme et moi nous en mangeâmes un ou deux avec grand plaisir, et, après avoir donné des éloges bien mérités à cette excellente production des climats chauds, nous nous promîmes de venir souvent là chercher notre dessert.

Enfin, j'eus le bonheur de découvrir aussi, au milieu des plantes diverses qui croissaient dans les fentes des rochers ou à leur pied, des karatas, qui étaient en partie en grande floraison ou ayant déjà perdu leurs fleurs ; ils ressemblaient à de jeunes arbres. Le karatas est si parfaitement dépeint par nos voyageurs et nos naturalistes, que je ne pus m'y tromper et que je le reconnus à l'instant à sa tige droite et svelte qui s'élève en pyramide, sortant d'une touffe de feuillage assez semblable à celui de l'ananas, et qui offre, dans le haut, une forme d'arbre pleine de grâce, ainsi qu'à ses grandes feuilles terminées par une pointe triangulaire. Je voulus faire admirer à mes enfants la grandeur immense de ses feuilles, creusées au milieu en forme de coupe, où l'eau de pluie se conserve très longtemps, et ses belles fleurs rouges. Connaissant les propriétés de cette plante utile, dont la moelle sert d'amadou aux nègres et dont les feuilles renferment un tissu d'où l'on tire un fil très fort, j'étais presque aussi content de ma trouvaille que de celle des patates, et j'assurai mes enfants que j'en faisais bien plus de cas que de l'ananas.

Je leur fis, en outre, remarquer la bonté de la Providence envers nous, en nous jetant dans une île qui réunissait les productions de la terre, des régions les plus éloignées. Tous me répondirent, la bouche pleine, qu'ils me laisseraient volontiers ces petits arbres à jolies fleurs, pourvu que je leur laissasse les ananas. « L'ananas surpasse tout, disaient-ils : qu'est-ce qu'une plante agréable aux yeux lorsqu'elle ne porte aucun fruit ? Serviteur à vos karatas ; nos bons ananas sont bien préférables !

— Petits gourmands ! m'écriai-je en colère, vous faites dans cette occasion comme ceux qui préfèrent une personne dont la figure est belle et qui a même de l'esprit à celle qui possède des vertus essentielles et un mérite plus durable. L'ananas flatte votre goût, chatouille agréablement votre palais ; mais on peut s'en passer dans les besoins de la vie, et je vais vous montrer sur-le-champ si j'ai tort de lui préférer le karatas. Ernest, voilà mon briquet et une pierre à fusil ; faites-moi le plaisir de m'allumer du feu.

ERNEST. Je vous demande pardon, mon père ; ce n'est pas tout : il me faut aussi de l'amadou. A quoi voulez-vous que le feu se communique ?

LE PÈRE. C'est où je t'attendais. Lorsque l'amadou que nous avons apporté du vaisseau sera consumé, avec quoi nous procurerons-nous du feu ? Sans feu, comment ferons-nous cuire nos aliments et ferons-nous aussi tant d'autres choses utiles ?

ERNEST. Je n'en serais pas en peine : nous imiterions les sauvages, qui frottent deux morceaux de bois l'un contre l'autre jusqu'à ce qu'ils s'allument.

LE PÈRE. Bien obligé pour nous, qui ne sommes pas des sauvages, et qui n'en avons pas l'habitude ; ce serait un pénible travail. Je parie qu'aucun de vous ne produirait une seule étincelle, quand même il frotterait toute la journée ; et dans aucun cas vous n'obtiendrez du feu d'une manière aussi prompte, aussi sûre et aussi commode qu'avec de l'amadou.

ERNEST. En ce cas, nous n'avons qu'à prendre patience jusqu'à ce que nous trouvions un arbre à amadou, comme nous avons trouvé un arbre à courge.

LE PÈRE. Nous pourrions en faire aussi avec du linge en le brûlant dans un vase fermé ; mais nous aurons besoin de notre linge pour un autre usage. Ce qui vaudrait le mieux, ce serait de trouver dans quelque plante un amadou tout préparé, tel que la moelle de ce karatas. »

Je pris alors une tige morte de l'arbrisseau, j'en ôtai l'écorce, j'en fis sortir un morceau de moelle sèche et spongieuse, que je mis sur la pierre à feu ; je donnai un coup de mon acier, et dans l'instant elle fut allumée. Mes enfants me regardèrent avec étonnement ; puis ils firent un saut de joie en s'écriant : « Vive la plante à amadou !

— Allons, dis-je, voilà déjà une utilité plus grande que celle qui n'a pour but que la gourmandise. A présent, votre mère nous dira avec quoi elle compte coudre nos habits lorsque sa provision de fil du sac enchanté sera épuisée.

LA MÈRE. Oui, il y a longtemps que j'y pense avec inquiétude, et je donnerais volontiers tous ces ananas pour trouver du lin ou du chanvre qui me missent à même de pouvoir coudre.

LE PÈRE. Eh bien ! tu vas en avoir, chère femme : il est juste que je te procure une fois ce que ton cœur désire. Tu vas trouver du fil excellent sous ces feuilles, où la Providence a préparé un tissu. Sans doute que les aiguillées ne seront pas plus grandes que la feuille même ; mais il y en a qui ont précisément la longueur convenable. » J'en ouvris une, et j'en tirai un peu de fil très fort et d'un beau rouge, que je donnai à ma femme. « Combien il est heureux pour nous, me dit-elle, que tu aies tant lu et tant étudié ! Nous autres ignorants, nous aurions passé à côté de cette plante sans nous douter de son utilité ; il sera cependant long et difficile de tirer ce fil par petites aiguillées du milieu de ces épines.

Le père. Pas du tout. Nous mettrons ces feuilles sécher au soleil ou à un feu doux ; ce qui est inutile tombera, et la masse de fil restera intacte.

Fritz. Je vois bien à présent, mon père, qu'il ne faut pas se fier à l'apparence. Il en est de cette plante comme des hommes : on trouve souvent le plus de mérite là où on ne le soupçonnait pas ; mais je crois cependant qu'il serait difficile d'en découvrir à toutes les plantes épineuses qui croissent ici et qui ne servent qu'à blesser ceux qui veulent approcher. A quoi peuvent-elles être bonnes ?

Le père. Tu juges encore sur l'apparence, mon ami ; la plupart ont des qualités médicinales, et l'on fait dans la pharmacie un grand usage de l'aloès ou cierge épineux, qui produit en abondance de très belles fleurs ; on en a vu, dans des serres d'Europe, qui en portaient à la fois plus de trois mille, ce qui devait être superbe à voir. A Carlsbad, il y avait un aloès de vingt-six pieds de hauteur ; il avait produit à la fois vingt-huit rameaux, qui portèrent plus de trois mille fleurs dans l'intervalle d'un mois. Il y en a eu à Paris, à Leide, en Danemarck, d'aussi curieux. Plusieurs ont un suc résineux dont on fait des gommes plus ou moins précieuses ; puis voilà la figue d'Inde, qui est aussi un végétal très intéressant. Il croît dans les plus mauvais terrains, et comme vous le voyez, presque toujours sur le roc ; plus la terre est mauvaise, plus ses feuilles sont épaisses et succulentes ; je serais tenté de croire qu'il se nourrit d'air plutôt que de terre. On le nomme aussi *raquette*, parce que ses larges feuilles plates ressemblent aux raquettes avec lesquelles on joue au volant. Cette plante porte une espèce de figue, qui est, dit-on, assez douce et savoureuse lorsqu'elle mûrit au soleil de son pays natal ; elle doit aussi être saine et rafraîchissante. Voilà donc une première utilité. »

A peine avais-je prononcé ces paroles, que mon petit Jack, leste et gourmand, était déjà grimpé sur les rochers pour attraper quelques-uns de ces fruits ; mais il eut lieu de se repentir de sa précipitation. Ces figues sont garnies de fines épines qui pénètrent dans la peau du téméraire qui les cueille sans précaution, et lui causent de vives douleurs. Mon pauvre enfant revint bientôt à moi en pleurant, en frappant du pied et en secouant ses doigts, qui en étaient tout garnis. Je n'eus pas le courage de lui débiter une moralité sur sa gourmandise, dont il était assez puni, et, tout en lui ôtant ses petites épines, je grondai ses frères qui voulaient le railler. Je leur appris ensuite comme il fallait s'y prendre pour cueillir ce fruit ; j'en fis tomber un très mûr sur mon chapeau, j'en coupai les deux bouts ; je pus alors le saisir aux places coupées et les peler entièrement ; je le livrai ensuite au jugement et à la curiosité de mon petit peuple.

La nouveauté, plus que le goût, le leur fit paraître bon ; ils en cueillirent tous, et chacun s'exerça à trouver une manière pour ne pas être piqué. Fritz inventa la meilleure : il ôta le fruit de l'arbre avec un bâton pointu, dans lequel il l'enfila ; il le pela sur ce même bâton très proprement, et l'offrit à sa mère, qui le mangea avec plaisir.

Pendant ce temps, je voyais Ernest qui tenait une figue au bout de son couteau ; il la tournait, la retournait, et l'approchait de son œil d'un air curieux. « Je voudrais bien savoir, dit enfin mon jeune observateur, quelles sont les petites bêtes que je vois dans cette figue, qu'elles sucent avec empressement ; elles sont rouges comme un morceau d'écarlate.

Le père. Ha! ha! ce pourraient bien être encore une nouvelle découverte et une seconde utilité de cette plante. Voyons, je parie que ce sont des cochenilles?

Jack. Cochenilles! le drôle de nom! Qu'est-ce que cela, mon papa?

La mère. C'est un insecte du genre de ceux q 'cn appelle *parasites* ou *kermès*. Il se nourrit de la figue d'Inde, et il en tire sans doute cette belle couleur rouge vif qui fait de la cochenille un objet de commerce très considérable pour les teinturiers; ils en font le plus bel écarlate. En Amérique, on étend des linges sous les figuiers, on les secoue, et, lorsque l'insecte est tombé, on le plie dans le linge, qu'on arrose d'eau froide; puis on le sèche et on l'envoie en Europe, où on le paye très cher.

Ernest. Je conviens à présent que, pour l'utilité, cette plante vaut dix fois plus que le bel et bon ananas; mais celui-ci a aussi son mérite, et nous ne sommes pas obligés de choisir. Nous pouvons jouir de l'utilité de l'un et de l'agrément de l'autre. D'ailleurs, comme nous n'avons rien à teindre en écarlate, et comme le fruit de la figue n'est certes pas aussi bon qu'un ananas, je préfère encore ce dernier.

Le père. Et tu as tort, mon fils. Je ne vous ai pas encore parlé de la plus grande utilité du figuier d'Inde; il sert de protecteur à l'homme.

Fritz. De protecteur à l'homme! Oh! comment cela, mon papa?

Le père. On en fait autour des maisons des enclos, qu'aucune bête ne peut franchir à cause de ses redoutables épines; car vous voyez qu'outre les petites qui ont meurtri les mains de Jack, il y en a encore une très forte à chaque nœud.

La mère. Elles peuvent aussi servir d'épingles et même de petits clous; voyez comme elles tiennent ma robe!

Le père. Eh bien! c'est une utilité de plus à laquelle je n'avais pas pensé. Vous voyez donc de quelle force sont de tels enclos; et on les fait d'autant plus facilement qu'il suffit de planter en terre une de ces feuilles épaisses. Elle y prend tout de suite racine, et croît avec une grande rapidité. Non-seulement c'est un préservatif contre les bêtes sauvages, mais aussi contre des ennemis; ils ne pourraient passer au travers qu'en la coupant, et pendant cette opération, qui ne serait même pas sans danger, ceux qui seraient derrière auraient le temps de fuir ou de se défendre. »

Jack, le roi des étourdis et des imprudents, prétendit que cette plante, étant très molle, opposait peu de résistance, et qu'avec un couteau ou seulement un bâton on pouvait facilement passer au travers. Pour nous le prouver, il commença à tailler avec son couteau de chasse une plante assez grande, dont il faisait tomber les raquettes de droite et de gauche; mais l'une d'elles, se trouvant partagée, tomba sur le bas de sa jambe nue et s'y attacha tellement par ses épines, qu'il poussa de nouveau des cris effroyables, et s'assit bien vite sur une pierre pour s'en débarrasser. Je ne pouvais m'empêcher, tout en le secourant, de me moquer un peu du renouvellement de son accident, causé par son opiniâtreté et son imprudence; je lui fis observer combien il serait difficile à des sauvages, qui sont presque nus, de forcer une telle barrière; et cette fois il en convint.

Ernest. O papa! je vous prie, faisons vite une de ces barrières autour de notre demeure. Nous n'aurons plus besoin d'allumer des feux pour nous préserver des bêtes féroces, et même des sauvages, qui peuvent d'un jour à l'autre arriver dans leurs canots, comme chez Robinson Crusoé.

Fritz. Et nous pourrons alors facilement recueillir des cochenilles et essayer de faire cette belle couleur.

Le père. Il y aura temps pour tout, chers enfants; il suffit à présent de vous avoir démontré que Dieu ne fait rien d'inutile, et que c'est à l'homme, à qui il a départi la sagesse et l'intelligence, à tâcher de découvrir, par son raisonnement et son expérience, l'utilité des différentes productions.

Jack. Ah! quant à moi, j'abandonne la figue d'Inde, son fruit, ses cochenilles, ses épingles maudites, à qui voudra s'en servir, et je n'en approche plus.

Le père. Si cette plante savait parler, elle dirait peut-être : Je ne veux plus que ce petit garçon s'approche de moi sans raison, sans nécessité, et seulement pour contredire son père ; il vient m'attaquer et me détruire, moi qui ne lui aurais fait que du bien s'il avait voulu me traiter avec douceur et me toucher avec précaution. Au reste, si tu as encore mal à la jambe, appliques-y une feuille de karatas ; je me rappelle que cette plante a aussi la propriété de guérir les blessures légères. Il le fit, et s'en trouva si bien, que bientôt il put reprendre avec nous le chemin de Zeltheim.

« Me voilà convaincu, dit Ernest, du mérite du karatas et de la figue d'Inde ; mais je voudrais connaître aussi celui de ces grands bâtons chargés d'épines, qui s'élèvent devant nous de tous côtés ; je ne vois là ni fruits ni insectes ; à quoi peuvent-ils servir ? Dites-le-nous, papa.

Le père. En vérité, si je pouvais vous dire à quoi servent toutes les plantes du monde, il faudrait que je possédasse la science universelle, et il n'y a que Dieu qui l'ait. Je présume que plusieurs plantes n'ont d'autre utilité que d'être la nourriture de différentes espèces d'animaux, et c'est, comme je vous l'ai dit, à la raison de l'homme à lui faire découvrir celles dont il peut faire usage ; plusieurs ont aussi des qualités médicinales que j'ignore, et qu'on découvrira peu à peu. Il me semble que ces cierges épineux sont de l'espèce de ceux dont parle Bruce dans son *Voyage d'Abyssinie*, et dont il donne le dessin ; seulement ils me paraissent avoir été plus gros que ceux-ci ; ils servent, dit-il, de nourriture à l'éléphant et au rhinocéros ; le premier avec ses fortes dents, ou avec sa trompe, et l'autre avec sa corne, saisissent cette espèce de bâton, et le fendent du haut en bas ; ils en mangent ensuite la moelle, et même les débris.

Ernest. Il faut que ces bêtes aient un palais de fer pour mâcher ces épines sans se mettre tout en sang ; cela ne me paraît pas possible.

Fritz. Et pourquoi pas? les chameaux, les ânes mangent bien des chardons chargés d'épines ; ils les trouvent sans doute fort bons et les digèrent très bien. Qui sait si leur estomac n'est pas fait de manière que ces épines ne produisent chez eux qu'un doux chatouillement qui excite l'appétit et facilite la digestion ?

Le père. Ton idée n'est pas mauvaise ; et si elle n'est pas vraie, elle est du moins vraisemblable.

Fritz. Voudriez-vous me dire, mon papa, ce qu'on entend par ces mots : *vrai* et *vraisemblable*?

Le père. Ta question, mon fils, est une de celles qui, depuis deux mille ans, ont occupé bien des philosophes ; elle nous mènerait trop loin pour le moment ; mais je veux essayer cependant de faire de ma réponse une petite leçon de logique, c'est-à-dire de l'art de raisonner ; voyons si vous me comprendrez. Ce qui est vrai, c'est ce qui ne se contredit en rien, ce qui s'accorde en tout point et exactement avec l'idée que nous nous faisons de tel objet, ou que nous avons sous les yeux : par exemple, lorsque je fais sur de la cire fondue l'empreinte de mon cachet, il est vrai, de toute vérité, que la gravure du cachet a la même figure que celle qu'il a transmise à la cire, etc. Une chose est vraisemblable lorsque nous avons beaucoup de motifs de la croire vraie, sans cependant pouvoir le prouver avec certitude. On appelle faux ce qui est en contradiction positive avec toutes les notions reçues, avec notre raison, avec l'expérience. Est-il *vrai*, *vraisemblable* ou *faux* que l'homme puisse voler, s'élever dans les airs?

Les enfants. C'est faux, de toute fausseté.

Le père. Et pourquoi?

Jack. Parce que cela ne peut être.

Le père. Fort bien, mon petit philosophe; et pourquoi cela ne se peut-il pas?

Jack. Parce que cela n'est pas possible.

Le père. Ah! ah! nous voilà au milieu d'un joli cercle! C'est faux parce que cela n'est pas, cela n'est pas parce que c'est impossible; et tu vas dire que c'est impossible parce que c'est faux; il nous faut d'autres raisons pour sortir de là. Qu'en penses-tu, Ernest?

Ernest. Je dis que cela ne se peut pas parce qu'il n'est pas dans la nature de l'homme de voler, qu'il n'a pas été construit pour cela, puisqu'il n'a point d'ailes.

Le père. Bien! mais si on nous assure que l'homme a les moyens de composer une machine à l'aide de laquelle il pourra, à défaut d'ailes, s'élever et se soutenir dans les airs sans que cette machine tienne à rien, sera-ce vraisemblable ou invraisemblable?

Fritz. Je crois que j'aurais dit *invraisemblable*, si je ne savais pas qu'on a fait des ballons avec lesquels on s'est élevé dans l'air.

Le père. Et pourquoi l'aurais-tu cru invraisemblable?

Fritz. Parce que l'homme, de sa nature, est plus pesant que l'air, et qu'il m'aurait paru qu'une machine quelconque, loin de diminuer son poids, ne pouvait qu'y ajouter.

Le père. Fort bien raisonné. Mais on te dirait que cette machine est très grande, qu'elle est composée d'une étoffe serrée et légère, et qu'on l'a remplie d'une sorte d'air préparé par des procédés chimiques, lequel, étant beaucoup plus léger que l'air atmosphérique, tend toujours à s'élever, et soutient l'homme dans les airs comme les vessies le soutiennent sur l'eau. Comprends-tu cela, mon fils? et qu'en dis-tu?

Fritz. Je le comprends fort bien, et je trouve très vraisemblable que, puisque l'homme a imaginé un moyen de ne pas enfoncer dans l'eau, il ait aussi trouvé celui de s'élever dans l'air et de s'y soutenir.

Le père. Et quand une foule de personnes de tout âge, de gens respectables, de témoins de toute espèce attesteront qu'ils ont vu de leurs yeux un ballon auquel était attachée une petite nacelle, et dans celle-ci un homme, s'élever dans les airs et disparaître au-dessus des nuages, direz-vous encore qu'il est faux que l'homme puisse voler?

Les enfants. Non, nous dirons que c'est vrai, et très vrai.

Le père. Et vous disiez tous, il n'y a qu'un moment: C'est faux, de toute fausseté.

Fritz. Oh! nous disions cela, mon père, de l'homme seul, privé des machines qu'il peut construire; car, si la nature lui a refusé des nageoires et des ailes, elle lui a donné un génie inventif, qui supplée à tout ce qui lui manque.

Le père. Tu dis là, mon fils, une grande vérité, dont j'espère que tu feras ton profit. Avec son intelligence et sa raison, l'homme peut parvenir à tout, ou du moins à beaucoup de choses. Mais, pour en revenir à notre exemple, vous y trouverez la définition des mots que vous me demandiez: Il est *faux* que l'homme, de lui-même, puisse voler; il est *vraisemblable* qu'à l'aide d'une machine de son invention il pourra parvenir à s'él   et à   outenir dans les airs, et il est *vrai*, de toute vérité, qu'il y es parvenu, mais ans avoir encore trouvé un

7

moyen sûr de diriger ces ailes factices, ce qui rend cette découverte à peu près inutile.

La mère. Voilà une leçon dans toutes les règles et bien longue, pendant laquelle je n'ai pu dire un mot; je crains que tu ne rendes tes petits trop savants; je ne saurai plus de quoi leur parler.

Le père. N'aie pas peur, chère amie; quand même ils sauraient tout ce que je sais, ils ne seraient pas bien habiles. Il faut qu'un homme tâche de n'être pas ignorant; s'il vit dans le monde, il se tire mieux d'affaire, il en est plus estimé, plus considéré; s'il est appelé, comme ceux-ci le seront peut-être, à vivre dans une espèce de solitude, elle leur sera moins ennuyeuse lorsqu'ils auront l'habitude de penser et de réfléchir, et le peu de connaissances que je puis leur donner leur sera utile. Je ne me suis jamais repenti de trop savoir, et j'ai regretté souvent de ne pas savoir assez, surtout à présent que mes fils ne peuvent avoir d'autres maîtres que moi et la nature. Si les jeunes gens savaient quel parti ils peuvent tirer de l'étude, ils s'appliqueraient davantage dans l'âge où il est si facile d'apprendre. »

Tout en discourant, nous arrivâmes au ruisseau des Chacals, que nous traversâmes avec précaution sur de gros quartiers de pierres amoncelés près de sa chute, et de là nous vînmes bientôt à notre ancienne demeure, où nous trouvâmes tout parfaitement en ordre, et tel que nous l'avions laissé; chacun se dispersa pour prendre ce qui lui convenait. Fritz emporta sa charge de poudre et de plomb; moi, ma femme et François nous nous occupâmes du tonneau de beurre; nous remplîmes le grand pot dont la mère s'était munie, et qui devait être mon partage au retour. Ernest et Jack cherchèrent les canards et les oies; mais comme ces animaux étaient devenus un peu sauvages, ils ne purent venir à bout d'en attraper un seul. Ernest eut l'idée de couper quelques petits morceaux de fromage, de les attacher à une ficelle, en guise d'hameçons, et de les laisser flotter sur l'eau; les bêtes voraces s'en saisirent bientôt, et les avalèrent avec gloutonnerie; Ernest les attira alors doucement, et put ainsi en prendre autant qu'il en voulut; on les enveloppa dans des mouchoirs, en laissant dehors seulement la tête et le cou; puis mes enfants les attachèrent sur nos gibecières, de façon que chacun de nous eut sa part du fardeau.

Nous pensâmes à la provision de sel, mais nous ne pûmes en prendre autant que nous l'aurions voulu, parce que nos sacoches étaient pleines de patates; j'eus cependant l'idée d'en mettre également entre les vides; il y en entra passablement, mais les sacoches devinrent pesantes, et aucun de nous ne se souciant de les porter, Fritz pensa que le vaillant et complaisant Turc voudrait bien se charger de la plus lourde; il lui ôta sa belle cotte, qui fut laissée à Zeltheim, et le sac fut attaché sur le dos du fort et paisible animal. Bill porta le singe comme en allant, et, de plus, une autre sacoche moins pesante que celle que l'on avait confiée à Turc.

Nous nous remîmes en chemin, emportant nos richesses; notre caravane était encore plus plaisante que lorsque nous étions venus; les canards et les oies, perchés sur nos épaules et caquetant de leur mieux, nous donnaient une drôle d'apparence. Nous ne pûmes nous empêcher d'en rire lorsque nous passâmes sur notre pont les uns après les autres, avec tout notre bagage; notre gaieté et d'innocentes plaisanteries raccourcirent la route, et nous ne sentîmes la fatigue que lorsque nous fûmes chez nous en repos. La mère nous en consola en mettant bien vite sur le feu un grand pot rempli de patates, dont tout le monde désirait manger; elle alla ensuite traire la vache et la chèvre pour nous restaurer de leur bon lait chaud. Elle nous prouva combien l'amour maternel et conjugal peut donner de forces ; cette excellente femme était aussi fatiguée que nous, mais elle ne se reposa que lorsqu'elle eut pourvu à tout ce qui pouvait nous soulager. Enfin, après un excellent repas, dans lequel le mets nouvellement découvert reçut de notre part mille tributs d'éloges, nous fîmes la prière, où, suivant l'intention du petit François, nous ajoutâmes des remercîments à Dieu pour ce bienfait inattendu ; nous grimpâmes joyeusement notre échelle, et nous allâmes chercher un doux sommeil dans notre château aérien.

XV. — L'OURS SUPPOSÉ. — LA CLAIE. — LA LEÇON DE PHYSIQUE.

J'avais remarqué, la veille, en revenant au bord de la mer, une quantité de bois qui m'avait paru propre à faire une claie, sur laquelle je pourrais traîner notre tonneau de beurre et d'autres provisions de Zeltheim à Falkenhorst ; je m'étais proposé d'y aller de grand matin, avant que mon monde fût éveillé. J'avais choisi pour aide mon second fils, Ernest ; cet enfant, très paresseux, très indolent, avait besoin d'être excité au travail ; je lui fis valoir, comme une grande faveur, la préférence que je lui donnais, et il me promit d'être prêt de bonne heure ; j'étais bien aise aussi de laisser Fritz à la maison pour me remplacer ; comme le plus grand et le plus fort, il devait être le protecteur de sa mère et de ses jeunes frères.

Je voyais poindre à peine le premier crépuscule du matin, que j'éveillai doucement Ernest ; il se leva en bâillant et en étendant les bras ; nous descendîmes l'échelle sans être entendus des dormeurs, dont nous respectâmes le paisible repos. Nous allâmes chercher notre âne, qui devait être de la partie, et pour qu'il ne vînt pas à vide, je lui fis traîner une forte branche d'arbre, que je prévoyais devoir m'être nécessaire. Tout en cheminant, je demandai à Ernest s'il n'était pas un peu de mauvaise humeur d'avoir été obligé de se lever si matin pour un travail assez pénible, au lieu de rester avec ses frères à tirer des grives et des pigeons sur le figuier.

« Oh ! pas du tout, papa ; à présent que je suis sur pied, cela ne me fait plus rien ; je suis bien aise d'être avec vous et de vous aider ; mes frères me laisseront assez d'oiseaux à tirer, car je parie que tous ces beaux chasseurs manqueront leur premier coup.

— Pourquoi donc crois-tu cela, mon fils ?

— Parce qu'ils oublieront d'ôter les balles des fusils et de mettre de la grenaille à la place ; et puis je suis sûr qu'ils voudront tirer d'en bas, et l'arbre est si haut que le coup ne peut porter jusque-là. Pour moi, j'ai tiré de notre château, sans quoi je n'aurais pas réussi.

— Tu peux avoir raison dans tes soupçons, mais j'ai là-dessus deux choses à te dire : la première, qu'il eût été plus généreux et plus amical de faire part à tes frères de tes observations que de triompher de leur ignorance et de les exposer à perdre pour rien leur poudre, qui est pour nous si précieuse ; la seconde, que je suis charmé de te voir agir avec sang-froid et réflexion. Mais je crains pour toi une lenteur de décision qui nuit beaucoup dans certains cas ; il y en a où il faut sur-le-champ prendre une résolution. Celui qui, dans les moments de frayeur, de danger, de détresse, ne perd pas la tête et sait se décider vite, a beaucoup d'avantage sur celui qui combine toutes les chances possibles avant d'agir : c'est ce qu'on appelle présence d'esprit; jointe à la sagesse, elle est une qualité très utile, et tu peux l'acquérir en réfléchissant souvent de sang-froid comment tu te tirerais d'affaire dans tel ou tel cas supposé. Si l'on ne prend pas cette habitude, on se laisse dominer par la crainte au moment du danger, et l'on est perdu. Voyons, par exemple, ce que tu ferais, si nous étions subitement surpris par un ours?

— Je crois que je me sauverais à toutes jambes.

— Je le crois aussi, du moins tu me l'as avoué franchement; mais, si tu réfléchis, tu te diras que les ours courent sur quatre pieds, et toi seulement sur deux; qu'ils courent bien plus fort et bien plus longtemps que tu ne peux le faire, et que celui-là t'aurait bien vite attrapé.

— Alors je tirerais dessus si j'avais mon fusil, et à présent que j'y réfléchis, je ne veux plus marcher sans l'avoir.

— Ce serait encore un mouvement irréfléchi; tu pourrais manquer ton coup ou ne faire que blesser la bête, et tu aurais alors tout à craindre de sa colère.

— Eh bien! j'attendrais de sang-froid qu'elle ne fût qu'à trois pas de moi; alors je lâcherais mon coup de feu au milieu de sa tête, ce qui lui ôterait pour jamais l'envie de m'attaquer.

— Lui ou toi, bien sûrement, seriez hors de combat, car on ne sait ce qui peut arriver; tu courrais encore le risque que ton fusil ratât; alors il serait trop tard pour essayer d'un autre moyen, et tu serais déchiré à l'instant.

— Eh bien! je sais ce que je ferais; je me coucherais par terre, je ferais semblant d'être mort, je retiendrais mon haleine, je me laisserais flairer, tourner et retourner par la bête; on dit qu'ils ne font jamais rien aux morts.

— Pure fable, à laquelle je ne voudrais pas me fier; on les voit souvent dévorer un animal crevé; c'est même un moyen de les attirer et de les surprendre.

— Oh! mais c'est que je tiendrais mon couteau de chasse, avec lequel je l'éventrerais; ou bien je l'assommerais avec la crosse de mon fusil.

— Pauvre moyen! Tu n'aurais sûrement pas la force d'assommer un si formidable animal, et ton couteau pénétrerait difficilement à travers son épaisse fourrure. Tu n'aurais pas non plus la ressource de grimper sur un arbre, où les ours grimpent aussi. Il faut te l'avouer, je crois que le seul moyen possible, mais cruel sans doute, de se soustraire à sa férocité, serait de lui livrer notre âne, que tu tiendrais ferme devant toi; pendant que l'ours l'attaquerait, tu pourrais lui tirer un coup de pistolet ou lui enfoncer ton couteau de chasse dans la gueule; mais, s'il plaît à Dieu, nous n'en rencontrerons point, car je serais très fâché de sacrifier notre âne, même pour sauver notre vie.

— Et moi de même; mais s'il n'y avait que ce moyen-là?

— Alors il nous serait permis de l'employer, avec l'espoir de le sauver aussi. »

Tout en discourant, nous arrivâmes au bord de la mer, très contents de n'avoir point rencontré d'ours et d'y trouver en abondance le bois qui était l'objet de notre course. Je résolus de couper ce qu'il m'en fallait, de la longueur nécessaire, et de lier ces morceaux en travers sur la branche que l'âne avait traînée; comme elle avait encore tous ses rameaux, elle pouvait nous servir de traîneau. Nous nous mîmes tout de suite à l'ouvrage, et nous ajoutâmes à la charge de notre âne une petite caisse que nous trouvâmes au bord de la mer et à moitié enterrée dans le sable; nous prîmes aussi des perches, que nous tînmes en main pour nous en servir comme de leviers; avec ces pieux nous pouvions faciliter la marche de notre baudet dans les endroits difficiles, et nous reprîmes ainsi doucement le chemin de Falkenhorst.

En approchant, nous entendîmes une fusillade qui nous apprit que la chasse aux ortolans était en train ; mais quand on nous vit arriver, les cris de joie retentirent, et l'on s'empressa de venir au-devant de nous. La caisse que nous avions apportée fut ouverte avec une forte hache : nous étions curieux d'en connaître le contenu ; elle ne renfermait que quelques habits de matelot et du linge mouillé.

J'eus à me justifier auprès de ma femme de ce que, sans l'avertir et sans lui dire adieu, je m'étais éloigné avec un de ses fils ; elle avait été très inquiète, et je convins de mon tort. Dans notre situation, il pouvait arriver tant d'événements fâcheux ! Du reste, lorsqu'elle s'était aperçue que nous avions pris l'âne, elle avait été rassurée ; la vue de notre beau bois et la promesse d'une claie pour lui assurer ses provisions de ménage l'eurent bientôt apaisée, et nous allâmes déjeuner.

Je fis ensuite l'inspection du butin des trois chasseurs d'ortolans et de grives ; ils en avaient tué tout juste quatre douzaines. Ainsi que l'avait prévu Ernest, le premier coup avait manqué, parce qu'ils avaient oublié de charger leurs fusils avec de la grenaille ; ensuite, ils avaient tantôt attrapé et tantôt manqué, et employé tant de poudre et de plomb, que lorsqu'ils voulurent monter sur l'arbre et tirer de là, suivant le conseil de leur frère, nous les arrêtâmes en les priant de ménager davantage leurs munitions, qui étaient notre seul moyen de défense et presque d'approvisionnement pour l'avenir. Je leur recommandai d'économiser le plus possible la poudre et le plomb, jusqu'à ce que nous eussions fait encore une visite au vaisseau échoué. Pour y suppléer, je leur appris à faire de petits lacets et à les suspendre aux branches du figuier ; je leur conseillai de se servir pour cela des fils de karatas, qui sont forts et rudes comme du crin. Tout ce qui est nouveau amuse les enfants ; les miens prirent grand goût à cette manière de chasser. Jack réussit à l'instant à faire ces petits lacs ; je lui laissai François pour l'aider, et je pris Fritz et Ernest pour faire avec moi la claie. Comme nous étions tous à l'ouvrage, car ma femme aidait ses deux petits, il s'éleva un tapage horrible parmi notre volaille : le coq criait plus fort que tout le reste ensemble, et les poules couraient çà et là comme si elles étaient poursuivies par un renard. « Je ne sais ce qu'ont ces bêtes, dit ma femme en se levant ; tous les jours je les entends glousser comme si elles venaient de pondre, et je ne puis jamais trouver d'œufs. » Dans ce moment, Ernest regarda par hasard le singe, et remarqua qu'il fixait ses yeux perçants sur les poules sans se détourner ; et lorsqu'il vit venir ma femme, qui les chassait devant elle, il sauta vite sous une racine basse, et s'y blottit. Ernest, qui y fut aussitôt que lui, eut le bonheur de le saisir ; il reconnut qu'il tenait dans sa patte un œuf tout chaud, qui venait d'être pondu, et qu'il cachait pour s'en régaler ensuite ; il passa de là sous une autre, qu'Ernest visita également ; il trouva des œufs dans toutes ces cachettes, et les apporta dans son chapeau à sa mère, à qui ils firent grand plaisir. Le singe en était si friand, qu'il les prenait à mesure que les poules les pondaient. Il n'eut d'autre punition de son petit brigandage que d'être privé de sa liberté quand les poules voulaient pondre ; il suffisait ensuite de le détacher et de le suivre pour découvrir, par son instinct, où les poules avaient fait leurs œufs. Par ce moyen, notre ménagère en eut bientôt un bon nombre, et elle attendit après cela avec impatience le temps où les poules pourraient couver, afin d'augmenter notre basse-cour.

Sur ces entrefaites, Jack était monté au haut de l'arbre et avait suspendu quelques lacets aux branches pour prendre les mangeurs de figues ; il redescendit, et nous apporta la bonne nouvelle que nos pigeons domestiques, que nous avions amenés du vaisseau, avaient fait dans les branches un nid où il y avait déjà des œufs. Je défendis alors de tirer sur l'arbre, dans la crainte qu'ils ne fussent blessés ou effrayés. Je commandai aussi qu'on regardât souvent aux lacets, de peur que nos pigeons n'y fussent pris et ne s'étranglassent en se débattant ; j'aurais même défendu qu'on en mît, si je ne l'avais ordonné moi-même peu de temps auparavant. Mes enfants avaient déjà murmuré de ma défense au sujet de la poudre ; et François, avec sa petite mine innocente, vint me dire qu'il n'y avait qu'à en semer, et que ses frères et lui laboureraient avec plaisir pour en récolter en quantité. Nous rîmes tous de cette idée ; le docteur Ernest mit en avant sa science. « Nigaud ! lui dit-il, on voit bien que tu ne sais encore rien, avec ton champ de poudre à canon ; crois-tu donc que ce soit une semence qui vienne comme l'avoine ?

Le père. Et comment vient-elle, monsieur le savant ? Tu dois au moins apprendre à ton petit frère ce que c'est que la poudre et comment on la fabrique, puisque tu te moques de lui et de son ignorance.

Ernest. Je sais bien que c'est un produit de l'art ; mais j'avoue que je ne puis pas bien expliquer comment on la fait : je pense que c'est avec du charbon pilé, puisqu'elle est si noire, et qu'on y mêle du soufre, dont elle a l'odeur.

Le père. Ajoute à cela du salpêtre, et tu n'auras pas mal répondu ; le salpêtre en est le principal ingrédient : mêlé avec du charbon, il s'allume très promptement et développe extraordinairement l'air qui s'y trouve enfermé, lequel se dégage subitement par l'action du feu, s'étend avec violence, et pousse au-dehors, par une force étonnante, tout ce qui lui résiste : de sorte que les balles ou la grenaille lancées par cette force irrésistible frappent l'objet qu'elles rencontrent au point de le détruire, ainsi que vous en faites l'expérience tous les jours en tirant des coups de fusil. »

Mes enfants firent alors une foule de questions qui amenèrent une sorte de leçon de physique, telle que je pus la faire d'après mes faibles lumières et sans instruments : les aînés me comprirent d'autant mieux qu'ils en avaient déjà quelques notions ; mais le petit François, m'entendant dire que le feu, renfermé dans tous les corps, se développait par le mouvement ou par le frottement, demanda plaisamment si en courant très vite on n'était pas en danger de s'enflammer et de brûler.

« Tu vas trop loin, petit drôle, lui dis-je ; mais si un petit garçon comme toi se donne trop de mouvement, il court au moins le risque d'échauffer son sang, de se donner la fièvre ou d'autres maladies dangereuses : il en résulte donc quelque chose de semblable à la combustion dont tu parles, et qui peut être tout aussi dangereux, comme il l'est, d'un autre côté, de ne pas se donner assez de mouvement, de se livrer à la paresse, parce qu'alors les humeurs croupissent et le sang se corrompt. Ainsi, mes chers enfants, en cela comme en tout, il faut savoir garder un juste milieu. »

Pendant cette conversation, je faisais toujours ma claie ou traîneau, qui fut bientôt fini, et je trouvai que la nécessité avait fait d'un bourgeois assez médiocre un très bon charpentier ; deux pièces de bois courbées par-devant, liées au milieu et par derrière par une traverse de bois, me suffirent pour la construire : j'attachai, de plus, deux cordes de trait aux deux cordes élevées, et ma claie fut achevée. Comme je n'avais pas levé les yeux de dessus mon ouvrage, j'ignorais ce que faisaient la mère et les deux cadets : lorsque je regardai, je vis qu'entre eux trois ils avaient plumé une quantité d'oiseaux tués, et qu'ils les enfilaient dans l'épée d'un officier de marine, de laquelle ma femme avait fait une broche. Je louai son idée, mais je la blâmai de sa prodigalité en voyant devant le feu plus de gibier que nous n'en pourrions manger. Elle me calma en me rappelant que je l'avais moi-même engagée, pour le conserver en provision, à le faire cuire à demi et à le mettre dans du beurre. « J'espérais, me dit-elle, que, puisque tu as un traîneau, tu irais après dîner à Zeltheim chercher la tonne de beurre. En attendant, j'ai voulu préparer mon gibier. »

Je n'eus rien à objecter, et je concertai tout de suite la course à Zeltheim pour le jour même, en la priant de hâter le dîner : elle m'assura que c'était son intention, ayant elle-même un projet pour ce jour-là, que je connaîtrais à mon retour. Moi, j'avais celui de prendre un bain de mer, me sentant fort échauffé par un travail pénible et continuel ; je voulais aussi en faire prendre un à Ernest, qui devait m'accompagner, tandis que Fritz resterait pour garder la maison.

XVI. — LE BAIN. — LA PÊCHE. — LE LIÈVRE SAUTEUR. — LA MASCARADE.

Aussitôt que nous eûmes dîné, Ernest et moi nous nous préparâmes au départ. Fritz nous fit à chacun le joli présent d'un étui que nous devions placer dans la ceinture de couteau de chasse, et qui était arrangé d'une manière très ingénieuse ; on pouvait y mettre un couvert tout entier et même une petite hache, ce qui me parut commode et utile. Je louai mon fils aîné d'avoir perfectionné mon idée et trouvé le moyen de faire deux étuis avec sa peau au lieu d'un : il avait employé les deux jambes de devant pour l'un, celles de derrière pour l'autre, et réservé au milieu la place pour la petite hache. Ernest le remercia plus vivement que je ne l'en aurais cru capable.

Nous attelâmes ensuite l'âne et la vache à notre claie ; nous prîmes chacun un morceau de bambou à la main en guise de fouet, et, notre fusil en bandoulière, nous nous mîmes en chemin ; Bill nous suivit, Turc resta. Après avoir fait nos adieux à nos amis, nous poussâmes nos bêtes en avant. Nous côtoyâmes le bord de la mer, où notre claie, traînée sur le sable, glissait plus facilement que sur l'herbe haute et épaisse ; nous parvînmes au pont de Famille, sur le ruisseau des Chacals, et nous arrivâmes à Zeltheim sans obstacle et sans aventure. Nous dételâmes aussitôt nos bêtes pour les laisser paître pendant que nous chargions notre traîneau. Ce ne fut pas sans peine que nous parvînmes à y placer la tonne de beurre salé, celle de fromage, et un baril de poudre : nous ajoutâmes à cela plusieurs instruments, des balles, de la grenaille, et la cotte de porc-épic de Turc. Ce travail nous attachait tellement, que nous remarquâmes trop tard que nos bêtes, attirées par la bonne herbe de l'autre côté du ruisseau, avaient repassé le pont, et s'étaient si bien écartées, qu'elles avaient disparu à nos yeux. J'espérais qu'elles ne seraient pas allées bien loin ; je commandai donc à Ernest de courir avec Bill à leur recherche et de les ramener, pendant que, de l'autre côté de Zeltheim, je chercherais un endroit commode pour me baigner. Je fus bientôt à l'extrémité de la *baie du Salut*, et je trouvai qu'elle finissait par un marais chargé des plus belles cannes de jonc qu'il fût possible de voir, et au-delà une suite de rochers escarpés, qui avançaient même un peu dans la mer, et formaient une espèce d'anse qui paraissait arrangée exprès pour le bain ; les saillies des rochers faisaient même comme des cabinets séparés, où l'on ne serait point vu de ceux avec qui on se baignerait. Enchanté de cette découverte, je criai à Ernest de venir me joindre, et en l'attendant, je m'amusai à couper quelques joncs, pensant que je pourrais m'en servir utilement.

Ernest n'arrivant point et ne répondant pas, je pris enfin le parti de retourner en arrière, avec une certaine inquiétude ; je le vis de loin étendu tout du long à l'ombre de notre tente : je m'en approchai avec un grand battement de cœur, et je vis avec un plaisir inexprimable que mon petit drôle dormait comme une marmotte, pendant que l'âne et la vache broutaient de l'herbe dans son voisinage.

« Allons, allons, paresseux, criai-je au dormeur, réveille-toi ; pendant que tu dors, au lieu de garder tes bêtes, elles pourraient bien te jouer le tour de passer encore une fois le pont. » Il se réveilla en sursaut, et fut bientôt debout : « Oh ! je les en défie, me dit-il en se frottant les yeux ; j'ai ôté plusieurs planches, qui laissent un vide qu'elles ne seront pas tentées de franchir.

— A la bonne heure ! je te pardonne ta paresse quand elle te rend inventif ; mais c'est dommage de passer à dormir un temps où tu pourrais faire quelque chose d'utile. N'as-tu pas promis à ta mère de lui apporter du sel ? L'inactivité est toujours un tort quand le travail est une nécessité.

— Pardon, papa, mais j'ai travaillé de tête.

— Ah ! ah ! c'est nouveau à ton âge ! Quel est donc ce travail si important et si profond qui t'a endormi en y pensant ?

— Eh bien ! oui, j'ai pensé combien il serait difficile d'amener sur terre tout ce qu'il y a encore d'utile pour nous sur le vaisseau.

— Et as-tu imaginé quelque moyen de lever ces difficultés ?

— Non, pas grand'chose ; je me suis endormi trop vite.

— Et tu trouves là de quoi te vanter ? A quoi bon chercher des difficultés si l'on ne sait comment on parvient à les vaincre ?

— Dans ce moment même il me vient une idée. Il nous faut un grand radeau, mais les poutres sont trop pesantes ; il me semble qu'il vaudrait bien mieux prendre beaucoup de tonnes vides et clouer des planches dessus, de manière que le tout tînt ensemble. J'ai lu que les sauvages en Amérique remplissent d'air des peaux de chèvres, les lient l'une à l'autre, et font ainsi des radeaux avec lesquels ils passent les plus larges rivières.

— Eh bien ! voilà une idée dont nous pourrons tirer parti un jour ; mais à présent, mon fils, répare le temps perdu, et va chercher du sel dans ce sachet ; quand il sera plein, tu le videras dans le grand sac de l'âne, que tu rempliras également des deux côtés. Pendant ce temps, j'irai me baigner pour me rafraîchir ; ton tour viendra ensuite, et moi je garderai nos bêtes. » Je retournai donc vers les rochers, et je pris un bain délicieux ; mais, pour ne pas faire attendre mon petit garçon, je ne restai dans l'eau que peu d'instants. Dès que je me fus rhabillé, j'allai vers la place du sel, pour voir s'il avait avancé son ouvrage ; il n'y était pas, et je croyais presque qu'il s'était rendormi dans quelque coin, lorsque des cris subits se firent entendre : « Papa, papa ! un poisson, un poisson monstrueux ! venez à mon secours, je ne puis plus le retenir, il dévore la ficelle. » Je courus du côté où j'entendais la voix, et je trouvai Ernest sur l'extrême pointe de terre, en-deçà du ruisseau ; couché sur l'herbe, afin d'avoir plus de force, il tirait avec effort un hameçon dont la ficelle pendait dans l'eau, et auquel était attaché un thon, ou du moins un poisson qui lui ressemblait beaucoup, et auquel je me permis de donner ce nom, quoiqu'il fût plus petit que les gros thons de la Méditerranée ; il tâchait de se débarrasser, et était sur le point d'entraîner l'enfant dans l'eau. J'accourus sans tarder, je saisis la ficelle, et je laissai aller librement le poisson, puis je le tirai doucement vers un bas-fonds, où il ne put plus m'échapper ; mais il fallut qu'Ernest se mît à l'eau, et terminât avec sa petite hache la vie et les angoisses de la bête. Quand il fut à terre, j'estimai que ce poisson devait peser au moins quinze livres ; de sorte que nous avions fait là une magnifique capture, qui augmenterait les provisions de notre bonne ménagère, et lui ferait grand plaisir. « Vraiment, dis-je à Ernest, tu as travaillé à présent non-seulement de la tête, mais de tout le reste du corps : essuie la sueur de ton front, et repose-toi avant d'aller te baigner : tu nous as procuré là une excellente nourriture pour plusieurs jours, et tu t'es conduit en vrai chevalier sans peur.

— C'est au moins très heureux, me dit-il d'un ton modeste, que j'aie pensé à prendre avec moi ma ligne et mon hameçon.

— Oui, sans doute ; mais raconte-moi où tu as vu ce gros animal, et comment il t'est venu dans l'idée de t'en emparer.

— J'avais remarqué, lorsque nous demeurions ici, qu'il y avait à cette place des quantités innombrables de poissons ; c'est pour cela que j'ai pris ce matin avec moi ce qu'il me fallait pour pêcher. Comme j'allais, il y a un moment, chercher le sel, j'ai aperçu sur le rivage beaucoup de crabes, qui sont la nourriture des poissons ; voulant essayer d'en accrocher à l'hameçon, j'ai vite fait notre provision de sel, et je suis venu à cette place, où j'ai pris d'abord une douzaine de petits poissons, qui sont là dans mon mouchoir : je remarquai qu'il y en avait de plus gros qui leur donnaient la chasse ; j'eus alors l'idée de mettre à l'hameçon un des petits poissons que j'avais pris ; mais l'hameçon était trop petit et la perche trop faible. Je pris donc une de ces belles cannes que vous aviez cueillies, j'attachai à ma ficelle un hameçon plus fort, et bientôt ce gros gaillard étendu là saisit l'appât, y resta attaché, et paya de sa vie sa voracité. Cependant, si vous n'étiez pas venu à mon secours, j'aurais été forcé de le lâcher, ou il m'aurait entraîné dans l'eau, car il était plus fort que moi. »

Nous examinâmes toute sa pêche : les petits poissons me parurent être de la famille des harengs, et le grand un vrai thon. Je me hâtai de les ouvrir, et je les frottai en-dedans avec du sel, afin de les apporter frais à Falkenhorst. Pendant cette occupation, mon fils prit son bain ; j'eus le temps de garnir encore quelques sachets de sel avant son retour : nous commençâmes alors à atteler nos bêtes et à les charger ; nous remîmes les planches sur le pont, et nous reprîmes le chemin de notre demeure.

Environ à moitié chemin, Bill, qui nous précédait, s'éloigna de nous rapidement, et nous avertit, par ses aboiements, qu'il venait de découvrir quelque gibier. En effet, nous le vîmes bientôt poursuivre un animal qui fuyait devant lui en faisant des sauts étonnants. Le chien, en le chassant toujours, le fit passer assez près de nous, à portée de fusil ; je tirai dessus, mais sa course était si rapide, que je le manquai. Ernest, qui me suivait à quelque distance, averti par mon coup de feu, prépara le sien, et saisit, pour tirer, un instant où ce singulier animal cherchait à gagner les grandes herbes pour s'y cacher ; il remarqua la place, et le tira si adroitement, qu'il le fit tomber mort à l'instant même. Je courus joindre mon fils, très curieux de savoir quelle espèce d'animal il venait de tuer, et nous trouvâmes la plus singulière bête qu'il fût possible d'imaginer. Elle était de la grandeur d'une brebis et portait une queue de tigre : son museau et son poil ressemblaient à ceux d'une souris ; ses dents étaient de la forme de celles du lièvre, mais beaucoup plus grandes ; les pattes de devant comme celles de l'écureuil, mais excessivement courtes, et celles de derrière longues comme des échasses et d'une forme très extraordinaire. Nous regardâmes longtemps en silence cet animal curieux ; je ne pouvais absolument me souvenir d'avoir jamais rien vu dans les gravures d'histoire naturelle ni dans les descriptions des voyageurs. Ernest, après l'avoir bien regardé, interrompit notre silence par un cri de joie :

« Est-ce bien moi qui ai tué ce monstre ? dit-il en battant des mains : que dira ma mère ? que diront mes frères ? comme ils vont être étonnés et que je suis heureux d'avoir fait cette belle chasse ! Mon père, comment croyez-vous que cette bête se nomme ? je donnerais tout au monde pour le savoir.

Le père. Et moi aussi, mon cher Ernest, mais je ne le sais pas plus que toi ; ce qu'il y a de sûr, c'est que tu es en jour de bonheur ; je vais bientôt t'appeler mon petit Hercule. Tu es aussi quelquefois mon petit savant, et nous allons tous les deux examiner attentivement cet animal, pour tâcher de découvrir à quelle classe de quadrupèdes il appartient : cela nous conduira peut-être à connaître son nom.

Ernest. C'est tout au plus si c'est un quadrupède ; ses petites jambes de devant ressemblent plutôt à de petites mains, comme celles des singes.

Le père. Ce sont pourtant des jambes ; mais nous pouvons toujours provisoirement le classer dans les mammifères ; car nous ne pouvons douter qu'il n'appartienne à cette espèce : examinons ses dents.

Ernest. Il en a quatre incisives, comme l'écureuil.

Le père. Ainsi nous voyons que c'est une bête rongeuse ; cherchons maintenant les noms connus de cette espèce.

Ernest. Je ne me rappelle, outre l'écureuil, que les souris, les marmottes, les lièvres, les castors, les porcs-épics et les sauteurs.

Le père. Les sauteurs ! tu me conduis là tout-à-fait sur la trace ; la bête a complètement la construction d'un *lièvre sauteur*, seulement il est le double plus grand que ceux dont j'ai lu la description... Attends, il me vient une idée ; je parie que nous avons là un individu de la grande espèce des sauteurs, qu'on appelle des *kanguroos* : cet animal appartient proprement à la classe des *didelphes* ou *philandres*, parce que la femelle, qui ne met jamais bas qu'un petit à la fois, le porte dans une espèce de bourse placée entre les jambes de derrière. Il n'a été trouvé jusqu'à présent que sur les côtes de la Nouvelle-Hollande, où le célèbre navigateur Cook l'a découvert le premier. Ainsi tu peux doublement te féliciter d'avoir tué un animal si rare et si remarquable, et moi je puis me réjouir de l'exactitude de mon observation ; car il est maintenant très certain que nous ne sommes pas loin de l'Australie, quoique j'avoue que, dans ce cas, le grand nombre de pigeons que nous avons rencontrés m'embarrasse un peu. Je crois que, si jamais nous retournons en Europe, la relation de nos aventures fera une véritable révolution dans le monde savant.

Ernest. Mais comment se fait-il, papa, que vous l'ayez manqué ? vous savez tirer mieux que moi ; j'avoue qu'à votre place j'en serais vivement piqué.

Le père. Bien au contraire, mon fils, je m'en réjouis.

Ernest. Ah ! voilà, par exemple, ce que je ne puis comprendre, qu'on puisse se réjouir d'avoir manqué un coup ; expliquez-moi cela.

Le père. Je m'en réjouis, parce que j'aime mieux mon fils que moi-même, que je partage son plaisir et sa petite gloire bien plus vivement que si j'avais fait le coup. » Ernest, touché, vint m'embrasser : « Bon père, me dit-il, je reconnais bien là votre amour paternel. — Et ta reconnaissance augmente ma joie, lui dis-je, en lui rendant son embrassement ; mais traînons à présent la bête jusqu'à notre claie. » Ernest me pria de l'aider plutôt à la porter ; il avait peur de salir ce beau poil gris de souris en le traînant par terre ; sa remarque me parut fondée. Je liai donc avec une corde les quatre jambes du kanguroo, et nous le portâmes avec peine, au moyen de deux cannes, jusqu'à notre claie, sur laquelle nous l'attachâmes. Bill, qui le premier l'avait découvert et chassé, avait perdu sa piste, et rôdait de tout côté dans les hautes herbes, sans doute dans l'espoir de le trouver : nous l'appelâmes et le comblâmes de caresses ; mais cette récompense ne lui suffisait pas ; il se mit à tourner autour du kanguroo, dont la blessure saignait encore, et cherchait à la lécher. J'eus alors l'idée de saigner entièrement l'animal, de peur que, dans un climat aussi chaud, on ne pût le conserver. Notre bon chien fut très content de son repas, et nous continuâmes gaiement notre route vers Falkenhorst. Chemin faisant, notre conversation roula sur l'étude de l'histoire naturelle, sur la nécessité de s'y livrer de bonne heure et d'apprendre à classer les plantes et les animaux d'après leurs marques distinctives ; c'est ainsi que nous étions parvenus, au moyen de l'examen des dents, à reconnaître notre kanguroo. Ernest me pria de lui dire sur cet animal tout ce que ma mémoire me présenterait : « C'est, lui dis-je, une bête singulière, mais qui n'a pas encore été bien observée, et qui fournit, par conséquent, peu de matière à la narration. Ses jambes de devant, ainsi que tu le vois, ont à peine en longueur le tiers de celles de derrière ; c'est tout au plus s'il peut s'en servir pour marcher ; mais, avec celles-ci, il fait des sauts énormes, comme les puces et les sauterelles. Sa nourriture consiste en herbes et en racines, qu'il arrache très adroitement avec les pattes de devant. Il s'assied sur celles de derrière, reployées, comme sur une chaise pour regarder par-dessus l'herbe haute ; il s'appuie sur sa queue, qui a beaucoup de force ; elle lui sert aussi à sauter et à se repousser fortement de la terre : on prétend que le kanguroo, privé de queue, ne peut presque pas sauter. »

Nous arrivâmes enfin heureusement, quoique un peu tard, à Falkenhorst, et de très loin nous entendîmes les cris de joie qu'occasionnait notre retour. Tout notre monde accourut au-devant de nous ; mais ce fut notre tour d'éclater de rire en voyant le plaisant costume des trois enfants : l'un avait une longue chemise de matelot, qui traînait autour de lui comme la robe d'un spectre ; l'autre était caché dans une paire de pantalons, qui étaient attachés autour du cou et arrivaient jusqu'au bout du pied ; le troisième avait une longue veste qui venait jusqu'à la cheville, et lui donnait l'air d'un porte-manteau ambulant : tous marchaient lourdement, embarrassés dans leurs longs vêtements, mais se promenaient cependant avec fierté, comme des princes de théâtre. Après les avoir regardés en riant, je demandai à leur mère quelle était la cause de ces jeux de carnaval, et si elle avait voulu me donner un spectacle pour mon arrivée, en leur faisant jouer la comédie. Elle m'apprit que les garçons venaient aussi de se baigner, et que, pendant le bain, la bonne mère avait lavé leurs habits, qui ne s'étaient pas séchés aussi vite qu'elle l'avait espéré ; son petit peuple impatient s'était jeté sur la caisse des habits de matelots, et chacun s'était vêtu suivant son goût : « J'ai mieux aimé, me dit-elle, que vous les trouviez sous ce déguisement bizarre, que nus comme de petits sauvages ; » et je trouvai qu'elle avait eu raison. Alors vint notre tour de rendre compte de notre voyage : à mesure que nous avancions dans notre récit, on présentait, l'un après l'autre, tonnes, cannes, sel, poissons ; et à la fin, avec un air triomphant, Ernest montra notre beau kanguroo ; il fut d'abord entouré, admiré, et les chasseurs questionnés si vivement, qu'ils ne savaient auquel répondre. Fritz seul ne disait pas grand'chose : je voyais clairement sur sa physionomie ce qui se passait dans son âme ; il était jaloux, au dernier point, de la belle chasse d'Ernest, mais il combattait fortement avec lui-même pour maîtriser sa mauvaise humeur : il y réussit enfin si bien, qu'il vint se mêler à notre entretien, à notre gaîté, et que personne que moi ne put se douter de ce qui venait de se passer dans son intérieur. Il s'approcha du kanguroo, et l'examina avec attention. « Oui, Ernest, dit-il à son frère en le caressant, tu as fait là une bien belle chasse, et tu as été adroit et heureux. Mais n'est-ce pas, mon père, la première fois que vous irez à Zeltheim ou ailleurs, pour quelque excursion, ce sera mon tour de vous accompagner? Ici, à Falkenhorst, nous n'avons jamais rien de nouveau; quelques grives, quelques pigeons dans nos filets, cela m'ennuie.

— Eh bien oui, mon cher Fritz, lui dis-je, je te le promets, parce que tu as combattu vaillamment ta mauvaise humeur et ta jalousie contre Ernest, à qui tu enviais son kanguroo; je ne manquerai pas de t'emmener lors de ma première excursion; peut-être demain irons-nous au vaisseau échoué. Mais permets-moi de te dire, mon cher Fritz, que tu devrais être bien plus fier de ce que j'ai assez bonne opinion de ta sagesse et de ta prudence pour te laisser ici la garde de ta mère et de tes frères, que de t'avoir fourni l'occasion de tuer ce kanguroo : tu as fait ton devoir en ne te laissant pas entraîner, pour aller chasser, à quitter ceux qui nous sont chers, et je t'en loue et t'en aime davantage. Je dois aussi des éloges à Ernest de ce qu'il ne s'est pas trop livré à la vanité sur sa chasse extraordinaire, et qu'il ne vous a pas même raconté que j'ai honteusement manqué mon coup en tirant sur le kanguroo. Savoir vaincre ses passions, mes chers enfants, et prendre de l'empire sur soi-même, est beaucoup plus beau que de donner adroitement la mort à une innocente bête; sans doute nous y sommes forcés dans notre position, et nous pouvons nous le permettre, mais non nous en enorgueillir. »

Nous finîmes cette bonne journée par nos occupations ordinaires et par une distribution de sel à nos bêtes, pour lesquelles ce fut une grande fête. J'écorchai ensuite notre kanguroo, et il fut suspendu jusqu'au lendemain, pour être ensuite découpé par pièces, les unes destinées à notre premier repas, les autres à être salées et fumées. Turc et Bill firent un excellent souper avec ses entrailles, et nous en fîmes un très bon aussi avec nos petits poissons frits et nos pommes de terre; mais il fut court; nous désirions et cherchions le sommeil, dans les bras duquel nous fûmes bientôt ensevelis.

XVII. — NOUVEAU BUTIN SUR LE VAISSEAU ÉCHOUÉ.

Au premier chant du coq, je me levai, et, avant que le reste de la famille fût éveillé, je descendis de l'échelle, et je m'occupai du kanguroo pour lui ôter, sans la gâter, sa belle robe gris de souris, et vraiment il était temps d'y penser; nos chiens s'étaient si bien trouvés, la veille, de leur repas d'entrailles, qu'ils y avaient pris goût, et voulaient faire un déjeuner en règle avec la bête entière. Avant que je fusse au bas de l'échelle, ils avaient déjà arraché la tête de l'animal, que j'avais suspendu assez haut par les pieds de derrière; et, moitié amis, moitié ennemis, ils allaient se la partager, lorsque je vins à temps pour les en empêcher. Je trouvai que, n'ayant ni cave ni garde-manger pour garantir nos provisions, il serait prudent de leur administrer une petite correction : ils se sauvèrent sous les racines, en murmurant et hurlant; leurs cris réveillèrent ma femme, qui ne m'ayant pas trouvé, descendit fort inquiète de savoir ce qui se passait. « Eh! me cria-t-elle, qu'arrive-t-il? Nos chiens sont-ils enragés?...

LE PÈRE. Pas du tout; je leur faisais seulement un petit sermon touchant sur la tempérance et sur la nécessité de se vaincre soi-même.

LA MÈRE. Il vaudrait mieux prêcher d'exemple, commencer par vaincre sa colère, et ne pas se laisser aller à la vengeance contre des animaux fidèles, qui ne savent pas le mal qu'ils font.

Le père. Bonne âme de femme, lui dis-je, je t'assure que je n'ai battu Bill et Turc ni par colère ni par vengeance, mais par prudence et par précaution ; aussi ne leur ai-je pas fait grand mal : ils voulaient manger notre kanguroo, que tu te réjouissais tant d'apprêter, et ne pouvant leur expliquer dans la langue des chiens, que j'ignore, que je ne l'avais pas mis là pour eux, il a bien fallu le leur faire comprendre en faisant succéder à leur voracité satisfaite une petite douleur corporelle qui leur fît craindre à l'avenir de s'y livrer : sans quoi, comme ils sont les plus forts, ils finiraient par avaler toutes nos provisions. »

Ma femme trouva que j'avais raison ; mais je la vis du coin de l'œil rôder autour des racines, et faire une caresse aux chiens pour les consoler. Pour moi, j'allai déshabiller mon kanguroo, et tâcher de lui ôter la peau tout entière sans l'endommager ; mais elle me donna tant de peine, et j'avançai si peu, que ma petite famille fut autour de moi et de leur mère, criant famine avant que j'eusse fini mon ouvrage. J'allai ensuite au ruisseau me laver les mains, puis je changeai d'habit en visitant la caisse du matelot, pour me présenter convenablement au déjeuner et offrir à mes fils l'exemple de la propreté, que leur mère leur prêchait sans cesse. Je donnai, après déjeuner, l'ordre à Fritz de tout préparer pour aller à Zeltheim chercher notre bateau, et de là nous acheminer vers le vaisseau. Au moment du départ, comme je voulais prendre congé de tous les miens, je ne trouvai ni Ernest ni Jack ; leur mère ne savait, non plus que moi, ce qu'ils étaient devenus ; mais elle soupçonnait qu'ils étaient allés chercher des patates, dont nous manquions. Je la chargeai de les gronder un peu, ne voulant pas qu'ils s'accoutumassent à s'écarter seuls et sans permission dans cette contrée inconnue ; mais, cette fois, ils avaient pris Turc avec eux, ce qui me tranquillisa.

Nous nous mîmes en chemin après avoir fait de tendres adieux à ma femme et à mon petit François ; je lui laissai Bill, et je l'exhortai à ne pas s'inquiéter, et à se confier à la Providence, qui nous avait si bien gardés jusqu'alors, et qui nous ramènerait encore cette fois sains et saufs auprès d'elle, munis de beaucoup de choses utiles à notre bien-être ; mais il n'y eut pas moyen de lui faire entendre raison sur ces voyages au vaisseau. Je la laissai toute en larmes, et priant Dieu que ce fût le dernier.

Nous nous arrachâmes avec effort de ses bras et marchâmes très vite pour hâter notre retour : nous eûmes bientôt atteint et passé le pont ; alors, à notre grand étonnement, nous entendîmes des cris perçants de voix humaines, et presque en même temps nous vîmes sortir d'un buisson Ernest, et maître Jack, qui se réjouissaient de nous avoir joué ce tour. « Ah ! n'avez-vous pas cru que c'étaient des sauvages ? disait Jack. — Ou bien nos gens du vaisseau ? disait Ernest.

Le père. Dites plutôt deux méchants petits polissons que j'ai eu bientôt reconnus, lui dis-je, et que je serais bien tenté de gronder comme ils le méritent, non pas pour leur petite malice, mais pour s'être éloignés de nous sans permission.

Ernest. Ah ! papa c'est que nous avons tant d'envie d'aller avec vous au vaisseau ! nous avons pensé que vous nous refuseriez si nous vous le demandions ; mais que, lorsque vous nous verriez là, si près, vous consentiriez à nous prendre avec vous.

Le père. Fort mal calculé, mes enfants ; peut-être y aurais-je consenti à Falkenhorst, quoique j'aie tant de choses à prendre et que vous eussiez occupé une place inutile sur le bateau ; à présent, pour rien au monde je ne laisserais votre pauvre mère toute la journée dans l'inquiétude sur votre compte, et vous-mêmes vous ne pouvez désirer que je le fasse ; j'ai, d'ailleurs, à vous donner pour elle une commission qui me tient fort à cœur. » Je les priai alors de lui dire que, suivant toute apparence, nous serions forcés de passer la nuit sur le vaisseau, et de ne la rejoindre que le lendemain au soir. Je savais que c'était ce qu'elle craignait le plus, et je n'avais eu le courage de la prévenir d'avance de cette probabilité : j'avais eu tort, car il était encore bien plus inquiétant pour elle de ne pas nous voir revenir lorsqu'elle devait nous attendre. Mais il était essentiel d'ôter du vaisseau, s'il existait encore, tout ce qui pouvait être sauvé, vu que, d'un moment à l'autre, il courait risque d'être complètement détruit, et que toutes nos espérances pour l'avenir eussent été englouties avec lui. D'après cela, j'instruisis mes fils de ce qu'ils devaient dire à leur mère ; je les exhortai à lui obéir, à lui prêter secours ; et, pour que leur course ne fût pas sans utilité, je leur fis ramasser un peu de sel et leur enjoignis d'être avant midi à Falkenhorst : je souffrais de sentir ma pauvre femme dans la double angoisse de notre départ et de l'absence prolongée de ses deux fils. Pour être sûr que cet ordre serait exécuté, je priai Fritz de prêter à Ernest sa montre d'argent, en lui assurant qu'il en trouverait une en or sur le vaisseau et qu'il pourrait laisser la sienne à son frère : j'ajoutai que nous en aurions peut-être une aussi pour Jack. Cet espoir les combla de joie et les consola de ne pas nous suivre.

Après avoir pris congé de ces chers petits, nous montâmes sur notre bateau, et nous nous éloignâmes de la terre pour gagner le courant du ruisseau ; nous sortîmes ainsi promptement de la baie du Salut, et nous arrivâmes heureusement au vaisseau, dont la coque ouverte nous offrait une large entrée pour y monter. Aussitôt que nous fûmes débarqués, et que notre bateau fut solidement amarré, notre premier soin fut de chercher de bons matériaux pour construire un radeau. Je voulais commencer par exécuter l'excellente idée de mon fils Ernest. Notre bateau de cuves n'ayant pas assez d'espace ni de solidité pour transporter une charge considérable, nous eûmes bientôt trouvé un nombre suffisant de tonnes d'eau qui me parurent très bonnes pour ma construction. Nous les vidâmes aussitôt, nous les rebouchâmes avec soin, et nous les jetâmes dans la mer, après les avoir attachées fortement avec des cordes et des crampons aux parois du vaisseau qui étaient les plus solides ; cela fait, nous établîmes sur ces tonnes un plancher très fort, auquel nous fîmes, avec d'autres planches, un rebord d'un pied de hauteur tout autour pour assurer sa charge, et nous eûmes alors un très beau radeau, sur lequel on pouvait mettre au moins trois fois plus de charge que sur notre bateau. Notre journée entière s'était déjà passée dans ce pénible travail ; nous nous étions à peine permis de manger un morceau de viande froide que nous avions apporté avec nous, afin de ne pas perdre de temps à chercher les provisions de bouche sur le vaisseau. Le soir, nous étions si fatigués, Fritz et moi, que nous aurions été dans l'impossibilité de ramer pour arriver à terre, lors même que nos occupations ne nous auraient pas retenus ; il fallait donc nous résoudre à passer la nuit sur le vaisseau ; et après avoir pris toutes nos précautions en cas de tempête, nous nous établîmes dans la chambre du capitaine, sur un bon matelas bien élastique et bien différent de nos hamacs ; il nous provoqua tellement au repos et au sommeil, que notre prudente résolution de veiller tour à tour, de peur d'accident, nous abandonna, et que nous nous endormîmes profondément tous les deux à côté l'un de l'autre jusqu'au grand jour. Nous nous réveillâmes avec une vive reconnaissance envers Dieu, qui nous avait donné une nuit si douce et si tranquille : nous nous relevâmes, et nous nous mîmes avec activité à charger notre radeau.

D'abord nous pillâmes complètement notre propre chambre, celle que nous avions habitée en famille sur le vaisseau, et tous les effets quelconques qui nous appartenaient avant le naufrage ; de là nous passâmes à celle où nous avions si bien dormi, et nous enlevâmes jusqu'aux portes et aux fenêtres avec leurs garnitures : quelques riches caisses d'officiers se trouvaient là ; mais cette belle trouvaille et ces habits galonnés nous firent moins de plaisir que les caisses du charpentier et de l'arquebusier, renfermant tous leurs outils ; celles que nous pûmes soulever avec des leviers et des cylindres furent mises entières sur le radeau ; nous ôtâmes des autres ce qui les rendait trop pesantes. Une malle du capitaine était remplie d'une quantité d'objets précieux, dont sans doute il voulait faire commerce, soit avec les riches planteurs du port Jackson, soit avec les sauvages. Il se trouva beaucoup de montres d'or et d'argent, des tabatières de toute espèce, des boucles, des boutons de chemises, des colliers, des bagues, enfin une pacotille considérable de toutes ces inutilités du luxe européen ; il y avait aussi une forte cassette remplie de doublons et de piastres, qui nous intéressa moins qu'une autre renfermant de très jolis couverts en acier fin, qui nous dispensaient de nous servir de ceux d'argent du capitaine, pour lesquels ma femme avait tant de respect. Mais la trouvaille qui m'enchanta le plus, et pour laquelle j'aurais donné volontiers la cassette aux doublons, fut une caisse renfermant quelques douzaines de jeunes plants de toutes sortes d'arbres fruitiers européens, qu'on avait soigneusement empaquetés dans de la mousse pour les transporter. Je reconnus des poiriers, des pruniers, des orangers, des amandiers, des pêchers, des pommiers, des abricotiers, des châtaigniers, des ceps de vigne. Je revis avec un attendrissement que je ne puis décrire ces productions de ma chère patrie, qui embellissaient autrefois si agréablement ma simple demeure, et, si Dieu voulait les bénir, j'avais lieu de croire que la plupart prospéreraient sur un sol étranger. Nous découvrîmes un grand nombre de barres de fer et de fortes masses de plomb, des pierres à aiguiser, des roues de chariots toutes prêtes à monter, tous les instruments d'un maréchal ferrant ; des pioches, des pelles, des socs de charrue, des paquets de fil de fer et de cuivre, des sacs pleins de grain de maïs, de pois, d'avoine, de vesces, même un petit moulin à bras. On avait chargé le vaisseau de tout ce qui pouvait être utile dans une colonie naissante et éloignée, et rien n'avait été oublié. Nous trouvâmes un moulin à scier décomposé, mais dont chaque pièce était numérotée et si bien arrangée qu'il n'y avait rien de plus facile que de le monter où on voudrait s'en servir.

Que devais-je maintenant prendre ou laisser de ces trésors ? Il nous était impossible de les emporter tous dans un seul voyage ; mais les laisser sur le vaisseau tombant en débris et exposé à chaque instant à une destruction complète, c'était courir le danger de les perdre, et tout était pour nous à regretter.

« Ah ! dit Fritz, laissons d'abord cet argent et la caisse aux bijoux, à l'exception des montres que nous avons promises à mes frères ; le reste ne nous servirait à rien.

— Je suis bien aise, mon cher fils, lui dis-je, de t'entendre ainsi parler de l'or, cette idole si universellement adorée ; nous ferons donc comme tu le dis, et nous nous déciderons pour ce qui est vraiment utile, comme la poudre, le plomb, le fer, le blé, les arbres fruitiers, les instruments de jardinage et d'agriculture. Prenons-en autant qu'il nous sera possible ; si après cela il reste quelque vide, nous donnerons dans le luxe. Commence seulement par prendre dans la caisse aux marchandises de prix les deux montres que j'ai promises, et tu garderas pour toi la plus jolie. »

Nous chargeâmes ensuite notre radeau, non sans peine et sans un rude travail; nous y mîmes de plus un long et beau filet à pêcher tout neuf. Avec ce filet, Fritz trouva par hasard une paire de harpons et un dévidoir à cordage, tels qu'on les emploie à la pêche de la baleine. Fritz me pria de lui permettre de placer ce dévidoir, avec les harpons attachés au bout de la corde, sur l'avant de notre bateau de cuves, et de le tenir prêt au cas que nous rencontrassions quelque gros poisson. Comme il est très rare d'en trouver aussi près de terre, je lui permis cette fantaisie innocente. L'après-midi était arrivée avant que nous eussions complété notre chargement; car non-seulement notre radeau se trouva rempli d'autant d'objets qu'il en pouvait contenir, mais notre bateau le fut aussi. Lorsque nous voulûmes pousser notre radeau en pleine mer, nous tirâmes fortement avec la corde préparée pour le diriger, et qui était clouée à l'un de ses angles; une fois qu'il fut lancé avec une peine inouïe, nous attachâmes cette corde au bateau, et nous le remorquâmes ainsi lentement, et non sans crainte qu'il ne nous arrivât un accident en heurtant contre la côte.

XVIII. — LA TORTUE ATTELÉE.

Le vent facilita beaucoup notre travail; il enflait gaiement notre voile; la mer était calme, et nous avançâmes bientôt considérablement sans éprouver aucune inquiétude. Fritz remarquait cependant depuis longtemps un objet assez considérable qui surnageait à quelque distance; il me pria de regarder avec la lunette pour voir ce que ce pouvait être. Je l'examinai avec soin, et je vis que c'était une tortue endormie qui s'était mise au soleil sur la superficie de l'eau, conformément aux mœurs de ce singulier animal; elle ne paraissait point s'apercevoir de notre approche. Fritz eut à peine connu ce que c'était, qu'il me conjura de cingler doucement près de cette extraordinaire créature pour qu'il pût l'examiner à son aise. J'y consentis; mais comme il me tournait le dos, et que la voile se trouvait entre nous deux, je ne remarquai point ce qu'il voulait faire jusqu'à ce qu'un choc très sensible, le sifflement du dévidoir à corde, puis un second choc et l'entraînement subit du bateau, m'en firent apercevoir. Je m'écriai : « Qu'as-tu fait, Fritz? Veux-tu nous faire périr? Je ne suis plus le maître du bateau.

— Je l'ai attrapée, je l'ai touchée! s'écriait-il sans m'entendre avec la plus vive joie. Pour le coup la tortue est à nous; elle ne m'échappera pas. Une tortue, mon père! c'est cela qui est une belle prise, et qui nous nourrira longtemps! »

Je fus alors assuré que le harpon lancé par Fritz avait accroché la tortue, qui, se sentant blessée, avait pris la fuite, et tirant impétueusement la corde du harpon qui était attachée au grand dévidoir fixé sur notre avant, entraînait ainsi rapidement notre bateau. Je baissai à la hâte notre voile; je me précipitai sur la proue du bâtiment pour couper la corde avec une hache, et laisser aller la tortue et le harpon; mais Fritz me retint par le bras, en me priant instamment d'attendre encore. Il m'assura qu'il n'y avait point de danger pressant, qu'il serait extrêmement fâché de perdre ainsi tout à la fois sa belle proie, son harpon et une excellente corde; qu'il allait tenir la hache, et qu'il couperait lui-même la corde au moment où ce serait nécessaire. Je cédai enfin, en l'exhortant à faire bien attention pour que nous ne fussions pas renversés ou entraînés contre des écueils.

Ainsi conduits par la tortue, nous voguions avec une dangereuse rapidité, et nous avions assez à faire à tenir avec le gouvernail le bateau dans une direction droite, afin de ne pas être renversés par quelques sauts de côté, que les mouvements tortueux de notre singulier guide pouvaient nous faire faire; mais ayant remarqué qu'il prenait son chemin vers la haute mer, je remis bientôt les voiles; et comme le vent soufflait assez fortement contre terre, la tortue trouva notre résistance trop forte, et retourna aussi contre la côte. Mais bientôt elle nous porta dans le courant qui conduisait de la baie du Salut au ruisseau, et dès qu'elle l'eut passé elle nous entraîna droit vers les environs de Falkenhorst, où heureusement nous n'échouâmes contre aucun des écueils dont cet endroit était garni. Je vis bientôt avec certitude que la marée nous pousserait sur un fond de sable doucement élevé. En effet, à une portée de fusil du rivage, nous fûmes jetés avec une commotion assez violente sur un bas-fond, et par bonheur notre bateau resta debout. Je sautai aussitôt dans l'eau, dont je n'avais au plus que jusqu'aux genoux, pour donner à notre conducteur la récompense qu'il avait méritée pour la frayeur et l'embarras qu'il nous avait causés. Il avait plongé, et on ne le voyait plus; mais conduit par la corde du harpon, j'arrivai jusqu'à la bête. Je la trouvai étendue au fond de l'eau sur le sable, et pour abréger sa souffrance, je me hâtai de lui couper la tête d'un coup de hache. Peu à peu elle perdit son sang et la vie. Fritz alors, pour se faire entendre des nôtres, dont nous n'étions pas très éloignés, jeta un cri de triomphe, et tira un coup de feu qui les rendit si alertes et si curieux, que nous les vîmes bientôt arriver en courant au rivage. Alors lui-même sauta hors du bateau, mit la tête de notre gibier de mer sur son fusil, alla dans l'eau jusqu'à la terre, fut presque en même temps que moi sur le rivage, et fut reçu de nos amis avec une vive et turbulente tendresse, accompagnée de salutations et de questions.

Après quelques doux reproches de ma femme sur ce que nous l'avions abandonnée pendant si longtemps, on raconta et on écouta avec un grand intérêt et beaucoup d'éclats de rire l'histoire de la tortue. La bonne et pieuse mère en frémit, et remercia Dieu de ce que cette aventure n'avait pas eu de suites fâcheuses; mais nous fûmes tous extrêmement surpris de ce que, du premier coup de harpon, Fritz eût rencontré si juste le cou de la tortue, qui est la partie la plus faible, et qui par bonheur dans le sommeil de l'animal se trouva être tout-à-fait hors de sa *carapace* ou *plastron* : c'est ainsi qu'on nomme l'écaille qui la recouvre. Comme à la moindre attaque elle retire entièrement en-dedans son cou, elle enfonça elle-même ainsi le harpon plus avant, et il se trouva engagé sous sa dure enveloppe; mais il n'en était pas moins extraordinaire qu'elle eût eu la force d'entraîner avec tant de rapidité notre bateau et notre radeau, tous deux si considérablement chargés.

Lorsque notre récit fut terminé, je priai ma femme d'aller avec ses deux petits cadets chercher la claie et les bêtes de trait à Falkenhorst, afin de mettre au moins le soir même une partie de notre butin en sûreté. Une tempête, ou seulement la marée, pouvait nous enlever le tout pendant la nuit. Cependant, comme le reflux continuait encore, et que nos bateaux se trouvaient déjà presque à sec, je profitai de ce moment pour les affermir sans ancre autant que je le pouvais. Je roulai avec des leviers deux puissantes masses de plomb de dessus le radeau contre la côte et sur le rivage; puis, avec deux fortes cordes, j'amarrai le bateau et le radeau à ces masses, et je pus alors espérer qu'ils ne seraient pas si facilement entraînés.

Pendant ce travail, la claie arriva; nous chargeâmes dessus la tortue, et avec elle quelques pièces peu pesantes, comme des matelas, des toiles, etc., etc.; car j'estimai que la tortue seule pesait au moins trois quintaux ; nous eûmes besoin de toutes nos forces réunies pour la poser sur la claie, et, pour pouvoir la décharger à la maison, nous fûmes obligés de l'accompagner tous. Nous marchâmes ainsi joyeux jusqu'à Falkenhorst, ayant assez à faire pour répondre aux trois petits qui nous assaillaient de questions sur les trouvailles que nous avions faites au vaisseau. La caisse d'argent et celle contenant les bijoux et la quincaillerie leur tenaient surtout à cœur; leur frère aîné leur en avait dit quelques mots, et leur curiosité était excitée. « Papa, sont-elles sur le radeau? me demandait Ernest. Nous l'ouvrirons demain, n'est-ce pas? et j'aurai ma montre.

JACK. Moi, je veux encore avec la montre une jolie tabatière, puisqu'il y en a tant.

FRANÇOIS. Moi, je voudrais une jolie bourse toute pleine de pièces d'or.

LE PÈRE. Bien imaginé, mes petits. Ainsi, Jack veut sans doute prendre du tabac sans en avoir, et François veut peut-être semer des louis pour qu'il en croisse?

JACK. Non, je n'aime pas le tabac, et je sais bien que nous n'en avons point; mais je voudrais avoir une jolie boîte pour cacher dedans toutes sortes de charmantes graines, des rouges, des noires luisantes, des violettes, que je trouve ici sur les buissons. Si jamais nous retournons en Europe, je les sèmerai dans notre jardin. J'ai aussi trouvé de jolis scarabées et des mouches de toutes couleurs, et je voudrais emporter tout cela.

FRANÇOIS. Et moi, je garderai mon argent pour acheter du pain d'épice. Peut-être, quand ce sera la foire, en viendra-t-il ici des marchands ; j'en ferai une grande provision pour tout le monde, car c'est bien meilleur et plus tendre que le biscuit que maman nous donne.

LE PÈRE. Quant à la foire et aux marchands de friandises, tu t'en passeras encore longtemps, mon cher petit; mais je te conseille de faire toi-même du pain d'épice; tu sais si bien prendre du miel! » Le pauvre enfant devint tout rouge. Il y avait quelques jours qu'il avait découvert dans un arbre un essaim d'abeilles et de beaux rayons; voulant en prendre avec un bâton, tout l'essaim sortit en colère et fondit sur lui. Il fut horriblement piqué au visage, et paya cher sa découverte, qui cependant pouvait devenir fort utile.

Ainsi, tout en causant et badinant, nous arrivâmes au pied de notre château. Nous eûmes encore beaucoup de peine avec la tortue, que je fis mettre sur le dos pour lui ôter sur-le-champ son écaille et profiter de son excellente chair. Ma femme doutait que cela fût possible; mais je pris ma hache, je coupai et séparai les deux parties de l'écaille, qui sont liées ensemble par des espèces de cartilages; celle de dessus, qu'on nomme *carapace*, est extrêmement bombée; l'inférieure, ou celle de dessous, est à peu près plate, et s'appelle le *plastron*. Quand je les eus séparées, avec assez de peine, je découpai autant de chair qu'il nous en fallait pour un repas. Je la posai proprement sur le plastron comme sur un grand plat; je priai la mère de la faire rôtir ainsi dans sa propre écaille, sans autre assaisonnement que du sel, et je lui promis un des mets les plus friands et les plus renommés qu'elle eût mangé de sa vie.

« Tu me permettras au moins, me dit-elle, d'ôter ce vert qui pend de tous côtés, et qui ne me plaît pas à la vue.

LE PÈRE. Tu as tort, chère amie; ce ne sera pas la première fois que ce qui aura déplu aux yeux plaira au goût; ce vert est la graisse de la tortue, qui a naturellement cette couleur, et qui rendra notre rôti bien plus tendre et plus savoureux; mais si tu crois qu'il y en a trop, tu peux en ôter une partie et la faire fondre à part, pour t'en servir ensuite pour des soupes, qui seront parfaites. Nous allons saler tout ce que nous voulons conserver ; mais tu peux donner aux chiens la tête, les pattes et les entrailles, car il faut que chacun vive.

— O mon papa ! s'écria Jack, je vous en prie, donnez-moi l'écaille.

— A moi ! à moi ! » s'écrièrent-ils tous à la fois. Je leur imposai silence, en leur disant qu'elle appartenait de droit à Fritz, puisqu'il l'avait harponnée, et que sans lui elle serait encore au fond de la mer. « Mais enfin, voyons, dis-je, ce que chacun de vous voudrait en faire, car ce n'est pas sans raison, je pense, que vous désirez tous la posséder.

Ernest. Moi, je voudrais en faire un excellent bouclier pour me garantir contre les sauvages quand ils viendront nous attaquer.

Le père. Petit égoïste ! je te reconnais bien là ; mais je me doute qu'en pareil cas tu la mettrais bravement sur ton dos, et tu te sauverais au plus vite. Et toi, Jack, qu'en ferais-tu ?

Jack. Moi, j'en fabriquerais un charmant petit bateau, qui nous ferait plaisir à tous. Quand j'aurais des patates, des karatas, ou autre chose à porter à la maison, je les mettrais dedans, et ils suivraient le fil de l'eau du ruisseau ; ainsi nos provisions arriveraient ici sans me fatiguer.

Le père. A la bonne heure ; mais un petit radeau, une caisse, peuvent servir au même usage. Et toi, petit François, qu'en voudrais-tu faire ?

François. Oh ! je voudrais me bâtir une petite cabane, et je pensais que cette écaille ferait un superbe toit.

Le père. Tout cela est fort bon, mes amis, si nous ne voulons que jouer ; mais je désirerais que vous pensassiez plus à l'avantage commun qu'à votre sûreté personnelle, à votre commodité, ou enfin à vos passe-temps. Et à quoi M. Fritz, le possesseur légitime de cette écaille, l'a-t-il destinée ?

Fritz. A un bassin, que je placerai à côté de notre ruisseau, pour que ma mère puisse toujours avoir de l'eau propre pour ses besoins journaliers.

Le père. Bien, fort bien, mon ami ; honneur à l'inventeur du bassin ! Voilà un usage d'une utilité générale, et qui sera exécuté dès que nous aurons de la terre glaise pour poser ce réservoir sur une base solide.

Jack. Ah ! ah ! Eh bien ! c'est moi qui fournirai la terre grasse ; j'en ai là un tas sous ces racines.

Le père. J'en suis bien aise. Où l'as-tu prise ?

La mère. Il l'a prise ce matin sur la hauteur, où il en a découvert une couche ; il s'est tellement sali, qu'il m'a fallu faire une lessive en règle pour ce petit polisson.

Jack. Si je ne m'étais pas sali ainsi, bonne mère, jamais je n'aurais découvert cette terre, qui nous sera fort utile. En revenant de chercher des patates, j'ai voulu suivre là-haut le bord du ruisseau pour m'amuser à le voir couler et faire ses jolies petites cascades ; voilà que j'arrive à une grande place en pente, arrosée par l'eau du ruisseau, et si glissant que je ne pus marcher ; je suis tombé, et me suis sali de la tête aux pieds ; alors j'ai vu que c'était de la belle terre grasse, douce comme de l'huile. J'en ai fait de grosses boules, et je les ai apportées.

La mère. Et tu t'es vanté de ta découverte comme si elle était la suite des recherches les plus empressées, tandis que tu ne la devais qu'au hasard ; enfin, tu l'avoues à présent, et je t'en loue.

Ernest. Dès que ce bassin d'écaille sera posé, je mettrai dedans les racines que j'ai trouvées et qui sont très sèches. Je ne sais si c'est une espèce de rave ou de raifort ; la plante avait plutôt l'air d'un arbrisseau ; mais, comme elle m'était inconnue, je n'ai pas osé goûter de ses racines, quoique j'aie vu notre cochon en manger avidement.

Le père. Tu as agi très sagement, mon fils; mais fais-moi voir ces racines, je suis bien aise que tu fasses attention à tout. Comment les as-tu découvertes?

Ernest. Je rôdais par-ci par-là, lorsque je rencontrai le cochon, qui, avec son museau, fouillait sous de petits arbrisseaux, et avalait avidement quelque chose qui sortait de la terre; je le chassai, et je trouvai à cette place un paquet de grosses racines que j'ai apportées à la maison, et que vous voyez là.

Le père. Si mon soupçon est fondé, tu as fait là une excellente découverte, qui, avec les pommes de terre que nous avons déjà, peut nous préserver de la famine tout le temps que nous resterons ici. Je crois que ces racines sont ce qu'on appelle du *manioc*, dont on fait dans les Indes occidentales une espèce de pain ou de gâteau que l'on nomme *cassave*; mais pour cela il faut d'abord préparer la racine, qui, sans cette précaution, serait un poison dangereux. Si tu as bien remarqué la place où tu as rencontré cette plante, et si nous en trouvons là ou ailleurs en assez grande quantité, nous essayerons cette préparation pour en faire du pain, et je crois qu'elle réussira. »

Tout en parlant ainsi, nous avions déchargé notre claie, et je me mis en chemin avec mes fils pour en charger une autre et la conduire avant la nuit à notre habitation. Nous laissâmes ma femme et François pour nous préparer le souper, dont nous avions le plus grand besoin après une journée aussi fatigante; la tortue était arrivée fort à propos. « Je te promets, me dit ma femme avec un sourire, que tu trouveras à ton retour de quoi reprendre des forces. »

En cheminant, Fritz me demanda si l'écaille de notre tortue était de cette espèce précieuse dont on fait des boîtes et d'autres bijoux, et si ce n'était pas dommage de l'employer pour un bassin de fontaine.

« D'abord, lui dis-je, rien n'est dommage dans notre position; isolés de tout ce qui peut être nécessaire aux besoins de la vie, ton bassin serait de diamant, que s'il nous est utile, il ne vaut pas plus pour nous qu'une pierre brute. Ce n'est que par le luxe et le commerce que l'or et les pierres précieuses ont quelque valeur; ensuite, pour te consoler, je te dirai que notre tortue, si bonne à manger, n'est pas de celles dont l'écaille devient si belle. Cette dernière espèce, qui s'appelle *caret,* ne se mange point; sa chair est aussi malsaine et aussi mauvaise que celle de la tortue franche est saine et délicieuse. On prépare l'écaille des tortues-carets par l'action du feu, qui sépare sa couche supérieure, et laisse la partie voûtée, qui est transparente et si belle à la vue. On peut aussi réunir toutes les rognures par la fonte, et s'en servir encore; mais alors elle est moins belle et plus cassante. »

Quand nous fûmes arrivés près du radeau, nous chargeâmes sur la claie tout ce que nos bêtes pouvaient traîner. J'y mis d'abord deux caisses de nos propres effets, sûr que ce serait là ce qui ferait le plus de plaisir à ma femme, qui se servait à regret de ce qui ne lui appartenait pas; et dans l'une d'elles je savais que je trouverais quelques livres d'études. J'y mis ensuite quatre roues de char, le moulin à bras, qui me parut alors d'une grande importance, à cause de la découverte du manioc, et enfin toutes les bagatelles qui purent y trouver place.

La bonne mère nous reçut avec une affabilité extrême, lorsque nous arrivâmes tard et harassés à Falkenhorst avec tant de choses utiles. « Viens, me dit-elle toujours en souriant; je veux, avant le souper, te présenter un verre d'une excellente boisson que tu ne t'attendais pas à trouver ici, et qui te remettra de tes grandes fatigues; viens, ajouta-t-elle en me menant sous l'arbre dans un endroit frais et ombragé; voici ma trouvaille, à moi, et mon ouvrage de la journée. » En parlant ainsi elle me montra un tonnelet passablement gros et debout, moitié en terre, et recouvert de branches et de rameaux. Ma femme tira un petit bouchon, et remplit une noix de coco d'un liquide qu'elle me présenta, et que je reconnus bientôt : c'était du meilleur vin de Canarie. « Où donc as-tu pris cela? lui dis-je; le sors-tu aussi de ton sac enchanté?

— Pas tout-à-fait, me dit-elle, mais du bord de la mer, où je l'ai découvert en allant voir si je n'apercevrais rien. Les enfants sont vite allés chercher la claie, que nous avons amenée, et je l'ai arrangé ainsi pour le tenir au frais en t'attendant. Ernest et Jack ont fait à côté un petit trou, et y ont adapté une branche percée dont ils ont ôté la moelle. Ernest a dit d'abord que c'était du vin, le meilleur qu'il eût jamais goûté. Je leur ai défendu d'en boire avant toi, et je l'ai rebouché avec un petit morceau de bois; ils m'ont obéi et gardé le secret, ce dont je les loue. »

Je fis de même, et, pour leur récompense, je leur donnai à chacun la valeur d'un petit verre; ils y prirent goût, et revinrent souvent à la charge, en demandant encore quelques gouttes de ce nectar; mais, trouvant qu'ils devenaient un peu bruyants, je craignis qu'il ne les enivrât, et je les éloignai de force du tonnelet, en faisant un petit sermon sur la nécessité de maîtriser ses passions, et de ne pas faire servir à nous ôter la raison ce que Dieu, dans sa bonté, nous a donné pour nous fortifier et nous réjouir en en faisant un usage modéré.

Avec ces instructions et quelques menaces, je parvins à les calmer et à les éloigner du dangereux tonnelet, qui m'avait si complètement restauré, que je pus encore monter, à l'aide de la poulie, les matelas dans notre chambre à coucher; mes fils les attachaient en bas, et nous eûmes bientôt des lits, où nous fûmes impatients de nous étendre.

Mais la tortue nous appelait par la voix de ma femme, et elle avait bien aussi son attrait; je redescendis, et je savourai avec ma famille un des meilleurs repas que j'eusse faits de ma vie. Nous en remerciâmes Dieu en commun, puis nous nous hâtâmes d'aller chercher sur un matelas un sommeil agréable et bienfaisant, que nous ne tardâmes pas à y trouver.

XIX. — NOUVEAU VOYAGE AU VAISSEAU NAUFRAGÉ.

Je me levai avant le jour pour aller au bord de la mer visiter mes deux embarcations. Ma famille ne s'aperçut point de mon départ, et je ne voulus pas troubler son doux sommeil, cet utile réparateur des forces, dont les enfants surtout ont besoin. Je descendis donc doucement l'échelle; j'avais laissé en haut le repos, en bas je trouvai le mouvement et la vie. Les deux dogues faisaient des sauts de joie autour de moi, en s'apercevant que j'allais en course; le coq et les poules battaient de l'aile en chantant, et nos chèvres broutaient en remuant leurs longues barbes; mais notre baudet, le seul dont j'eusse besoin dans ce moment-là, était encore étendu sur l'herbe, et ne paraissait nullement disposé à la promenade matinale à laquelle je le destinais; je l'éveillai un peu rudement, et l'attachai seul à la claie, ne voulant pas emmener la vache avant qu'elle eût donné son lait pour le déjeuner. Je n'eus pas besoin d'ordonner aux chiens de me suivre, et je m'acheminai vers le rivage, agité tour à tour par l'espérance et par la crainte; là je vis avec plaisir que, grâce aux morceaux de plomb et aux barres de fer qui me tenaient lieu d'ancre, mon bateau et mon radeau avaient résisté à la marée, quoiqu'elle les eût un peu soulevés. Sans tarder, je montai sur le radeau, et j'y pris une charge modérée, pour ne pas trop fatiguer mon grison, et afin de pouvoir être de retour à Falkenhorst pour le déjeuner. Mais qu'on juge de ma surprise lorsqu'en arrivant au pied de notre château aérien, je ne vis ni n'entendis aucun de ses habitants, quoique le soleil fût déjà très élevé sur l'horizon ! Je fis alors beaucoup de vacarme et un appel comme s'il eût été question d'aller à la guerre. Ma femme s'éveilla la première, et fut bien étonnée en voyant le jour si avancé.

« Vraiment, me dit-elle, c'est le charme magique du bon matelas que tu m'as apporté hier qui m'a fait dormir si profondément et si longtemps ; il me paraît qu'il exerce aussi son influence sur mes quatre fils. » En effet, ils avaient beau se frotter les yeux, ils pouvaient à peine les ouvrir ; ils bâillaient, s'étendaient, se retournaient et se rendormaient. Allons, allons ! debout ! m'écriai-je encore une fois ; plus on veut capituler avec la paresse, plus elle vous retient dans ses lacs ; de vaillants garçons comme vous doivent être éveillés au premier appel, et sauter vite et gaiement hors du lit. » Fritz, honteux d'y être resté si tard, fut le premier habillé. Jack le suivit de près, puis François ; mais Ernest, toujours paresseux, fut debout le dernier.

« Est-il possible, lui dis-je, mon cher Ernest, qu'à ton âge tu te laisses devancer même par le petit François ?

ERNEST. Ah ! papa ! c'est si agréable de se rendormir après avoir été réveillé ! On sent le sommeil revenir tout doucement, et ses idées se perdre. Je voudrais qu'on me réveillât ainsi tous les matins, pour avoir le plaisir de me rendormir.

LE PÈRE. En vérité, voilà un raffinement de paresse dont je ne me doutais pas encore. Si tu prends cette habitude, Ernest, tu deviendras un être bien lâche, et tu ne seras propre à rien. Il faut qu'un homme, quand même il ne serait pas comme nous dans une île déserte, songe au moyen d'exister sans être à charge à la société ; il doit faire avec courage et promptitude ce qui est bien, sans penser à ce qui est commode ou agréable. Celui qui s'abandonne à tout ce qui flatte ses sens devient bientôt la victime de sa coupable complaisance ; il est lui-même son plus cruel ennemi. La nature produit des poisons dont la saveur est agréable, mais malheur à ceux qui les goûtent ! Ils luttent en vain contre les angoisses et la mort. »

Après cette petite moralité, nous descendîmes tous ; la prière précéda notre déjeuner, puis nous retournâmes sur le rivage pour achever de décharger le radeau, afin qu'à la marée descendante il fût prêt à rentrer en mer. Ayant alors des aides, je mis peu de temps à ramener à la maison deux cargaisons. Au dernier voyage, la marée commençait déjà à atteindre nos bâtiments ; je renvoyai bien vite ma femme et mes trois cadets, et je restai pour attendre, avec Fritz, que nous fussions tout-à-fait remis à flot ; mais ayant vu Jack tourner autour de nous et hésiter à suivre sa mère, je compris ce qu'il désirait, et je lui permis de s'embarquer avec nous. Peu après, la marée souleva tout-à-fait notre bateau, de sorte que nous pouvions déjà ramer. Au lieu de nous diriger vers la baie du Salut pour y mettre nos embarcations en sûreté, je me laissai entraîner par le beau temps, qui nous engagea à nous diriger vers le navire ; mais nous ne parvînmes qu'avec beaucoup de peine, malgré un vent de mer très vif, à atteindre le courant qui devait nous y conduire. Lorsque nous arrivâmes, il était beaucoup trop tard pour rien entreprendre d'important, et je ne voulais pas donner à ma femme l'inquiétude d'une autre nuit d'absence. Je me proposai de prendre seulement à la hâte ce qui se présenterait. Nous parcourûmes donc le vaisseau pour chercher toutes sortes de bagatelles qui pussent être facilement transportées. Jack courait et grimpait partout, ne sachant ce qu'il devait choisir ; il arriva bientôt, faisant grand bruit ; il traînait une brouette, et se réjouissait beaucoup d'avoir trouvé une voiture pour transporter commodément les patates à Falkenhorst ; mais Fritz m'apporta l'excellente nouvelle qu'il avait trouvé derrière un enclos de planches, dans le corps du vaisseau, une pinasse (espèce de petit bâtiment dont la poupe est carrée) ; elle était démontée, mais garnie de tout son attirail, et même de deux petits canons pour l'armer. J'en fus si enchanté que je laissai tout le reste pour courir à l'enclos. Mon fils ne s'était pas trompé ; mais je pensai qu'il faudrait un terrible travail pour remonter cette machine et la mettre en mer. J'y renonçai pour le moment, et je rassemblai quelques ustensiles de ménage et les autres objets que je trouvai les plus utiles, comme une grande chaudière de cuivre, quelques plateaux de fer, de grandes râpes à tabac, deux pierres à aiguiser, un petit tonneau de poudre à tirer, et un autre plein de pierres à feu, qui me firent grand plaisir. La brouette de Jack ne fut pas oubliée ; j'en pris même encore deux autres, avec quelques courroies pour les atteler, et qui se trouvèrent dedans. Tout cela fut porté sur le bateau sans que nous nous fussions donné même le temps de manger. Nous nous rembarquâmes promptement pour ne pas être surpris par le vent de terre, qui ne manque jamais de s'élever vers le soir. En nous approchant heureusement du rivage, nous aperçûmes avec surprise une troupe de petites figures, qui étaient rangées debout sur une longue file au bord de la mer, et qui avaient l'air de nous regarder avec curiosité ; elles étaient toutes vêtues d'un uniforme noir, avec des vestes blanches et de grosses cravates, et laissaient pendre leurs bras négligemment le long du corps ; quelquefois cependant elles paraissaient les étendre avec tendresse, comme si elles avaient voulu nous embrasser ou nous faire un signe d'amitié.

« Je crois, en vérité, dis-je à mes enfants, qui regardaient cette apparition de tous leurs yeux, que nous sommes dans le pays des Pygmées ; qu'ils nous ont découverts, et qu'ils veulent former avec nous une étroite alliance.

FRITZ. Je crois connaître ces petits hommes qui nous tendent les bras ; je commence à distinguer qu'ils ont des becs, et que leurs bras sont de courtes ailes pendantes ; quels drôles d'oiseaux !

LE PÈRE. Tu as raison, mon fils ; ce sont des manchots. C'est une espèce d'oiseau dans le genre des *boobies*. Ernest en a tué un, peu après notre arrivée. Ce sont d'excellents nageurs, mais ils sont incapables de voler, et se trouvent si embarrassés sur terre, qu'ils ne peuvent éviter aucun danger ; c'est une chasse parfaite pour les paresseux. »

Tout en causant, j'avais dirigé doucement le bateau du côté du rivage, pour jouir plus longtemps de ce singulier spectacle ; mais à peine eûmes-nous atteint un bas-fond, que mon étourdi de Jack sauta hors de son tonneau, et marcha ayant de l'eau au moins jusqu'à la ceinture, vers la terre, avant que les pingouins pussent s'en douter ; il commença à s'escrimer contre eux avec son bâton, de manière à en renverser au moins une demi-douzaine ; ils n'étaient point morts, mais abasourdis ; les autres, se voyant accueillis avec si peu de politesse, se précipitèrent dans la mer, plongèrent aussitôt, et disparurent à nos yeux.

Fritz murmura beaucoup de ce que son frère les avait ainsi épouvantés et mis en fuite avant qu'il eût eu le temps de tirer dessus ; mais je me moquai de cet éternel tireur, qui voulait employer sa poudre contre des animaux qui se laissent prendre avec la main et ne font nulle résistance. Je tançai Jack aussi de s'être jeté dans l'eau, au risque de se noyer. Pendant que je grondais, les oiseaux, qui n'avaient été qu'étourdis, se relevèrent peu à peu, se mirent sur leurs jambes, et commencèrent à marcher en se dandinant avec gravité, de la manière la plus plaisante. Je ne voulus pas cependant que la chasse de Jack fût perdue ; je les saisis par le cou, je leur attachai les jambes avec des roseaux, en prenant bien garde de les blesser, et puis nous les couchâmes sur le sable, en attendant que nous eussions débarqué nos trésors ; mais le soleil baissait, et désespérant d'en venir à bout avant la nuit close, chacun de nous se borna à remplir une brouette, afin de rapporter au moins quelque chose au logis. Je demandai qu'on pût d'abord les râpes à tabac et les plateaux de fer ; nous chargeâmes aussi nos pingouins, tant morts que vivants, et nous nous mîmes promptement en route. En approchant de Falkenhorst, j'entendis avec plaisir nos chiens vigilants annoncer, par de forts aboiements, l'approche de quelqu'un ; mais, dès qu'ils nous eurent découverts, ils furent les premiers à venir au-devant de nous et à nous accueillir avec de grandes démonstrations de joie. La manière dont ils l'exprimèrent était si brusque, qu'ils renversèrent mon pauvre Jack, qui avait assez de peine à mener sa brouette ; elle menaçait à chaque pas de l'entraîner ; il s'en vengea par deux bons coup de poing qu'il distribua à ses amis Turc et Bill ; ils en furent si peu effrayés, qu'ils continuèrent à sauter contre lui toutes les fois qu'il reprenait sa brouette, et le combat recommençait au grand divertissement de ses frères, qui étaient accourus, et qui l'aidèrent enfin à se tirer d'affaire.

La bonne mère fut très contente et des brouettes et de leur charge, à l'exception, cependant, des râpes à tabac. « Ami, me dit-elle, que veux-tu faire de ces râpes ? comptes-tu rendre tes quatre fils priseurs comme toi ? Heureusement, je ne crois pas qu'il y ait ici de tabac.

LE PÈRE. Non, non, chère amie, sois tranquille, ce n'est point pour cela que j'ai apporté ces râpes ; je suis enchanté de perdre moi-même la mauvaise et malpropre habitude du tabac, bien loin de vouloir que mes fils la prennent. Allons, mes enfants, leur dis-je en leur montrant les pingouins, ayez soin de cette nouvelle volaille. » Je leur ordonnai de les attacher un à un par le pied à autant de canards ou d'oies, afin qu'ils commençassent à s'apprivoiser et à faire société avec leurs nouveaux camarades. Mais cet essai fut long et incommode pour nos pauvres bêtes emplumées, qui ne comprenaient rien aux acolytes qu'on leur donnait. Ma femme me montra une provision de patates qu'elle avait rassemblées pendant notre absence, ainsi qu'une quantité de ces racines que j'avais prises pour du manioc, et à l'égard desquelles je ne m'étais pas trompé ; je lui donnai beaucoup d'éloges sur sa diligence et sa prévoyance, ainsi qu'au petit François et à Ernest.

FRANÇOIS. Oui, papa, nous avons bien travaillé ; et que direz-vous lorsque nous aurons bientôt une belle récolte de maïs et de melons, d'avoine et de courges ? Maman a planté de tout cela dans les trous que nous avons faits en arrachant les patates.

LA MÈRE. Moi, je dirai que M. François est un petit babillard indiscret. Pourquoi vas-tu trahir ainsi mon secret ? tu m'as ôté tout le plaisir que je me promettais d'avance de la surprise de ton père en voyant lever mes plantations.

LE PÈRE. Je suis fâché, chère amie, que tu n'aies pas ce petit plaisir de plus ; mais je t'assure que je n'en ai pas moins pour savoir d'avance ce qui doit arriver. Dis-moi, je t'en conjure, où tu as pris toutes ces semences et ces graines, et ce qui a fait naître en toi cette idée lumineuse ?

LA MÈRE. J'ai pris les graines et les semences au fond de mon sac enchanté, et c'est votre soif de butin et vos éternels voyages au vaisseau qui m'ont inspirée. J'ai pensé qu'avant que vous eussiez complètement pillé cette carcasse, vous ne songeriez pas à cultiver la terre, et que nous laisserions ainsi passer infructueusement toute la bonne saison; c'est ce qui m'a donné l'idée, en attendant que tu puisses t'occuper du jardin potager, de semer au moins mes graines dans la terre que nous avions remuée; j'ai eu soin aussi de laisser toutes les plus petites patates pour qu'elles nous donnassent une bonne et abondante récolte.

Le père. Très bien pensé; mais notre pillage ne laissera pas aussi de nous être utile; nous avons découvert aujourd'hui une pinasse toute neuve et démontée qui pourra nous rendre un jour d'éminents services.

La mère. Je ne puis pas dire que cette découverte me fasse grand plaisir; je ne désire nullement faire de nouvelles courses sur la mer; mais, s'il le faut absolument, je conviens qu'il vaut mieux avoir un bon bâtiment que ton bateau de cuves, si fragile et si mauvais.

Le père. Eh bien! tu l'auras, si tu veux me laisser retourner au vaisseau : en attendant, donne-nous à souper; nous irons nous coucher, et j'espère que mes petits ouvriers seront plus diligents demain matin; j'ai un nouveau métier à leur apprendre. » La curiosité fut excitée, mais j'attendis au lendemain pour la satisfaire.

XX. — LA BOULANGERIE.

Je réveillai mes enfants de bonne heure en leur rappelant que j'avais à leur apprendre un nouveau métier. « Lequel? lequel? dirent-ils tous en sautant de leur lit et en s'habillant promptement.

Le père. Celui de boulanger, mes enfants; je ne le sais pas mieux que vous, mais nous l'apprendrons ensemble, et nous ferons une fournée d'excellent pain, dont nous nous régalerons d'autant mieux que nous en avons été privés depuis que nous sommes sur cette plage. Donnez-moi ces plaques de fer que nous avons apportées hier, et les râpes à tabac.

La mère. Vraiment, je ne comprends pas ce que des râpes et des plaques de fer peuvent avoir de commun avec du pain frais; il vaudrait mieux avoir un four, et nous n'en avons point ici.

Le père. Ces plaques de fer que tu as regardées hier avec tant de dédain, ma bonne amie, nous en tiendront lieu; il est vrai que je ne promets pas encore des pains bien ronds et bien levés, mais des espèces de gâteaux plats qui n'en seront pas moins excellents. Nous allons en faire l'essai avec les racines qu'Ernest a apportées; mais il faut d'abord, chère amie, que tu me fabriques un petit sac avec de la toile bien forte. »

Ma femme se mit sur-le-champ à l'ouvrage; elle ne se fiait pas trop à mes talents pour la boulangerie. Elle remplit en même temps de patates la grande chaudière de cuivre que nous avions apportée, et la mit sur le feu, pour avoir en tout cas quelque autre chose à nous offrir. Pendant ce temps, j'étendis par terre une grande pièce de toile, et je rassemblai ma jeune troupe autour de moi pour entreprendre notre grand œuvre; je remis à mes fils une râpe; je leur appris à en appuyer le bout sur la toile; puis je leur donnai des racines de manioc bien lavées, qu'ils râpèrent de si bon courage, qu'avant peu chacun eut devant soi un tas de fécule qui ressemblait à de la sciure mouillée. Ainsi que tout ce qui était nouveau pour eux, cette occupation amusa beaucoup mes enfants ; ils ne voyaient en elle qu'un badinage, et se montraient l'un à l'autre cette espèce de farine en se disant réciproquement d'un ton goguenard : » Allons donc! mange un peu de ton pain de raves râpées. »

Le père. Raillez, égayez-vous à votre aise sur cette excellente production, elle va nous donner un pain parfait, qui fait la principale nourriture de plusieurs peuplades de l'Amérique, et que les Européens qui habitent ces contrées préfèrent même à notre pain de froment. Il y a, au reste, plusieurs espèces de manioc : l'une croît très rapidement, et ses racines mûrissent en peu de temps ; une seconde est un peu plus tardive, et il y en a une qui, dit-on, ne produit qu'au bout de deux ans des racines mûres. Les deux premières espèces sont vénéneuses ou malsaines lorsqu'on les mange crues, mais la troisième peut se manger sans faire de mal ; cependant on préfère les deux premières qualités, parce qu'elles sont plus productives et qu'elles atteignent plus vite leur maturité.

Jack. Il faut être fou pour donner la préférence à celles qui sont du poison ; grand merci de ce pain qui fait mourir (et le petit mutin jeta sa râpe) ! Qui nous dit que nos racines ne sont pas de ces deux premières espèces ?

Le père. Je ne le crois pas : autant que je me le rappelle, l'espèce tardive tient, comme celle-ci, du genre des arbustes, et les deux autres sont des plantes grimpantes. Cependant, pour en être plus sûrs, nous allons d'abord presser notre fécule.

Ernest. Pourquoi la presser, mon père ?

Le père. Parce que, dans l'espèce malfaisante, ce n'est que le suc de la racine qui est nuisible, tandis que le marc desséché est, au contraire, très sain et très nourrissant. Pour agir ensuite avec prudence, avant de manger nos galettes, nous en donnerons quelque peu aux poules et au singe : si elles ne leur font point de mal, nous pourrons en manger avec sécurité.

Jack. Bien obligé ; je ne veux pas que mon singe soit empoisonné.

Le père. Je ne crois pas, si c'est du poison, que nos animaux en mangent ; ils ont pour cela un instinct qui n'est pas donné à l'homme ; il doit y suppléer par le raisonnement : d'ailleurs nous leur en donnerons trop peu pour qu'ils en meurent. »

Jack, comme les autres, se mit alors à râper de nouveau avec zèle ; la peur du poison avait pour un instant paralysé tous les bras ; bientôt notre provision de manioc fut râpée ; nous en avions un amas assez considérable sur la toile. Sur ces entrefaites, ma femme avait achevé de coudre son sac ; on le remplit de cette fécule, et notre ménagère le ferma en cousant fortement l'ouverture. Il fallut ensuite songer à faire une espèce de pressoir : je choisis pour cela une branche d'arbre un peu longue, droite et forte ; je la coupai et j'en enlevai l'écorce ; je fis ensuite à côté de notre arbre, et attaché à l'une des plus fortes racines, un plancher sur lequel je posai le sac, que je couvris de planches ; je plaçai en travers la grosse branche, dont j'insinuai le bout le plus épais sous la grosse racine de notre arbre ; je pendis à l'autre extrémité, qui avançait beaucoup au-delà de mes planches, toute sorte d'objets pesants, des morceaux de plomb, des enclumes, des barres de fer qui la firent baisser contre terre, et pressèrent avec une force étonnante le sac de manioc, dont le suc tombait à gros bouillons et se répandait de tout côté sur la terre.

Fritz. Voilà une machine bien simple et cependant bien commode !

Le père. Certainement : c'est en mécanique le levier le plus simple, et il est d'une grande utilité.

Ernest. Je croyais qu'on ne se servait de levier que pour soulever de grandes masses, des pierres de taille ou d'autres choses fort pesantes; j'ignorais qu'on s'en servît pour comprimer.

Le père. Mais, mon cher Ernest, tu vois bien que le point où le levier repose sur les planches doit toujours être le point d'appui ou de compression; celui où son extrémité touche à la racine serait sans doute le point qui soulève, si la racine n'était pas trop forte pour céder à la pointe du levier; mais à présent la résistance sur le point de compression ou d'appui est plus forte et presse parfaitement, comme tu le vois, notre farine de manioc. Les nègres ont cependant une autre manière, mais qui, pour nous, aurait été beaucoup plus longue : ils tressent avec de l'écorce d'arbre des espèces de paniers assez longs; ils les remplissent de manioc tellement serré, que ces paniers se raccourcissent et deviennent larges; ils les suspendent ensuite à de fortes branches d'arbres, attachent au bas des pierres qui les tirent en long, et compriment ainsi le manioc, dont le jus coule à travers le treillage.

La mère. Est-ce qu'on ne peut rien faire de ce jus?

Le père. Si fait; les sauvages le font cuire et y mêlent beaucoup de poivre, et quelquefois du suc de homard, puis le mangent comme un mets excellent. Les Européens le laissent reposer dans des vases jusqu'à ce qu'il forme un dépôt; ils décantent ensuite le liquide, lavent ce dépôt avec de l'eau fraîche, puis le font sécher au soleil : ils obtiennent de cette manière un amidon très fin, dont on fait de l'empois pour le linge; au reste, la patate renferme une fécule qui peut servir au même usage; mais elle est moins nourrissante que le manioc.

La mère. Et dis-moi, je te prie, faut-il absolument employer tout ce manioc à la fois? Dans ce cas, nous ne pourrons faire autre chose de la journée.

Le père. Pas du tout, ma chère amie : quand cette farine est bien séchée, on peut la mettre dans des tonneaux, et si elle est fortement serrée, elle se conserve plusieurs années; mais tu verras que ce gros tas se réduira en cuisant à bien peu de chose, et qu'il ne nous en restera guère.

Fritz. Papa, il ne coule plus une seule goutte du sac; ne pourrions-nous pas faire le pain tout de suite?

Le père. Je le veux bien; mais il serait plus prudent de ne faire ce matin qu'un petit gâteau d'essai pour le singe et les poules, et d'attendre à tantôt pour faire notre provision de pain, lorsque nous nous serons assurés que cet aliment ne peut nous faire aucun mal. »

Notre sac fut ouvert, on prit quelques poignées de farine, qui se trouva en effet être assez sèche; on remua le reste avec un bâton, et on le mit sous la presse; on établit ensuite une de nos plaques de fer, qui était ronde et un peu convexe, sur des chenets de pierre; on alluma dessous un feu ardent, et dès qu'elle fut échauffée, on étendit dessus de la farine délayée dans un peu d'eau avec une spatule de bois. Dès que le gâteau commença à jaunir par-dessous, on le retourna pour le faire cuire de l'autre côté.

Ernest. Ah! que cela a bonne odeur! C'est bien dommage que nous ne puissions pas manger tout de suite de ce bon pain tout chaud!

Jack. Pourquoi donc pas? J'en mangerais sans la moindre inquiétude; et toi aussi, François, n'est-ce pas?

Le père. Oh! oh! qu'est donc devenue cette peur terrible d'être empoisonné, qui t'a fait jeter la râpe loin de toi? elle cède à présent à la gourmandise. Je crois bien que ce pain ne vous ferait aucun mal, mais il vaut mieux attendre à ce soir; nous ne voulons pas même risquer de faire mourir toutes nos poules, nous n'en donnerons qu'à une ou deux et à maître Bertrand; ce sera le premier service qu'il nous aura rendu.

Dès que le gâteau fut refroidi, on en émietta un morceau qui fut jeté à quelques poules; on en donna un autre au singe, qui le rongea avec un plaisir extrême, et, dans sa joie, fit de si plaisantes grimaces, que les enfants furent jaloux de ne pouvoir se régaler comme lui.

Fritz. A présent, je voudrais savoir comment font les sauvages pour râper leur farine; car bien sûrement ils n'ont point de râpes comme nous. Est-ce qu'ils nomment aussi leurs gâteaux du *pain?*

Le père. Les sauvages n'ayant point de pain n'ont point de mot dans leur langue pour le désigner. Aux Antilles, le pain de manioc se nomme *cassave.* Les sauvages se font des espèces de râpes avec des pierres aiguës ou des coquillages, ou, lorsqu'ils ont des clous, dont ils font grand cas, ils les plantent sur des bouts de planches. A présent, bonne mère, donne-moi vite à dîner; tu feras ensuite la boulangère, pourvu, toutefois, que nos dégustateurs n'aient point de coliques ou d'étourdissements.

Fritz. Est-ce donc là le seul effet des poisons, mon père?

Le père. Ce sont du moins les plus ordinaires; il y a aussi des poisons qui engourdissent et endorment, tels que l'opium pris à trop forte dose, la ciguë, etc. D'autres encore sont âpres et rongeurs, et attaquent les intestins et l'estomac, tels que l'arsenic, le sublimé et les champignons vénéneux : si, dans ces cas-là, on n'administre pas de prompts secours, la machine humaine s'arrête, se désorganise, et le malade meurt. A cette occasion, je veux, mes chers enfants, vous prévenir contre une espèce de fruit, d'autant plus dangereux, qu'il séduit par sa belle apparence : il croît ordinairement en Amérique, sur le bord des eaux ou dans les marais; mais, comme j'ai trouvé dans cette île bien des végétaux que je ne m'attendais pas à rencontrer, il se peut que celui-là y croisse aussi. Son aspect est fort agréable; le fruit de cet arbre ressemble à de très jolies pommes jaunes avec des taches rouges. C'est un des poisons les plus violents qui existent, on dit même qu'il est dangereux de s'endormir sous l'ombrage de l'arbre qui le produit. Soyez donc bien sur vos gardes contre cet arbre et son fruit pernicieux : il est connu sous le nom de *mancenillier.* En général, je vous exhorte à ne rien manger de ce que vous trouverez, quelque appétissant que cela vous paraisse, avant de me l'avoir montré; promettez-le tous, grands et petits.

Jack. Je vous le promets.

Le père. Tu feras très bien; mais ne sois pas présomptueux; tu serais, je le parie, le premier à te laisser entraîner par quelque madré polisson qui viendrait te dire que j'ai voulu me moquer de toi; que la pomme du mancenillier est parfaite; qu'elle te rendra fort comme un lion. Ta gourmandise et ta vanité te feraient oublier mes conseils et croquer ce fruit à belles dents. Mais en voilà assez; allons, au lieu de poisons, manger nos patates en toute sécurité : nous donnes-tu autre chose, bonne mère?

La mère. Oui, mes amis; j'ai fait cuire le pingouin, la chasse de M. Jack.

A dire vrai, cet oiseau nous parut un peu coriace, il sentait le poisson. Jack n'en voulut pas convenir : il nous assura que c'était un manger de roi; on le laissa s'en régaler à son aise.

Aussitôt que nous eûmes dîné, nous allâmes visiter nos poules. Celles qui avaient mangé du manioc se portaient à merveille, ainsi que le singe, qui nous le prouva en faisant mille gambades. « A l'ouvrage donc, mes petits mitrons, leur dis-je en riant; à la boulangerie! » La farine de manioc fut tirée du sac; on alluma un grand feu pour avoir beaucoup de braise : dès qu'il y en eut assez, j'assignai à chacun de mes fils un foyer particulier, avec une plaque de fer et une noix de coco pleine de farine pour faire son pain. « Voyons qui de vous fera le meilleur, » leur dis-je. Ils se rangèrent en demi-cercle autour de moi, pour voir comment je m'y prendrais et pour m'imiter. Nous ne réussîmes pas mal pour le premier essai, quoiqu'il y eût bien quelques petits gâteaux un peu brûlés ; mais ceux-là tombèrent en partage aux pigeons et aux poules, qui caquetaient autour de nous pour en avoir. Tout en travaillant, mes petits mitrons goûtaient fréquemment leur pâtisserie ; de sorte qu'il fallut assez de temps pour en obtenir une provision un peu raisonnable. Quand nous eûmes fini, une grande gamelle de lait fut apportée, et nous fîmes un excellent goûter de pain frais trempé dans ce lait ; ce fut pour nous un vrai régal ; nous livrâmes ensuite à nos bêtes les restes du repas. Je remarquai avec plaisir que les pingouins que j'avais conservés vivants s'accommodaient fort bien de cette nourriture, et qu'en général ils commençaient à perdre leur timidité : j'eus donc pitié de leur captivité, je les séparai de leurs camarades, et ils furent tout contents de se sentir en liberté.

Le reste de cette journée fut employé à quelques voyages de mes fils avec leurs brouettes, et de moi avec l'âne et le radeau, pour rapporter à la maison le reste des effets conquis sur le vaisseau. Lorsque tout fut en ordre, nous allâmes nous mettre dans nos lits, après avoir remercié Dieu des biens dont il nous comblait.

XXI. — LA PINASSE ET LE PÉTARD.

J'avais un désir irrésistible de retourner au vaisseau, mais je voulais y aller en force, afin de pouvoir, avec tous nos bras rassemblés, tâcher de conquérir la pinasse que nous avions découverte la veille ; j'aurais voulu même y mener ma femme, mais elle avait pris une telle horreur du perfide élément, qu'elle m'assura qu'elle s'y trouverait mal, et serait plus embarrassante qu'utile ; j'eus même beaucoup de peine à l'engager à m'abandonner tous ses enfants, à l'exception du cadet ; il fallut que je lui donnasse ma parole de revenir le soir et de ne plus passer la nuit sur le vaisseau naufragé ; j'y consentis à regret. Enfin elle nous laissa partir lorsque nous eûmes déjeuné, mais ce ne fut pas sans soupirs ; mes trois garçons, au contraire, étaient gais, dispos et fort contents d'être du voyage, Ernest surtout, qui n'était pas encore retourné au vaisseau ; nous étions tous bien armés et pourvus de patates bouillies et de cassave. Nous nous rendîmes d'abord à la baie du Salut, où nous arrivâmes sans aucun événement digne d'être noté : là, nous nous revêtîmes prudemment de nos scaphandres, ou corselets de liège ; nous donnâmes quelque nourriture aux oies et aux canards qui y séjournaient, puis nous sautâmes gaiement dans notre bateau de cuves, nous attachâmes le radeau derrière, et nous commençâmes notre navigation, non sans crainte de ne plus retrouver le vaisseau ; mais il était encore ferme entre les rochers. Notre premier soin fut de charger notre embarcation de divers objets, afin de ne pas retourner chez nous sans butin ; après quoi nous visitâmes encore la pinasse. Deux points me parurent opposer des obstacles insurmontables à ce que nous l'emportassions : l'un était l'endroit où elle se trouvait ; l'autre, sa grandeur et son poids. L'endroit dans lequel elle était, en arrière de l'intérieur du vaisseau, s'appuyait contre la paroi qui touchait à la mer, et directement dessous la cabine des officiers. Plusieurs parois intérieures séparaient cet enclos de notre ancrage ordinaire au milieu du bâtiment ; il n'y avait pas moitié assez de place dans cette espèce de cabinet pour y remonter la pinasse, en assortir toutes les pièces, et aucune ouverture pour la faire sortir de là et la lancer comme notre bateau de cuves. Enfin les pièces séparées de cette chaloupe étaient trop pesantes pour qu'il nous fût possible, même avec toutes nos forces réunies, de les transporter dans un lieu plus commode. Qu'y avait-il à faire ? quel parti pouvais-je prendre ? Je me frottai le front et je restai assis à réfléchir, tandis que mes enfants parcouraient le vaisseau de tout côté, et portaient sur le radeau tout ce qu'ils pouvaient arracher.

Le cabinet de la pinasse était éclairé par quelques fentes à la paroi latérale du vaisseau, lesquelles y laissaient pénétrer assez de lumière pour qu'on pût s'y reconnaître après y être resté quelques instants ; je remarquai avec plaisir que toutes les pièces de la pinasse étaient arrangées avec tant d'intelligence et si bien numérotées, que je pouvais me flatter, sans trop de présomption, de les rassembler et de reconstruire le bâtiment, si je voulais consacrer le temps nécessaire à me procurer d'abord un plus grand espace. C'est à quoi je me décidai, et je commençai tout de suite à y travailler : il est vrai que l'ouvrage allait bien lentement, et que nous aurions perdu courage si le désir de posséder une excellente chaloupe, facile à gouverner, neuve, parfaitement sûre et qui pouvait un jour servir à notre délivrance, n'eût à chaque instant ranimé nos forces.

Cependant la fin du jour approchait sans que nous eussions beaucoup avancé : il fallut songer à la promesse que nous avions faite à ma femme, ainsi qu'à notre retour, que nous exécutâmes heureusement. En abordant à la baie du Salut, nous eûmes le grand plaisir d'y trouver ma femme et le petit François, qui avaient employé cette journée à faire toutes les dispositions nécessaires pour établir notre domicile à Zeltheim, pendant que nous aurions à travailler sur le vaisseau, afin que notre trajet ne fût pas aussi long, et que nous fussions toujours en vue les uns des autres. Cette attention de ma bonne femme me toucha vivement ; je ne pus assez lui en témoigner ma reconnaissance, d'autant plus que je savais qu'elle n'aimait pas ce séjour ; je me trouvais trop heureux de pouvoir la récompenser de ce sacrifice volontaire en lui présentant la riche cargaison de notre radeau, que je savais devoir lui plaire. J'étalai à ses yeux deux tonnes de beurre salé, trois de farine, quelques sachets de blé et de riz, et une foule d'autres objets utiles dans le ménage ; tout cela fut transporté dans notre magasin, et elle en témoigna grand plaisir.

Nous passâmes toute une semaine à reconstruire notre pinasse. Tous les matins régulièrement je partais avec mes trois fils aînés, et chaque soir nous revenions chargés de butin ; nous nous accoutumâmes si bien à ces voyages, qu'à la fin la bonne mère nous voyait partir sans souci, et que nous la quittions sans inquiétude ; elle eut même le courage de retourner plusieurs fois seule à Falkenhorst avec son petit, pour avoir soin des volailles qu'elle y avait laissées, et pour rapporter des patates.

Lorsque le soir nous réunissait, nous avions mille choses à nous raconter mutuellement ; nous éprouvions une nouvelle jouissance à nous revoir, à nous retrouver ensemble, et nous nous régalions avec grand appétit des mets que notre excellente ménagère avait eu soin de nous apprêter.

Enfin la pinasse fut achevée et mise en état d'être lancée à la mer ; il ne s'agissait plus que de la faire sortir du vaisseau ; elle était jolie, élégante même ; elle avait sur la proue un petit tillac, des mâts et des voiles comme un brigantin, elle paraissait bon voilier, parce qu'elle était légère et ne devait pas tirer beaucoup d'eau. Nous en avions calfeutré et garni d'étoupes toutes les jointures, afin que tout fût en ordre : nous avions même pris soin du superflu ; nous avions placé deux petits canons du calibre d'une livre sur le derrière du tillac, et nous les avions assujétis avec des chaînes, comme sur les grands vaisseaux. Mais, malgré tout cela, ce charmant bâtiment restait, hélas ! immobile dans son cabinet sans que je pusse imaginer aucun moyen de l'en tirer pour le mettre à flot ; je ne pouvais cependant supporter l'idée de m'être donné tant de peine et d'avoir employé tant de temps infructueusement. On ne pouvait songer à percer la paroi extérieure du vaisseau sans courir les plus grands dangers et sans des difficultés presque insurmontables : il aurait été plus facile d'enlever toutes les parois intérieures jusqu'au milieu du vaisseau, où, comme on sait, il était ouvert ; mais les planchers supérieurs étaient presque au niveau de la mer par la position penchée du bâtiment, de sorte que notre chaloupe n'aurait pas même alors été libre. D'ailleurs, nous n'avions ni le temps ni la force de défaire ces immenses planchers, et nous courions le risque d'être prévenus par une tempête qui aurait brisé vaisseau, planchers, parois et pinasse, et nous eût exposés à périr nous-mêmes si nous avions été à l'ouvrage. Ne trouvant donc aucun moyen facile, mon impatience m'en inspira un aussi hardi que dangereux. J'avais trouvé sur le vaisseau un mortier de fer très fort, tel qu'on s'en sert dans les cuisines, et je le jugeai utile à mon projet. Je pris une forte planche de chêne, à laquelle j'attachai des crochets de fer ; j'y fis, avec un couteau, un couloir ; mes enfants me procurèrent des mèches à canon, dont je coupai un morceau assez long pour que je pusse compter qu'il brûlerait au moins pendant deux heures. Je plaçai cette mèche dans le couloir de ma planche, je remplis le mortier de poudre à canon, je posai sur le mortier la planche garnie de la mèche, et retenue aux anses par les crochets de fer que j'y avais adaptés ; je calfeutrai avec du goudron tout le tour du mortier ; je serrai encore le tout avec de fortes chaînes qui se croisaient et s'enlaçaient, et j'obtins de cette manière un pétard dont j'attendis le meilleur effet. Je suspendis cette machine infernale dans l'enclos qui renfermait notre pinasse, contre la paroi latérale du vaisseau qui touchait à la mer, vis-à-vis de la pointe de la pinasse, mais en ayant soin cependant que la machine, en reculant par l'action violente de la poudre, ne pût retomber sur la chaloupe, et l'endommager. Lorsque le tout fut bien arrangé, j'allumai la mèche, dont l'extrémité sortait de la planche et se prolongeait assez pour nous laisser du temps. Je montai ensuite sur le bateau de cuves avec mes enfants ; j'avais même fait embarquer ceux-ci avant d'avoir mis le feu à la mèche, et quoiqu'ils m'eussent aidé à construire mon pétard, ils n'en connaissaient pas la destination positive, et ne croyaient pas qu'on en fît usage aussitôt. J'avoue que je ne les avais pas éclairés là-dessus, parce que je craignais un peu que mon entreprise ne vînt à manquer, que la pinasse ne fût fracassée, et que le feu ne prît au vaisseau.

Quand nous fûmes arrivés à Zeltheim, je détachai aussitôt le radeau, afin de pouvoir promptement retourner au vaisseau lorsque j'aurais entendu le fracas. Nous nous mîmes avec activité à le décharger, et pendant que nous en étions occupés une détonation si terrible se fit entendre sur la mer, que ma femme et mes enfants, qui en ignoraient la cause, en furent vivement effrayés et abandonnèrent l'ouvrage. « Qu'est-ce donc que cela ? s'écrièrent-ils tous ; qu'arrive-t-il ? C'est un coup de canon. Peut-être est-ce le capitaine avec nos camarades du vaisseau qui sont revenus, ou bien un bâtiment étranger donnant un signal de détresse ; il faut aller à son secours.

LA MÈRE. Le bruit m'a paru venir directement du vaisseau ; peut-être aura-t-il sauté. Vous n'aurez pas pris garde au feu, et il se sera communiqué à un baril de poudre. » Elle faisait cette supposition parce qu'au fond de l'âme elle désirait que le vaisseau fût anéanti, pour mettre fin à nos éternels voyages.

Le père. Il faut donc que cela soit arrivé en calfeutrant la pinasse; le mieux est de nous en assurer et d'y retourner sur-le-champ. Qui sera de la partie ?

« Moi, moi, moi ! » fut le cri général ; et mes trois petits drôles sautèrent dans leurs cuves, où je les suivis après avoir tranquillisé la mère en lui disant un petit mot en secret.

Nous sortîmes de la baie plus promptement que nous n'avions encore fait ; la curiosité redoublait les coups de rames. Quand nous eûmes le vaisseau en vue, je remarquai avec plaisir qu'il ne présentait aucun changement sur le côté que nous avions en face, et qu'il n'en sortait même aucune fumée; j'avançai alors gaiement; mais au lieu d'aller tout droit, comme à l'ordinaire, dans le corps entr'ouvert du vaisseau, je cinglai autour de la proue pour arriver au côté opposé, où j'avais placé mon pétard. J'aperçus aussitôt une affreuse dévastation ; la plus grande partie de la paroi extérieure était fracassée, les débris innombrables nageaient dans la mer, tout était pêle-mêle : mais la pinasse, qu'on voyait alors parfaitement, n'avait aucun mal; elle était seulement un peu de côté. En voyant que j'avais aussi bien réussi, je ne pus retenir des cris de joie, qui surprirent beaucoup mes enfants, car la vue de cette dévastation effroyable les avait très affligés ; ils me regardèrent avec étonnement. « Elle est à nous, m'écriai-je, la belle pinasse; il nous est facile maintenant de la mettre en mer : venez tous dessus, chers enfants ; allons voir si elle n'a pas souffert.

Fritz. Ah ! je comprends ce que c'est, mon père ; vous avez fait vous-même sauter la paroi du vaisseau avec de la poudre, afin de faire une ouverture pour la pinasse. Mais comment cette ouverture a-t-elle pu être aussi grande ?

Le père. Je vous conterai tout cela en détail si ma pinasse n'a point de mal, et s'il n'y a point de danger que le vaisseau prenne feu. Nous entrâmes par la nouvelle fente, et au premier regard je reconnus que la pinasse était intacte, et qu'il n'y avait nulle part ni feu ni flamme; mais le mortier et des morceaux de la chaîne s'étaient enfoncés dans la paroi opposée, qui était aussi en partie fracassée. Tranquille alors, j'expliquai à mes fils ce que c'était qu'un pétard, comment je l'avais arrangé, et tous les services que m'avait rendus le vieux mortier.

J'examinai l'ouverture de la pinasse, et je vis que, par le moyen du cric et du levier, nous pourrions facilement la mettre à l'eau; j'avais eu la précaution d'avance, en la remontant, de poser sa quille sur des cylindres, de sorte qu'avec quelques efforts on pouvait en venir à bout ; mais avant de la lâcher, j'y attachai une longue et forte corde, dont je fixai l'autre bout à l'endroit le plus solide du vaisseau, pour la retenir si la commotion la faisait courir trop loin. Nous nous mîmes à l'ouvrage avec vigueur, armés chacun d'un levier, et moi faisant jouer le cric : bientôt la pinasse fut en mouvement et se lança avec force dans la mer; la corde l'empêcha toutefois de s'éloigner, et nous servit à la diriger jusqu'à l'endroit où je chargeais le radeau; là, j'avais attaché, à cet effet, une poulie à une poutre saillante, et qui devait me servir aussi à équiper de mâts et de voiles notre joli bâtiment. Je rassemblai toutes mes connaissances sur l'art de gréer un vaisseau, et le mien fut bientôt en état de voguer.

Alors l'esprit militaire s'éveilla tout-à-coup dans l'âme de ma jeune troupe, et elle n'eut plus de repos. Maîtres d'un vaisseau monté de deux canons, rempli de fusils et de pistolets, mes enfants se croyaient invincibles et en état de résister à des flottes entières de sauvages, de les détruire même de fond en comble ; peu s'en fallut qu'ils ne désirassent de les voir arriver. Pour moi, je leur disais que je priais Dieu de tout mon cœur de ne pas nous mettre dans la triste nécessité de faire usage de notre artillerie. La nuit nous surprit avant que notre ouvrage fût achevé ; nous ramenâmes la pinasse derrière le vaisseau, où nous la laissâmes attachée à la corde, et nous rejoignîmes ma femme, à qui nous n'en parlâmes point, pour nous donner le plaisir de la surprendre. Nous lui dîmes qu'un petit baril de poudre avait sauté et fracassé une partie du vaisseau, et rien de plus. Lors même qu'elle aurait regardé avec la lunette d'approche, elle n'aurait pu voir la pinasse, qui était cachée derrière le corps du navire.

Deux jours furent encore employés à équiper et à charger complètement notre belle barque. Lorsqu'elle fut achevée et prête à cingler, il me fut impossible de résister aux persécutions de mes fils, qui me demandaient, en récompense de leur zèle au travail et de leur discrétion, de pouvoir saluer leur mère de deux coups de canon en approchant de terre : les pièces furent donc chargées, et mes deux cadets s'établirent à côté, la mèche allumée, et prêts à mettre le feu, pendant que Fritz avait pris sa place près du mât pour commander et pour diriger les câbles ; moi, comme de raison, je m'établis au gouvernail pour conduire le bâtiment, et nous partîmes avec des cris de joie pour notre chère demeure. Le vent était favorable, et soufflait si grand frais, que nous glissions avec la rapidité d'un oiseau, sur la surface de la mer : je fus saisi d'un frisson par cette vélocité excessive, qui amusait extrêmement mes enfants. Notre bateau de cuves, que j'avais arraché à la pinasse et chargé de beaucoup de choses, volait avec nous comme s'il eût été la chaloupe de notre bâtiment. A l'entrée de la baie du Salut, nous baissâmes la grande voile, afin de pouvoir mieux nous diriger ; et peu à peu nous laissâmes aussi tomber toutes les autres, pour ne pas être jetés par la violence du vent contre les rochers, dont ce côté est bordé. Ainsi notre course fut ralentie, et nous pûmes sans crainte commencer la grande affaire de la salutation. « N° 1, feu ! n° 2, feu ! » cria le commandant Fritz ; et Jack et Ernest firent feu. Les coups retentirent fortement contre les rochers, et les échos du rivage les répétèrent majestueusement. Fritz, qui ne restait pas en arrière quand il était question de tirer, fit partir ses deux pistolets en même temps, et nous poussâmes tous à la fois un hourra de toute la force de nos poumons.

« Soyez les bienvenus, mes bons amis ! » répondit la bonne mère saisie d'étonnement et de joie. « Soyez les bienvenus ! » criait aussi de sa voix enfantine mon petit François, qui était à côté d'elle, encore tout effrayé, et ne sachant pas bien s'il devait s'affliger ou se réjouir. Nous tâchâmes alors, avec nos rames, de pousser derrière une petite hauteur de rochers qui pouvait nous servir de débarcadère : alors ma femme et mon petit homme accoururent pour nous recevoir. « Méchants ! nous dit la première en nous embrassant de tout son cœur, quelle frayeur vous m'avez faite avec votre artillerie et votre petit vaisseau ! En le voyant s'approcher avec vitesse, et ne pouvant m'imaginer d'où il venait, ni qui il renfermait, je me suis glissée en tremblant avec mon petit François derrière les rochers ; les coups de canon ont redoublé mon effroi, et si je n'avais entendu presque en même temps votre voix, Dieu sait où nous aurions couru... Enfin, c'est vous : que le ciel en soit béni ! Mais oui, voilà un charmant petit vaisseau ; je crois bien que je pourrais à présent prendre sur moi de le monter et de retourner sur la mer ; il nous sera d'une grande utilité, et je vous pardonne en sa faveur vos éternelles absences. » Son fils aîné la pressa d'entrer dans la pinasse ; il l'aida à y monter. Dès qu'elle y fut placée, ses fils lui demandèrent la permission de tirer encore deux coups de canon en son honneur, et le vaisseau fut nommé de son nom, l'*Elisabeth*.

La bonne mère fut très contente ; elle loua notre habileté, notre persévérance ; « Mais ne vous imaginez point, nous dit-elle, que je vous donne tous ces éloges sans avoir droit aux vôtres ; moi et mon petit François, nous ne sommes pas restés oisifs ; pendant que vous travailliez avec tant d'activité pour le bien commun, la maman et le petit cadet en faisaient autant de leur côté : s'ils ne peuvent célébrer aujourd'hui leur succès par des coups de canon, ils feront dans la suite leurs preuves avec de bons plats d'excellents légumes qui seront très bien accueillis après une promenade sur le beau vaisseau. Mais il ne tient qu'à vous, chers amis, de voir tout de suite une partie de notre ouvrage. »

Nous nous rendîmes à son aimable invitation en sautant promptement sur le rivage ; elle prit les devants, tenant par la main son petit associé François, et nous les suivîmes gaiement. Elle nous conduisit sur les hauteurs contre la paroi de rochers, là où le ruisseau des Chacals se précipite en cascade, et montra tout-à-coup à nos regards étonnés un beau jardin potager, divisé en compartiments et en planches très bien rangées, dont quelques-unes commençaient à lever ; entre les compartiments étaient de jolis sentiers bien alignés, où l'on pouvait aller deux de front.

« Voilà mon ouvrage et celui de mon fils, dit-elle avec orgueil. Dans cette place, le sol, qui n'est formé que de feuilles décomposées, était assez léger pour qu'une femme et un enfant pussent le travailler sans peine. Dans cette portion de terrain j'ai mis des patates ; dans celle qui est à côté sont des racines fraîches de manioc ; ici, j'ai semé des laitues de plusieurs espèces ; et voici la place que j'ai réservée pour des cannes à sucre. Tu pourras facilement conduire en ces lieux l'eau de la cascade au moyen de bambous ; par ce moyen, mes plantes seront nourries, rafraîchies, et viendront à merveille. Mais vous n'avez pas encore tout vu : là, sur le talus du rocher, j'ai transplanté quelques plants d'ananas avec la racine et la terre ; entre deux j'ai semé des melons qui réussiront très bien dans cet endroit. J'ai, comme tu le vois, préparé un terrain pour des fèves et des pois, et un autre pour toute sorte de choux. Autour de chaque plantation j'ai mis des grains de maïs dans la terre ; comme il vient fort haut et fort touffu, il abritera mes jeunes plantes, qui ne seront pas brûlées par l'ardeur du soleil. »

J'étais en extase devant ce beau et utile travail. « Tu es une excellente femme ! m'écriai-je ; je n'aurais jamais pu croire que toi et notre petit François vous eussiez assez de force et de discrétion pour effectuer, en si peu de temps et à notre insu, une entreprise aussi pénible. Cependant je dois te prévenir qu'il n'est nullement certain que tous les légumes d'Europe réussissent ici, et je te le dis afin de prévenir le chagrin que pourrait te causer une espérance trompée. Il est bien plus facile d'obtenir une chaleur factice, comme on le fait chez nous dans les serres, que de diminuer celle qui existe. Je sais qu'aux Indes anglaises on parvient à cultiver la plupart de nos plantes potagères ; mais il faut pour cela un soin tout particulier et des connaissances en jardinage, que malheureusement nous ne possédons pas.

La mère. Je t'avouerai franchement que je ne croyais pas moi-même, en le commençant, venir à bout de mon projet, et c'est pourquoi je n'en ai dit mot à personne ; mais quand j'eus un peu avancé mon travail, je conçus l'idée de vous surprendre, et l'espoir de réussir me donna de la force et de l'activité ; je soupçonnais que vos courses journalières au vaisseau avaient aussi pour but quelque surprise que vous vouliez me faire. A deux de jeu, me suis-je dit ; je serai aussi mystérieuse qu'eux. » En nous prodiguant ainsi les éloges et les plaisanteries réciproques, nous revînmes vers notre tente ; ce fut une de nos plus douces journées, car nous étions tous contents et de nous-mêmes et des autres : nous avions donné et reçu, et je fis observer à mes fils la bonté de la Providence, qui fait du travail une jouissance, et qui a placé notre propre bonheur dans celui des objets de nos affections, et notre orgueil dans les louanges qu'ils méritent.

« J'ai cependant un petit reproche à te faire, me dit ma femme ; tes courses au vaisseau t'ont fait trop négliger le précieux paquet d'arbres fruitiers d'Europe que tu avais apporté à Falkenhorst ; je crains qu'ils ne soient entièrement desséchés ; je les ai cependant arrosés et couverts avec des branches ; j'en ai même couché quelques-uns dans la terre, et je l'aurais fait à tous si j'en avais eu le temps ; mais tu ne dois pas tarder à les planter, si tu ne veux pas les perdre.

LE PÈRE. J'en serais bien fâché, et je te remercie de les avoir soignés provisoirement. Il faudrait retourner le plus tôt possible à Falkenhorst, où une foule de choses réclament nos soins : nous avons à présent en notre puissance la plus grande partie de la cargaison du vaisseau, mais tout est à découvert, et souffrirait également du soleil et de la pluie. »

Ma bonne femme, qui ne pouvait supporter l'idée de demeurer au brûlant Zeltheim, accéda de bon cœur à ma proposition. Nous déchargeâmes la barque, et nous renfermâmes les objets qu'elle contenait sous notre tente, avec nos autres provisions.

La pinasse fut mise à l'ancre, et la proue amarrée à un pieu très fort. Quand toutes nos richesses furent ainsi en ordre, nous entreprîmes le voyage de Falkenhorst, mais non pas les mains vides : nous traînâmes avec nous tout ce qui nous parut de première nécessité, et nous fûmes, ainsi que nos bêtes de somme, abondamment chargés.

XXII. — EXERCICES GYMNASTIQUES. — DÉCOUVERTES DIFFÉRENTES. — ANIMAUX SINGULIERS, ETC.

Pendant notre séjour à Zeltheim, au milieu de nos occupations et de nos trajets au vaisseau, nous n'avions point oublié de célébrer pour la seconde fois le dimanche ; le jour de notre arrivée à Falkenhorst en amenait un troisième, que nous tâchâmes de sanctifier selon notre pouvoir en consacrant la matinée à la prière, à la lecture et au récit d'une nouvelle parabole de mon invention, que je nommai *les Voyageurs arabes*. J'y rappelais à mes enfants, sous des images et des noms supposés, toutes les grâces que Dieu nous avait accordées depuis notre arrivée dans l'île en nous faisant découvrir tant de choses utiles à la vie, et surtout un trésor inestimable qu'il nous avait envoyé par les mains d'un bon génie, qui veillait sur nous et nous protégeait. C'était un talisman qui nous inspirait à l'instant tout ce qu'il y avait de mieux à faire pour notre bonheur ; de sorte qu'en suivant ses inspirations, nous ne pouvions jamais nous égarer ni manquer de rien. On comprend que j'entendais par le génie protecteur la bonne et soigneuse mère, et par le précieux talisman la sainte pensée du ciel. Mes enfants me comprirent très bien.

Après dîner, je fis encore une courte allocution morale à mes fils, après quoi je leur permis les récréations qui leur plairaient, ayant pour système de ne pas les fatiguer ni les ennuyer de ce qu'ils devaient aimer. J'eus l'idée, pour les amuser utilement, de leur recommander la continuation des exercices que nous avions commencés le premier dimanche par le tir de l'arc ; j'avais fort à cœur d'entretenir et d'augmenter chez eux la force et l'agilité corporelles si nécessaires dans notre situation. Rien n'ôte plus le courage à un homme que de ne pas se sentir la force ou l'adresse nécessaires pour se défendre ou pour échapper aux dangers. Cette fois, j'ajoutai au tir de l'arc la course et les sauts ; je les fis grimper sur les arbres, soit en escaladant le tronc, soit au moyen d'une corde suspendue, comme les matelots quand ils grimpent sur les mâts. Au commencement, ils s'aidaient par des nœuds placés à la distance d'un pied l'un de l'autre ; puis avec des nœuds plus éloignés, et enfin sans nœuds. Je leur appris ensuite un exercice qu'ils ne connaissaient point, et qui s'exécute avec deux balles de plomb attachées aux deux bouts d'une ficelle d'une toise de longueur. Pendant que je préparais cette machine, tous les yeux étaient fixés sur moi. « Que doit-il en résulter, papa ? Comment se sert-on de cela ? montrez-le-nous vite, s'il vous plaît !

— Vous saurez que ce sont ici les armes d'une peuplade vaillante et très habile à la chasse, des fameux Patagons, qui habitent vers la pointe méridionale de l'Amérique, et qui passaient autrefois pour des géants ; seulement, à la place des balles qu'ils n'ont pas, ils attachent deux pierres solides et pesantes aux deux bouts d'une courroie plus longue que cette ficelle. Ils sont tous armés de ce simple instrument, dont ils se servent avec une habileté incroyable. S'ils veulent tuer ou blesser un ennemi ou un animal, ils lancent de toutes leurs forces une des pierres contre l'objet qu'ils veulent frapper, et la retirent aussitôt par le moyen de la seconde, qu'ils retiennent dans l'autre main pour porter un second coup, s'ils le trouvent nécessaire ; mais s'ils veulent prendre un animal en vie sans le blesser, ils lancent avec une adresse singulière une des pierres autour de sa tête, qui se trouve ainsi tout-à-coup serrée. Par la manière dont la pierre est jetée, la courroie fait un tour ou deux autour du cou ; ils jettent ensuite contre l'animal la seconde pierre qu'ils tiennent en main et avec une telle certitude, qu'ils ne manquent presque jamais leur coup, et qu'ils en entortillent ainsi une bête même au galop. Les pierres continuent à tourner et à faire tourner la courroie, et lorsqu'elle arrive soit aux pieds, soit au cou de l'animal, elle l'arrête par la force centrifuge, tellement que ces pauvres bêtes ne peuvent plus avancer et tombent au pouvoir du chasseur.

Cette description de la chasse des Patagons intéressa beaucoup mes fils ; il me fallut faire sur-le-champ l'essai de mon instrument contre un petit tronc d'arbre que l'on me montra dans quelque éloignement. Mon jet me réussit fort bien, et ma ficelle avec mes balles entoura si bien le tronc, que l'habileté des chasseurs patagons fut complètement démontrée. Chacun de mes enfants voulut à son tour essayer cette espèce de fronde, et Fritz devint bientôt maître passé dans cet exercice, ainsi que dans tout ce qui demandait de la force et de l'adresse ; il était non-seulement le plus agile de mes garçons, mais étant le plus âgé, il avait aussi plus de force, et son intelligence était plus développée. L'esprit est d'un plus grand secours qu'on ne pense dans les exercices du corps.

Le lendemain, en me levant, je remarquai du haut de mon château aérien, qui donnait sur la mer, qu'elle était fortement agitée, et que le vent la soulevait avec violence ; je me réjouis beaucoup d'être en sûreté chez moi et d'avoir destiné cette journée à rester sur la terre ferme. Quoique ce vent n'eût rien été pour des navigateurs habiles, il pouvait devenir aussi dangereux pour nous qu'une tempête. Je dis donc à ma femme que je ne la quitterais pas, et que je serais à ses ordres pour faire ce qu'elle jugerait bon et utile. Elle me montra ce qu'il y avait de nouveau à Falkenhorst, et ce qu'elle y avait fait pendant mon absence. Je vis d'abord un bon tonnelet de ramiers et de grives à demi rôtis, et mis dans du beurre pour les conserver : c'était là sa chasse ; elle les avait pris au cerceau dans les branches du figuier. Plus loin, elle me montra une paire de jeunes pigeons privés qui étaient nés sur l'arbre, et qui voltigeaient déjà, tandis que la mère était de nouveau sur le nid pour couver les œufs. Nous arrivâmes enfin au paquet des arbres fruitiers, qui véritablement demandaient mes soins et paraissaient à demi secs. Je me mis sur-le-champ en devoir de prévenir un malheur. J'avais promis la veille à mes enfants que nous irions dans le bois des arbres à calebasses pour nous y pourvoir de vases de différentes grandeurs, dont nous avions besoin pour mettre nos provisions ; ils se faisaient un grand plaisir de cette course ; mais je voulus, avant de l'entreprendre, qu'ils m'aidassent à mettre en terre nos jeunes arbres, quoique, par la raison que j'avais donnée à ma femme à l'égard des légumes, je ne fusse nullement assuré qu'ils réussiraient tous. Lorsque nous eûmes fini, le jour me parut trop avancé pour commencer ce voyage, dont la mère et le petit François voulaient être aussi. Il y avait eu tant de préparatifs à faire, que le soir nous surprit ; nous y renonçâmes donc jusqu'au lendemain, et nous résolûmes de nous mettre en marche de grand matin. Avec le lever du soleil, tout mon monde fut sur pied, et les derniers arrangements pour le départ furent faits avec une promptitude extraordinaire. L'âne attelé à la claie jouait cette fois le rôle principal ; il était destiné à ramener à la maison notre vaisselle de courges, et à porter notre petit François s'il se sentait fatigué. En attendant, il fut chargé de nos provisions de bouche, d'une petite bouteille de vin des Canaries, de poudre et de plomb. Turc, revêtu de sa cotte d'armes, ouvrait comme de coutume la marche et formait l'avant-garde ; venaient ensuite mes trois fils aînés, équipés en chasseurs ; puis la mère, tenant par la main mon petit cadet, et Bill, pour l'arrière-garde, portant le singe sur son dos ; mes fils avaient donné le nom de *Knips* à cet animal. J'avais pris cette fois un fusil de chasse à deux coups, chargé d'un côté de grenaille pour le gibier, de l'autre d'une balle de plomb pour notre défense.

Ainsi, nous partîmes gaiement et de bonne humeur de Falkenhorst. Tournant autour du marais des Flamants, nous arrivâmes bientôt dans l'excellente contrée située de l'autre côté. Ma femme et ceux de mes fils qui n'y avaient pas encore été ne pouvaient se lasser d'en admirer les beautés. Fritz, avide de quelque aventure de chasse, quitta un peu les bords de la mer, attirant Turc du côté des hautes herbes, où ils entrèrent tous les deux, et disparurent entièrement à nos yeux, mais bientôt nous entendîmes les aboiements du chien. Nous vîmes partir en l'air un oiseau, et presque en même temps un coup de fusil de Fritz l'atteignit et le fit tomber ; mais l'oiseau n'était pas mort : il se releva et prit le large avec une célérité incroyable, non pas en volant, mais en marchant. Turc courut comme un furieux après lui ; Fritz, en criant comme un forcené, le suivit, et Bill, apercevant tout ce train, jeta de côté le singe sur le sable, et, partant comme un trait, se précipita aussi sur les traces du fuyard ; ce fut lui qui le saisit et le tint ferme jusqu'à l'arrivée de Fritz. Mais ici ce fut autre chose qu'avec le flamant, dont les longues jambes sont assez faibles : l'oiseau blessé était grand et fort ; il donnait, soit au chien, soit à Fritz, lorsqu'ils voulaient l'approcher, des coups de pied tellement sensibles, que ce dernier abandonna le champ de bataille et n'osa plus aller trop près du lutteur emplumé. Turc, qui s'était vaillamment jeté dessus, fut aussi intimidé par quelques coups de pied qu'il reçut à la tête, et ne voulut plus être de la partie. Le courageux Bill s'était saisi d'une aile et refusa de lâcher prise jusqu'à mon arrivée, qui fut lente à cause des hautes herbes et du poids de mon fusil; mais lorsque je fus assez près pour distinguer l'oiseau couché et à demi vaincu, j'eus une grande joie en reconnaissant une belle outarde femelle. J'avais grande envie d'en apprivoiser une pour notre basse-cour, quoique je susse que c'était très difficile; je voulais au moins l'essayer.

Je regardai cette trouvaille comme une des plus importantes que nous eussions faites depuis notre entrée dans l'île. Je savais qu'une des particularités de l'Australie, qui sous bien des rapports est la contrée la plus singulière du monde, est de ne nourrir aucune espèce de gallinacées. La proximité de ce continent m'avait fait craindre que mon île ne partageât avec lui cette défaveur de la nature; mais, soit que je me fusse trompé dans ma longitude conjecturée, soit que quelque voyageur venu avant moi eût laissé dans l'île des individus de cette utile espèce d'oiseaux, il est certain que j'eus ce jour-là un nouvel exemple de la réunion phénoménale d'animaux australiens et anti-australiens, si je peux m'exprimer ainsi, dans l'heureux coin de terre où le ciel m'avait jeté.

Pour avoir l'outarde en notre pouvoir sans la tuer, je pris mon mouchoir, et, épiant un moment favorable, je le jetai sur la tête de l'oiseau; il ne put s'en débarrasser, et ses efforts ne firent que l'entortiller davantage. Comme alors il ne pouvait me voir, j'en approchai assez pour lui passer dans les jambes une forte ficelle nouée en lacet coulant, que je serrai; alors nous fûmes à l'abri de ses plus fortes armes. Je dégageai doucement celle de ses ailes que Bill tenait encore; je les attachai toutes les deux avec une ficelle autour du corps. Enfin l'outarde fut domptée, non sans que je reçusse plusieurs coups bien appliqués; mais elle fut à nous, en état d'être transportée à notre demeure, où je me proposais, par mille soins et caresses, de la dédommager du mal que nous lui faisions pour le moment.

Sans plus tarder, nous portâmes la prisonnière à ceux qui nous attendaient impatiemment assis sur le rivage. Dès qu'ils nous aperçurent, Ernest et Jack vinrent au-devant de nous en criant déjà de loin : « Ah! le bel oiseau! comme il est grand! comme son plumage est joli! — Je parie que c'est une outarde! cria Ernest dès qu'il l'eut entrevu. — Et tu as gagné ton pari, lui dis-je; la chair de cet oiseau est excellente; elle a le goût de celle du dindon, avec qui l'outarde a aussi des rapports. Bonne mère, je te prie de tâcher d'apprivoiser celle-ci.

LA MÈRE. Et moi, je suis d'avis de la laisser courir; elle a peut-être des petits à qui ses soins sont nécessaires.

LE PÈRE. Oh! non, chère amie; cette fois ton bon cœur t'égare; cette pauvre bête est blessée, et périrait en liberté faute de soins. Quand j'aurai bien examiné sa blessure, si je la trouve trop forte pour la guérir, je la tuerai, et nous aurons un excellent rôti; mais, si elle est guérissable, nous gagnerons pour notre basse-cour une superbe poule, qui peut-être nous procurera une belle couvée; si elle en a une en ce moment, espérons que les petits pourront se tirer d'affaire eux-mêmes : ainsi que les poulets, ils peuvent courir en sortant de l'œuf. »

Tout en parlant ainsi, j'attachai l'outarde sur la claie, de manière qu'elle y fût commodément, et nous marchâmes vers le bois des Singes, ainsi nommé depuis que nous y avions passé Fritz et moi, et qu'ils nous eurent jeté avec colère tant de noix de coco. Il raconta de nouveau très comiquement à sa mère tout ce qui s'était passé. Pendant ce temps, Ernest allait de côté et d'autre, saisi d'admiration pour la beauté et la hauteur des arbres; il restait en extase devant un grand palmier isolé, de plus de soixante pieds de haut, et levait avec étonnement ses yeux, frappé de la prodigieuse longueur du tronc jusqu'aux belles grappes de coco, qu'il voyait pendre sous leur couronne de feuilles et qui lui donnaient grande envie d'en manger. Sans être aperçu, je m'étais placé derrière lui, et je m'amusais à voir l'expression de son regard ; enfin il poussa un profond soupir et dit à haute voix : « Mon Dieu, que c'est haut !

Le père. Oui, pauvre Ernest, et point de singe pour t'en jeter ; c'est bien triste ! Si j'y lâchais Knips, outre qu'il n'a pas l'habitude de cueillir ces noix et de les donner, il s'aviserait peut-être d'y rester, tant le goût de la liberté est naturel ! C'est bien dommage, n'est-ce pas, que ces belles noix ne tombent pas d'elles-mêmes dans ta bouche ?

Ernest. Non, vraiment, je ne m'en soucie pas du tout, elles tombent de trop haut et sont trop dures ; j'aurais pour le moins quelques dents de cassées, et peut-être n'en serais-je pas quitte à si bon marché. »

A peine a-t-il achevé, qu'une des plus grosses noix de l'arbre tombe à ses pieds. Effrayé, il fait un saut de côté et lève la tête vers l'arbre. Il en tombe une seconde, qui manque de me toucher, et je n'étais pas moins surpris que lui, ne pouvant comprendre d'où venait ce phénomène. On n'apercevait pas le moindre animal, et je savais que les noix de coco ne se détachent d'elles-mêmes que lorsqu'elles sont trop mûres et presque gâtées ; or celles-là étaient vertes et fraîches.

Ernest. Mon papa, c'est comme dans les contes des fées ; à peine forme-t-on un souhait, qu'il est accompli.

Le père. Sans doute. Cependant l'enchanteur qui nous sert si vite pourrait bien être caché là-haut dans le feuillage, sous la forme de quelque petit singe que nous ne voyons pas, et avoir plutôt l'intention de nous chasser d'ici que de nous régaler de noix. »

Ernest se décida alors à ramasser ces fruits ; ils n'étaient pas même assez mûrs, de sorte que nous ne pouvions imaginer ce qui les avait fait tomber, et nous faisions sans cesse le tour de l'arbre pour tâcher de le découvrir. Nous avions beau fatiguer nos yeux, nous n'apercevions rien, excepté, de temps en temps, un léger mouvement dans les feuilles ; mais on ne voyait, du reste, ni oiseau ni singe, et il n'y avait pas un souffle de vent.

Fritz avait fini de raconter à sa mère son histoire ; voyant que nous persistions à tenir les yeux fixés sur le haut de cet arbre, il crut qu'il y avait quelque gibier à tirer, et se hâta d'accourir avec ses jeunes frères. Nous lui dîmes de quoi il était question ; il avait vraiment des yeux de lynx. « Je verrai bien ce que c'est, moi, dit-il en levant le nez ; et s'il tombait des noix à présent, je saurais bientôt qui nous les jette. — Tu les sentiras au moins, » lui dis-je. A l'instant, il en tomba deux qui se détachèrent de leur queue, et cela si près du curieux, qu'il en eut la lèvre et le menton écorchés. Ernest ne put s'empêcher d'en rire : « Voilà du moins un sorcier très poli, dit-il, il veut te les envoyer dans la bouche ; ce n'est pas sa faute si tu ne l'as pas assez grande pour les laisser entrer... — Bon ! en voilà encore deux qui roulent du côté de maman et de François ! Voyez comme il est honnête : à mesure que les convives augmentent, les noix tombent pour chacun d'eux ; allons, ouvrons-les vite pour boire leur liqueur fraîche et bienfaisante à la santé du magicien. » Une noix fut brisée ; elle renfermait un lait abondant, chacun en prit un peu dans les débris de la coquille, et on l'avala en regardant en haut tous à la fois : « Vivat ! monsieur le sorcier ! — Le voilà, le voilà ! s'écria Jack... Ah ! mon Dieu ! qu'il est laid ! Voyez, papa, comme il est hideux ! Une tête horrible, plate, ronde, grosse comme l'intérieur de mon chapeau, avec deux pinces effroyables.

— Où ? où le vois-tu donc ? — Le voilà qui descend doucement, » dit-il en nous le montrant. Je l'eus d'abord reconnu : c'était un crabe de terre, espèce de crustacé de forme ronde, ressemblant d'ailleurs beaucoup à un homard, mais cent fois plus hideux. Il y en a qui sont excellents à manger, et qui font la principale nourriture des Indiens. Celui-ci est connu sous le nom de *crabe à coco*, ou *pagure voleur*, parce qu'il est très friand de ce fruit; il monte lentement et avec beaucoup de peine le long du tronc du palmier. Lorsqu'il est parvenu dans le chou ou faisceau de feuilles, il s'y cache et casse alors avec ses pinces, qui sont très fortes, toutes les queues des grappes de coco, il les sépare et les fait tomber du haut de l'arbre; souvent elles se brisent; alors le crabe redescend, et trouve en bas de quoi se régaler. On prétend que leurs pinces sont assez fortes pour casser les noix; j'en doute, et je crois plutôt qu'ils en sucent le lait par le moyen des trous que les cocos ont près de la queue. Ces animaux ne sont dangereux que lorsqu'on est à portée de leurs pinces, ou qu'ils sont en bandes nombreuses, ce qui n'est pas rare. Au moment où nous le vîmes, le petit François eut peur et se cacha derrière sa mère; Ernest lui-même reculait et cherchait un refuge; Jack leva, en menaçant, la crosse de son fusil; et nous regardions tous d'un œil curieux l'arbre que le singulier animal descendait lentement. A l'instant où il fut en bas, le courageux Jack tapa dessus avec son fusil, et le manqua. Le crabe, se voyant attaqué, se retourna, et vint, les pinces ouvertes, contre son adversaire. Mon petit homme se défendit vaillamment, ne recula point, mais aucun coup ne lui réussit : le crabe savait à merveille les éviter, et je vis le moment où les forces du petit garçon allaient s'épuiser inutilement. Cependant je voulus laisser un libre cours au combat; je savais qu'il y avait peu de danger pour l'enfant, et qu'il finirait par être vainqueur s'il s'y prenait lestement et avec prudence; et ce duel d'un petit garçon avec une grosse écrevisse était vraiment la chose du monde la plus plaisante.

Enfin, fatigué de ses coups infructueux, et se souvenant apparemment que les pinces de homard ne font pas de bien aux mollets, Jack, serré de près par son ennemi, et craignant d'être pincé, fit un demi-tour à droite et prit le large. Ses frères firent alors de grands éclats de rire, et s'écrièrent : « Le sorcier t'a vaincu; il t'a mis en fuite, pauvre Jack; aussi pourquoi te battre avec un sorcier? » Alors Jack, piqué au jeu, s'arrêta, jeta par terre son fusil, sa gibecière, ôta vivement son habit, l'étendit au-devant de lui, et courut rapidement contre son adversaire, qui s'avançait en agitant ses redoutables pinces. Sans balancer, Jack lui jeta son vêtement sur la tête, l'en enveloppa, et frappant ensuite sur le paquet : « Je t'arrangerai bien, vilain sorcier, lui disait-il, et je t'apprendrai à me saluer de tes cornes. »

Je riais si fort que je ne pouvais aller à son secours, et je voyais le paquet se soulever; l'invulnérable animal était encore plein de vie et de colère. Je pris alors ma hache, et j'en donnai deux ou trois coups sur l'habit; ils me parurent suffisants. Je le soulevai, et je trouvai en effet l'horrible bête morte, mais conservant encore son attitude menaçante.

« Quelle épouvantable créature! disait Jack en l'examinant; mais bien loin que sa laideur m'ait effrayé, elle m'a donné du courage et de l'ardeur : on est bien aise de délivrer la terre d'un tel monstre.

— Tu aurais bien à faire, mon petit Hercule, lui dis-je en lui frappant sur l'épaule, c'est l'animal le plus commun sur les bords de la mer; on en voit par millions de différentes espèces, toutes très laides. Sais-tu bien, mon cher Jack, que j'ai grande envie de créer un ordre en ta faveur, et de te faire *chevalier du Homard*? Voilà le second combat singulier que tu as avec eux, nous ne parlerons pas du premier, où tu fus pris par la jambe; mais cette fois tu as vraiment montré du courage et de la présence d'esprit. L'idée de jeter ton habit était très bonne; je doute que tu en fusses venu à bout autrement. Le grand crabe est un animal assez redoutable, et il faut que ceux-ci soient bien forts pour ouvrir des noix de coco; ainsi tu n'avais point affaire à un ennemi méprisable; mais la prudence humaine et le raisonnement donnent à l'homme la victoire sur les bêtes les plus dangereuses.

Jack. Mais, papa, peut-on manger les crabes? ils sont si laids!

Le père. L'habitude fait tout surmonter. L'écrevisse est affreuse aussi, et se sert pourtant sur les tables les plus délicates; le crabe est le mets favori des esclaves nègres dans les Antilles, et souvent de leurs maîtres. Je crois que ce doit être une viande indigeste et dure, mais nous en ferons l'essai à dîner. »

Je chargeai sur la claie le crabe et les noix de coco qu'il nous avait procurées, et nous nous remîmes en marche. Peu à peu le bois s'épaissit; nous eûmes assez de peine à le traverser; il fallut souvent me servir de la hache pour ouvrir un passage à l'âne au travers des broussailles. La chaleur augmentait aussi, et nous étions tous altérés, lorsque Ernest, qui faisait toujours des découvertes utiles, en fit par hasard une qui venait à souhait dans ce moment-là. Il était, comme on sait, grand amateur d'histoire naturelle, et cueillait, chemin faisant, les plantes qu'il ne connaissait pas, pour les examiner. Il trouva une espèce de tige mince et assez haute, qui croissait au pied des arbres, et qui, souvent, entravait notre marche. Avec son couteau il en coupa, et fut bien surpris, au bout d'un moment, de voir sortir de chaque plante, à l'endroit où elle avait été coupée, une goutte d'eau pure et fraîche qu'il nous montra; il en mouilla ses lèvres, la trouva parfaite et s'affligea qu'il n'y en eût pas davantage. Je les pris à mon tour, et je vis bientôt que le manque d'air empêchait l'eau de sortir plus abondamment. J'y fis des incisions, et bientôt elle coula comme par une rigole. D'abord Ernest, et bientôt tous les autres, se désaltérèrent et s'en régalèrent. Pour moi, ému de reconnaissance envers la bonté de Dieu, j'élevai les yeux au ciel : « Voyez, dis-je à mes enfants, quelle bénédiction de la Providence nous avons trouvée dans ces plantes salutaires, dont je suis bien fâché d'ignorer le nom ! Que deviendraient les pauvres voyageurs dans ce climat brûlant, en traversant ces forêts immenses? Eloignés de toute source d'eau, ils périraient de soif et de chaleur si le ciel ne leur avait ménagé ce moyen de se rafraîchir. »

Je m'avisai de fendre la plante tout du long; nous eûmes alors assez d'eau pour pouvoir en donner même à l'âne, au singe et à la pauvre outarde blessée. Nous fûmes encore obligés quelque temps de cheminer entre les buissons avant de nous retrouver en liberté. Enfin nous aperçûmes à notre droite, un peu à côté du rivage, le bois des Calebasses, où se dirigeait notre course, et bientôt nous eûmes atteint cette plage agréable, où je m'étais reposé dans mon premier voyage avec Fritz. Chacun s'étonnait, admirait ces beaux arbres et ces fruits énormes qui croissent si singulièrement attachés au tronc. Fritz, qui les connaissait déjà, expliquait tout en détail et faisait le professeur, ainsi que je l'avais fait avec lui lors de notre première excursion. Je fus bien aise de voir qu'il n'eût rien oublié. Pendant son récit, je faisais des yeux un choix de calebasses de différentes grosseurs pour nos divers besoins. Je cherchais aussi à découvrir si la malicieuse horde des singes n'était point dans le voisinage ; je craignais d'en être inquiété pendant nos occupations. Je fus bien content de n'en pas voir un seul, et après une petite promenade dans le bois, je revins auprès de ma famille.

Je trouvai Jack et Ernest dans la plus grande activité; ils ramassaient des branches de bois sec et des cailloux, pendant que leur mère s'occupait de l'outarde blessée ; ne trouvant pas que l'oiseau eût grand mal, elle me dit qu'il y aurait de la cruauté à la laisser plus longtemps attachée sur la claie. Pour lui faire plaisir, je la dégageai et lui laissai seulement les pieds liés de manière qu'elle pût marcher, mais non courir ni donner des coups : ensuite je nouai à un petit tronc d'arbre une longue ficelle, qui lui permit de se promener à petits pas et en liberté. Elle se montrait peu sauvage, excepté quand les chiens l'approchaient ; mais elle ne craignait point l'homme, ce qui me confirma dans l'idée que nous étions sur des côtes tout-à-fait inhabitées. Mes fils étaient parvenus à faire un grand feu, autour duquel je les voyais tous occupés. Je pris la liberté de me moquer d'eux ; je leur demandai s'ils étaient devenus des salamandres ou des habitants de la planète de Mercure, qui allument, dit-on, du feu pour se rafraîchir, tant le soleil est près d'eux et brûlant : ici il ne l'était guère moins.

« Papa, me dit Jack, il est question seulement de faire cuire mon sorcier mangeur et distributeur de cocos. — Ah ! c'est pour cela, Messieurs, que vous avez cherché ces beaux cailloux : vous voulez, j'en suis sûr, vous en servir en les faisant chauffer pour apprêter votre crabe sans mettre sur le feu votre vaisselle de courge, qui ne le supporterait pas. »

Ils en convinrent. « Commencez au moins, leur dis-je, par faire le plat dans lequel vous voulez jeter les cailloux échauffés et le crabe, avant de faire le feu et de vous griller à côté.

LA MÈRE. Je demande aussi qu'on me fasse quelques vases à lait et une grande cuiller plate pour prendre du beurre dans le tonnelet, et de jolies assiettes pour le servir proprement.

LE PÈRE. Bien dit, chère femme ; et moi je demande quelques nids de pigeons, des paniers pour les œufs, des ruches pour nos abeilles, etc.

LES ENFANTS. Ah ! oui, oui, ce sont d'excellentes choses ; nous allons bien travailler.

JACK. Mais auparavant, papa, laissez-moi faire un plat pour mon crabe ; par cette chaleur, il pourrait se gâter d'ici à ce soir, et je ne voudrais pas avoir pris tant de peine à le tuer pour n'en pas profiter ; cela serait bientôt fait, si vous vouliez me montrer la manière de couper une courge avec une ficelle.

LE PÈRE. Allons, allons, c'est juste ; il faut bien te donner le prix de ta victoire. Quant à la ficelle dont on se sert à défaut de scie, c'était fort bien pour la première fois, et je te montrerai à t'en servir dans l'occasion ; mais aujourd'hui j'ai apporté tous les outils nécessaires ; il s'agit seulement de cueillir une bonne quantité de calebasses de différentes grosseurs ; elles seront facilement coupées.

Mes enfants se mirent à l'ouvrage, et nous eûmes bientôt un nombre suffisant de ces beaux fruits ; plusieurs étaient déjà devenus secs sur l'arbre, de sorte qu'on pouvait s'en servir aussitôt, mais il y en avait beaucoup qui s'étaient cassés en tombant, et qui furent jetés comme inutiles. Nous commençâmes tous à couper, à scier, à creuser, à sculpter : c'était un vrai plaisir pour moi de voir l'activité de notre fabrique de vaisselle ; c'était à qui déploierait les ressources de son imagination. Pour ma part, je fis un très joli panier à œufs avec une calebasse entière, en laissant un arc à la partie supérieure qui formait l'anse du panier. Je fis ensuite un certain nombre de vases à lait avec leurs couvercles, et des cuillers pour lever la crème. Je fis aussi des gourdes ou bouteilles pour l'eau, et ce fut là ce qui me donna le plus de peine : il fallait vider la courge par une ouverture de la grosseur d'un doigt pratiquée au-dessus ; je fus obligé, après avoir détaché l'intérieur au moyen d'un bâton, de le faire sortir avec de la grenaille et de l'eau ; ensuite, pour contenter ma femme, nous lui fîmes une provision de jolies assiettes plates. Fritz et Jack se chargèrent des ruches, des nids de pigeons et de poules. On prit pour cela les plus grosses calebasses, où l'on fit au-devant une ouverture proportionnée à l'animal qui devait l'habiter ; ils étaient si jolis que François s'affligeait de n'être pas un peu plus petit pour en avoir un à son usage et pour sa demeure. Les nids de pigeons furent destinés à être attachés aux branches de notre arbre ; ceux pour les poules, les canards et les oies devaient être placés entre les racines en guise de poulaillers, ou vers les bords du ruisseau. Lorsque les choses essentielles furent achevées, je leur permis de faire un plat pour mettre cuire le crabe, ce qui fut bientôt exécuté. Mais il leur manquait de l'eau ; il ne croissait plus là de nos bonnes plantes *à fontaine*, c'est ainsi que nous les avions nommées. Mes enfants me prièrent d'aller avec eux chercher de l'eau, n'osant pas se hasarder seuls plus avant dans les bois.

Il fallut donc me décider à les accompagner. Ernest s'offrit cependant avec beaucoup de zèle pour me remplacer. Il n'avait pu réussir à la fabrication de la vaisselle ; il cassait plus de la moitié des pièces qu'il entreprenait, et, pour réparer sa maladresse, il marchait en avant, et cherchait de côté pour découvrir de l'eau ou quelque autre chose d'utile. Bientôt je l'entendis crier très fort en revenant à nous d'un air effrayé : « Venez vite, mon père, me dit-il : une laie, une laie ! Oh ! comme elle m'a fait peur ! Je l'ai entendue grogner tout près de moi ; elle est ensuite allée dans le bois, où on l'entend encore.

— Holà ! dis-je aux autres, à la piste ! à la piste ! appelons les chiens, c'est cela qui serait une excellente capture ! Holà ! Turc ! Bill ! » Ils arrivèrent au galop. Ernest fut le conducteur, et nous mena à la place où le sanglier l'avait salué ; mais nous n'y trouvâmes qu'un terrain garni de patates, dont quelques-unes avaient été fouillées sans doute par l'animal. L'ardeur pour la chasse s'était un peu ralentie chez Jack au mot de sanglier ; ils se mirent à ramasser les patates, et nous laissèrent, Fritz et moi, aller sur la trace des chiens : ceux-ci eurent bientôt atteint le fuyard. Nous entendîmes leurs aboiements, et peu après des grognements épouvantables qui venaient du même côté. Nous nous avançâmes avec prudence au pas de charge, et tenant nos fusils en avant, prêts à tirer ensemble dès que nous serions à portée de la bête formidable. Bientôt nous eûmes le plaisir de voir nos deux braves dogues à droite et à gauche d'un animal dont ils tenaient les oreilles entre leurs dents ; ce n'était point un sanglier, comme je l'avais cru d'abord sur le rapport d'Ernest, mais un vrai porc, qui, à notre arrivée, paraissait plutôt nous demander secours et délivrance qu'avoir envie de nous attaquer. Contre notre attente, nous perdîmes aussi, Fritz et moi, le goût de la chasse, car nous reconnûmes bientôt dans le prétendu sanglier notre propre truie qui s'était évadée. Après un moment de chagrin et de surprise, nous ne pûmes retenir un éclat de rire, et nous nous empressâmes de débarrasser notre bête domestique des dents de ses deux antagonistes ; ses horribles cris retentirent dans le bois et attirèrent près de nous les glaneurs de pommes de terre. Alors commença une petite guerre de railleries réciproques : Fritz se moquait de leur ardeur pour la chasse, qui s'était bornée à ramasser des pommes de terre. Jack et Ernest le plaisantèrent sur le sanglier domestique, et prétendirent qu'ils en avaient eu l'idée en entendant son grognement. « Tu l'avais prise cependant pour une laie, dit Fritz à Ernest, toi qui l'avais vue. » Je ne sais ce qu'Ernest aurait répondu ; car l'attention de tous fut attirée sur une espèce de petite pomme de terre répandue autour de nous dans l'herbe, et qui tombait de plusieurs arbres auxquels il en pendait encore beaucoup. Notre sanglier s'en régalait pour se consoler de la peur et du mal que les chiens lui avaient faits, et en avalait en quantité.

Ces fruits étaient fort jolis et colorés : Fritz craignit que ce ne fût la pomme vénéneuse du mancenillier, contre laquelle je les avais tant prévenus; mais le cochon les mangeait avec avidité, et l'arbre qui les portait n'était point haut, et n'avait ni le port ni le feuillage que les naturalistes donnent au mancenillier. Je ne me prononçai donc point encore, mais je dis à mes fils d'en mettre dans leur poche pour les soumettre à l'épreuve du singe. J'étais déjà presque rassuré en voyant que nos deux chiens s'en régalaient aussi; pourtant je persistai dans la défense de goûter de ce fruit avant que je l'eusse suffisamment éprouvé; ils me le promirent. Cependant l'eau nous manquait encore, et comme la soif nous tourmentait, nous fûmes obligés d'en chercher avec zèle. Jack courut en avant, et marcha vers des rochers, espérant avec raison que nous en trouverions là; mais à peine eut-il franchi les buissons, que nous l'entendîmes s'écrier : « O ciel! mon père, un crocodile! un crocodile!

— Un crocodile! dis-je en éclatant de rire; quelle idée as-tu là, mon garçon? ici, sur ces rochers brûlants où l'eau manque totalement, un crocodile! Tu rêves, sans doute.

— Je ne rêve point, dit-il plus doucement; heureusement, il dort étendu sur une pierre; il est précisément comme maman.

LE PÈRE. En voici bien d'une autre! Ta maman ressemble-t-elle à un crocodile? Tu fais là une sotte plaisanterie.

JACK. Je veux dire seulement qu'il est grand comme elle, et je n'ai pas la moindre envie de plaisanter, car c'est bien sûrement un crocodile, mais peut-être seulement un petit... Venez, venez le voir; il ne bouge pas. »

Je ne savais qu'en penser, et nous nous glissâmes jusqu'à la place où l'on voyait le monstre; mais bientôt, au lieu d'un crocodile, j'eus devant moi un individu de la grande espèce de lézard à laquelle les naturalistes ont donné le nom de *léguana* ou *yguana,* et qui passe aux Indes occidentales pour la plus grande friandise. Je le dis à mes fils, en les rassurant sur le danger d'approcher de cet animal, naturellement doux et si excellent à manger. Tous eurent le désir de s'en emparer et de faire présent à leur mère d'un gibier aussi rare. Fritz était déjà prêt à faire feu dessus et le visait, quand je l'aperçus à temps pour le retenir. « Tu es toujours trop prompt, lui dis-je : ton coup peut manquer, ou simplement blesser; ces animaux-là sont couverts d'écailles, comme tu le vois, et ils ont la vie très dure. Je crois aussi me rappeler que, dans la colère, ils peuvent être dangereux. Essayons un autre moyen : puisqu'il dort, nous pouvons attendre; il n'est besoin que d'un très petit artifice pour l'avoir en notre pouvoir avec la plus grande sûreté, et vous aurez en même temps un singulier spectacle. » Je coupai dans les buissons une forte verge, au bout de laquelle j'attachai une ficelle à nœud coulant; je pris pour seule arme dans l'autre main une gaule très mince, puis je m'approchai à pas lents du dormeur; plus j'avançais, plus je ralentissais mon pas. Dès que je fus très près de lui, je commençai à siffler un air gai, d'abord doucement, et peu à peu plus fort, jusqu'à ce que l'yguana fût éveillé : il paraissait se délecter de ce son; il levait la tête pour mieux l'entendre, et la tournait de tous côtés pour découvrir d'où il venait. Je m'approchais toujours sans cesser ma musique, qui le fixait à cette place. Enfin, je fus assez près pour l'atteindre avec ma gaule, dont je le chatouillai doucement, en sifflant l'un après l'autre tous les airs que je pouvais me rappeler. Le grand lézard ne savait plus où il en était; toutes ses attitudes exprimaient le délire; il s'étendait, il recourbait sa longue queue ondulante, balançait sa tête, la levait, et nous montrait alors une rangée formidable de dents aiguës, qui nous auraient mis en pièces à la moindre attaque hostile. Je saisis habilement un moment où il avait la tête levée pour lui jeter le lacet. Dès que cela fut fait, mes fils s'approchèrent aussi, afin de le serrer et de l'étrangler ; mais je le leur défendis, ne voulant pas faire souffrir ce pauvre animal. Je ne lui avais jeté le lacet que dans le cas où la manière très douce de le tuer, dont je voulais faire l'expérience, n'eût pas réussi : en ce cas, j'aurais eu recours au lacet pour me défendre ; mais il n'en fut pas besoin. Toujours sifflant mes plus jolies mélodies, je pris un moment favorable pour enfoncer ma gaule dans une de ses narines ; le sang en coula avec abondance, ce qui termina bientôt sa vie, sans qu'il eût donné aucun signe de douleur ; au contraire, il paraissait encore écouter la musique avec plaisir.

Dès qu'il fut mort, je permis à mes fils d'approcher et de serrer le lacet, qui nous fut très utile pour le tirer au bas de la grosse pierre où il s'était posté. Mes enfants s'extasiaient du moyen dont je m'étais servi pour le tuer sans le faire souffrir. « Il n'y a pas grand mérite à cela, leur dis-je ; j'ai lu souvent dans les relations des voyageurs la description de cette chasse, très connue aux Indes occidentales. Maintenant, voyons comment nous emporterons notre lourd et précieux butin. » Après y avoir bien pensé, il fallut me décider à le charger sur mes épaules, et ma tournure, ayant sur le dos cette singulière bête dont la queue pendait au loin, ne fut pas ce qui amusa le moins mes enfants ; ils la portèrent tous à l'instar des pages qui suivent un prince. Cela me soulagea beaucoup et me donna l'air d'un vieil empereur chinois revêtu d'un manteau royal superbe et très extraordinaire : les couleurs changeantes du lézard brillaient au soleil comme des pierreries.

Nous étions déjà assez avancés sur notre route, lorsque nous entendîmes un appel lamentable de ma femme et les pleurs du petit François : notre longue absence leur avait donné une extrême inquiétude ; nous avions oublié de les avertir de notre approche par quelques coups de fusil, n'ayant pas eu l'occasion d'en tirer un seul, déjà ils nous croyaient perdus. Mais aussitôt que nos voix retentirent en chants d'allégresse, leurs lamentations se changèrent en cris de joie, et bientôt nous fûmes tous rassemblés sous les arbres à calebasses, et nous racontâmes notre excursion à la bonne mère, après avoir étendu à ses pieds l'ennemi vaincu, ce qui lui fit d'abord une peur horrible ; elle rit beaucoup ensuite quand je lui racontai la ressemblance que Jack avait trouvée entre elle et le lézard. Nous eûmes tant de choses à lui apprendre, que nous oubliâmes notre soif ; elle s'affligea cependant de ce que nous n'avions pas trouvé d'eau, mais il fallut bien aussi nous le pardonner. Mes fils avaient tiré de leur poche les pommes inconnues qu'ils avaient ramassées ; elles étaient dans l'herbe à côté de nous ; maître Knips les eut bientôt flairées, et, suivant sa bonne coutume, il vint furtivement en voler, et s'en régala avec avidité ; j'en jetai aussi une ou deux à l'outarde, qui les mangea sans hésiter. Convaincu alors que ce n'était pas du poison, je permis aux enfants, qui les regardaient avec envie, de s'en régaler aussi ; je leur montrai l'exemple : nous les trouvâmes très bonnes, et j'eus le soupçon bien fondé que ce pouvaient être des goyaves, espèce de fruit assez estimé dans ces parages. L'arbre qui les porte a quelquefois vingt pieds de haut, mais ceux qui nous avaient fourni nos pommes étaient sans doute encore très jeunes. Ils croissent en général en une telle abondance, que, dans les pays habités, on est obligé de les extirper, pour qu'ils n'envahissent pas tout le terrain.

Cette friandise nous avait un peu désaltérés, mais notre faim n'en était qu'augmentée, et comme nous n'avions pas le temps d'apprêter notre yguana, nous fûmes obligés de nous contenter des provisions froides que nous avions apportées avec nous ; mais, au dessert, nous eûmes quelques excellentes patates cuites sous les cendres, où mes fils les avaient mises en arrivant.

A peine fûmes-nous fortifiés et ranimés par ce repas, que ma femme insista vivement pour reprendre le chemin de notre demeure avant que la nuit fût tout-à-fait noire. En effet, le jour me parut tellement avancé, que je me décidai à ne pas ramener avec nous la claie, qui était déjà si chargée, que l'âne n'aurait pu la traîner que très lentement, d'autant plus que je voulais prendre un chemin moins long à travers les buissons, qui auraient entravé sa marche. Je résolus donc de la laisser jusqu'au lendemain, que je viendrais la chercher. Je me contentai de mettre sur le baudet les sacs ordinaires remplis de notre vaisselle de courge, le lézard yguana, qui aurait pu être gâté le lendemain, et mon petit François, auquel il servit de dossier; j'arrangeai le tout, et laissai à ma femme et à Fritz le soin d'attacher l'outarde de manière qu'elle pût marcher devant nous sans risque de s'échapper.

Dès que tous ces préparatifs furent faits, la caravane se mit en marche pour retourner en ligne droite au logis. Sortis du bois des Calebasses, nous arrivâmes à la continuation des arbres à goyaves, où nous renouvelâmes notre provision de pommes savoureuses; ensuite nous entrâmes dans un majestueux bois de chênes agréablement entrecoupé de beaux figuiers des Indes, de l'espèce de ceux de Falkenhorst. La terre était presque jonchée de glands. Mon petit peuple, toujours curieux et friand, ne put s'empêcher de goûter ces glands, qui ressemblaient parfaitement, pour la forme, à ceux d'Europe; mais ils pensèrent que, vu la différence de climat, il pouvait y en avoir aussi dans le goût. L'un d'eux s'avisa d'en mordre un, et le trouvant très doux et très agréable, il le dit bien vite à ses frères, qui se jetèrent dessus et en remplirent leurs poches, celles de leur mère et les miennes. J'étais aussi fort content d'avoir trouvé ce nouvel aliment ; j'eus même l'idée d'en nourrir ma volaille : j'admirais plus que jamais ces beaux arbres, qui nous couvraient de leur ombrage et nous faisaient un présent inestimable. Je reconnus que c'était une espèce de chênes toujours verts, qui sont communs dans les bois de la Floride, et du fruit desquels les Indiens de l'Amérique septentrionale tirent une huile douce, qu'ils emploient à faire cuire leur riz. Une foule d'oiseaux se nourrissent de ces glands ; nous pûmes le remarquer par le cri sauvage et discordant de plusieurs espèces de geais et de perroquets qui sautillaient joyeusement dans le branchage et entre les feuilles. Mes fils voulaient tirer dessus ; je ne pus les en empêcher que par la promesse que nous reviendrions une autre fois chasser dans ce bois, et en leur faisant observer qu'il était trop tard pour ce jour-là.

Nous arrivâmes bientôt à la maison. Le chemin que nous avions pris avait tellement abrégé notre marche, qu'avant que l'obscurité fût complète nous pûmes faire encore quelques petits arrangements importants. Ma femme eut un grand plaisir à se servir, le soir même, du panier à œufs et des vases à lait ; Fritz fut chargé de faire un creux dans la terre, qui devait provisoirement servir de cave pour conserver le lait. On le recouvrit de planches chargées de pierres. Jack prit les nids de pigeons, monta vite sur l'arbre, et les cloua à des branches ; il mit dedans de la mousse sèche, et y plaça un de nos pigeons femelles apprivoisés, qui couvait dans ce moment-là ; il posa avec précaution les œufs sous la mère ; elle y resta et parut s'y plaire : elle roucoulait avec reconnaissance. Ernest s'occupait à ranger le poulailler entre les racines. Quand il eut fini, il fut important de voir comment cette volaille se trouverait dans ce beau palais ; elle était déjà perchée et placée pour dormir, et trouva fort mauvais d'être réveillée ; tandis que, de son côté, Ernest se courrouçait de son peu d'empressement à venir habiter sa nouvelle demeure. Quant à moi, je m'étais chargé d'éventrer l'yguana et d'en préparer un morceau pour notrer souper, malgré ma femme, qui ne cachait pas sa répugnance à manger du lézard et du crabe : elle les trouvait trop affreux ; on ajouta donc en sa faveur de nouvelles pommes de terre ; nous essayâmes de les faire cuire avec des glands doux, et le tout se trouva parfait. François était chargé de faire le marmiton ; c'était assez volontiers son emploi à côté de sa mère. Nous nous approchâmes sans peine du feu clair et pétillant sur lequel cuisait notre souper ; une brise de mer avait rafraîchi l'air, et après une grande fatigue le feu fait toujours plaisir. Cette bonne et utile journée fut couronnée par un repas vraiment savoureux, où nous donnâmes tous à notre chasse de l'yguana des éloges bien mérités. Ma femme ne put se décider à en manger, et s'en tint aux pommes de terre grillées. Le crabe eut peu de faveur ; il se trouva sec et fade, et fut laissé de côté. Nous préparâmes ensuite à côté du flamant une couche commode à notre outarde, et nous allâmes nous étendre dans nos lits, dont nous avions tous un grand besoin.

XXIII. — EXCURSION DANS DES CONTRÉES INCONNUES.

On comprend que le lendemain, ma première pensée fut d'aller chercher notre claie dans le bois des Calebasses ; j'avais eu un double but en la laissant là, et je n'en avais pas parlé pour épargner des inquiétudes à ma femme ; je voulais faire une excursion au-delà de la paroi des rochers, et voir si nous n'y trouverions pas quelque chose d'utile. J'étais curieux, en outre, de connaître un peu mieux l'étendue de notre île ; je ne voulais avec moi que Fritz, qui était plus fort et plus courageux que ses frères. Je laissai les trois autres enfants avec leur mère, ainsi que Bill pour les protéger, cette bête allait bientôt mettre bas. Turc nous suivit, et nous en témoigna sa joie par ses sauts et ses hurlements. Nous partîmes de grand matin, en chassant devant nous notre âne, qui devait ramener la claie.

Etant arrivés au bois des chênes verts, nous trouvâmes sous les arbres notre laie à l'engrais, et avalant une quantité de glands doux qu'elle paraissait trouver excellents. Nous lui souhaitâmes bon appétit, en la priant de vouloir bien nous admettre à l'honneur de partager son déjeuner. Fritz remplit de fruits les poches de sa veste. Nous vîmes avec plaisir que la leçon de la veille avait rendu cet animal plus traitable ; il ne cherchait pas à nous éviter, et nous aurions pu l'emmener avec nous s'il n'avait pas été trop incommode. Tout en ramassant nos glands doucement et sans faire de bruit, nous vîmes les oiseaux, qui remplissaient le bois de tous les côtés, s'approcher de nous ; il y en avait de charmants par leur plumage, et cette fois je ne pus refuser à mon grand chasseur Fritz la permission de tirer un ou deux coups de fusil, pour en examiner quelques-uns de plus près. Il en mit trois à bas ; je jugeai que l'un était le grand geai bleu de Virginie, et les deux autres des perroquets : l'un d'eux était un superbe ara rouge, le plus beau des perroquets connus ; l'autre était une perruche verte avec quelques plumes jaunes.

Pendant que Fritz rechargeait son fusil, nous entendîmes dans l'éloignement un bruit singulier, qui ressemblait tantôt à celui d'un tambour couvert, tantôt à celui d'une scie qu'on aiguise. Nous pensâmes d'abord à la musique des sauvages, et nous nous glissâmes un peu de côté dans les buissons. Nous parvînmes doucement en avant vers la place d'où venait ce bruit singulier ; ne voyant rien qui dût nous effrayer, nous écartâmes les branches, et nous aperçûmes, sur un tronc d'arbre renversé et à moitié pourri, un très bel oiseau de la grosseur d'un coq domestique, paré d'un beau collet de plumes autour du cou et d'une belle huppe relevée ; il était occupé à faire les gestes les plus extraordinaires. Sa queue était étalée en éventail comme celle d'un coq d'Inde, mais plus courte. Les plumes de son cou et de sa tête étaient relevées et hérissées ; il les agitait quelquefois avec une telle vitesse qu'elles paraissaient un nuage qui l'enveloppait subitement ; tantôt il tournait en cercle sur son tronc, tantôt il remuait la tête et les yeux comme s'il était possédé, et poussait ce cri singulier qui nous avait alarmés. C'était le mouvement de son aile frappant à temps précipités sur le tronc creux et sec, qui causait ce bruit semblable au son du tambour. Autour du tronc étaient rassemblés une quantité d'oiseaux qui lui ressemblaient, mais qui, plus petits, n'avaient pas sa belle forme. Tous avaient les yeux attachés sur lui et paraissaient admirer ses manières. Je regardais ce singulier spectacle, dont j'avais entendu parler avec étonnement. Le nombre des spectateurs du bouffon emplumé augmentait à chaque instant, ainsi que ses cris et ses jeux, qui donnaient l'idée de l'ivresse ou du délire, lorsqu'un coup de fusil de M. Fritz, placé à quelques pas derrière moi, termina le spectacle, en faisant tomber de son théâtre l'acteur, étendu mort sur le sable : le coup mit tous les spectateurs en fuite. Cette interruption d'une scène aussi extraordinaire me fut très désagréable, et je ne pus m'empêcher d'en faire de vifs reproches à mon fils. « Pourquoi, lui dis-je, pourquoi toujours la mort et l'anéantissement ? La nature et ses actions animées ne sont-elles pas mille fois plus réjouissantes que la destruction ? Il peut sans doute vous être permis d'accorder quelque chose à votre curiosité, à vos besoins, et même à votre goût pour la chasse. Je ne m'oppose pas, vous le savez, à vous voir faire la guerre au gibier ou aux bêtes singulières ou dangereuses ; mais la modération est utile partout ; le spectacle de ce coq de bruyère ou tétras était pour moi fort amusant, et je suis très fâché de voir sans mouvement la créature qui en avait de si rapides il y a une seconde. Eprouves-tu un grand plaisir d'avoir mis en fuite ces jolies poules qui avaient tant de plaisir à admirer l'oiseau que tu as tué ? »

Fritz baissait les yeux et paraissait honteux et repentant ; je lui dis que, puisque le mal était fait, il fallait au moins tirer parti de sa chasse ; que le tétras ou coq de bruyère était un gibier très estimé, et qu'il devait aller le ramasser pour le porter à sa mère.

Il y alla et revint, malgré ma leçon, très content de son butin. « N'est-il pas vrai, papa, me dit-il, que c'est une superbe bête ? »

LE PÈRE. Je crois, en l'examinant de près, que c'est la poule à fraise ou grosse gelinotte du Canada ou de Virginie.

FRITZ. Nous aurions pu le prendre en vie, et il serait bien beau d'avoir cette espèce de poules à Falkenhorst.

LE PÈRE. Nous en avons encore le moyen. Dès qu'une de nos poules domestiques sera disposée à couver, nous reviendrons ici, avec notre singe, à la chasse des œufs ; s'il en trouve un nid, ainsi que je le présume, nous le pillerons et ferons couver les œufs par la poule couveuse : de cette manière nous nous procurerons la plus belle race de poules qu'on puisse trouver. »

Nous chargeâmes alors le coq à fraise sur notre âne, et nous continuâmes notre voyage. Nous arrivâmes bientôt au bosquet des Goyaves, dont les agréables fruits nous rafraîchirent, et bientôt après nous eûmes retrouvé notre claie dans le bois des Calebasses. Tout notre butin était dans le meilleur état ; mais, comme la matinée n'était point encore avancée, nous commençâmes notre excursion projetée au-delà de la paroi des rochers : pour y parvenir, nous les longeâmes afin de découvrir la place où ils finissaient, dans l'espoir de pouvoir les tourner lorsque nous serions au bout, et de pénétrer dans l'intérieur de l'île, si, comme je le présumais, ils ne la terminaient pas. Nous poussâmes donc en avant, en regardant toujours autour de nous pour ne pas perdre quelque avantage, ou pour échapper aux dangers qui pourraient nous menacer. Turc prit vaillamment les devants, l'âne le suivait à pas lents, remuant ses longues oreilles, et nous fermions la marche. De temps en temps, nous rencontrions quelques petits ruisseaux, comme celui de Falkenhorst, qui nous fournissaient un rafraîchissement agréable. Quand nous eûmes dépassé le bois des Goyaves, nous traversâmes des champs de patates et de manioc, dont l'herbe embarrassait notre marche ; mais nous en fûmes dédommagés par la vue du pays où nous étions, et que ces plantes basses nous faisaient voir en plein. A droite, sur la hauteur, nous découvrîmes une quantité de lièvres ou d'agoutis s'amusant sur l'herbe, au soleil du matin. Fritz les prit de loin pour des marmottes ; mais aucun, à notre approche, ne fit entendre l'espèce de sifflement que poussent ces animaux lorsqu'ils voient un objet étranger. L'idée de mon fils me parut donc fausse ; il aurait voulu s'en assurer au moyen d'un coup de fusil ; mais le rocher sur lequel ils s'amusaient n'était pas à portée, et j'en fus charmé.

Nous entrâmes bientôt dans un joli bosquet de buissons qui nous étaient inconnus : toutes les branches étaient chargées d'une grande quantité de baies d'une qualité rare ; elles étaient toutes couvertes d'une cire qui s'attachait sensiblement à nos doigts quand nous voulions les cueillir. Je savais qu'il y avait en Amérique une espèce de buisson produisant de la cire, que les botanistes nomment *myrica cerifera* ; je ne doutais pas que nous ne l'eussions trouvé, et cette découverte me fut très agréable. Toutefois, comme je n'avais point entendu dire que cet arbre se trouvât dans les parages où nous étions, et comme je crus remarquer que les feuilles aussi étaient gluantes, je pensais que ce pourrait bien être l'arbre de cire de la Chine, que les habitants de cet empire appellent *Pe-la-chu*. « Arrêtons-nous ici, mon fils, dis-je à Fritz, nous allons ramasser beaucoup de ces baies, pour rapporter de notre course un présent pour ta mère ; ceci lui fera grand plaisir. »

Nous ne tardâmes pas à rencontrer un nouveau spectacle que nous ne pûmes nous empêcher d'observer avec admiration : c'était le singulier ménage d'une espèce d'oiseaux, qui ne sont guère plus gros que nos pinsons, ayant un plumage brun très commun. Cette espèce d'oiseaux vit en république, et bâtit un grand nid général où habite toute la tribu. Nous vîmes un de ces nids établi sur un arbre un peu isolé, tressé avec beaucoup d'habileté de paille et de joncs entrelacés ; il nous parut renfermer un grand nombre d'habitants : il était placé comme un amas de forme irrégulière, autour du tronc de l'arbre, à la naissance des branches et des rameaux. Nous crûmes remarquer qu'il avait dans le haut une espèce de toit, fait avec des racines et des joncs, plus serré que le reste du nid. Sur les côtés inégalement formés étaient une quantité de trous ou petites ouvertures ; c'étaient les portes et les fenêtres de chaque cellule particulière qui se trouvait dans cette maison commune. Il sortait de quelques-uns de ces trous de petites branches qui servaient aux oiseaux de points d'appui pour entrer et sortir ; le tout à l'extérieur ressemblait assez à une immense et grossière éponge. Les oiseaux qui l'habitaient nous parurent très nombreux ; ils entraient et sortaient continuellement, et j'estimai qu'il pouvait y en avoir au moins un millier. Les mâles étaient un peu plus gros que les femelles, et il y avait aussi quelque différence dans leur plumage; leur nombre est très petit; je ne puis dire si c'est la cause de leur réunion en société.

Pendant que nous examinions avec une grande attention cette colonie d'oiseaux, nous aperçûmes autour du nid une très petite espèce de perroquets, qui n'étaient pas beaucoup plus gros que les oiseaux. Leurs ailes vertes et dorées et la variété de leurs couleurs produisaient un effet charmant; ils se disputaient avec les colons, leur défendaient souvent l'entrée de leur nid, les attaquaient vivement, et nous donnaient même des coups de becs lorsque nous approchions la main du nid. Fritz, qui savait très bien grimper, eut envie de considérer de plus près cette remarquable colonie, et de prendre quelques-uns de ces oiseaux. Il jeta par terre tout ce qui le gênait, et grimpa un peu au-dessous du nid; il tâcha de passer sa main dans un de ces trous, et de prendre ce qu'il trouverait dans la cellule; il aurait voulu s'emparer d'une femelle couveuse et l'emporter avec ses œufs. Plusieurs de ces cellules étaient vides; mais bientôt il en trouva une garnie, et y reçut la juste punition de sa curiosité et de sa piraterie. Il fut si fortement mordu au doigt qu'il n'eut plus d'autre envie que de retirer sa main, en la secouant en l'air, et en jetant un cri perçant de douleur; mais s'il fut puni, il ne fut pas corrigé. Dès que la douleur fut un peu calmée, il passa la main une seconde fois avec plus de précaution, et prit son ennemi par le milieu du corps. Malgré la résistance de l'oiseau, malgré ses cris et ses lamentations, il le tira dehors, et le mit bien vite dans la poche de sa veste; il la boutonna bien, et se laissant glisser le long du tronc, il arriva à terre sain et sauf, mais non pas sans danger. Sur le cri de détresse de son prisonnier, une foule d'oiseaux étaient sortis de leurs nids, et l'entouraient tellement en le menaçant de leurs becs, et criant tout à la fois, qu'il en fut presque effrayé; il jugea donc qu'il était à propos de songer à la retraite. Les oiseaux le poursuivirent jusqu'à ce qu'il fut près de moi; alors, en poussant quelques cris et en agitant mon mouchoir en l'air, je les effrayai à mon tour, et je les éloignai de nous. Il tira après cela le prisonnier de sa poche; c'était un charmant petit perroquet-moineau à plumes vertes; Fritz me demanda en grâce de le lui laisser emporter à la maison comme un très joli présent pour ses frères, qui pourraient lui faire une cage, l'apprivoiser et lui apprendre à parler. Je ne m'y opposai pas. Nous continuâmes notre voyage, ne voulant pas perdre de temps avec cette singulière colonie. Elle devint naturellement le sujet de notre conversation. C'était la première fois que j'avais vu des oiseaux vivre en société dans un nid commun, et j'en étais surpris. D'après la trouvaille de Fritz, il nous parut probable que les oiseaux propriétaires étaient de ces petits perroquets, un desquels venait d'être pris sur son nid, et que les premiers oiseaux que nous avions observés étaient des intrus qui cherchaient à s'en emparer. « On trouve ainsi, disais-je à mon fils, des architectes sociables qui bâtissent en commun dans presque chaque classe du règne animal; je n'en ai pas encore vu chez les amphibies, mais nous en découvrirons peut-être aussi quelque jour, comme chez ces oiseaux. Une foule de causes peuvent engager les animaux à se réunir en masse au lieu de vivre isolés : le fardeau de l'éducation ou de la nourriture, la sûreté, la défense. Qui osera poser des bornes à l'instinct de l'animal et à ses facultés?

Fritz. Mais je ne vois cependant que les abeilles qui vivent ainsi en famille.

Le père. A quoi penses-tu, mon fils? Et les guêpes, et les fourmis?

Fritz. En effet, je ne sais comment j'oubliais les fourmis, car je me suis souvent amusé à les observer ; rien n'est plus joli qu'une fourmilière ; on voit, en les regardant avec attention, comme elles travaillent en société, font leur ménage, leurs provisions, bâtissent, se défendent et soignent leurs couvées.

Le père. Tu as aussi remarqué comme elles portent soigneusement leurs œufs au soleil, et les traînent de tout côté pour les échauffer, jusqu'à ce qu'ils soient éclos ?

Fritz. Ne pensez-vous pas, mon père, que ce que nous prenons pour des œufs pourrait bien n'être autre chose que des chrysalides dans lesquelles les fourmis se sont enfermées, ainsi que le font d'autres insectes, pour prendre des ailes et opérer ainsi leur métamorphose ?

Le père. Ta remarque est juste, mon fils ; il y a de bons naturalistes qui ont observé avec fruit ces industrieux insectes. Mais si les fourmis communes de notre patrie ont si fort excité ton admiration, tu serais bien plus étonné des travaux incroyables des fourmis étrangères ! Il y en a une espèce qui bâtit des fourmilières de quatre, six, huit pieds de hauteur, et au moins aussi larges ; les murs extérieurs de ces bâtiments sont construits avec tant de solidité, et d'une telle épaisseur, que ni la pluie ni le soleil ne peuvent y pénétrer. En dedans elles pratiquent des ruelles, des voûtes, des arcades, des colonnades, des chambres à couvert. Toute cette masse est si solidement faite, que, si on la vide et si on la nettoie en-dedans, elle peut servir de four. La fourmi est, en général, un insecte nuisible, qui vit de brigandage, et dont on a beaucoup de peine à se débarrasser ; il en existe cependant une espèce utile en Amérique, qu'on nomme *fourmi céphalote*, ou *fourmi de visite* ; elle paraît en grandes troupes tous les deux ou trois ans, et se répand en abondance dans les maisons. Dès qu'on les voit paraître, on leur ouvre les chambres et les armoires ; elles entrent partout, et en très peu de temps elles exterminent les rats, les souris, les punaises, les kakerlas (espèce d'insecte très incommode dans les pays chauds), enfin tous les animaux nuisibles à l'homme, comme si elles avaient une mission particulière pour l'en débarrasser. Elles ne lui font personnellement aucun mal, à moins qu'il ne soit assez ingrat pour les attaquer et les chasser ; alors elles s'attachent si fortement à ses souliers qu'en un instant ils sont détruits. Ces fourmis font un horrible dégât dans les plantations d'arbres, qu'elles dépouillent en une seule nuit de leurs feuilles. A mesure qu'elles tombent, ceux de ces insectes qui sont restés au pied des arbres s'en emparent, et les emportent dans leur fourmilière. Cette espèce curieuse ne construit pas sa demeure sur terre, mais elle creuse des caves, qui ont quelquefois huit pieds de profondeur, et les maçonnent comme des hommes pourraient le faire. Des voyageurs assurent qu'une des îles de la mer du Sud en est tellement infestée qu'on n'ose point y aborder. On la leur a abandonnée, et elle est connue des marins sous le nom d'*île aux Fourmis*.

Fritz. N'a-t-on trouvé aucun moyen de les détruire ou d'arrêter leurs dévastations ?

Le père. Dans notre Europe, elles ne sont heureusement pas si formidables ; mais cependant elles sont encore assez nuisibles pour qu'on ait cherché les moyens de s'en défaire. Les plus sûrs sont le feu et l'eau bouillante ; elles ont d'ailleurs beaucoup d'ennemis parmi les insectes et les oiseaux ; le plus terrible est le myrmécophage ou fourmilier. La nature, qui l'a destiné sans doute à prévenir la trop grande multiplication des fourmis, l'a pourvu d'une longue langue gluante, qu'il enfonce, pour les attirer, dans les trous de la fourmilière ; les insectes s'en approchent et y demeurent attachés ; dès qu'elle en est assez chargée, le myrmécophage la retire et avale avec délices ceux qui se sont laissé prendre à ce piége, dont il renouvelle l'emploi plusieurs fois avec le même succès. On prétend que deux myrmécophages sur une fourmilière peuvent la détruire en très peu de temps. Il y a de plus un insecte qui porte le nom de *fourmi-lion,* et qui est aussi leur ennemi. Il a l'instinct de faire de petits entonnoirs de sable sur la route des fourmis, qui sont entraînées rapidement au fond sans pouvoir se retenir ; elles y trouvent leur formidable ennemi, qui se saisit de sa proie. Plusieurs nations sauvages, telles que les Hottentots, les mangent aussi par poignées.

Fritz. Ah ! les vilains ! J'ai bien de la peine à le croire. Mais en voilà assez sur les fourmis. Vous avez dit, mon père, que dans chaque classe du genre animal il y en avait qui vivaient en société commune ; quels sont les autres, s'il vous plaît ?

Le Père. Dans le règne des oiseaux, il y a ceux que nous venons de découvrir, et je n'en connais aucun autre ; mais, parmi les quadrupèdes, il existe au moins un exemple de vie commune et sociale : tâche de te rappeler.

Fritz. C'est peut-être l'éléphant ou la loutre de mer.

Le Père. Tu n'as pas deviné ; quoique ces deux animaux-là montrent un grand penchant à vivre en société avec ceux de leur espèce, ils ne bâtissent rien qui ressemble à une maison commune. Mais cependant tu es sur la trace en parlant de la loutre de mer.

Fritz. Ah ! je m'en souviens à présent ; c'est le castor, n'est-ce pas ? On dit que ces bêtes si intelligentes savent faire déborder les ruisseaux et les rivières, et bâtissent des villages entiers dans l'étang qui se forme par ce débordement.

Le Père. Très bien, mon cher ! et à la rigueur on pourrait aussi compter les marmottes au nombre des animaux sociables ; cependant elles ne bâtissent pas dans le sens propre du mot, mais elles se creusent une caverne commune dans les montagnes qu'elles habitent, et elles y passent chaudement l'hiver en famille dans un sommeil continuel. Tu aurais d'autant plus tort de les oublier qu'elles sont nos compatriotes ; car c'est principalement dans les hautes Alpes de notre Suisse que les marmottes se trouvent. »

Pendant notre conversation nous avions fait du chemin, et nous arrivâmes encore dans un bois d'arbres dont l'espèce nous était inconnue : ils ressemblaient un peu au figuier sauvage ; au moins ils portaient un fruit rond, semblable aux figues, plein de petits grains dans une chair molle et succulente. Cependant ce fruit avait au fond un goût âcre et acerbe. Nous observâmes de plus près ces arbres, remarquables par leur élévation, qui était de quarante à soixante pieds, et par l'écorce de leur tronc, écailleuse comme une pomme de pin. Ils ne portent point de branches dans leur longueur ; mais il en pousse plusieurs au sommet, les unes droites, les autres inclinées. Les feuilles sont, à l'extrémité des rameaux, coriacées, épaisses, ayant leurs deux surfaces de teinte différente. Mais ce qui nous surprit le plus fut une espèce de gomme ou bitume qui paraissait être sortie liquide du tronc par quelque ouverture accidentelle et s'être durcie à l'air. Cette découverte attira extrêmement l'attention de Fritz. Souvent en Europe il avait employé la gomme des cerisiers soit à coller, soit à vernir ; il espéra que celle-là pourrait lui servir au même usage. Il prit son couteau et en ramassa une forte provision. Tout en cheminant, il examinait sa gomme, et cherchait à l'amollir par son haleine et la chaleur de sa main, comme il l'avait fait souvent de celle des cerisiers. Il ne put en venir à bout ; mais ces essais lui firent découvrir une propriété plus rare, celle de s'étendre en la tirant par ses deux extrémités, et de se resserrer promptement par un mouvement élastique. Il en fut très frappé, et vint en courant à moi renouveler son expérience avec un grand succès en me disant : « Voyez, mon père, je suis sûr que ce que j'ai trouvé est la gomme élastique dont je me servais en Europe pour effacer les mauvais traits de mes dessins ! Voyez, je puis l'étendre, et elle se retire subitement dès que je la lâche !

— Oh ! que dis-tu ? que dis-tu là ? m'écriai-je avec joie : ce serait pour nous une découverte inappréciable ! Mille et mille remercîments, si tu as trouvé le vrai caoutchouc, qui donne la gomme ou résine élastique ! Donne, donne, que je la voie !

— Tenez, papa, voyez vous-même. Mais quel si grand bonheur serait-ce donc pour nous d'avoir trouvé cette gomme ? Sert-elle à autre chose qu'à effacer le crayon ? Je ne sais pas d'ailleurs si c'est la même. Pourquoi n'est-elle pas noire comme celle que nous avions en Europe ?

— Combien de questions à la fois ! Laisse-moi reprendre haleine pour te répondre. La résine élastique ou caoutchouc est une espèce de jus laiteux qui découle de certains arbres, et sans doute de ceux-ci, par des incisions faites dans l'écorce, et on le reçoit dans des vases placés exprès dessous. Cette espèce de bitume arrive en Europe sous la forme de flacons noirâtres, plus ou moins grands ; et voici comment on lui donne cette forme. A plusieurs reprises avant que ce jus soit coagulé, on en recouvre de petits flacons de terre jusqu'à ce qu'il ait acquis une certaine épaisseur ; on suspend ensuite ces petites cruches ainsi recouvertes dans la fumée, qui les sèche parfaitement et leur donne cette couleur brune foncée. Avant qu'ils soient tout-à-fait secs, on grave dessus avec la pointe d'un couteau des lignes ou figures dont ces flacons sont ornés. Enfin on casse la bouteille qui a servi de moule, on en fait sortir les morceaux par le col, et il reste un flacon de cette gomme lisse, douce au toucher, ferme et cependant flexible. Cette espèce de bouteille est utile, commode, facile à porter, et ne se casse point. On a découvert plus tard que cette gomme enlevait les traits du crayon, et les dessinateurs se servent en conséquence pour les effacer d'un morceau de ces petits flacons, qu'ils dépècent pour en faire usage.

— Cette fabrication est bien simple. Nous tâcherons, mon père, de l'imiter, et de faire des bouteilles qui seront bien commodes pour boire à la chasse ; mais cependant ce n'est pas, comme vous le disiez, un si grand bonheur pour nous.

— Non pas dans ce sens ; mais on en fait aussi des souliers et des bottes sans coutures sur des moules en terre de la grosseur du pied ou de la jambe, et tu penses combien, sous ce rapport, sa découverte peut nous être utile. Nous chercherons quelque moyen de lui rendre sa liquidité pour l'étendre sur les moules, et si nous n'en trouvons point, nous tâcherons de tirer des arbres mêmes du bitume frais et liquide en assez grande quantité pour nous en servir, et qui nous sera de la plus grande utilité ! On peut avec cet enduit rendre *imperméable* toute espèce d'étoffe, du linge, de la soie, de la laine, c'est-à-dire faire en sorte que l'eau ne puisse les pénétrer, et cette qualité rend surtout cette résine excellente pour les bottes et pour les souliers. On les fait sans doute aussi plus facilement que ceux de cuir, et cela sera précieux pour nous, qui ne sommes pas cordonniers. »

Très contents de notre découverte, et déjà chaussés en imagination des plus belles bottes de caoutchouc, nous continuâmes notre route, et nous pénétrâmes plus avant dans ce bois, qui s'étendait assez loin. Peu après l'avoir quitté, nous atteignîmes celui des Cocotiers, dont nous connaissions déjà la partie inférieure. C'était le même qui se prolongeait depuis le bord de la mer jusque sur les hauteurs ; nous nous y reposâmes un moment avec plaisir, et une couple de noix nous régalèrent. Turc les avait enlevées à de petits singes qui jouaient dans l'herbe comme des enfants; ils les abandonnèrent et grimpèrent bien vite à la cime des arbres pendant que nous mangions leurs joujoux. Après cette petite collation, nous nous remîmes en marche; nous voulions au moins parvenir jusqu'à la sortie du grand bois de cocotiers pour examiner l'étendue de notre empire. Nous y parvînmes bientôt, et nous reconnûmes alors à droite la grande baie et à gauche le *cap de l'Espérance trompée*, qui avait été le point final de notre première excursion.

Là seulement j'aperçus, au milieu de la quantité des palmiers à cocos, une espèce plus basse, que je présumai être le palmier sagou ou sagoutier : il y en avait un, abattu par le vent, et que j'examinai. Je vis qu'il contenait beaucoup de moelle, et en la touchant elle me parut farineuse. Alors avec ma hache j'ouvris le tronc pour voir si elle était de même partout, et, à mon grand plaisir, je la trouvai de la plus excellente qualité. Cette moelle, que je goûtai, avait exactement la saveur du sagou, dont j'avais souvent mangé en Europe. En ouvrant le tronc, je fis une nouvelle trouvaille qui me confirma dans l'idée que j'avais découvert le palmier sagoutier : je vis dans la moelle cette espèce de larves qui s'en nourrit uniquement, et qui passe aux Indes orientales pour la plus grande friandise. La curiosité me tenta d'en faire l'essai sur-le-champ. Je dis à Fritz de chercher des branches sèches et de faire du feu; j'en embrochai une demi-douzaine à une baguette de bois. Nous avions pris du sel avec nous pour nos patates; je les en saupoudrai, et je les fis rôtir à la flamme. L'odeur qui s'en exhalait me fit bien présumer de ce nouveau mets. Dès qu'il fut grillé, j'en mangeai avec une patate qui me tint lieu de pain, et je puis assurer tous les gourmands de notre Europe que, s'ils font cas d'un bon morceau, celui-là seul vaudrait la peine de faire le voyage de l'Inde : je n'avais de ma vie rien mangé d'aussi parfait. Fritz, qui d'abord avait pris la liberté de me railler, et de m'assurer que, pour rien au monde, il ne goûterait de ma grillade, attiré par l'odeur et la bonne mine, ne put y résister. Il m'en demanda, et fit chorus d'éloges avec moi; il chercha dans le tronc de l'arbre toutes les larves qu'il put trouver et les grilla à son tour.

Après ce repas, nous nous levâmes pour continuer et finir notre excursion; d'épais buissons de bambous, dans lesquels il était impossible de pénétrer, y mettaient un terme naturel. Il nous fut impossible de nous assurer si on pouvait passer au-delà de la paroi de rochers. Nous tournâmes donc à gauche, contre la pointe de l'*Espérance trompée*, où la belle plantation de cannes à sucre que nous avions découverte la première fois nous attirait encore. Pour ne pas retourner au logis les mains vides, et pour nous faire pardonner notre longue absence, nous en coupâmes un bon paquet, qui fut lié sur le dos de l'âne, et nous ne négligeâmes point d'en prendre chacun une canne pour la sucer chemin faisant. Nous arrivâmes bientôt au bord de la mer, où le chemin était ouvert et bien plus court; il nous conduisit en peu de temps au bois des Calebasses, où nous trouvâmes notre claie telle que nous l'avions laissée : l'âne fut déchargé, et le paquet de cannes à sucre lié sur la claie; après quoi nous l'attelâmes avec les courroies, et le patient animal traîna ce qu'il avait porté.

Nous arrivâmes à Falkenhorst sans autres aventures et d'assez bonne heure. Nous fûmes d'abord un peu grondés, puis questionnés, puis remerciés quand nous étalâmes nos trésors, et surtout nos cannes à sucre. Chaque enfant en prit une et commença à sucer; leur mère s'en régala aussi. Il fallait entendre Fritz raconter avec feu toutes nos découvertes, imiter les gestes du coq à fraise en le leur montrant, ce qui fit rire ses frères aux éclats; puis vint le tour de l'histoire du grand nid de perroquet vert, qu'ils écoutèrent avec transport et comme un conte de fées.

Fritz leur montra le bel ara pourpre, qu'ils ne pouvaient assez admirer, ainsi que le grand geai bleu. Mais lorsque Fritz tira de la poche de sa veste le petit perroquet vivant, je crus qu'ils deviendraient fous ; ils sautaient tous de joie, et je fus obligé d'interposer mon autorité pour qu'ils ne missent pas l'oiseau en pièces en se l'arrachant mutuellement. François demandait à son frère aîné s'il ne lui avait pas déjà appris bien des mots en chemin. « C'est toi qui seras son précepteur, lui dit Fritz, petit jaseur, et je crois qu'il saura bientôt babiller. » François le couvrit de baisers, lui répéta cent fois *perroquet mignon*, puis l'attacha par la patte à une des racines en attendant qu'on lui eût fait une cage ; il lui présenta des glands doux, dont l'oiseau mangea avec appétit. Nous en fîmes tous autant, et nous racontâmes notre excellent dîner de larves de sagou, qui fit venir l'eau à la bouche à mes petits, mais non pas à leur mère ; elle n'aimait ni les mets nouveaux ni les bêtes extraordinaires. Je lui promis pour sa part des champignons parfaits, qui viennent d'eux-mêmes sur le résidu de la fécule de sagou ; je l'enchantai aussi avec le projet de mes bougies de myrica, de mes bottes et de mes souliers de caoutchouc élastique, et Fritz en faisait tirer des morceaux à ses frères et les lâchait subitement, ce qui les amusait beaucoup.

A la nuit tombante nous grimpâmes par notre échelle, et, après l'avoir retirée et fait notre prière, nous nous livrâmes aux douceurs du sommeil.

XXIV. — OCCUPATIONS ET TRAVAUX UTILES. — EMBELLISSEMENTS. — SENTIMENT PÉNIBLE ET NATUREL.

Le lendemain, la mère et les enfants ne me laissèrent aucun repos jusqu'à ce que j'eusse mis en train ma fabrique de bougies ; je cherchais à me rappeler tout ce que j'avais lu sur cet objet, afin de le mettre en pratique. J'aurais voulu avoir un peu de suif ou de graisse de mouton à mêler avec la cire des baies ; je savais que la bougie en devient plus blanche et la lumière plus pure ; mais, n'en ayant point, il fallut nous contenter de la cire toute seule. Je mis des baies dans une chaudière autant qu'elle put en contenir, et je les fis cuire sur un feu modéré ; pendant ce temps, ma femme faisait des mèches avec du fil de toile à voiles. Lorsque nous vîmes paraître au-dessus de la chaudière une matière huileuse, odorante et d'un joli vert clair, nous la levâmes avec précaution et la posâmes dans un vase à côté du feu pour qu'elle restât liquide ; nous continuâmes ce procédé tant que nous eûmes des baies, et jusqu'à ce qu'il y eût une bonne provision de cire fondue. Nous trempâmes ensuite nos mèches l'une après l'autre dans la cire, et nous les suspendîmes à des branches. Lorsque la cire fut prise autour et refroidie, nous les trempâmes encore, et toujours de même, jusqu'à ce que nos bougies eussent la grosseur convenable ; elles furent ensuite placées dans un endroit frais pour les durcir parfaitement avant de nous en servir. Nous voulûmes cependant en faire l'essai le soir même, et nous en fûmes très satisfaits ; nous pûmes nous déshabiller et nous coucher plus tard que de coutume dans notre château aérien, et ce genre de lumière que nous n'avions pas vu depuis que nous avions quitté l'Europe, nous fit un extrême plaisir.

Ce succès nous encouragea dans une autre entreprise à laquelle ma femme tenait beaucoup : c'était de faire du beurre frais avec la crème qu'elle levait avec grand soin tous les matins, dans l'espoir de pouvoir s'en servir à cet usage, mais qui se gâtait faute d'ustensiles nécessaires. Le plus indispensable, celui dans lequel on bat le beurre, et que l'on nomme une *baratte*, nous manquait. A force de réfléchir au moyen d'y suppléer, je me rappelai ce que j'avais lu dans des relations de voyages sur la manière dont les Hottentots font le beurre; mais j'observai, ce dont ils n'ont pas même l'idée, la plus grande propreté. Au lieu d'une peau de mouton cousue en forme d'outre, je creusai une grosse courge, qui fut aux trois quarts remplie de crème. Un couvercle, fait de la même courge, la ferma hermétiquement. Je mis ce vase sur un grand morceau carré de toile à voiles, j'attachai les quatre coins à des pieux; ensuite je plaçai mes quatre fils, et je les chargeai de donner un mouvement au vase de courge placé au milieu, en balançant la toile chacun de son côté. Cet exercice peu pénible les amusa beaucoup; il ressemblait au mouvement du berceau d'un enfant; ils s'en occupaient en chantant, en riant, et nous eûmes la satisfaction, quand nous soulevâmes le couvercle, au bout d'une heure, d'y trouver une motte de beurre excellent, qui fut pour nous un vrai régal et pour ma femme une grande ressource dans sa cuisine. Tous ces ouvrages-là n'étaient que des jeux; mais celui qui me donna une peine véritable, et à l'égard duquel je fus sur le point d'échouer, fut la construction d'un char pour transporter nos provisions et nos récoltes plus commodément que sur la claie, qui était difficile à traîner. L'impatience, le manque de force ou d'adresse, le besoin du moment, me décidèrent à faire d'abord seulement un char à deux roues, et de renvoyer à un autre temps la construction d'une voiture à quatre roues.

Je n'ennuierai pas mes lecteurs des détails de cet ouvrage, qui me donna une peine inouïe et réussit médiocrement; j'employai beaucoup de bois en essais inutiles; enfin je parvins à composer une machine roulante que je ne conseille à personne de prendre pour modèle, mais qui répondit assez bien au but que je m'étais proposé d'atteindre.

Pendant que j'y travaillais avec acharnement, ma femme et mes fils étaient aussi occupés de travaux utiles; je quittais le mien de temps en temps pour les diriger et leur donner des conseils; mais je dois dire avec vérité qu'un seul mot suffisait, et qu'ils s'acquittaient à merveille de ce qu'ils entreprenaient. Ils transplantèrent, d'après mes instructions, la plupart de nos arbres fruitiers d'Europe dans les sites où nous pensions qu'ils pourraient réussir le mieux, suivant leurs qualités. Ils plantèrent d'abord des ceps de vigne auprès de notre bel arbre et autour du tronc de quelques autres; et nous eûmes l'espoir, dans la suite, de les élever en treille et d'avoir un ombrage agréable. Dans ces climats, il faut que la vigne croisse sous la protection de hautes plantes qui la mettent à l'abri de l'ardeur du soleil. Nos châtaigniers, nos noyers, nos cerisiers, furent plantés en deux belles allées droites, formant une avenue qui conduisait du pont de Famille à Falkenhorst, et nous promettait dans la suite une promenade ombragée pour aller à notre ferme de Zeltheim. Nous mîmes beaucoup de temps à la former; il fallut arracher les herbes et remplir de sable notre allée, qui fut élevée et bombée dans le milieu pour être toujours sèche. Mes enfants s'employèrent avec zèle à porter du sable de la mer dans leurs brouettes; je leur construisis aussi une espèce de tombereau où l'âne pouvait être attelé.

Nous nous occupâmes ensuite d'ombrager et d'embellir notre aride Zeltheim, et de le mettre en même temps plus en sûreté. Nous y plantâmes en quinconce tous ceux de nos arbustes qui ne craignaient pas l'ardente chaleur, comme citronniers, limoniers, pistachiers, pamplemousses, espèce d'oranger qui parvient à une grandeur extraordinaire, et porte des fruits de la grosseur de la tête d'un enfant, et du poids de douze à quatorze livres, enfin les amandiers et les mûriers. Tous les arbres d'espèces plus communes de fruits à noyaux furent plantés sur les bords les plus convenables. Pour fortifier et masquer notre tente, qui renfermait nos provisions, nous l'entourâmes d'une plantation très serrée de citronniers et d'orangers sauvages, qui portent de fortes épines et des branches très touffues ; et, pour la rendre et plus épaisse et plus belle, j'y entremêlai quelques grenadiers que j'avais trouvés dans le paquet de plantes pris sur le vaisseau. Je n'oubliai pas non plus de faire un bosquet de goyaviers, qui viennent facilement de boutures et produisent un petit fruit très agréable. De distance en distance, nous plaçâmes, au milieu de ces différentes plantations, quelques gros arbres destinés à donner plus d'ombre et à former des cabinets naturels ; ils favorisaient ainsi la crue des hautes herbes, en empêchant qu'elles ne fussent desséchées par l'ardeur du soleil. Si jamais nous étions obligés, par quelque crainte ou quelque accident, de nous retirer dans cette forteresse, il était essentiel d'y trouver de la nourriture pour notre bétail. Pour plus de précaution, je fis garnir tous les espaces intermédiaires entre nos enclos et le lit du ruisseau avec des figuiers à piquants. Je fus alors assuré contre la facilité d'une invasion : toutes ces plantes, favorisées par l'influence du climat, devaient acquérir bientôt une telle hauteur et une telle épaisseur, qu'il deviendrait difficile de les traverser : je me proposai, par la suite, d'augmenter encore ces moyens de défense. Les sinuosités du ruisseau avaient occasionné dans l'enclos des avances de terrain que je coupai en angles droits et en talus, et qui pouvaient former ainsi un bastion pour y placer les canons du vaisseau et nos autres armes à feu, dans le cas d'une attaque des sauvages. Il fallait aussi que notre pont, qui était devenu le seul point ouvert pour pénétrer dans l'enclos, fût disposé de manière qu'on pût le retourner ou l'enlever facilement, afin d'empêcher le passage du ruisseau. Mais, en attendant qu'il nous fût possible de nous occuper de nos vastes projets à son égard, nous nous contentions, comme nous avions fait jusqu'alors, d'ôter les premières planches de chaque côté, lorsque nous voulions rendre le passage moins facile. Je plantai aussi, le long du ruisseau et près de notre abordage ordinaire, quelques beaux cèdres, pour y attacher à l'avenir notre vaisseau. Je m'arrête, car je crains que, si mon journal se lit un jour en Europe, le lecteur ne soit aussi fatigué que nous de toutes ces plantations, qui nous coûtèrent bien de la peine et bien des sueurs, et nous prirent au moins six semaines ; mais cette activité soutenue eut l'avantage, outre l'utilité du travail, de nous maintenir en bonne santé, d'augmenter la force physique et morale des jeunes gens, et d'entretenir notre gaieté et notre sérénité. Plus nous embellissions notre retraite, plus elle nous était chère, et le travail du jour et le repos de la nuit étaient des jouissances pour nous. Les dimanches, fidèlement observés, restauraient à la fois notre âme et notre corps ; nos membres fatigués et notre esprit abattu avaient également besoin d'occupations plus relevées ; notre sentiment de reconnaissance pour l'Etre suprême qui nous avait sauvés, et qui répandait sur nous tant de bienfaits, demandait à s'épancher. Aussi, nos exercices religieux, suivis de notre gymnastique et de quelques promenades agréables, où j'instruisais mes fils en causant amicalement avec eux, nous rendaient tous et meilleurs et plus heureux. C'était une chose très remarquable de voir comment ces jeunes garçons, qui, pendant toute la semaine, avaient employé leurs forces aux travaux les plus pénibles, en trouvaient encore pour grimper sur les arbres, pour courir au but, pour lancer des flèches ou des bombes, et pour nager ; ils offraient la preuve que ce n'est pas autant l'inaction qui repose que le changement d'occupation. Mais tous ces travaux pénibles usèrent tellement nos vêtements, qu'un nouveau voyage au vaisseau, où il devait y en avoir encore, devint absolument nécessaire. Nous avions à peu près épuisé notre garde-robe d'habits d'officiers et de matelots; ce n'étaient plus que des lambeaux, et nous voyions arriver avec peine le moment où il faudrait renoncer à nos vêtements européens. Outre cela, mon nouveau char, dont j'avais d'abord été très enchanté, avait un défaut insupportable : il criait si affreusement à chaque mouvement des roues, que notre tympan en était écorché, et les roues tournaient si mal autour de l'essieu, que l'âne et la vache réunis pouvaient à peine le traîner. C'était en vain que j'essayais de temps en temps, en dépit des murmures de ma femme, de mettre quelques petits morceaux de beurre à l'essieu; il était desséché dans peu d'heures, et cette denrée nous était trop précieuse pour la prodiguer ainsi.

Ces deux circonstances nous obligèrent donc d'avoir encore recours au vaisseau échoué, que le ciel et la mer nous avaient conservé; nous savions qu'il y avait encore cinq ou six caisses remplies de chemises et de vêtements de matelots dont nous pouvions nous servir; et nous soupçonnions qu'il pourrait y avoir à fond de cale quelques tonnes de goudron ou de graisse de char, que nous voulions transporter chez nous. A cela se joignaient la curiosité de savoir dans quel état était le vaisseau et le désir de nous approprier, s'il était possible, quelques-uns de ses gros canons pour les poser sur nos bastions, et pour être prêts à nous défendre en cas de guerre.

Le premier jour où le temps me parut sûr et le vent favorable, j'allai au vaisseau avec mes fils aînés, et nous y arrivâmes sans obstacles; nous le trouvâmes encore serré entre les rochers, mais ayant cependant souffert de la mer et du vent. Nous nous mîmes sans tarder à l'ouvrage pour nous procurer quelques tonnes de goudron et les mettre sur notre pinasse à l'aide de la poulie; nous nous emparâmes aussi des caisses d'habits et de ce qui restait de munitions de guerre, de poudre, de balles, etc., etc., et même des canons qu'il nous fut possible d'emporter; mais les plus gros résistèrent à tous nos efforts; à peine parvînmes-nous à les soulever pour en ôter les roues, qui pouvaient nous être très utiles. Nous nous bornâmes donc à chercher les moyens d'avoir une batterie de pièces de quatre, et nous employâmes à ce travail tout ce que nous avions d'art et de force.

Nous retournâmes, dans cette intention, plusieurs jours de suite au vaisseau, où nous fîmes tous les préparatifs nécessaires pour rendre les canons mobiles, et nous revenions chaque soir chez nous, chargés de tout ce qui restait dans la carcasse du bâtiment et qui pouvait être à notre usage, comme portes, fenêtres, serrures, ferraille de toute espèce. Rien n'échappait à notre brigandage, tellement qu'il ne resta enfin que les gros canons et trois ou quatre immenses chaudières destinées à une raffinerie de sucre, et qui étaient trop pesantes pour être mises sur la barque. Nous attachâmes peu à peu ces grosses pièces à deux ou trois tonneaux vides, bien enduits de goudron et qui devaient se tenir au-dessus de l'eau et ne pas laisser enfoncer leur fardeau dans la mer. Quand ces mesures furent prises, je résolus de faire sauter le reste du bâtiment, comme j'en avais fait sauter une partie pour mettre la pinasse à flot. Je dirigeai mes vues du côté du corps du vaisseau où il n'y avait plus rien à prendre; je pensai que le vent et la marée nous apporteraient à terre les poutres et les planches bien commodément et sans nous donner de peine, et que tous ces bois de charpente, échoués sur le rivage et mis en sûreté, nous seraient utiles si nous voulions plus tard bâtir une demeure.

Nous préparâmes donc un tonneau de poudre, que nous avions laissé exprès à bord, nous le roulâmes à la place où nous attendions les meilleurs effets de notre éclat; nous y fîmes une petite ouverture, et quand nous fûmes prêts à partir, nous y insinuâmes un bâton avec un bon morceau de mèche que nous allumâmes par le bout extérieur. Nous remontâmes alors promptement dans notre barque, que nous dirigeâmes vers la baie du Salut, où nous arrivâmes heureusement. Mais notre curiosité, dirigée sur le vaisseau et sur l'explosion qui devait avoir lieu d'un instant à l'autre, ne nous laissait aucun repos, quoique j'eusse fait la mèche assez longue pour espérer que le bâtiment ne sauterait pas avant l'approche de la nuit. Je proposai à ma femme de porter notre souper sur une pointe de terre, de laquelle on voyait distinctement le vaisseau, et nous attendîmes là avec impatience le moment terrible de l'explosion. Bientôt après le crépuscule, un tonnerre majestueux et une colonne de feu annoncèrent la destruction du navire qui nous avait amenés dans ces contrées désertes et d'où nous avions tiré tant de richesses : aussi ne pûmes-nous voir son anéantissement sans un vif sentiment de douleur. Dans ce moment, plus que jamais, l'amour de la patrie, ce puissant lien qui attache l'homme aux lieux où il est né, se fit sentir à nos cœurs ; il nous semblait qu'il était pour jamais déchiré. Nous nous rendîmes en silence et la tête baissée à notre tente ; les cris de joie auxquels mes enfants s'étaient préparés se changèrent en soupirs et en sanglots que j'avais peine moi-même à étouffer. Ma femme était celle qui éprouvait le moins de peine : elle pensait avec plaisir que nous n'irions plus exposer notre vie sur ce bâtiment à demi détruit, et chaque jour elle s'attachait davantage à son île et à notre genre de vie. Le repos de la nuit nous calma cependant assez pour que notre premier soin fût d'aller sur le rivage examiner les traces de l'énorme destruction du bâtiment. Le vaisseau avait entièrement disparu, la mer était couverte de débris que les vagues nous amenaient, et je vis avec une extrême satisfaction flotter les tonnes vides attachées aux chaudières et aux canons. Nous sautâmes aussitôt dans notre pinasse, à laquelle notre bateau de cuves fut attaché ; nous traversâmes sans obstacles toutes les ruines, tous les bois flottant autour des écueils où le vaisseau avait échoué, et nous cherchâmes les canons, que leur immense poids faisait voguer lentement. Nous en découvrîmes bientôt trois, soutenus à fleur d'eau par les tonnes, et, ce qui nous fit plus de plaisir encore, les chaudières en cuivre, qui étaient plus utiles, que l'on voyait surnager un peu au-dessus de l'eau, escortées de leurs tonnes. Fritz, avec sa promptitude ordinaire, se jeta dans le bateau de cuves, lia des cordes à l'affût d'une des pièces de quatre, il en attacha deux à notre bateau, outre une énorme quantité de perches, de lattes et d'autres bois, et nous retournâmes à terre avec ce riche butin.

Nous fîmes encore trois courses pour amener les autres canons, les chaudières, les fragments de mâts, etc., etc., que nous déposâmes provisoirement dans le bassin de la baie du Salut : alors commença un travail bien pénible, celui de porter le tout à terre et au sec. Nous détachâmes les canons et les chaudières de nos bateaux, et ensuite de leurs tonnes, et nous les laissâmes dans une place où nous pouvions arriver avec notre claie et nos bêtes de somme ; avec le secours du cric, nous chargeâmes les chaudières sur la claie ; par ce même moyen, les quatre roues furent remises à l'affût : alors il nous fut facile de les faire arriver à terre en y attelant notre âne et notre vache. Nous emportâmes de même tous les bois que nous voulions mettre à sec, et le reste fut fixé avec des pieux et des cordes pour n'être pas emporté par le reflux.

Nos grandes chaudières nous furent d'abord très utiles pour mettre à l'abri nos barils de poudre ; nous les rangeâmes en trois tas à une distance convenable de la tente, nous les entourâmes d'un petit fossé pour empêcher l'eau d'en approcher, et nous plaçâmes dessus les chaudières renversées comme une espèce de toit qui les couvrait complètement. Le reste de l'espace, jusqu'à la terre, fut rempli d'argile et de mousse. Les canons furent couverts tant bien que mal avec des planches et des toiles à voiles, pour garantir plutôt le bois que le métal, et nous traînâmes prudemment les grandes tonnes derrière une saillie de rochers, où, lors même qu'elles auraient sauté, il ne pouvait en résulter rien de fâcheux ; nous les couvrîmes de planches en attendant que nous eussions exécuté le projet d'un magasin à poudre, qui nous tenait fort à cœur. Ma femme insista surtout pour cette précaution, et voulut s'assurer par ses propres yeux qu'il n'y avait aucun danger pour Zeltheim. Ce fut pendant cet examen, et en cherchant une place pour se reposer à l'ombre, en nous regardant travailler, qu'elle fit l'agréable découverte que deux canes et une de nos oies avaient couvé sous un buisson et conduisaient une quantité de leurs petits, qui caquetaient dans l'eau. Nous nous réjouîmes de cette bienvenue inattendue, et nous la regardâmes comme une récompense du pénible travail auquel nous nous étions livrés depuis quelque temps. Mes fils aînés voyaient dans cette jeunesse animée, qui sautillait autour de nous, d'excellents rôtis, et Jack et François s'amusaient des jeux et de la frayeur de cette petite troupe, qui voyait des hommes pour la première fois ; nous les apprivoisâmes bientôt en leur jetant des morceaux de pain de manioc. Cette occupation et la vue de cette nouvelle famille emplumée ranimèrent en nous le désir de retourner à Falkenhorst, près de la société du même genre que nous y avions laissée. L'un soupirait après son singe, l'autre après son flamant, François après son perroquet, et ma femme après sa volaille, son ménage, un bon lit, et toutes les jouissances du chez soi ; de sorte que nous fixâmes au lendemain notre départ de Zeltheim, et nous allâmes nous occuper des préparatifs nécessaires.

XXV. — NOUVELLE EXCURSION. — LE VIN DE PALMIER.

Lorsque nous fûmes entrés dans la nouvelle plantation d'arbres fruitiers servant d'avenue au port de Falkenhorst, nous remarquâmes que nos jeunes arbres n'étaient pas assez forts, et qu'ils se courbaient en croissant. Nous résolûmes à l'instant de leur mettre des tuteurs, et, pour cet effet, d'aller cueillir des bambous du côté du *cap de l'Espérance trompée*. Dès que j'eus prononcé ce nom, mes trois fils cadets et ma femme même s'écrièrent à la fois qu'ils voulaient être de cette course. Nous avions excité leur curiosité par le récit de tout ce que nous avions trouvé de curieux, Fritz et moi, de ce côté-là. Arrivés à Falkenhorst, une foule de circonstances nous frappèrent qui rendaient, en effet, cette excursion indispensable. Une poule était à couver, il fallait aller chercher des œufs de poule à fraise ; notre provision de bougies tendait à sa fin, il fallait se procurer des baies à cire ; ma femme se trouvait à merveille de cette lumière pour raccommoder nos vêtements, ainsi que moi pour écrire le soir mon journal, dans notre château aérien ; et nous ne pouvions plus nous en passer : notre truie s'était sauvée de nouveau, nous pensions qu'elle avait établi son domicile dans le bois des Chênes aux glands doux ; Jack avait envie de manger des goyaves, et François de sucer quelques cannes à sucre ; de sorte que tout nous attirait dans cette terre promise.

Un beau matin donc, nous partîmes de Falkenhorst en caravane. Je voulais, cette fois, examiner à mon aise cette partie de l'île, et recueillir en abondance tout ce dont nous avions besoin ; je fis donc les préparatifs nécessaires pour y coucher si le temps nous manquait : je pris mon char au lieu de ma claie ; j'y posai en travers quelques planches pour asseoir ma femme et son plus jeune fils lorsqu'ils seraient fatigués. Je me pourvus de toute sorte d'instruments pour faciliter nos récoltes, de quelques provisions de bouche, de quelques vases pleins d'eau, et d'une bouteille de vin de la caisse du capitaine : je pris aussi des instruments particuliers, que j'avais composés exprès pour aider à mes enfants à grimper sur les hauts cocotiers ; il n'y avait pas d'apparence qu'un crabe complaisant vînt encore leur en épargner la peine. Lorsque tout fut placé sur le char, j'y attelai cette fois l'âne et la vache, parce que la charge au retour devait augmenter ; nous nous mîmes en route le long du champ de patates et de manioc. Notre première station fut vers l'arbre où nous avions trouvé le grand nid d'oiseaux vivant en colonie ; tout autour croissaient les arbres à cire, entièrement couverts de leurs baies brillantes, et plusieurs goyaviers chargés de fruits. Cette fois je pus donner un nom aux oiseaux ; je me rappelai que les naturalistes les avaient nommés *loxia gregaria* ou *loxia socia*.

Il n'était sans doute pas facile de passer avec notre char au travers des buissons entrelacés ; j'en élaguai plusieurs ; nous aidâmes aux bêtes de toutes nos forces ; les roues étaient pourtant plus commodes que la claie. Nous nous tirâmes assez bien d'affaire, et pour laisser reposer, après tant d'efforts pénibles, notre âne et notre vache, nous résolûmes de passer quelques heures dans cet endroit, où il y avait tant de choses curieuses et utiles. Nous commençâmes par cueillir des goyaves, dont nous nous régalâmes, et dont nous remplîmes un sac, qui fut porté sur le char. Nous examinâmes ensuite avec attention le nid commun des loxias, et nous fûmes convaincus que le petit perroquet que Fritz y avait trouvé était un parasite, qui s'était emparé d'une place vide : les véritables habitants entraient et sortaient en grand nombre, volaient sur les arbrisseaux à cire, et mangeaient des baies en abondance, ce qui nous expliqua pourquoi ils avaient établi leur grand nid dans le voisinage de ces arbres. Nous nous hâtâmes d'en faire aussi notre provision, et nous en remplîmes une sacoche, qui fut placée près des goyaves ; à l'exemple des oiseaux, mes fils voulurent en goûter et les trouvèrent très mauvaises. Nous avions amené avec nous notre singe pour nous chercher des œufs de poule à fraise, dont il était si friand ; mais nous renvoyâmes cette quête à notre retour, de crainte de les casser en voyageant. La place où Fritz avait tué le coq n'était pas loin de là. Nous continuâmes ensuite notre chemin, et nous arrivâmes bientôt vers les arbres de caoutchouc ou gomme élastique : je trouvai bon d'y faire une station, et de tâcher de me procurer assez de ce jus pour fabriquer des ustensiles commodes et des souliers imperméables. C'était dans ce but que je m'étais pourvu de plusieurs écuelles de coco. Je fis des incisions dans les plus gros troncs, et des espèces de rigoles avec des feuilles d'arbre repliées, que je plaçai dans l'ouverture faite à l'écorce, en posant au-dessous le vase de coco pour recevoir le jus précieux. Nous eûmes bientôt le plaisir de le voir couler, blanc comme du lait, goutte à goutte ; en sorte que nous eûmes l'espoir de trouver nos vases pleins à notre retour, et d'obtenir assez de résine pour faire un essai.

Nous continuâmes notre route ; elle nous conduisit dans le bois des cocotiers ; de là nous prîmes notre direction à gauche, du côté des cannes à sucre, pour nous arrêter ensuite à une égale distance des bambous et des cannes, dont nous voulions faire provision. Nous nous dirigeâmes si heureusement, qu'en sortant du bois nous nous trouvâmes en rase campagne dans une plaine, ayant à notre gauche les cannes à sucre, à notre droite les bambous et une quantité de palmiers d'espèces différentes ; en face était la superbe baie formée par le cap de l'Espérance trompée, qui s'avançait dans la mer.

L'aspect de ce point de vue était si ravissant, que nous résolûmes unanimement de choisir cette place pour nous y arrêter, et en faire le centre de toutes nos excursions ; il s'en fallut même peu que nous n'eussions formé le plan d'y transporter notre établissement de Falkenhorst, et d'en faire notre domicile : mais l'habitude nous attachait déjà à notre demeure ; nous y étions plus en sûreté sur notre grand arbre, et plus près de notre Zeltheim, que nous venions d'embellir ; ainsi nous nous contentâmes de faire de ce beau site le but de nos promenades. Nous dételâmes aussitôt nos bêtes de somme pour les laisser paître en liberté l'herbe touffue qui croissait à l'ombre des palmiers, et nous-mêmes fîmes une petite halte restaurante avec nos provisions, en causant de nos affaires et de la beauté de ce lieu.

Après nous être rafraîchis, nous nous divisâmes en arrêtant le travail de chacun ; les uns allèrent à droite couper des bambous, et les autres à gauche aux cannes à sucre ; nous en fîmes des paquets, qui furent liés pour les mettre sur le char. Le travail excita de nouveau l'appétit des jeunes gens, ils sucèrent quelques cannes ; cela ne leur suffit pas. Leur mère ne voulait pas leur livrer encore le reste des provisions, et leurs yeux se portaient vers le haut des palmiers, où pendaient les plus belles noix de coco. Enfin il fut décidé que deux d'entre eux grimperaient hardiment sur ces arbres de soixante ou quatre-vingts pieds de haut, avec une hache attachée à la ceinture pour abattre les noix. Fritz et Jack ne balancèrent pas ; ils choisirent les palmiers les plus chargés de fruits, et avec mon aide ils s'élevèrent d'abord assez haut ; mais, lorsqu'ils furent livrés à eux-mêmes, leurs jambes et leurs bras n'embrassant point cet immense tronc, ils ne purent s'accrocher à rien, et ils dégringolèrent plus vite qu'ils n'étaient montés. Arrivés au pied de l'arbre, je les vis honteux et chagrins ; alors je m'avançai, et comme un bon père, je vins à leur secours. « J'ai voulu, leur dis-je, vous laisser faire l'essai de vos forces, et vous prouver que la présomption est quelquefois punie. C'est fort bien d'avoir du courage et de ne pas balancer dans l'occasion ; mais à votre âge, mes amis, il faut prendre conseil de l'expérience, et, si vous aviez eu recours à la mienne, je vous aurais dit qu'il vous était impossible de monter sans secours à une telle hauteur. Sans doute de petits mousses aussi jeunes que vous grimpent à des mâts aussi hauts, mais ces mâts n'ont pas la grosseur de ces arbres, et les mousses s'aident avec des cordages. Voici donc ce que je vous conseille de faire pour y suppléer : d'abord je vais vous attacher aux jambes des morceaux de peau de requin, qui vous empêcheront de glisser et vous retiendront à l'arbre ; voici ensuite une corde avec laquelle je vais vous attacher au tronc de manière qu'en la faisant monter avec vous vous puissiez, en vous soutenant avec les bras, vous asseoir de temps en temps, et grimper en avant, au lieu de vous cramponner, en poussant la corde toujours un peu plus haut. Cette manière de grimper est pratiquée avec succès par les sauvages et par les esclaves nègres ; elle demande de l'habileté et de l'habitude. Vous monterez d'abord très lentement, puis vous irez aussi vite que les sauvages. »

Ils m'avaient écouté avec attention ; animés par mes conseils, ils essayèrent la manière que je leur avais indiquée, et réussirent bien plus facilement que je ne l'avais imaginé ; ils arrivèrent heureusement à la couronne de l'arbre, où il leur était facile de se tenir, et nous saluèrent avec des cris de joie. Ils tirèrent bien vite leur petite hache de leur ceinture, et, frappant sur les noix de coco, ils les firent tomber comme la grêle autour de nous ; à peine eûmes-nous le temps de nous mettre de côté pour ne pas les recevoir sur la tête. Mais notre singe, après avoir bien regardé ce qui se passait, voulut en faire autant, et l'instinct d'imitation s'empara de lui ; il s'élança de l'herbe sur un palmier, et il fit tomber des noix, en travaillant des pattes et des dents, aussi bien que Fritz avec la hache ; il redescendit ensuite aussi vite qu'il était monté, et s'assit par terre en grugeant une noix qu'il tenait entre ses pattes, et en faisant les grimaces les plus drôles. Mes deux fils descendirent moins vite que lui, mais aussi heureusement, et reçurent nos félicitations sur leur adresse dans ce pénible exercice.

Ernest ne disait mot ; ses frères se moquaient de lui et de sa paresse ; ils lui offraient leurs noix de coco *pour se restaurer après tant de fatigue;* il ne répondait rien, et les repoussait. Il se leva ensuite, et regarda attentivement tous les palmiers les uns après les autres ; il vint après cela me prier de lui scier une noix de coco par le haut, et d'y faire un trou pour y passer un lien et l'attacher à un des boutons de sa veste. Personne ne comprenait ce qu'il voulait faire ; il prit une petite hache dans sa ceinture, puis s'avançant de deux pas, il prononça ce petit discours avec assez de grâce :

« Je vois, mes chers parents, que, dans notre république, ou plutôt dans notre
» royaume (car notre bon père est notre roi bien-aimé, et notre mère une reine
» chérie), je vois, dis-je, qu'ainsi qu'en Europe, celui qui a le talent de s'élever
» au-dessus des autres est en grand honneur et en grande considération. Pour
» moi, j'avoue que je trouvais beaucoup plus doux et plus commode de rester
» paisiblement à ma place. J'ai peu d'ambition, et je préfère le repos ; mais je
» n'en aurai que plus de mérite d'être à mon tour utile à la patrie en grimpant
» comme les autres : heureux si je puis mériter des éloges de mon chef et de mes
» concitoyens ! Grimpons donc, puisqu'il faut grimper ; » et, nous saluant de la main, il s'élança vers un palmier très haut, de l'espèce des choux palmistes ou arécas oléracés. J'étais curieux de savoir ce qu'il allait faire ; mais lorsque je le vis courageusement embrasser l'arbre de ses jambes et de ses bras, et vouloir grimper sans aide, je m'approchai pour lui offrir des bandes de peau de requin et la corde ; il accepta les premières, mais ne voulut point de corde. « Je suis un peu maladroit, me dit-il, et tirer après moi cette corde est une peine de plus ; je crois que je pourrai m'en passer. » En effet, il travailla des genoux et des bras si bien et avec tant de force, qu'il avançait dans son ascension ; mais plus il montait, plus j'étais inquiet, parce que sa chute en serait devenue plus dangereuse. Je me tenais au pied de l'arbre, les yeux attachés sur lui, et je l'encourageais en répétant : « Bravo ! bravo ! mon Ernest ! si tu es monté le dernier, tu es aussi le plus courageux, puisque tu n'as pas l'aide de la corde, comme tes frères. » Ceux-ci, qui voyaient l'éclat de leur gloire prêt à se ternir, avaient plutôt l'air ricaneur et ironique que jaloux et humilié ; je ne pouvais comprendre en quoi ils trouvaient à railler Ernest, mais je l'appris aussitôt qu'il eut atteint la cime de l'arbre. Fritz et Jack éclatèrent de rire : « Bien de la peine pour rien, sage Ernest, lui crièrent-ils ; dans ton impatience de grimper, tu n'as pas vu que ton palmier n'a pas de fruit : tu ne rapporteras pas même une noix pour ta récompense.

— Non, pas une noix, leur répondit-il, mais une couronne ; et en disant cela, il trancha avec sa hache la sommité du palmier : un gros paquet de feuilles tendres et non développées tomba à nos pieds.

— Méchant garçon ! s'écria la mère : de dépit de ne point trouver de noix, il a coupé la tête de ce superbe palmier, qui périra. Est-il permis, Ernest, de te livrer ainsi à la colère ?

— Ce n'est point de la colère, maman, cria Ernest du haut de la colonne, où il se tenait comme une statue, c'est le désir de vous faire connaître un des meilleurs mets de ces contrées, le chou-palmiste ; je me condamne à rester ici, sur cet arbre, si vous ne le trouvez pas meilleur que toutes les noix de coco.

— Un chou ! s'écria Fritz ; M. Ernest veut nous faire croire à présent que les choux croissent au haut des arbres, et que nous sommes dans le pays des miracles !

— Nous y serons toujours, mon fils, dis-je, dans quelques lieux que nous habitions, car la nature entière est une suite de miracles de la bonté de Dieu ; et cette contrée étrangère nous en présente à chaque instant de plus frappants pour nous, parce que nous n'en avons pas l'habitude. Regarde cette cime de palmier, à laquelle tous les naturalistes, et non pas seulement ton frère, ont donné le nom de *chou* : ce n'est pas, il est vrai, une tête ronde comme celle du chou qui croît dans les jardins, mais un long rouleau de feuilles entrelacées, très jeunes encore, et qui, si Ernest ne les eût coupées, se seraient développées peu à peu en belles et grandes feuilles, comme celles qui sont encore sur l'arbre. Il a voulu nous faire connaître un des mets les plus recherchés des habitants de ce pays lointain, et même des Européens qui sont aux Indes ; il a de plus le mérite d'avoir su distinguer ce palmier de tous les autres, dont le chou n'est pas mangeable ou est beaucoup moins estimé, comme les palmiers à coco et à dattes ou sagou. Le palmier est le plus beau présent que la Providence pût faire à l'homme non civilisé, puisqu'il peut seul tenir lieu de toutes les jouissances que l'art et la civilisation procurent aux Européens. Mais à présent, mes chers enfants, laissez-moi vous faire observer combien, dans cette occasion, vous avez eu tort de vous moquer de votre frère, moins vif, moins leste que vous, moins entreprenant, mais beaucoup plus réfléchi et plus observateur, ce qui est bien aussi essentiel. C'est à lui que nous devons déjà nos découvertes les plus utiles, les patates et le manioc. Si au lieu d'envier l'un à l'autre vos succès, de vous railler comme vous venez de le faire si injustement, vous saviez réunir vos divers talents, voyez quel bien il en résulterait pour tous. Ernest penserait pour vous, vous agiriez pour lui, et le bonheur de tous serait le résultat de cet esprit de paix et de concorde si nécessaire parmi les hommes, mais surtout entre des frères. Accoutumez-vous aussi à ne jamais juger les actions des autres avant d'en connaître le résultat. Toi-même, bonne mère, toi qui ne prêches que la paix et la douceur, et crois volontiers le bien, tu t'es laissé entraîner par l'apparence, tu as mal jugé Ernest ; tu lui dois une réparation.

— De tout mon cœur, s'écria-t-elle élevant vers son fils ses yeux mouillés de larmes ; descends, mon cher Ernest, ne retarde pas le plaisir que j'aurai à t'embrasser.

— Que fais-tu si longtemps là-haut ? dit Fritz ; on croirait que tu veux remplacer le chou que tu nous as envoyé, et dont je me réjouis de me régaler. »

Nous levâmes les yeux au haut du palmier, et nous vîmes en effet Ernest accroupi au milieu de la couronne de grandes feuilles, et aussi immobile que s'il était devenu *chou* lui-même ; ce qui, malgré ma leçon, fit encore éclater de rire mes petits railleurs

« Allons, allons, m'écriai-je à mon tour, veux-tu passer la nuit sur ton palmier ? as-tu peur de descendre ? laisse-toi glisser doucement, et ôte, si tu le veux, les peaux de requin, qui t'accrocheraient.

— Je n'ai pas peur, s'écria-t-il ; mais je prépare ici l'assaisonnement du chou, et cela va plus lentement que je ne croyais : laissez faire, je vous apporterai de quoi boire à ma santé.

— De quoi boire ! s'écria le petit François : a-t-il donc aussi trouvé une fontaine à la cime de cet arbre? Je vous assure, papa, dit-il d'un air capable et sérieux, que je commence à croire que nous sommes dans une forêt enchantée, comme celles qu'on décrit dans les contes de fées. Qui sait si la plupart de ces arbres si singuliers ne sont pas des princes et des princesses ainsi métamorphosés? Ne le pensez-vous pas, mes frères ? » Il avait, en disant cela, l'air si persuadé et si craintif, que nous éclatâmes de rire. La mère le prit sur ses genoux et lui expliqua aussi bien qu'elle put ce que c'était qu'un conte.

Pendant ce temps-là, Ernest descendait avec précaution et fort adroitement. A peine fut-il à terre, qu'il détacha de sa veste la coupe de noix de coco, la prit délicatement dans sa main, et tira de sa poche un flacon qu'il déboucha ; il le vida dans la coupe, me le présenta, et me dit en souriant : « Permettez, mon père et mon roi, que votre petit échanson vous présente une boisson nouvelle ; je désire qu'il vous plaise ; c'est du vin de palmier, et j'espère que vous le trouverez excellent. »

La maman et les frères regardaient cette liqueur avec étonnement : pour moi, qui connaissais déjà, par mes lectures, le vin de palmier, j'étais moins surpris, mais très réjoui de cette nouvelle acquisition, et plus encore de la devoir à mon petit philosophe ; c'est ainsi que j'appelais Ernest. « C'est excellent, mon cher fils, m'écriai-je ; je bois à ta santé avec la reconnaissance que nous te devons, et j'engage tout le monde à en faire autant. »

En disant cela, j'en avalai une gorgée, et je tendis la coupe à ma femme, qui la passa à son fils aîné, celui-ci à Jack, puis à François, jusqu'à ce qu'il n'en restât plus une seule goutte. Nous trouvâmes tous que c'était une boisson agréable, à la fois douce et piquante, et qui nous rafraîchit singulièrement. « Oui, m'écriai-je, gloire soit rendue au grand philosophe Ernest, à qui nous devons ce beau présent ! » Mais apercevant sur son visage une nuance d'orgueil, je voulus l'abattre, et je continuai : « Il est fâcheux seulement que le motif qui l'a décidé à grimper sur le palmiste diminue un peu la gloire de sa découverte. J'aurais voulu qu'il y eût été conduit par le désir d'être utile, plutôt que par l'ambition et l'envie de l'emporter sur ses frères. Sans doute il en est résulté un bien général ; mais pour qu'une action soit parfaite, il faut encore que le motif en soit pur et louable.

— Je vous assure, papa, dit Ernest, que si j'avais été sûr qu'il y eût des palmiers à chou, je me serais décidé tout de suite à monter, mais je ne les connaissais pas ; seulement, pendant que mes frères grimpaient sur les cocotiers, je regardais tous les arbres, et j'ai pensé que celui qui ne portait point de fruits serait peut-être celui que je cherchais et dont j'avais lu la description : la Providence m'a bien servi. » Il raconta ensuite en détail comment il avait recueilli ce vin de palmier. « Je ne me doutais pas qu'il y en eût, nous dit-il, et je n'étais monté que pour avoir le chou ; dès que je l'eus coupé, je vis couler une liqueur, je la goûtai et la trouvai parfaite. Après avoir exprimé dans ma coupe ce qui sortait du chou même, je vous le jetai, et je fis une incision à côté du tronc. Bientôt je vis couler abondamment cette agréable liqueur, que je reçus dans la coupe, et que je mis ensuite dans mon flacon. C'est grand dommage que je ne me sois pas muni d'un petit tonneau, je l'aurais rempli ; mais une autre fois nous tâcherons d'en recueillir davantage ; nous savons à présent où est la source.

— Console-toi, mon cher, lui dis-je, de n'en avoir pas pris davantage aujourd'hui ; ce jus délicieux, qui ressemble au vin de Champagne, et qui peut-être nous enivrerait de même si nous en prenions beaucoup, serait demain tout-à-fait aigri comme le lait gâté de la noix de coco. Il faut d'autant moins en faire de provision que, d'un moment à l'autre, nous pouvons en avoir du frais sur ces arbres, qui dans ces parages sont très abondants ; cependant, comme on assure que l'arbre meurt lorsque son sommet a été coupé, il faut y aller avec modération, pour ne pas détruire l'espèce. Il y a une quantité de sortes différentes de palmiers qui ont d'excellentes qualités ; tous ne sont pas encore connus des botanistes ; il y en a un, dit-on, d'où il découle une espèce d'huile qui brûle aussi bien que les huiles d'Europe, et que nous trouverons peut-être une autre fois. En attendant, mes chers fils, rendons grâces au ciel des biens qu'il nous accorde. »

Le jour était déjà fort avancé, et nous étions décidés à passer la nuit dans cette charmante contrée ; nous résolûmes d'établir une espèce de cabane de branchages, comme les chasseurs sauvages en construisent dans les forêts d'Amérique, pour nous préserver de la rosée et de la fraîcheur de la nuit ; car nous ne craignions pas les bêtes féroces, n'en ayant aperçu jusqu'alors aucune trace. Je me mis donc à l'ouvrage. J'avais apporté de Falkenhorst une pièce de toile à voiles ; nous plantâmes quelques pieux, sur lesquels nous l'assujétîmes avec des cordes en forme de tente. Les côtés ouverts furent garnis de branches et de feuilles ; une perche posée en travers formait le faîte, et nous eûmes ainsi, en fort peu de temps, un asile très commode et très sûr.

Pendant que nous étions occupés à cette construction, et comme notre ouvrage tendait déjà à sa fin, nous fûmes tout-à-coup troublés par les cris de notre âne, qui paissait tranquillement dans le voisinage, et qui se mit à braire d'une telle force que nous allâmes voir ce qui l'effrayait à ce point. En approchant de lui, nous le vîmes, le nez en l'air, donnant des ruades, et faisant des sauts extraordinaires. Avant que nous eussions eu le temps de réfléchir à ce que nous devions faire, il nous tourna le dos et prit la fuite au galop, en nous laissant là tout surpris de le voir disparaître. Malheureusement Turc et Bill, que nous avions envoyés à sa poursuite, s'étaient glissés dans les buissons de cannes à sucre, et ne nous entendirent pas ; l'âne, au contraire, était entré dans les bambous du côté opposé, sans que nous eussions pu l'arrêter. Nous n'étions pas d'ailleurs sans crainte que son effroi n'eût été causé par la vue de quelque bête sauvage, que nous n'avions nulle envie de rencontrer, et nous allâmes prendre nos armes à feu pour nous défendre en cas d'attaque. Nos chiens revinrent enfin à notre appel, et ne donnèrent aucun signe de crainte ; ils ne flairaient point, et sautaient autour de nous comme à l'ordinaire. Je fis la ronde autour de la cabane, et n'ayant pas aperçu la moindre chose qui pût m'inquiéter, je courus avec Fritz et les deux dogues vers le buisson où notre fuyard s'était dirigé ; j'espérais, au moyen du nez de nos deux braves chiens, retrouver bientôt ses traces ; mais ces bonnes bêtes ne comprirent pas ce que nous leur demandions ; la piste de l'âne, avec qui ils passaient leur vie, n'était pas pour eux un objet de chasse qui pût les encourager ; en sorte qu'ils allaient de côté et d'autre dans les bambous, ne nous indiquant rien, et ne suivant aucune trace. La nuit s'approchait ; je n'osai m'éloigner davantage des miens. Fatigué et chagrin de ma course inutile et de la perte de notre âne, qui m'était si nécessaire, nous retournâmes vers la cabane, où nous trouvâmes tout en bon ordre ; la hutte était entièrement finie. Nous n'avions plus qu'à couper de l'herbe pour nous coucher, et ramasser des branches sèches et des roseaux pour allumer du feu, tant pour nous chauffer que pour éloigner les animaux dangereux ; je remis ce soin à ma femme. Comme je vis qu'elle ne pouvait se procurer assez de bois sec pour entretenir le feu toute la nuit, je voulus y sup pléer par un nombre de flambeaux que je composai d'abord. Je liai ensemble, comme de petits faisceaux, des cannes à sucre ; on se sert pour cela aux Antilles de cannes vidées ; mais, comme je n'en avais point, je les pris tout bonnement pleines de leur jus, et je soupçonnai qu'elles n'en brûleraient que mieux. J'en préparai donc, avant de souper, trois ou quatre douzaines de cinq à six pieds de longueur. Je les plaçai debout à droite et à gauche de la cabane, et au milieu de cette singulière avenue fut placé le feu qui devait servir à faire cuire notre souper, et que nous entretînmes aussi longtemps que nous eûmes du bois.

La fraîcheur de la nuit nous fit trouver grand plaisir à l'entourer. Après le repas, nous entrâmes sous la tente de campagne, et nous nous trouvâmes heureux de nous coucher sur notre herbe fraîche, avec la perspective d'un doux sommeil. Nos deux chiens et notre vache furent attachés en-dehors de la cabane comme une avant-garde ; nous mîmes près de nous nos armes chargées, et tout le monde se coucha tranquillement. Moi, je restai éveillé jusqu'à minuit pour entretenir le feu ; dès qu'il fut entièrement consumé, j'allumai mes flambeaux, et j'allai aussi me reposer sans crainte.

XXVI. — NOUVELLE CONTRÉE DÉCOUVERTE. — LE TROUPEAU DE BUFFLES. — PRÉCIEUSE ACQUISITION.

Le lendemain matin nous trouva tous bien portants, et nous remerciâmes en commun le ciel de sa divine protection. Nous déjeunâmes avec le lait de notre vache, des patates et un peu de fromage de Hollande ; pendant le repas, nous fîmes le plan de nos travaux de la journée. Nous avions en vain espéré que la nuit et notre bon feu nous ramèneraient notre âne fugitif. Jack était courroucé contre lui. « Il faut aussi être par trop bête, disait-il, pour préférer de passer la nuit dans le désert, et peut-être parmi les tigres et les lions, plutôt que d'être près de nous, sous la protection de nos chiens et dans le voisinage agréable de notre feu. » Il assurait qu'il ne valait pas la peine d'aller à la recherche d'un animal si peu intelligent. Mais nous fûmes d'une tout autre opinion ; nous trouvions tous que le grison nous était presque indispensable, et qu'il fallait faire notre possible pour le retrouver. Il fut donc décidé qu'avec un de mes fils et les deux dogues je parcourrais, jusqu'à midi, en tous sens, les épais buissons de bambous pour le chercher ; que je reviendrais à cette heure à la cabane, où ma femme et mes trois autres fils devaient nous attendre en coupant des cannes à sucre, en recueillant du vin de palmier, des noix de coco et des bambous, afin de retourner le lendemain à Falkenhorst avec nos provisions, sans que rien nous retardât. Comme je prenais avec moi les deux chiens, il me parut juste de laisser cette fois la mère et le petit François sous la protection des deux aînés, et d'emmener seulement avec moi l'alerte Jack, que la joie de cet arrangement mit hors de lui ; il mourait d'envie de m'accompagner, et n'avait pas osé me le demander, dans la crainte d'un refus.

Pour jouir encore de la fraîcheur du matin, nous nous mîmes en route, bien pourvus d'armes à feu, de haches, et munis d'une petite scie pour ouvrir au besoin des noix de coco. Nous dîmes adieu à nos amis, en leur recommandant la diligence, et, précédés de nos dogues, nous entrâmes dans le bois de bambous, où nous perdîmes bientôt de vue notre famille. Nous ne le traversâmes pas sans difficulté ; il devenait de plus en plus serré ; à peine pouvions-nous marcher et distinguer notre route, et, sans un peu de honte, je crois que nous serions revenus sur nos pas. Mais nous reprîmes courage, et peu après nous eûmes le bonheur d'apercevoir sur la terre la marque du sabot de notre âne, ce qui nous mit sur ses traces et ranima notre zèle. Après une bonne heure de marche, nous vîmes enfin la mer à travers les bambous, et bientôt nous fûmes en liberté au bord de la grande baie. Nous découvrîmes qu'une rivière assez considérable s'y jetait, et que la lisière de rochers que nous avions toujours à notre droite s'étendait jusqu'auprès du rivage, et se terminait perpendiculairement en précipice, ne laissant entre elle et la rivière qu'un passage étroit, qui devait être entièrement inondé dans le temps de la crue des eaux, mais qui alors était praticable. Le soupçon que notre âne aurait plutôt passé par ce défilé que de se hasarder dans ce torrent nous décida à prendre cette même route ; nous étions également guidés par la curiosité de savoir ce qui se trouvait derrière la paroi des rochers ; nous ne savions pas encore s'ils bornaient notre île ou s'ils la partageaient, et si nous allions trouver la mer ou la terre ferme. Nous grimpâmes donc, et nous arrivâmes bientôt vers un ruisseau bruyant, qui sortait en cascade d'un amas de rocs, et se jetait à gauche dans la rivière. Son lit était si profond et son cours si rapide, que nous trouvâmes avec peine un endroit assez étroit pour le traverser sans danger ; de l'autre côté, nous eûmes un terrain sablonneux mêlé de terre végétale, et là nous vîmes encore l'empreinte visible des pieds de notre grison. En cherchant à l'observer, nous aperçûmes avec surprise qu'il y avait de toutes parts une quantité d'autres traces de pieds ; ils différaient un peu par la forme de celui de l'âne, et ils étaient beaucoup plus grands. Notre curiosité redoubla notre ardeur, et nous suivîmes la trace de ces pieds singuliers ; elle nous conduisit dans une plaine à perte de vue, qui offrit à nos yeux enchantés la riante image du paradis terrestre. Nous montâmes sur une colline qui nous en cachait une partie, et nous vîmes alors, avec une excellente lunette d'approche, une contrée fertile, délicieuse, où tout respirait la tranquillité et le repos. A notre droite, s'élevait majestueusement la chaîne de rochers qui partageait l'île ; quelques-uns semblaient monter jusqu'aux nues, d'autres se dessinaient en formes bizarres et variées contre l'azur du ciel ; quelques brouillards amoncelés comme la neige cachaient leurs sommités. A notre gauche, une suite de douces collines se prolongeait jusqu'au fond de ce beau tableau ; elles étaient tapissées d'une herbe haute et du plus beau vert, coupée çà et là de petits bois de palmiers de toute espèce, et d'autres arbres inconnus. La belle rivière, comme un large ruban d'argent, traversait le vallon en serpentant, et ses bords étaient garnis de roseaux et d'autres plantes aquatiques. Je ne pouvais détacher mes yeux de ce spectacle ravissant, et je m'assis pour en jouir plus longtemps. Ni sur la plaine, ni sur les collines, on ne pouvait découvrir la moindre trace d'habitations d'hommes ou de plantations ; c'était une terre absolument inculte et dans toute sa pureté primitive ; on n'y apercevait que quelques oiseaux, qui voltigeaient sans effroi autour de nous, et un grand nombre de papillons brillant des plus belles couleurs, qui se confondaient avec des fleurs qui nous étaient étrangères.

Cependant, à force de regarder de tous côtés, je crus voir dans l'éloignement un groupe animé, qui me parut être un troupeau de gros animaux, que j'aurais pris de là pour des vaches ou pour des chevaux ; je les voyais tantôt réunis, tantôt broutant de côté et d'autre, et je résolus d'en approcher. Depuis que nous marchions dans l'herbe, nous avions perdu les traces de notre âne ; je ne voulais pourtant pas renoncer à l'espoir de le retrouver ; j'espérais qu'il se serait peut-être associé à ce troupeau de bêtes sauvages qui paissait assez près de la rivière. Nous prîmes donc le chemin du rivage, en traversant un buisson de roseaux qui nous cachait à ce troupeau, que nous voulions aborder avec précaution, ne sachant pas encore à quelle espèce d'animaux nous aurions affaire. A peine avions-nous marché un quart d'heure, que le sol commença à devenir marécageux, et les roseaux se montrèrent si épais, que nous fûmes obligés de tirer un peu de côté, et de passer autour de ce bois de roseaux enlacés. Ils surpassaient tellement en hauteur et en épaisseur tous ceux que nous avions vus jusqu'alors, que je soupçonnai que c'était le roseau géant d'Amérique, ou le bambou sommat; on en a vu qui avaient quatre-vingts pieds de hauteur et dix-huit pouces de diamètre; ceux-ci n'avaient, il est vrai, qu'une élévation de trente ou quarante pieds; mais on pouvait les employer à des mâts de bateau et de canot, et je savais que les grands roseaux servaient à cet usage. Les sauvages les coupent aussi au-dessus et au-dessous des nœuds, et en font ainsi des vases très commodes pour contenir le lait ou d'autres liquides. Jack avait envie d'en apporter à sa mère; je lui promis d'en couper quelques-uns au retour; je n'étais alors occupé que du principal objet de ma course, de notre baudet perdu. Quand nous eûmes passé les roseaux, nous aperçûmes à trente pas de nous un troupeau assez considérable de buffles sauvages. Cet animal est effrayant lorsqu'on le voit pour la première fois et qu'il n'est pas apprivoisé; il est d'ailleurs d'une force extraordinaire, et ce troupeau aurait pu nous anéantir en un instant s'il s'était jeté sur nous; aussi j'en fus tellement effrayé que je pensai à peine à bander le chien de mon double fusil, que je restai là comme pétrifié. Par bonheur, nos chiens étaient en arrière, et ces buffles sauvages, qui ne connaissaient point l'homme, n'avaient pas l'air de nous craindre; ils restaient assez tranquilles à leur place; leurs yeux ronds étaient fixés sur nous avec étonnement; ceux qui étaient couchés se levaient lentement, mais aucun ne paraissait disposé à nous attaquer. La circonstance qui faisait que nous n'avions pas nos chiens avec nous nous sauva vraisemblablement la vie, car, à la moindre attaque hostile de nos dogues, qui n'auraient pas manqué de leur courir sus, le troupeau se serait jeté sur eux et sur nous, et nous eussions tous succombé. Nous eûmes le temps de reculer un peu, et de mettre nos armes en état. Mon intention n'était pas cependant d'en faire usage, excepté pour notre défense; nous n'étions pas assez en force pour attaquer, et je savais qu'un coup d'arme à feu mettrait ces animaux en fureur; je ne songeais donc qu'à la retraite, et j'allais l'effectuer avec mon pauvre petit Jack, pour qui j'étais plus alarmé que pour moi-même, lorsque malheureusement Turc et Bill nous rejoignirent, et furent aussitôt aperçus des buffles. Tout-à-coup ces effrayantes bêtes commencèrent à mugir d'une telle force que nos nerfs en furent ébranlés; ils frappaient des pieds et des cornes contre la terre, qu'ils soulevaient et faisaient voler autour d'eux. Je voyais avec épouvante le moment où ils allaient se jeter sur nous pour nous anéantir, ainsi que les chiens, qu'ils prenaient sans doute pour des loups ou pour des chacals. Nos intrépides dogues, sans redouter aucun danger, allaient en avant, malgré nos efforts pour les retenir; et, suivant leur manière d'attaquer, ils saisirent par les oreilles un buffletin, ou jeune buffle, qui se trouvait de cinq ou six pas plus près d'eux que le reste du troupeau, et quoiqu'il criât à nous fendre la tête et qu'il frappât du pied, ils le tinrent ferme et le traînèrent vers nous. Le combat était engagé, et, si nous ne voulions pas honteusement abandonner nos vaillants défenseurs, que menaçait une mort prochaine, il fallait hasarder de les défendre à notre tour, ce qui, vu le nombre de nos ennemis, paraissait une véritable témérité. Notre seul espoir était dans l'effroi que pourrait leur causer notre mousqueterie, qu'ils entendraient pour la première fois, et qui les déterminerait peut-être à fuir. Le cœur un peu tremblant, je l'avoue, nous fîmes feu tous deux en même temps ; et en effet les buffles, effrayés par ce bruit et par la fumée, restèrent un instant immobiles, comme frappés de la foudre, et prirent la fuite avec une telle rapidité qu'ils furent bientôt hors de notre vue. Nous entendîmes leurs mugissements, qui se perdirent peu à peu dans le lointain. Une femelle seule, qui était sans doute la mère du petit que les chiens tenaient en arrêt, étant accourue à ses cris, avait été blessée ; elle était furieuse. Après s'être arrêtée pendant deux secondes, elle courut tête baissée et avec rage contre nos dogues, qu'elle aurait exterminés si, d'un coup de mon double fusil, je ne l'eusse prévenue. Elle tomba ; je m'approchai d'elle, et, voyant qu'elle vivait encore, je l'achevai d'un coup de pistolet. Ce ne fut qu'alors que nous commençâmes à respirer ; nous venions de voir de près une mort terrible et presque inévitable ; nous avions risqué d'être écrasés sous les coups de pied et de corne de ces redoutables animaux. J'étais enchanté de mon Jack, qui, au lieu de pousser des cris et des gémissements, comme bien d'autres enfants de son âge l'auraient fait, était resté ferme, silencieux à côté de moi, et avait avec calme tiré son coup de fusil. Je le louai à juste titre, et je lui fis sentir combien, dans le danger, il est essentiel de ne pas perdre la tête, de ne pas la faire perdre à ceux qui sont avec nous par des démonstrations d'une crainte inutile, et de conserver toute sa présence d'esprit, qui suffit quelquefois pour sauver la vie. Mais je n'avais pas de temps à perdre en longues réflexions ; le buffletin, ou veau de buffle, était toujours arrêté par nos deux dogues, qui le tenaient aux oreilles ; il beuglait tellement, et donnait de tels coups de pied, que je craignis à la fin que nos chiens ne fussent blessés, et je jugeai nécessaire d'aller à leur secours. A dire la vérité, je ne savais trop moi-même comment m'y prendre, et j'étais dans le plus grand embarras. Quoique jeune, le buffletin avait déjà assez de force pour se défendre et se venger sur nous si je faisais lâcher prise aux dogues. J'aurais pu, il est vrai, le tuer, comme la mère, d'un coup de pistolet ; mais je tenais beaucoup à le conserver vivant et à l'apprivoiser, pour remplacer notre âne, que nous avions peu d'espérance de retrouver ; mais comment faire ? J'y réfléchissais, lorsque Jack me tira d'embarras ; il avait sur lui sa fronde à balle ; il la tira de sa poche, recula de quelques pas, et la lança si adroitement contre le jeune buffle et autour de ses jambes de derrière, qu'il en fut renversé ; alors je pus approcher et lui lier les quatre pieds avec une corde plus forte. Nous fîmes reculer les chiens, qui n'avaient blessé que légèrement l'animal aux deux oreilles, et dès ce moment nous le regardâmes comme étant à nous. Jack en sautait de joie. « Quelle belle bête nous aurons là ! disait-il ; elle aura bien meilleure allure, attelée à notre char, à côté de la vache, que ce vilain petit âne qui nous a plantés là ! Comme je me réjouis de l'amener à la maison ! Ma mère et mes frères seront bien étonnés de notre chasse !

— Ah ! ah ! petit fanfaron, lui répliquai-je, tu vas vite en besogne, ce me semble ; tu vois déjà ton buffle attelé, et je ne sais pas encore comment nous ferons pour le mener chez nous. Veux-tu le porter sur ton dos, comme faisait Milon de Crotone ? Pour moi, je ne sais comment le faire bouger de cette place.

— Bien obligé, papa ; si j'étais Hercule, ou ce Milon dont vous parlez, je serais fort à son service : hélas ! je ne suis qu'un pauvre petit garçon. Mais, mon père, cet animal peut marcher, il n'y a qu'à lui délier les jambes.

— Et lui dire : Marche devant nous. Crois-tu qu'il le veuille ?

— Les chiens pourront le faire avancer.

— Il pourra aussi les tuer d'un coup de pied, puis nous échapper au galop. Je crois que le mieux sera de lui lier les jambes de devant, comme on fait aux chevaux vicieux, mais de les serrer de manière qu'il puisse marcher et non courir. Je vais essayer de mettre en œuvre le moyen qu'on pratique en Italie pour dompter les buffles ; il te paraîtra peut-être trop cruel, mais j'espère qu'il nous réussira ; nous rendrons ensuite cet animal si heureux, qu'il nous pardonnera et ne voudra plus nous quitter. Tiens ferme le bout de la corde qui lui lie les pieds pour qu'il ne puisse bouger. » Je fis approcher Turc et Bill, et je leur tendis les oreilles du jeune buffle, dont la tête fut alors tranquille ; je tirai de ma poche mon couteau pointu et tranchant, je préparai une corde de moyenne grosseur, je me plaçai devant lui, et, saisissant d'une main son museau, je fis un trou dans la narine ; j'y passai vite la corde, que j'attachai ensuite à un arbre, assez ferme pour que la bête ne pût pas même secouer la tête, attendu que, jusqu'à ce que la plaie fût cicatrisée, chaque mouvement augmenterait ses douleurs. Je fis éloigner les chiens dès que l'opération fut finie. Le buffletin furieux se leva et voulut s'évader ; mais ses jambes liées à demi et la douleur que lui causait sa blessure l'arrêtèrent. Au premier essai que je fis pour tirer la corde, il se prêta à ce mouvement et marcha en avant ; je vis alors que nous l'emmènerions avec assez de facilité. Je le rattachai ensuite à l'arbre aussi près que possible, voulant tâcher d'emporter au moins ce que nous pourrions de la femelle que j'avais tuée. Je commençai par couper la langue, qui est le meilleur morceau. Nous prenions toujours avec nous quelques poignées de sel pour nous en servir au besoin ; je l'en frottai pour la conserver ; j'ôtai ensuite la peau des quatre pieds, en prenant garde de la déchirer. Je me rappelai d'avoir lu que les chasseurs américains mettent ces peaux en guise de bottes et de souliers, qu'elles sont très douces à porter et très flexibles, et je voulais les employer à cet usage. Je coupai encore quelques pièces du corps avec la peau, j'y mis ce qui me restait de sel, et j'abandonnai aux chiens les débris de la bête pour les récompenser de leur bravoure. J'allai, après avoir fait le boucher, me laver à la rivière. Nous nous assîmes ensuite à l'ombre des roseaux, et en admirant leur superbe végétation nous mangeâmes avec appétit les provisions que nous avions apportées. Nos pauvres dogues dévoraient aussi de leur côté ; mais ce ne fut pas sans peine qu'ils achevèrent leur repas. A peine l'eurent-ils commencé, que des vautours se précipitèrent du ciel, où nous les avions observés comme des points noirs, et se jetèrent sur le cadavre du buffle sans s'embarrasser des hurlements de nos chiens. Il s'éleva d'abord entre eux une espèce de combat ; mais, nul ne voulant céder la proie, ils se décidèrent à la partager ; chacun en attrapait ce qu'il pouvait avec un empressement et une gloutonnerie qui nous firent rire : aussi, en peu de temps ne resta-t-il que les os de cette énorme bête. Dès qu'une horde de ces brigands emplumés était rassasiée, il en arrivait une autre de plusieurs espèces d'oiseaux de proie, entre lesquels je reconnus le grand vautour royal, et le calao, que l'on nomme aussi l'*oiseau rhinocéros*, qui est très facile à connaître par l'excroissance courbe qu'il a sur son bec supérieur. Nous aurions bien voulu avoir en notre puissance cet oiseau assez curieux, et plusieurs autres espèces qui m'étaient inconnues ; nous eussions pu en abattre en quantité au moyen de quelques coups de fusil ; mais à quoi cela nous aurait-il servi ? nous n'avions déjà que trop troublé, pour nos besoins et notre défense, la tranquillité des habitants de cette île, qui jusque-là n'avait appartenu qu'aux animaux.

« Pourquoi, dis-je à mon fils, tuer ceux-ci dans l'unique dessein de satisfaire une vaine curiosité ? » Nous les laissâmes donc en repos, et nous nous contentâmes de les chasser lorsqu'ils voulurent prendre notre dîner dans nos mains et sur nos genoux. J'eus de la peine à empêcher Jack de s'amuser à les tirer : il fallut l'occuper autrement et je lui donnai une petite scie pour préparer des vases de roseau, qui devaient nous être beaucoup plus utiles que ce gibier. Je ne pouvais me lasser d'admirer la hauteur et l'épaisseur de ces bambous; mais mon petit paresseux n'eut garde d'attaquer les plus hauts, qui lui auraient donné trop de peine; il en choisit qui avaient tout au plus un pied de diamètre et à peu près un pouce d'épaisseur, et il les scia de jointure en jointure.

« Il me paraît, lui dis-je en riant, que tu veux te faire une flûte de Pan pour arriver en triomphe à la maison au son de la musique, et célébrer notre victoire sur les buffles; mais tu prends encore des roseaux beaucoup trop gros; coupe les plus petits, et choisis les inégaux. — Ah! me dit-il, je penserai à la musique une autre fois; je n'ai pas vu que Robinson dans son île s'amusât à faire des flûtes: mais il me vient une idée; je vais faire quelque chose qui sera plus utile à maman. Voulez-vous, mon père, achever ces vases? il n'y a plus rien à faire qu'à les partager; je vais à présent couper des roseaux gros comme des cierges d'église, et j'en ferai des moules pour nos bougies.

— Bien pensé, Jack, lui dis-je en lui frappant le front, il me semble que cette petite tête sans cervelle commence à en acquérir; c'est très bien imaginé, et je loue ton invention. Je vais t'aider à faire quelques-uns de ces moules : si nous ne pouvons pas en faire sortir la bougie sans les casser, ce que je crois très probable, nous savons où ils croissent, et nous reviendrons en chercher d'autres. »

En disant cela, je me levai, et je fis choix des roseaux qui pouvaient le mieux convenir à cet usage; j'en coupai ensuite quelques-uns des plus grands, que je partageai seulement en trois ou quatre parties, pour en donner une idée à ma femme. Je donnai ensuite le signal du départ.

Nous avions tant de choses à traîner et à porter, et la soirée était déjà si avancée, que je n'hésitai pas à renoncer pour ce jour-là à la recherche de l'âne, et à retourner sans délai près des nôtres, afin de ne pas les inquiéter; je désirais aussi moi-même savoir s'il ne leur était rien arrivé pendant notre absence. Je détachai notre jeune buffle, et vis avec plaisir, en m'approchant, qu'il s'était endormi; ce qui me prouva que sa blessure à la narine n'était pas trop douloureuse. Cependant il beugla lorsque je tirai la corde, mais il me suivit sans résistance. Je lui en attachai une seconde aux cornes, et je les tins toutes deux; je ne tirais celle du nez que lorsque j'y étais obligé pour le faire marcher, et presque à chaque pas il devenait plus docile; enfin il le fut au point que nous hasardâmes, pour nous soulager, d'attacher sur son dos les paquets de roseaux et les pièces de viande salée. Le buffletin n'eut pas l'air de s'en apercevoir; il me suivit comme auparavant, et nous rendit, ce premier soir, un bon service; nous en fûmes plus lestes pour la marche, et nous poursuivîmes gaiement notre chemin. Nous nous retrouvâmes bientôt dans l'étroit passage entre le torrent et les amas affreux de rochers dont j'ai déjà parlé. Inopinément se trouva là, à quatre pas de nous, un chacal assez gros : aussitôt qu'il nous aperçut il prit la fuite; mais il fut vivement poursuivi par nos chiens, qui l'atteignirent à l'entrée d'une caverne, et le forcèrent; n'ayant plus la possibilité d'y entrer, il prit le parti de se défendre. Mais le combat était très inégal; nos vaillants dogues étaient deux contre un, et leur large collier armé de pointes et de clous résistait bien aux attaques de l'ennemi, qui était trop à découvert pour n'être pas bientôt vaincu. Quand nous arrivâmes sur le champ de bataille il était déjà mort; nous l'examinâmes, et nous vîmes que c'était une femelle qui allaitait. C'était sans doute pour défendre l'entrée de la caverne où devaient être ses petits qu'elle avait perdu la vie. Jack voulut y pénétrer et les prendre; mais, craignant que le mâle n'y fût caché, je retins son zèle, et je tirai d'abord un coup de pistolet dans cet enfoncement obscur ; voyant que tout était tranquille, je le laissai faire, car j'étais charmé toutes les fois que je le voyais donner des preuves de courage.

Pendant quelques moments ses yeux ne purent rien découvrir à cause de l'obscurité ; mais, quand ils y furent accoutumés, il aperçut dans un coin un nid rempli de petits chacals. Les dogues, qui l'avaient suivi, les sentirent avant même qu'il les eût vus ; ils se jetèrent dessus et les exterminèrent sans miséricorde, à l'exception d'un seul, qu'il parvint à leur ôter. Il revint vers moi, tenant dans ses bras ce petit animal, qu'il caressait, et qui pouvait avoir douze à quinze jours : ses yeux étaient à peine ouverts, car, chez les bêtes qui naissent aveugles, les yeux ne s'ouvrent pas avant le dixième ou le douzième jour, et restent quelque temps encore faibles et à demi fermés.

Jack me demanda avec instance la permission d'élever ce petit chacal, comme Fritz avait élevé son singe : je n'eus rien à objecter, ne voulant pas refuser à l'un de mes enfants ce que j'avais accordé à l'autre ; il me paraissait cruel de tuer de sang-froid cette pauvre petite bête. J'avais envie aussi d'essayer sur elle le pouvoir de l'éducation, et de savoir s'il nous serait possible de parvenir à l'apprivoiser assez pour nous procurer à l'avenir une bonne race de chiens courants : cela valait la peine d'en faire l'expérience. Jack eut donc la permission de le garder, et fut si content, qu'il dansait, sautait de joie, serrait contre son sein le petit renard doré, le couvrait de baisers, et me promettait de l'élever si bien, qu'il deviendrait doux et gentil, et n'incommoderait personne.

Nous sortîmes de la caverne ; j'avais attaché près du torrent le jeune buffle à un arbre, sans remarquer de quelle espèce il était. En y allant pour détacher l'animal, je vis que c'était un petit palmier ; près de là j'en trouvai d'autres, de deux espèces très remarquables, que nous n'avions encore vues nulle part. Les uns avaient de dix à douze pieds de hauteur ; leurs feuilles étaient armées d'épines pointues, et portaient un fruit de la forme d'un petit concombre oblong ; mais il n'était pas encore mûr, de sorte que nous ne pûmes le goûter. Les autres, un peu plus petits, avaient aussi des feuilles épineuses ; ils étaient en fleurs et ne portaient pas encore de fruit. Je soupçonnais que la première espèce était le palmier royal, qu'on nomme *awiva* ou *aiguille d'Adam*, et la seconde le palmier nain. Je résolus de me servir de tous deux pour fortifier mon enclos de Zeltheim, et d'en planter aussi une ligne serrée pour la défense du passage étroit où nous étions. Nous nous proposâmes donc de revenir dans quelque temps pour arracher les plus jeunes et les transplanter ; nous eûmes l'espoir de trouver alors leurs fruits mûrs, et de pouvoir reconnaître leur espèce avec plus de certitude.

Nous traversâmes heureusement le ruisseau qui, depuis la paroi des rochers, se jette en cascade écumante dans la rivière, après avoir également franchi l'étroit et rude passage qui tourne le rocher, et qui ne laisse pas d'être dangereux ; marchant toujours avec précaution, nous arrivâmes chez nous un peu avant la nuit, fatigués, mais d'ailleurs sains et saufs. Nous fûmes reçus avec des cris de joie et d'admiration à cause des nouveaux hôtes que nous amenions : le veau noir fut trouvé très beau, le renard jaune très joli, et Jack eut assez à faire de raconter l'histoire du mémorable combat avec les buffles et la mort du chacal. On lui faisait tant de questions, que je pus à peine m'informer de ce qui s'était passé pendant notre absence : j'en vins à bout cependant, et j'appris avec plaisir tout ce que mon monde avait entrepris et exécuté, ainsi qu'on le verra au chapitre suivant.

J'ai déjà plusieurs fois fait l'observation du privilége particulier dont jouissait notre île, de renfermer des animaux qui ne se sont jamais jusqu'à présent trouvés ensemble. Pour la dernière fois je ferai remarquer ici que l'Australie, dont nous étions peu éloignés, ne nourrit aucune espèce d'animaux ruminants, de sorte que la présence du buffle dans l'île m'aurait paru fort extraordinaire sans les exemples singuliers qui s'étaient déjà offerts à nous. En attendant, ce qui me confirmait dans la pensée que nous étions réellement dans un lieu d'exception, c'était que le règne végétal ne présentait pas la même marche, du moins je n'avais encore rencontré aucun des arbres essentiellement australiens, tels que les eucalypes, les pandanus, et autres.

XXVII. — L'AIGLE DE MALABAR ET LA FABRIQUE DE SAGOU.

Ma femme prit la parole : elle me dit que tous ses enfants avaient été sages et diligents ; ils étaient montés ensemble sur le promontoire de l'Espérance trompée, avaient ramassé du bois et fait des flambeaux pour la nuit, et, ce que je n'aurais pas cru possible, ils s'étaient hasardés à abattre un immense palmier, celui où Ernest était monté. Ce pénible et dangereux travail avait été heureusement exécuté ; le roi des forêts gisait étendu sur la terre, et couvrait un espace de soixante-dix pieds de long au moins. Ernest avait encore une fois grimpé dessus, muni d'une longue corde qu'il avait fortement attachée au sommet. Lorsqu'il fut redescendu, lui et Fritz avaient travaillé de la hache et de la scie pour le couper. Dès qu'il fut à peu près traversé, ils dirigèrent doucement sa chute avec la corde, et de cette manière ils en vinrent à bout. Mais, pendant leur promenade et leurs occupations, ils eurent une visite assez fâcheuse : une troupe nombreuse de singes s'était glissée vers la cabane ; ces animaux avaient bu le vin de palmier que nous avions recueilli dans les calebasses, renversé et dispersé toutes les pommes de terre, volé les noix de coco, et presque entièrement détruit la paroi tressée de notre cabane ; en sorte que mes enfants à leur retour avaient eu pour une heure de travail à réparer le dommage causé par cette maudite engeance. Fritz avait aussi fait une chasse dont il était très fier : il m'apporta sur son poing un jeune oiseau de proie d'un superbe plumage ; il l'avait pris dans un nid sur les rochers tout près de la colline de l'Espoir trompé. Quoique très jeune, il avait déjà toutes ses plumes ; elles n'étaient pas encore colorées comme elles devaient l'être ; mais, en les examinant, je crus avoir la certitude que mon fils avait déniché un aigle du Malabar ; je l'admirai comme il le méritait ; et comme cette espèce d'aigle n'est ni grande ni difficile à nourrir, je voulus essayer de dresser, comme un faucon, à la chasse des oiseaux, ce nouveau pensionnaire. Fritz lui avait déjà bandé les yeux, et il était attaché par le pied à une ficelle ; je lui conseillai de le tenir longtemps et souvent sur le poing, et de le dompter par la faim, comme font les fauconniers.

Quand nous eûmes achevé nos récits, ma femme commença ses lamentations ordinaires sur les bêtes vivantes et mangeantes qu'on lui amenait, et qui ne pourraient manquer par la suite de nous devenir à charge. J'eus de la peine à la consoler, en lui disant que le buffle remplacerait l'âne, et j'établis la loi invariable que celui qui voudrait avoir une bête nouvelle à son service aurait le soin de l'entretenir. « C'est une cruauté, leur dis-je, que d'ôter à un être sensible la liberté pour un plaisir passager et pour le faire souffrir ; il faut, au contraire, le dédommager de cette privation par les caresses et la bonne nourriture. Je déclare donc que celui qui fera souffrir les animaux qui lui sont confiés n'aura plus le droit d'en avoir. » Cette menace était terrible, car l'homme est tellement fait pour la société, qu'au défaut d'êtres de son espèce il s'attache aux animaux. Ma femme alors fut satisfaite, et, comme elle les aimait beaucoup elle-même, elle promit à ses fils de les remplacer dans leurs soins lorsqu'ils seraient occupés ailleurs. Nous eûmes l'espoir que cette obligation les rendrait plus doux, plus actifs, plus réguliers, plus constants dans leurs affections. J'ai souvent remarqué que le bien qu'on fait aux animaux produit ces bons effets. Je donnai l'ordre de faire du feu et d'y mettre beaucoup de bois vert pour avoir de la fumée, au-dessus de laquelle je voulais suspendre les quartiers de buffle salés pour les conserver ; ce qui fut exécuté. Nous attachâmes nos morceaux de viande à de hautes fourches, j'en ôtai tout ce qui ne me parut pas assez frais, et je vis avec plaisir que le petit aigle s'en régalait. Le jeune buffle commençait à brouter ; on lui donna du lait de vache, et Jack en fit boire aussi à son petit chacal. Nous joignîmes à la ration du buffle, dont l'appétit est très grand, un tas de patates hâchées qu'il mangea en entier ; ce qui nous fit juger que la douleur de sa blessure était passée, et qu'il s'apprivoiserait bientôt.

Vint notre tour de souper ; nous nous en acquittâmes aussi bien que nos bêtes. On causa avec gaieté ; on railla beaucoup Jack sur son combat avec les buffles, sur les bottes qu'il voulait faire avec leurs pieds, et même sur les moules à bougies, dont on ne pouvait les faire sortir. Il se défendit avec esprit, et les rieurs furent de son côté. On prit pour la nuit les mêmes arrangements que la veille. Nous laissâmes notre viande à la fumée de nuit ; nous attachâmes le jeune buffle à côté de la vache, et nous vîmes avec plaisir qu'ils s'entendaient fort bien, et qu'à l'avenir ils vivraient en paix. Les chiens se mirent à leur poste de garde, Fritz voulut se coucher avec son aigle, qu'il avait sur son poignet, et dont les yeux étaient toujours couverts ; l'oiseau resta paisiblement à cette place, et n'empêcha pas son maître de dormir. Notre nuit fut si tranquille, qu'aucun de nous ne se réveilla pour entretenir les flambeaux, et le soleil se leva avant nous. Immédiatement après un sobre déjeuner, je sonnai la marche du départ ; mais mes petites bonnes gens avaient encore je ne sais combien de choses dans la tête, et ni eux ni leur mère n'étaient disposés à m'obéir.

« Réfléchis, cher ami, me dit ma femme, que nous avons abattu ce beau palmier avec bien de la peine, et qu'il serait fâcheux de ne recueillir aucun fruit de nos sueurs ; c'est l'arbre dont Ernest avait coupé l'excellent chou, il ne pouvait plus croître ni produire, nous avons voulu en profiter autrement. Ernest assure que c'est un sagoutier ; s'il a raison, la moelle nous donnera une excellente provision pour mes soupes. Je te prie de l'examiner et d'en tirer parti. »

Je pensai qu'elle avait raison ; mais pour cela, il fallait se décider à rester encore un jour en cet endroit : ce n'était pas d'ailleurs une petite affaire que de fendre d'un bout à l'autre un tronc de soixante pieds. J'y consentis pourtant, d'autant plus volontiers qu'outre l'avantage de la moelle farineuse, je pouvais, en le vidant, obtenir deux beaux et grands canaux pour conduire l'eau du ruisseau des Chacals dans le jardin potager de ma femme à Zeltheim, et de là dans mes nouvelles plantations d'arbres.

FRITZ. Voilà pour un, et l'autre nous servira pour conduire notre ruisseau de Falkenhorst dans mon beau bassin d'écaille de tortue ; nous aurons alors une fontaine à côté de la maison, ce qui sera très agréable : je me réjouis de la voir couler.

ERNEST. Et moi, je me réjouis de voir comment on parvient à mettre le sagou en petits grains, ainsi que je l'ai vu en Europe : pouvez-vous le préparer ainsi, mon père?

LE PÈRE. Oui, je le crois, si vous voulez m'aider. Nous allons établir une fabrique de vermicelle et de macaroni.

FRANÇOIS. Oh! oui, papa, je vous en prie; des macaroni! c'est si bon! je veux bien vous aider à les faire.

LE PÈRE. Je crois plutôt, petit gourmand, que tu m'aideras à les manger. Je ne vous promets pas cependant qu'ils seront aussi bons et aussi bien fabriqués que ceux de Gênes et de Naples; mais faisons toujours de la pâte de sagou, et nous essayerons ensuite de la mettre en œuvre. N'avons-nous pas ici une de nos râpes à cassave?

ERNEST. Oui, sans doute, nous avions pensé à en faire ici pour nous amuser; mais nous avons trouvé assez d'autres occupations... Il courut me la chercher.

LE PÈRE. Patience, mes enfants! nous n'en sommes pas là; il me faut beaucoup d'autres choses : d'abord je vais élever ce palmier en mettant à chaque bout deux petites fourches pour le soutenir : nous aurions trop de peine à le fendre s'il restait couché sur la terre; il me faut ensuite quelques coins de bois pour tenir la fente ouverte à mesure que je la ferai, et puis une provision d'eau.

LA MÈRE. C'est là le plus difficile; le ruisseau est très éloigné; nous n'avons pas encore découvert de source dans le voisinage.

ERNEST. Cela n'y fait rien, ma mère; j'ai vu près d'ici en abondance de ces plantes qui portent de l'eau; elles nous en fourniraient assez si j'avais seulement des vases pour la mettre.

Nous lui indiquâmes les vases de roseaux que nous venions de fabriquer : et comme il faut quelque temps pour faire couler l'eau de ces petits tuyaux, il alla sur-le-champ se mettre à l'ouvrage avec François; ils coupèrent un grand nombre de ces plantes, qu'ils posèrent inclinées sur le vase : pendant qu'il se remplissait, ils en préparaient un autre. De notre côté nous nous mîmes à l'ouvrage : nous réussîmes sans peine à soulever le palmier; la couronne fut d'abord séparée avec la scie. Nous le fendîmes ensuite en deux, et ce bois tendre nous donna peu de peine. Nous arrivâmes bientôt à la moelle qui remplit le milieu de l'arbre. Lorsqu'il fut partagé, nous posâmes une des moitiés par terre, et nous en pressâmes la moelle avec les mains pour pouvoir y placer provisoirement celle de l'autre moitié encore posée sur les fourches. Nous voulions la vider pour nous en servir comme d'une auge à pétrir; nous laissâmes de la moelle aux deux bouts pour empêcher l'eau de couler, et nous nous mîmes en devoir de préparer notre pâte. Nous avions cloué la râpe à l'un des bouts pour presser la pâte à travers les petits trous dès qu'elle serait faite. Mes petits mitrons, les bras nus, commencèrent leur besogne avec une grande joie et bien mieux que je ne l'avais espéré; l'un après l'autre, ils allaient chercher de l'eau, et la versaient doucement dans l'auge, pendant que nous la mélions avec la farine. Dans peu, cette pâte me parut suffisamment travaillée; je fis alors une ouverture en-dehors au bas de la râpe, et je pressai la pâte fortement avec la main; les parties farineuses passèrent fort bien par les petits trous, et les parties ligneuses, où se trouvait un peu de bois, restèrent et furent à mesure jetées en tas, dans l'espoir qu'il y viendrait des champignons et des larves. Les enfants se tenaient prêts à recevoir dans des vases de roseau ce qui tombait de la râpe, et le portaient aussitôt à leur mère, chargée du soin d'étendre ces petits grains au soleil sur des toiles à voiles pour les faire sécher. Je fis ensuite des vermicelli en donnant plus de consistance à la pâte, et en la pressant fortement contre les trous de la râpe ; elle en sortait en petits tuyaux plus ou moins longs, qui séchaient promptement devant un feu doux. Ma femme nous promit, pour notre peine, de nous en faire un bon plat avec du fromage de Hollande, ce qui lui donnerait, en effet, de la ressemblance avec du macaroni d'Italie. Nous obtînmes donc ainsi une provision d'une nourriture saine, agréable et abondante : nous en aurions eu davantage si nous n'avions pas été pressés par le temps ; mais la perspective de pouvoir recommencer quand il nous plairait en abattant un sagoutier, et l'impatience de porter à la maison nos deux canaux et de les mettre en usage, nous firent hâter notre besogne. Ce qui nous restait de pâte fut ajouté à la couche des champignons, et encore arrosé d'eau pour hâter la fermentation.

Notre occupation du reste de la soirée fut de charger nos ustensiles et les deux moitiés de notre arbre sur le char. Nous nous retirâmes dans notre cabane à la nuit tombante, et nous dormîmes aussi paisiblement que les jours précédents. Le lendemain, dès le matin, nous étions prêts à retourner à Falkenhorst. Notre buffle commença son apprentissage : attelé à côté de la vache, il remplaça l'âne, et se montra fort docile ; j'allais, il est vrai, devant lui, tenant la corde qui passait dans ses narines : par ce moyen je le tenais en respect lorsqu'il lui prenait envie de broncher.

Nous prîmes, à notre retour, le même chemin par où nous étions venus, pour mettre sur le chemin la provision de baies, de cire, et les vases de gomme élastique. J'ajournai la recherche des œufs de poule à fraise, ayant à cœur de revenir le plus tôt possible à Falkenhorst pour soigner les bêtes que nous y avions laissées.

J'envoyai comme avant-garde Fritz et Jack avec un des chiens ; ils devaient, avec la hache, nous frayer entre les broussailles un chemin sûr pour notre char. Nos deux tuyaux de fontaine, qui étaient fort longs, embarrassaient un peu notre marche. Mes deux fils s'acquittèrent fort bien de la commission dont je les avais chargés, et nous arrivâmes assez vite et sans accident vers les arbres à cire et à gomme, où nous nous arrêtâmes pour mettre sur notre voiture les sacs de baies. Le caoutchouc n'avait pas donné autant que je le croyais, parce qu'il était trop vite épaissi à l'ardeur du soleil, et qu'il s'était formé une croûte au-devant de l'incision ; nous en eûmes cependant environ un pot, qui suffisait pour tenter l'essai des bottes imperméables, que depuis longtemps je désirais faire.

Nous nous remîmes en route, toujours précédés de nos fourriers, qui nous préparaient les voies. En traversant le petit bois de goyaves, nous entendîmes tout-à-coup un bruit effrayant qui venait de notre avant-garde, et nous vîmes Fritz et Jack accourir au-devant de nous. Je craignis d'abord qu'il n'y eût un tigre ou une panthère dans le voisinage. Turc aboya si formidablement, et Bill, courant à lui, l'accompagnait d'une manière si bruyante, que je me préparai, non sans effroi, à un sanglant combat. J'allai, à la tête de ma troupe, qui voulut absolument me suivre, secourir ceux que je croyais en danger ; mes braves chiens s'étaient portés, comme des furieux, contre un fourré assez épais, où ils s'étaient arrêtés, et, la tête baissée, soufflant de tous leurs poumons, ils tâchaient d'y pénétrer. Sans doute, me disais-je, il y a là quelque animal redoutable ; Fritz, qui l'avait entrevu à travers les feuilles, me confirmait dans cette idée, et disait qu'il était à peu près de la grosseur du jeune buffle, et qu'il avait un poil noir et hérissé. J'allai, à tout hasard, lâcher mon fusil dans ce fourré, lorsque Jack, qui s'était couché par terre pour tâcher de voir la bête, se leva en éclatant de rire.

« C'est, nous dit-il, un nouveau tour de maître Jack ; c'est notre grosse truie, qui ne cesse de se moquer de nous. » Dans ce moment, le grognement du monstre caché dans le buisson confirma ce que nous disait Jack. Moitié fâchés, moitié riant, nous nous fîmes jour au centre du fourré, où nous trouvâmes en effet notre truie étendue par terre et entourée de sept petits, qu'elle avait mis bas depuis peu de jours, et qui la tétaient à qui mieux mieux. Cette trouvaille nous fit grand plaisir, et nous caressâmes tous la grosse nourrice, qui semblait nous reconnaître, et grognait amicalement en léchant ses petits et sans témoigner aucun effroi. Nous la récompensâmes de cette bonne conduite par des patates, des glands doux et du pain de cassave : mes petits garçons s'en privaient volontiers pour elle ; ils lui avaient obligation de cette belle portée comme d'un présent, et voyaient déjà en idée un cochon de lait croquant tourner à la broche. Nous délibérâmes sur ce qu'il valait mieux faire : laisser là toute cette famille, ou la conduire à la maison. Fritz voulait qu'on ne la dérangeât point. Il pensait que l'isolement rendrait ces animaux sauvages, qu'ils deviendraient peut-être de petits sangliers, et qu'il aurait le plaisir de les chasser. Ma femme désirait qu'on en élevât au moins deux pour le ménage, et que, puisque la mère s'échappait toujours, on la tuât lorsqu'elle aurait sevré, afin d'avoir une provision de viande salée : ce fut là l'avis qui prévalut. Pour le moment, nous les laissâmes en paix dans leur retraite, nous réservant d'en élever trois, et de laisser courir les quatre autres dans les bois, où nous pourrions les chasser s'ils causaient du dommage à nos plantations.

Nous continuâmes notre route vers Falkenhorst, où nous arrivâmes heureusement et avec une grande satisfaction, tant il est vrai qu'on retrouve toujours avec plaisir sa demeure habituelle. Tout était en bon ordre, et nos animaux domestiques vinrent au-devant de nous en caquetant et en nous témoignant à leur manière leur joie de nous revoir. Nous leur jetâmes tout ce que nous crûmes leur être agréable ; elles retournèrent ensuite d'elles-mêmes à leur place accoutumée. Il fallut encore attacher le buffle et le chacal pour les apprivoiser peu à peu : ce fut aussi le sort du bel aigle de Malabar. Fritz crut faire merveille en le plaçant à côté du perroquet, sur une racine d'arbre ; il l'attacha avec une ficelle assez longue pour qu'il pût remuer facilement, et lui débanda les yeux. Jusqu'alors l'aigle avait été assez tranquille ; mais il n'eut pas plus tôt la vue libre, qu'il entra dans une espèce de rage qui nous étonna ; il releva fièrement la tête, hérissa ses plumes, et ses prunelles semblèrent tourner dans leur orbite et lancer des éclairs. Toute notre volaille s'en effraya et prit la fuite ; mais le pauvre perroquet se trouva trop près du brigand, et ne put lui échapper. Avant que nous nous fussions aperçus de son danger, il fut saisi et déchiré en un instant par le véritable bec crochu de l'aigle. Fritz éclata en injures et en malédictions, et résolut de tuer à l'instant le meurtrier ; mais Ernest accourut, en le priant de le laisser vivre. « Nous retrouverons, lui dit-il, des perroquets tant que nous en voudrons, mais jamais peut-être un aussi bel oiseau que cet aigle, que nous pourrons dresser pour la chasse au faucon, comme le dit mon père. C'est bien ta faute s'il a tué le perroquet : pourquoi lui débander les yeux ? J'ai lu que les fauconniers les leur laissaient bandés pendant six semaines, jusqu'à ce qu'ils fussent entièrement apprivoisés. Donne-moi ce gaillard-là à élever, il sera bientôt souple et docile comme un petit chien ; je sais le moyen d'y parvenir ; tu n'as qu'à me le céder, et tu verras !

— Oui-da ! dit Fritz ; je te donnerais mon aigle ! il est à moi, je ne veux le confier à personne ; je l'élèverai tout aussi bien que toi, si tu veux seulement me dire comment tu voulais faire ; c'est bien mal à toi si tu ne me l'apprends pas.

N'est-ce pas, mon père, que c'est bien dommage ? » Ernest avait secoué la tête, comme pour dire non à la proposition de son frère.

Le père. Doucement, doucement, mes enfants ! Il faut, Fritz, que je te raconte un petit apologue. Un chien s'était posté sur une botte de paille, qu'il regardait comme sa propriété. Un âne et un bœuf affamés vinrent le prier de la leur laisser manger, puisqu'il ne pouvait la manger lui-même ; mais le chien, hargneux et jaloux, ne leur permit pas même d'en approcher. *Jaloux, mange la botte ou laisse-nous la manger,* lui dit le bœuf ; mais le chien ne voulut rien entendre, et le força de s'en aller. Dis-moi à présent si tu n'agis pas aussi mal que ce méchant dogue. Tu ne sais comment apprivoiser ton aigle ; tu voulais le tuer il n'y a qu'un instant, et maintenant tu ne veux pas le donner à Ernest, qui te promet de l'élever, parce que tu es jaloux de ce qu'il est plus instruit que toi ! Comme il a lu avec plus de réflexion, il est tout simple qu'il veuille retirer quelque profit de ses lectures et de son savoir ; au moins devais-tu lui offrir honnêtement quelque chose pour qu'il te donnât son secret, si tu tiens tant à garder ton aigle. Si Ernest veut te le communiquer pour rien, ce sera d'autant plus généreux de sa part, et je serai content de lui et de toi.

Fritz. Vous avez raison, mon père : eh bien ! je lui donne mon singe, s'il le veut ; un aigle, c'est plus noble, plus héroïque. Puisque je l'ai trouvé, je veux le garder ; mais tu m'apprendras à l'apprivoiser. Qu'en dis-tu, Ernest ? acceptes-tu le marché ?

Ernest. Je le veux bien ; moi, je ne fais pas grand cas de cet héroïsme ; j'aime mieux être un savant. Tu seras, si tu le veux, le chevalier de l'aigle, et moi, je serai votre historiographe et votre poète, et je ferai une belle épopée sur les hauts faits du chevalier et de son oiseau de proie.

Fritz. Mauvais railleur ! mais enfin prends le singe, et apprends-moi ton secret pour dompter mon aigle. Que faut-il que je fasse pour le rendre plus tranquille ?

Ernest. J'ai lu, je ne sais où, que les Caraïbes soufflent de la fumée de tabac dans le bec des oiseaux de proie et des perroquets qu'ils attrapent, jusqu'à ce qu'ils en soient étourdis et tombent presque sans connaissance ; quand cette espèce d'ivresse est passée, ils ne sont plus farouches.

Fritz. Voilà donc ce grand sortilége ! de la fumée de tabac ! il valait bien la peine de s'en vanter ! Ton secret ne vaut pas mon singe : n'est-ce pas, mon père ?

Le père. Et pourquoi pas ? s'il est bon, comme je le crois, le marché doit tenir ; s'il ne l'est pas, Ernest ne demandera rien pour un conseil inutile ; mais j'en ai bonne opinion. On peut, par le même moyen, tellement étourdir les abeilles, qu'on en fait ce que l'on veut sans qu'elles se défendent : comment pourrait-on sans cela prendre leurs rayons de miel ? L'idée n'est pas du tout mauvaise.

François. Il y a donc un moyen d'empêcher ces méchantes abeilles de piquer un pauvre petit garçon qui veut seulement goûter de leur miel ! Bon papa, je vous prie d'aller un peu fumer dans ce trou d'arbre, et d'endormir si bien ses habitants que nous puissions avoir au moins la moitié de leur miel sans en être dévorés.

Le père. Je te le promets, mon petit ami : je m'en occuperai au premier jour ; en attendant, je prie Fritz de donner une fumigation à son aigle, pour qu'il nous laisse passer tranquillement cette nuit ; il ne cesse de battre des ailes et de faire crier notre volaille ; il faut absolument le mettre à la raison et faire l'épreuve du secret d'Ernest.

Fritz y consentit. Il prit du tabac et une pipe ; nous en avions trouvé en quantité dans la caisse des matelots, puis il fuma en s'approchant peu à peu de l'oiseau farouche. Lorsque celui-ci fut un peu calmé, il lui remit son capuchon sur les yeux, et fuma de nouveau si près de ses narines, que l'aigle demeura sans connaissance sur la place, comme s'il eût été empaillé. Fritz le crut mort, et voulut se fâcher contre son frère; mais je lui fis observer que l'oiseau ne se tiendrait pas perché s'il était sans vie, et que sa tête seule était étourdie. En effet, il revint à lui peu à peu, sans faire aucun bruit, quoiqu'on lui débandât les yeux; il nous regardait d'un air étonné, mais sans fureur, et de jour en jour il devenait plus apprivoisé et plus tranquille. Le singe fut unanimement adjugé à Ernest. Dès le même soir il en prit possession, et le fit coucher près de lui. Nous passâmes tous une excellente nuit dans notre château aérien et dans nos lits, que nous retrouvâmes avec beaucoup de plaisir.

XXVIII. — ORIGINE DE QUELQUES ARBRES FRUITIERS EUROPÉENS. — LES ABEILLES.

Le lendemain, de bonne heure, nous entreprîmes ce que nous avions décidé depuis longtemps, c'est-à-dire de planter des pieux de bambous à côté de nos jeunes arbres pour les soutenir. Nous partîmes avec joie de la maison, notre char chargé de cannes et d'un fer gros et pointu pour faire des trous dans la terre. Cette fois nous laissâmes ma femme seule avec son petit François, en les priant de nous préparer un bon dîner, sans oublier le chou-palmiste et les macaroni de sagou au fromage; ils offrirent aussi de faire fondre la cire des baies pour notre provision de bougies.

Nous ne prîmes pas avec nous le buffle; je voulais que sa blessure achevât de se guérir par un jour de repos, la vache suffisant d'ailleurs pour la charge légère de cannes de bambous. En partant, nous donnâmes au buffle, pour nous en faire aimer, quelques poignées de sel; cette friandise lui plut tellement qu'il voulut à toute force nous suivre, et que pour l'en empêcher nous fûmes obligés de l'attacher.

Nous commençâmes nos travaux à l'entrée de l'allée qui conduisait à Zeltheim, et assez près de Falkenhorst. Les noyers, les châtaigniers et les cerisiers que nous avions plantés en ligne régulière et à une égale distance penchaient déjà sensiblement, et tous du même côté, parce qu'ils avaient été courbés par le vent. Comme étant le plus fort, je tenais le fer, avec lequel je faisais facilement dans cette terre légère un vide assez profond pour que le pieu y tînt ferme. Pendant ce temps-là mes fils choisissaient des tuteurs, les coupaient tous à la même hauteur, et faisaient une pointe au bout qui devait entrer en terre. Lorsqu'ils furent bien solidement établis, nous serrâmes la terre tout autour, et nous attachâmes les jeunes arbres aux pieux avec une plante longue, étroite et souple, que je soupçonnai être une espèce de liane, et qui se trouvait dans les environs.

Tout en travaillant, nous entamâmes une conversation animée sur la culture des arbres. Jusqu'alors mes enfants n'avaient songé qu'à manger les fruits sans trop s'embarrasser d'où ils venaient; mais enfin leur curiosité fut excitée, et ils me firent tant et tant de questions sur cet objet, que je fus assez embarrassé pour leur répondre. Cependant je leur communiquai avec plaisir tout ce que je savais : je voyais que le moment était venu de rendre mes leçons instructives et vraiment profitables; je pouvais en même temps leur en donner la démonstration. Je vais rendre compte en abrégé de notre entretien, qui ne sera pas sans utilité pour les jeunes gens destinés à la vie agricole.

Fritz. Ces jeunes arbres que nous avons plantés, et que nous venons d'appuyer, sont-ils sauvages ou cultivés?

Jack. Plaisante question! crois-tu donc qu'on apprivoise les arbres comme les buffles et les aigles? Tu leur apprendras peut-être à se baisser poliment pour que nous ayons moins de peine quand nous viendrons cueillir leur fruit!

Fritz. Tu crois dire là, mon petit ami, quelque chose de bien spirituel, et tu ne dis qu'une bêtise. Penses-tu que tous les êtres créés doivent être élevés de la même manière? Si cela était, papa devrait, à ta première désobéissance, te passer une corde dans le nez pour te rendre plus docile.

Ernest. Nous le verrions bientôt bridé.

Le père. Vous courriez risque de l'être tous, si c'était là le seul moyen de vous dompter; mais Fritz a raison : on n'élève pas les hommes comme les animaux, ni ceux-ci comme les plantes, quoique l'éducation de tous tende au même but, c'est-à-dire à faire céder leur volonté au joug de la nécessité et du devoir, et à les faire marcher droit, comme ces arbres qui pliaient à tout vent, et que nous venons de redresser et d'assurer. Chaque créature est susceptible de se perfectionner, c'est-à-dire que, par la culture et les soins, chaque être peut devenir meilleur et acquérir des qualités qu'il n'aurait pas eues s'il était resté abandonné à lui-même et à son état naturel : ainsi je rends notre buffle et tu rends ton chacal dociles en leur faisant sentir le pouvoir de l'homme sur la brute; ainsi je tâche, mes chers enfants, de vous perfectionner en cultivant votre intelligence, en vous donnant, autant que je le puis, de bonnes leçons et de bons exemples, et ces arbres, qui n'étaient d'abord que des sauvageons, c'est-à-dire venus de semence et ne portant que du fruit petit et mauvais, ont été rendus capables d'en produire d'excellents en les greffant de bonnes espèces. Approchez, regardez cette branche; il est aisé de voir qu'elle a été insérée dans celle-ci; on a élagué toutes les autres pour ne conserver que celle-là; toute la sève ou le suc nourricier s'y est porté, s'est étendu, et le sauvageon est devenu un bel et bon arbre produisant le même fruit que celui dont on a pris la greffe. C'est ainsi qu'on procède lorsqu'on veut greffer.

Fritz. Il y a bien des choses que je ne comprends pas encore. J'ai souvent entendu parler d'enter les arbres : est-ce la même chose que de les greffer?

Le père. A peu près. *Enter* est, je crois, le mot propre et l'opération, et *greffe* le nom de la branche que l'on insère. Il y a, suivant les espèces d'arbres, différentes manières de greffer et différentes saisons pour faire cette opération avec succès; on ente en fente, en écusson, en œillet : les uns greffent avec une branche insérée, d'autres avec un bouton non développé. Cela ne réussit pas toujours; mais on recommence une seconde ou une troisième fois.

Jack. Peut-on enter de bons fruits sur toute espèce d'arbres, sur des sapins, sur des chênes?

Le père. Non, mon fils; il faut choisir des espèces d'arbres homogènes.

Jack. Ah! voilà, par exemple, un fruit que je ne connais pas, *homogène*. Est-il bien bon? est-ce que nous en avons ici? Je serais bien aise d'en manger.

Le père. Ce n'est pas un fruit, mon cher enfant, c'est un mot un peu plus savant, et dont j'ai eu tort de me servir sans vous en donner l'explication. *Homogène* dérive ou vient du grec, et veut dire *d'une même nature, qui a de grands rapports* : ainsi un pommier, un poirier, un cognassier peuvent s'enter les uns sur les autres, parce que leur bois, leurs semences ou pepins sont homogènes ou se ressemblent. Il en est de même de différents fruits à noyau, tels que le cerisier, le prunier, le pêcher, l'amandier. Vouloir enter ces différents arbres sur un pin ou sur un chêne serait tout-à-fait inutile. Il en est de même parmi les hommes : la meilleure éducation ne peut faire de chacun d'eux un savant, un artiste, un général.

Fritz. Vous disiez, mon père, que les sauvageons ou arbres produits par la seule semence ne portent pas de bons fruits ; cependant tous ceux qui sont dans notre île, nos cocos, nos goyaves, n'ont pas été entés, puisqu'il n'y a ici aucun jardinier, ni personne qui pût leur faire cette opération.

Le Père. Ta remarque est juste ; aussi je ne parlais que des arbres fruitiers de notre Europe, où, presque sans exception, les fruits demandent à être améliorés par un meilleur terrain, par la greffe et la culture. La Providence a voulu sans doute dédommager les climats brûlants de plusieurs inconvénients, en leur accordant les palmiers et d'autres fruits qui viennent naturellement et sans peine.

Ernest. Je comprends tout cela ; mais une seule chose m'inquiète : d'où a-t-on tiré en Europe, au commencement, les greffes des meilleures espèces ?

Jack. Belle question ! des pays qui en avaient.

Ernest. Belle réponse ! Et ces pays, où les avaient-ils prises ? Je voudrais savoir d'où l'on a tiré les premières branches des bonnes espèces avant qu'il y eût des gens qui s'occupassent de la culture des arbres et qui eussent inventé l'art de les enter ; il faut cependant que, dans l'origine, tous les arbres aient été sauvages.

Le Père. Les bons arbres fruitiers sont sans doute originaires de quelques endroits sur la terre, où ils portent naturellement, dans le climat qui leur convient, des fruits aussi exquis que l'art et les soins peuvent en produire chez nous. Ces arbres auront été arrachés jeunes de leur sol natal et transplantés en Europe, où, par les soins des jardiniers, ils auront prospéré et fourni des greffes pour les multiplier, car le climat d'Europe est si peu propre à produire naturellement de bons fruits, que le meilleur arbre, venu seulement de semence, y redevient sauvage et a besoin d'être greffé. Des jardiniers rassemblent dans un enclos une quantité de jeunes arbrisseaux ; ils les sèment d'abord et les greffent ensuite. On appelle ces enclos des *pépinières;* c'est là que l'on va choisir ceux dont on a besoin, et que les nôtres ont été pris pour les mettre sur le vaisseau.

Fritz. Est-ce que vous savez, mon père, quelle est la patrie originaire de ces arbres ?

Le Père. De la plupart, du moins. La vigne que j'ai hasardé de planter près de notre arbre, à Falkenhorst, ne vient que dans la zone tempérée ; elle ne prospère ni dans les pays trop froids ni sous la zone torride, quoiqu'en général elle préfère le midi au nord. Du reste, elle date de loin, celle-là, puisque nous voyons que Noé faisait déjà du vin. Il y a lieu de croire que la vigne est originaire de l'Asie-Mineure et de l'Arménie ; elle paraît avoir été portée, dès l'antiquité la plus reculée, en Egypte, en Grèce, et dans tout le reste de l'Europe. Les narrations fabuleuses de la mythologie sur Bacchus tiennent sans doute à la propagation de la vigne. L'Italie l'aura reçue des Grecs émigrés et des Romains, qui devinrent les maîtres du monde connu ; elle a été portée dans les Gaules, en Espagne, en Allemagne, et dans les parties de l'Helvétie où elle pouvait prospérer. Peut-être aussi que les Phéniciens l'avaient portée auparavant dans quelques-unes de ces parties du monde.

Les enfants. Et les pommiers, les poiriers, les châtaigniers, les noyers, les amandiers, les pêchers, les mûriers ?

Le Père. Patience, patience, petits bavards, petits curieux ! puis-je vous dire tout cela à la fois? L'un après l'autre, Messieurs. Les fruits à coquilles ou à brou, tels que la noix, l'amande, la châtaigne, nommée généralement *glandes* chez les Romains, viennent de l'Orient, c'est-à-dire du côté où le soleil se lève, région qui comprend plusieurs pays. Chez les anciens, les châtaignes étaient nommées *glands sardes;* elles viennent de la Syrie, province de l'Asie-Mineure, et ont reçu leur nom actuel de celui d'une ville grecque près de laquelle on les cultive en grande quantité. Quant aux grosses noix, elles s'appelaient jadis, chez les Romains, *glandes Jovis* ou *glands de Jupiter;* elles sont originaires de Perse, et se répandirent en Europe par les conquêtes des Romains. Le grand noisetier, qui se nomme *aveline* ou *noisette de Portugal,* est originaire du Pont, pays de l'Asie-Mineure. L'origine de l'amandier est incertaine; on le trouve sauvage en Asie et en Afrique; ses fruits portaient en Grèce le nom de *thalos,* parce qu'ils avaient été transplantés d'abord dans l'île de ce nom, dans l'Archipel.

Jack. Et les cerises, papa, mes chères cerises que j'aime tant? Il y en a une si grande quantité en Suisse, sur les bords des grands chemins et partout, que je crois bien qu'elles sont mes compatriotes.

Le père. Nullement, mon ami; mais il est vrai que, de tous les fruits étrangers, c'est celui qui prospère le mieux chez nous. Elles ont reçu leur nom de *Cerasus,* ville de cette même province du Pont dont je vous ai déjà parlé, et, si je ne me trompe, cette ville s'appelle aujourd'hui *Chirisonda.* Le célèbre général romain Lucullus, après sa victoire sur Mithridate, roi de Pont, les a, dit-on, transportées le premier en Europe, 70 ans avant la naissance de Notre-Seigneur Jésus-Christ.

Ernest. Je n'ai rien lu de cette circonstance dans *Eutrope;* cela m'aurait pourtant fait le plus grand plaisir.

Le père. Je trouve, comme toi, que les historiens auraient aussi bien fait de citer les noms de ceux qui ont procuré aux hommes la connaissance d'un fruit agréable que ceux des destructeurs du genre humain.

Pendant cette conversation instructive, nous étions parvenus au bout de notre allée, à laquelle tous nos arbres redressés donnaient très bonne façon; nous passâmes ensuite le *pont de Famille* pour nous rendre dans la plantation des arbres méridionaux, que nous voulions aussi soutenir. Nos yeux furent réjouis par de beaux orangers, citronniers et grenadiers, qui avaient repris et venaient à merveille, ainsi que les pistachiers et les mûriers; quelques-uns étaient en fleur et nous donnaient la plus douce espérance. Nous nous mîmes promptement à l'ouvrage, et mes fils, avec une curiosité redoublée, recommencèrent leurs questions pour savoir l'origine de ces excellents fruits.

Fritz. Ah! que ce doit être un beau pays que celui où ces fruits viennent naturellement!

Le père. Sans doute, sous ce rapport, ce pays peut être appelé *fortuné;* mais il a aussi son mauvais côté. Tous ces fruits à jus acide et rafraîchissant ont leur origine dans la zone torride ou brûlante, ou dans les parties de la zone tempérée qui en sont les plus voisines; ils paraissent avoir été destinés à rafraîchir la masse du sang et à préserver des maladies inflammatoires, si fréquentes dans ces climats. Les orangers viennent de la Chine, et les citronniers, à ce que je crois, de la Médie et de l'Assyrie. Chez les Romains, on appelait ces derniers *mala medica* ou *pommes de Médie;* ils furent apportés par les Perses à Albine, de là en Sicile et à l'île de Malte; puis en Italie, et de là dans le reste de l'Europe. Les grenades s'appelaient *mala punica* ou *pommes puniques,* et sans doute elles furent apportées par les Phéniciens et les Carthaginois dans les provinces méridionales de l'Europe.

Je ne sais rien de positif sur l'origine des pistachiers. A présent, mes enfants, je pense que vous en savez assez là-dessus.

Les enfants. Non, non, cher papa; puisque vous êtes en si bon train, faites-nous connaître la patrie primitive de tous les arbres que nous avons à pourvoir de pieux; cela nous amuse tant.

Le père. Je suis charmé que vous y preniez plaisir, et ce que je sais est bien à votre service; mais en apprenant ainsi coup sur coup tant de détails sur toutes les espèces de fruits, vous surchargeriez votre mémoire, et ne garderiez aucun souvenir de notre conversation.

Fritz. Pardonnez-moi, mon père; chacun se rappellera fort bien ce qui regarde son fruit favori, et nous en parlerons souvent en nous promenant sous ces arbres.

Le père. Eh bien, soit! Dans le fond, il en est ainsi de toutes les sciences; on n'oublie pas ce qu'on désire savoir, ce qui se lie à nos désirs et à nos espérances. Ainsi demandez, et je vous répondrai si je le puis.

Fritz. Eh bien! papa, d'où viennent les olives?

Le père. Elles viennent originairement de l'Arménie et de la Palestine. D'anciens auteurs disent qu'Hercule les apporta le premier en Europe, et qu'il les planta sur le mont Olympe; peu à peu on les cultiva dans toute la Grèce, et surtout dans le territoire d'Athènes, d'où elles vinrent en Italie, et furent de là répandues dans la France méridionale et en Espagne, où on les soigne avec zèle, à cause de l'huile excellente qu'on en retire. Les figues ont la même origine. Du temps de Caton l'Ancien, on en faisait venir de la Lydie et de l'île de Chios dans l'Archipel : ce ne fut que longtemps après qu'elles furent apportées dans les Gaules par l'empereur Julien, qui fut d'abord préfet ou gouverneur de cette province romaine. Les pêches viennent de la Perse, et les Romains les appelèrent *mala pericas*. Du temps de Pline, qui vivait sous l'empereur Vespasien, elles étaient encore nouvelles en Italie, quoiqu'elles fussent connues des Grecs dès le siècle d'Aristote. La famille des abricots vint environ dans le même temps, de l'Arménie chez les Romains, qui leur donnèrent aussi le nom de leur patrie primitive.

Passons maintenant aux prunes, votre fruit favori : quelques espèces des plus mauvaises sont peut-être européennes; mais les meilleures et les plus belles sont certainement d'origine étrangère : elles nous viennent de Damas, ville de Syrie, qui leur donna son nom. Dans la suite, les Croisés en apportèrent plusieurs autres espèces en Europe.

Disons à présent quelques mots des poires et des pommes. Nous trouvons les premières chez les auteurs grecs, sous la dénomination de *fruits du Péloponèse* : c'est de là que les Romains les auront reçues; mais ils en trouvèrent aussi de plusieurs espèces en Syrie et à Alexandrie. C'est le fruit qui présente le plus de variétés, et sans doute plusieurs d'entre elles sont dues à la culture ou à l'influence du sol et du climat. C'est en général une loi de la nature qu'une éducation soignée produit dans la même espèce plus de variétés et de nuances différentes que l'on n'en trouve dans l'état brut et primitif, qui se ressemble assez partout. L'homme sauvage est presque le même dans les diverses contrées de la terre, et ne présente pas ces différences de caractère qui se développent naturellement chez l'homme civilisé. Chaque classe d'animaux ou de plantes que l'homme rapproche de lui par la culture offre, sans comparaison, plus de nuances dans la même espèce, plus de variétés, plus de familles, que celles qui sont encore dans leur état naturel et éloignées des soins de l'homme : il semblerait que la Providence ait voulu par là encourager et récompenser l'activité et le travail.

JACK. A présent, papa, encore l'histoire des pommes, je vous en prie ; je serais bien aise qu'elles fussent d'origine allemande ou suisse : c'est un des fruits les plus utiles : il se conserve tout l'hiver et se mange également cru ou cuit.

LE PÈRE. Non, mon ami : ce bon fruit nous vient aussi des climats plus privilégiés, au moins les meilleures espèces. On trouve chez nous beaucoup de poiriers et de pommiers sauvages, dont le fruit est âpre et presque immangeable ; on ne sait pas s'ils y ont toujours existé, ou si ce sont des arbres dégénérés. Ainsi que je l'ai dit, aucun de ces bons fruits n'est indigène dans les parties les plus froides de l'Europe ; et c'est précisément ce climat ingrat et pénible qui fait que l'Européen se distingue des habitants des autres parties du monde, par son intelligence, son aptitude au travail, et son habileté pour la culture de la terre. Trop de moyens et de facilités rendent l'homme mou et paresseux ; mais la nécessité et le besoin le portent au travail et aux inventions utiles, et sont, à quelques égards, de véritables présents du ciel.

JACK. Je le crois comme vous ; mais dites-moi donc d'où viennent les pommes ?

LE PÈRE. Des pays orientaux, mon fils, et c'est toujours par les victoires des Romains que nous sont parvenues quelques-unes des meilleures espèces, qui se sont diversifiées, par les étamines, la greffe, l'influence du terrain et du travail.

FRITZ. Il ne nous reste plus qu'à connaître l'histoire des cognassiers et des mûriers, après quoi nous vous laisserons en repos.

LE PÈRE. Il en sera temps. Eh bien ! mon fils, les mûriers viennent principalement d'Asie : on les a, je crois, plus cultivés pour leurs feuilles, qui nourrissent les vers à soie, que pour leur fruit ; cependant la baie succulente du mûrier noir mérite par elle-même quelque estime, et les blancs, dont le fruit est petit et mauvais, produisent la plus belle soie. La famille des coings avait pris son nom de la ville de Cydonia, dans l'île de Crète ; les Romains les appelaient *piri cydoniæ*. Le cognassier est l'arbre sur lequel on ente avec le plus de succès les poiriers que l'on veut élever en espalier.

FRITZ. Mais à quoi cela sert-il d'estropier un bel arbre et de le forcer à rester petit ?

LE PÈRE. Cela est utile à plusieurs égards ; les arbres nains produisent des fruits plus précoces et mieux soignés ; on peut plus facilement les préserver des insectes ; leurs fruits se cueillent plus aisément ; l'arbre ne donne pas autant d'ombrage et ne nuit pas aux plantes potagères.

JACK. Alors je demande pourquoi on ne cultive pas de cette façon tous les arbres fruitiers.

LE PÈRE. Cela ne serait pas aisé non plus, car, les branches des arbres nains touchant presqu'à terre, on ne peut rien planter dessous ; d'ailleurs un arbre à haute tige produit plus de fruits, on en fait des verges, et on recueille encore du foin dessous.

Voilà un abrégé de notre longue conversation du matin, pendant laquelle nous terminâmes heureusement notre ouvrage. Vers le midi, un appétit dévorant nous ramena promptement à Falkenhorst, où nous trouvâmes un abondant et excellent dîner préparé par ma femme. Le chou palmiste fut notre principal régal : il est impossible de manger rien de meilleur et de plus délicat ; Ernest, qui nous l'avait procuré, en fut remercié.

Quand notre faim fut un peu apaisée, nous parlâmes d'une affaire qui me tenait depuis longtemps au cœur, et plus encore à ma femme ; elle trouvait pénible et même dangereux de monter et de descendre de notre arbre avec des échelles de corde : nous n'y allions jamais que pour nous coucher, et, chaque fois, nous tremblions qu'un des enfants, qui montaient en étourdis comme des chats, ne fît un faux pas et ne s'estropiât. Les mauvais temps pouvaient arriver et nous obliger à chercher un asile dans notre chambre aérienne, et à monter et descendre plus souvent. Ma femme ne cessait de me demander si, dans mon génie inventif, je ne pourrais pas trouver une manière plus facile de parvenir sans danger dans notre demeure. Je riais de son aveugle confiance dans mon intelligence; je l'assurais que, si j'étais un enchanteur ou un magicien, elle n'aurait rien à désirer, et que, d'un coup de baguette, je lui ferais l'escalier le plus commode et le plus solide; mais j'avouais que par moi-même je n'en savais aucun moyen. Cependant ses instances réitérées et mes propres soucis m'avaient fait faire bien des réflexions, pour découvrir si réellement cela serait impossible. Il ne fallait pas penser à un escalier extérieur, la chose étant impraticable à cause de la hauteur excessive de l'arbre; je n'aurais su sur quoi l'appuyer ni où prendre des poutres assez fortes pour le soutenir; mais, depuis quelque temps, j'avais eu l'idée qu'on pourrait établir un escalier tournant, en-dedans de l'immense tronc de l'arbre, si par hasard il se trouvait naturellement creux, ou qu'il fût possible de le creuser : François avait réveillé cette idée en me parlant des abeilles.

« Ne m'as-tu pas dit, chère amie, demandai-je à ma femme, qu'il y a un trou dans le tronc de ce gros arbre, et qu'il s'y trouve un essaim d'abeilles ?

LA MÈRE. Sans doute, c'est là que François, qui voulait y fourrer un bâton, fut si bien piqué. Tiens, regarde, tu verras entrer et sortir des abeilles en foule.

LE PÈRE. Eh bien! il s'agirait seulement de savoir jusqu'où descend ce trou, s'il atteint les racines, et quelle en est la circonférence : alors notre escalier serait déjà bien avancé. »

Tous mes enfants saisirent cette idée avec ardeur; ils se levèrent en sautant, et se préparèrent à grimper, comme des écureuils, sur les arcs des racines, pour de là frapper le tronc avec des haches, afin de juger, au bruit, jusqu'à quel point il était creusé; mais ils eurent bientôt assez de leur essai. L'essaim des abeilles, alarmées du bruit que l'on faisait contre leur demeure, sortit en bourdonnant avec fureur, se jeta sur les petits tapageurs, commença à les piquer, s'attacha à leurs cheveux et à leurs habits, et les mit bientôt en fuite, emportant avec eux leurs ennemis et poussant des cris lamentables : nous eûmes assez de peine à les arrêter et à couvrir leurs petites plaies de terre fraîche pour apaiser la douleur. Jack, toujours le plus téméraire, avait frappé droit sur le nid des abeilles; aussi était-il le plus maltraité : il fallut lui mettre un masque de limon sur le visage. Le paresseux Ernest était monté le dernier, et s'était sauvé le premier quand il avait vu le combat; aussi en fut-il quitte pour une couple de piqûres; mais il fallut une heure ou deux avant que tous les yeux fussent ouverts et les grandes douleurs passées. Alors vint le désir de la vengeance contre les insectes qui les avaient si fort maltraités : ils me pressèrent de faire tous les préparatifs nécessaires pour nous emparer de leur miel. Elles bourdonnaient encore furieuses, autour de l'arbre; je préparai du tabac, une pipe, un morceau de terre glaise, des ciseaux, des marteaux, etc. Je pris la grande courge, destinée depuis longtemps à faire une ruche, et je lui préparai sa place en clouant un bout de planche sur une branche de notre arbre; je fis un toit de paille pour la poser dessus et la mettre à l'abri du soleil et de la pluie. Tout cela me prit plus de temps que je ne pensais; il fallut renvoyer au lendemain l'attaque de la forteresse, et nous nous y préparâmes par un bon sommeil, qui acheva la guérison de tous mes petits blessés.

XXIX. — CONQUÊTE SUR LES ABEILLES. — L'ESCALIER TOURNANT. — ÉDUCATION DE DIVERS ANIMAUX. — FABRIQUES DIVERSES. — FONTAINE.

Le lendemain, dès l'aube du jour, nous étions debout; les abeilles avaient repris possession de leur trou, que je commençai par boucher avec de la terre glaise, en n'y laissant d'ouverture que pour y passer le tuyau de ma pipe; je fumai ensuite pour étourdir, sans les tuer, ces insectes. N'ayant point de bonnet à masque, comme les preneurs d'abeilles en mettent, ni même de gants, cette précaution était nécessaire. Au commencement, on entendit un léger bourdonnement dans ce trou, il augmenta ensuite, et devint semblable au bruit d'un orage; mais peu à peu il se calma, tout redevint tranquille, et je retirai mon tuyau de pipe sans qu'il parût une seule abeille. Fritz avait grimpé à côté de moi : alors nous commençâmes, avec un ciseau et une petite hache, à ôter de l'arbre, au-dessous du trou des abeilles, une pièce de bois de trois pieds en carré; avant de la détacher entièrement, je recommençai la fumigation : je craignais que l'étourdissement de la première ne fût passé, ou que le bruit que nous venions de faire n'eût ranimé les abeilles. Lorsque je les crus suffisamment endormies, je séparai du tronc le morceau que j'avais taillé, et par le moyen de cette espèce de fenêtre tout l'intérieur de l'arbre fut éclairé; nous fûmes en même temps saisis de joie et d'étonnement en voyant le travail immense et merveilleux de cette peuplade d'insectes. Il y avait une si grande provision de cire et de miel, que nous craignîmes de n'avoir pas assez de vases pour la contenir. L'intérieur de l'arbre était plein de rayons : je les coupai avec précaution, et je les plaçai dans les calebasses que les enfants m'apportèrent. Dès que j'eus un peu de vide, je mis les rayons supérieurs, où les abeilles étaient rassemblées en grappes et en pelotons, dans la courge préparée pour servir de ruche, et je la plaçai sur la planche que j'avais élevée exprès; je descendis, emportant avec moi le reste du miel; j'en remplis un tonnelet, après l'avoir fait laver dans le ruisseau; j'en réservai quelques rayons pour nous régaler à dîner : je fis couvrir avec soin ce baril de toiles et de planches, de peur que les abeilles, attirées par l'odeur, ne vinssent le visiter; puis nous nous assîmes autour de la table, et nous mangeâmes à souhait de ce miel délicieux et parfumé. Lorsque nous en eûmes assez, ma femme serra le reste avec soin, et je proposai à mes fils de retourner à l'arbre, et d'empêcher que les abeilles, réveillées, ne s'y rassemblassent de nouveau, ce qu'elles n'auraient pas manqué de faire, sans la précaution que je pris de passer une planche en-dedans, et d'allumer dessus quelques poignées de tabac, dont l'odeur et la fumée les éloignaient de leur ancienne demeure toutes les fois qu'elles voulaient y entrer; elles finirent par ne plus s'en approcher, et par s'accoutumer à leur nouveau gîte, où la reine était sans doute établie. A cette occasion, je racontai à mes enfants tout ce que j'avais lu sur cette abeille : reine et mère chérie et respectée de ses sujets, qui sont tous ses enfants, qui la soignent, la gardent, travaillent pour elle, nourrissent les nouveaux essaims, font les cellules où ils doivent être logés, en préparent d'une structure différente, et apprêtent aussi les aliments des jeunes reines qui doivent conduire au-dehors les colonies. Tous ces détails, que des observateurs célèbres ont su rendre si intéressants, amusèrent beaucoup ma jeune famille, et lui firent presque regretter d'avoir troublé par leur brigandage ce paisible royaume, qui, depuis si longtemps, prospérait dans un tronc immense. Quant à moi, il me convenait si bien pour mon escalier, que j'adoptai la morale de tous les conquérants, qui laissent de côté les scrupules quand un pays est à leur convenance, et je résolus de commencer dès le lendemain à prendre possession de l'arbre. En attendant, je proposai à tout le monde de veiller cette nuit pour garder notre provision de miel pendant le sommeil des abeilles, qui ne nous auraient pas laissés tranquilles, et seraient venues en légions reprendre leur bien. Pour ne pas nous tuer de fatigue, nous allâmes nous jeter tout habillés sur nos lits, et faire un petit sommeil en attendant l'heure de la retraite. Nous nous endormîmes au bruit de leur bourdonnement; mais il avait tout-à-fait cessé quand nous nous réveillâmes à l'entrée de la nuit : elles étaient rentrées paisiblement dans la courge, ou pendaient en grappes à quelques branches. Sans nous en embarrasser, nous nous mîmes promptement à l'ouvrage : le tonnelet de miel fut vidé dans un chaudron, à l'exception de quelques rayons que nous gardâmes pour notre usage journalier; le reste, mêlé d'un peu d'eau, fut mis sur un feu doux, et réduit en une masse liquide, que nous passâmes à travers un sac, en la pressant, et que nous versâmes ensuite de nouveau dans la tonne, qui fut laissée debout et découverte le reste de la nuit, pour se refroidir. Le matin, toute la cire s'était séparée et élevée au-dessus sous la forme d'un disque dur et solide, que nous enlevâmes très facilement; au-dessous était le miel le plus pur, le plus beau, le plus appétissant qu'on pût voir. La tonne fut soigneusement refermée et mise au frais, en terre, à côté de nos tonnelets de vin, et nous nous promîmes de la visiter souvent pour nos desserts. Je montai ensuite pour examiner la ruche : tout y était en ordre; les abeilles sortaient en foule, et rentraient chargées de cire, ce qui me fit voir qu'elles construisaient de nouveaux édifices dans leur nouvelle habitation. J'étais surpris que la quantité qu'il y en avait dans l'arbre eût pu se placer dans la calebasse; mais, en regardant de plus près, j'en aperçus une partie rassemblée en groupe autour d'une branche. Je jugeai qu'il y avait peut-être là une jeune reine; je me fis donner une seconde courge, dans laquelle je les secouai, et que je plaçai à côté de la première. Ainsi j'eus le plaisir d'avoir à peu de frais deux belles ruches en activité.

Nous passâmes de là à l'examen de l'intérieur du tronc d'arbre; je le mesurai avec une perche, de la fenêtre que j'avais faite jusqu'en haut, et une pierre attachée à une ficelle nous servit pour sonder le bas et connaître ainsi la hauteur et la profondeur du creux. A mon grand étonnement, ma perche pénétra sans résistance jusqu'aux branches où nous avions notre demeure, et la pierre alla jusqu'aux racines. Le tronc avait donc perdu son noyau et la plus grande partie de son bois intérieur; je pensai qu'il n'y avait rien de plus facile que de placer un escalier tournant dans ce grand vide, qui tenait du bas en haut. Apparemment cette espèce d'arbre, ainsi que le saule de nos contrées, se nourrit par l'écorce, car il ne paraissait point souffrir, et ses branches, très étendues, étaient de la plus grande beauté. Je décidai que nous devions commencer le jour même notre construction : au premier moment, une telle entreprise semblait au-dessus de nos forces; mais l'intelligence, la patience, le temps et une ferme résolution viennent à bout de toutes les difficultés. Nous avions de tout cela de reste, et j'étais charmé de trouver des occasions de tenir mes fils dans une activité continuelle; leur physique et leur moral s'en trouvaient à merveille; ils grandissaient, se fortifiaient, et n'avaient le temps de regretter aucune des jouissances de l'Europe.

Nous commençâmes par couper dans l'arbre, sur le côté en face de la mer, une porte de la grandeur de celle de la chambre du capitaine, que nous avions prise avec sa fermeture ; ainsi nous fûmes d'abord rassurés contre toute invasion de ce côté : ensuite l'intérieur fut nettoyé et dégagé de tout le reste du bois pourri qui l'encombrait ; les parois en furent rendues unies, en y laissant assez d'épaisseur pour y faire des incisions et y placer les marches tournantes, sans nuire à l'écorce. Je plaçai au milieu un arbre de dix à douze pieds de hauteur et de l'épaisseur d'un pied, bien dégarni de ses branches, pour faire monter autour mon escalier tournant. Nous fîmes dans ce tronc et dans la paroi intérieure du grand arbre des rainures parallèles en forme de limaçon, pour y placer, de demi-pied en demi-pied de distance, les planches qui devaient servir de marches, jusqu'à ce que j'eusse atteint la hauteur du petit arbre autour duquel elles tournaient. La fenêtre que j'avais ouverte dans le haut, pour enlever le miel, suffisait pour nous donner du jour ; j'en fis une seconde plus bas et une troisième plus haut, qui éclairèrent parfaitement notre escalier. Je perçai aussi une issue près de notre chambre, pour pouvoir faire de là très commodément la partie supérieure de l'escalier. Un second tronc fut posé sur l'autre, et retenu solidement par des écrous et des cales transversales ; il fut garni de marches taillées en biais comme les précédentes, et nous arivâmes ainsi heureusement au niveau de notre chambre à coucher. Là, j'ouvris une seconde porte, par laquelle on y entrait directement, et mon but fut rempli. Si notre escalier n'était pas entièrement conforme aux règles de l'architecture, il répondait du moins à nos besoins, et nous conduisait en sûreté et à l'abri dans notre demeure. Pour le rendre plus solide, et aussi pour qu'il fût plus joli, je fermai l'espace intermédiaire des marches avec des planches mises de hauteur au-devant de chaque degré ; puis j'attachai deux fortes cordes, l'une descendant le long du petit arbre, l'autre contre la paroi du grand, pour nous retenir si nos pieds venaient à glisser. Je posai les fenêtres vitrées de la cabine du capitaine aux ouvertures faites pour éclairer l'escalier ; et quand tout fut achevé, cet escalier se trouva si joli, si solide, si commode, que nous ne pouvions nous lasser de le monter et de le descendre avec une véritable admiration pour nos talents. Il faut que j'avoue cependant qu'ils étaient médiocres, que nous ne réussîmes qu'à force d'essais, de patience et de temps ; car cet ouvrage nous tint plusieurs semaines en haleine.

Notre escalier ne nous occupa cependant pas exclusivement pendant tout ce temps. Dans notre solitude, il eût été ridicule de nous tourmenter à travailler du matin au soir comme des forçats ou des ouvriers salariés.

Je vais raconter maintenant en peu de mots ce qui nous arriva de remarquable pendant cette construction.

Peu de jours après l'avoir commencée, notre brave Bill mit bas six très beaux petits dogues. J'en trouvai le nombre trop grand pour avoir les moyens de les nourrir, et je commandai de ne laisser à la mère qu'un mâle et une femelle pour perpétuer l'espèce, ce qui fut exécuté à la grande satisfaction des nourrisseurs et de la nourrice.

Presque en même temps nos chèvres nous donnèrent deux petits chevreaux, et nos brebis cinq agneaux ; de sorte que nous nous vîmes en possession d'un joli troupeau. Pour empêcher nos bêtes domestiques de suivre le mauvais exemple de l'âne et de nous échapper, je fis attacher au cou de chacune une petite cloche ; nous en avions trouvé beaucoup sur le bâtiment, que l'on avait emportées pour en trafiquer avec les sauvages, qui en sont fort amateurs : nous pouvions, par ce moyen, être avertis sur-le-champ, suivre les traces d'un déserteur, et le ramener au bercail.

Ma plus grande occupation, après l'escalier tournant, fut l'éducation de notre jeune buffle, dont la plaie au museau était cicatrisée au point que je pouvais, à mon gré, le conduire avec une corde ou avec un bâton passé dans cette ouverture à la manière des Cafres. Je préférai le bâton, qui faisait l'effet d'un mors de cheval, et j'espérai dresser cette vaillante bête, non-seulement à traîner notre voiture, mais encore à être montée. Elle fut en effet bientôt accoutumée au trait, dont nous avions déjà fait l'épreuve, et y devint fort docile; mais j'eus plus de peine comme écuyer. Il fallut, par degrés, lui faire supporter une sangle que j'avais faite de la peau de sa mère. Je fabriquai une espèce de selle de toile à voiles, que j'attachai à cette sangle; peu à peu je mis sur cette selle quelques fardeaux toujours plus pesants : il renversa les premiers; je ne me lassai pas, et bientôt je pus lui faire porter sans crainte les gros sacs de l'âne, pleins de patates, de sel, etc., etc. Quand il s'agit de le monter, ce fut le singe qui, le premier, en fit l'essai, et qui se cramponna si bien à la selle, que, malgré les sauts et les ruades du buffle, il ne fut point renversé : vint ensuite le tour de François, comme le plus léger; mais pendant sa cavalcade je conduisais la bête par la corde, pour qu'il ne jetât pas l'enfant par terre. Jack brûlait d'impatience d'être à son tour sur le dos de l'animal; il fallut le contenter. Je passai dans le nez du buffle le museau de bois; j'attachai à chaque bout une forte ficelle, et je les réunis toutes deux sur le cou de l'animal; je mis ensuite cette espèce de bride dans la main du jeune cavalier, en lui montrant comment il devait s'en servir. Le petit bonhomme se tint d'abord assez ferme, malgré les sauts répétés de son cheval cornu; mais un écart de côté le jeta sur le sable sans lui faire grand mal. Ernest, Fritz et moi nous le montâmes tour à tour avec plus ou moins de succès. Son trot nous secouait rudement les entrailles; son galop était si rapide, que la tête en tournait, et notre leçon d'équitation se répéta bien des jours avant que l'animal fût dompté et qu'on pût le monter avec sûreté et agrément. Nous en vînmes à bout cependant sans accident fâcheux, et la force et la vitesse de notre monture étaient vraiment inconcevables; il paraissait se jouer des fardeaux les plus pesants; mes trois fils aînés le montaient quelquefois ensemble, et il allait comme l'éclair. Nous nous donnâmes tant de peine, qu'il devint extrêmement docile; il n'était nullement ombrageux, et j'eus un vrai plaisir à pouvoir, par ce moyen, rendre mes fils si habiles dans l'art du manége et de l'équitation, que si jamais ils ont des chevaux, ils pourront monter les plus fougueux et les plus ardents sans la moindre crainte. Aucun cheval, du reste, ne peut être comparé à notre jeune buffle; et notre âne, que j'avais compté employer aussi à cet usage, fut plus que remplacé. Fritz et Jack, d'après mes instructions, s'amusèrent à dresser leur buffle comme un vrai cheval de manége, et avec son petit bâton passé dans le nez ils en faisaient ce qu'ils voulaient.

Fritz, pendant ce temps-là, ne négligeait pas son aigle. Il tirait tous les jours quelques coups de fusil à de petits oiseaux qu'il lui donnait à manger en les plaçant tantôt entre les cornes du buffle, tantôt sur le dos de l'outarde, tantôt sur celui du flamant; d'autres fois il les mettait sur une planche au bout d'une perche, afin de l'accoutumer à fondre, comme les faucons, sur d'autres oiseaux. Il lui apprit à venir sur son poing à son appel ou lorsqu'il sifflait; mais il fut très longtemps sans oser l'abandonner à ce vol libre, à moins qu'il ne fût attaché à une longue ficelle. Il craignait que son naturel hardi et sauvage ne l'entraînât pour jamais loin de nous.

Le paresseux Ernest fut aussi saisi de la fièvre d'instruire et de former des animaux; il essaya ses talents avec son singe, qui lui donna, comme on dit, *du* fil à retordre. C'était une chose plaisante de voir le flegmatique Ernest, dont tous les mouvements étaient lents et réfléchis, obligé de faire des sauts et des gambades avec son élève pour le remettre au pas. Il avait à cœur d'accoutumer maître Knips à porter sur son dos de petits fardeaux dans une hotte, à grimper, cette hotte sur le dos, au haut des cocotiers, et à y jeter des noix et d'autres fruits pour nous les rapporter. Lui et Jack fabriquèrent une petite hotte de roseaux extrêmement légère; ils y attachèrent trois courroies : deux passaient dans les bras, et une entre les jambes du singe; celle-ci se rattachait par-devant à une ceinture, et devait tenir la hotte ferme sur le dos de la méchante petite bête. Tout cet attirail lui fut d'abord insupportable; il grinça des dents, se roula par terre, sauta comme un furieux, et fit tout ce qu'il put pour s'en débarrasser; mais on se moqua de lui : on lui laissa la hotte jour et nuit, et on ne lui donna à manger que ce qu'il y avait mis; au bout de quelque temps il y fut si bien accoutumé, qu'il grognait lorsqu'on voulait la lui ôter, et que dès qu'on lui donnait quelque chose à tenir, il le jetait dans cette hotte, qui lui avait d'abord tant déplu. Il nous devint très utile, mais ne voulait obéir qu'à Ernest, qu'il aimait et craignait en même temps. Jack était le moins heureux avec son petit chacal, qu'il avait nommé le *Chasseur*, espérant que ce nom développerait ses talents. Il voulait lui apprendre à arrêter et à apporter le gibier; mais, pendant les premiers six mois, il ne put réussir qu'à lui faire apporter ce qu'on lui jetait, et lorsque c'était une pièce de gibier morte, il la mangeait toujours chemin faisant, et n'apportait que la peau. Cependant il était d'ailleurs si joli et si docile, que j'exhortai Jack à ne pas se rebuter en faisant une éducation qui nous rapporterait de si grands avantage, et il la continua avec beaucoup de zèle.

Ces différentes occupations remplissaient plusieurs heures de la journée; et lorsque, pour nous reposer du travail de notre escalier, nous nous rassemblions, vers le soir, autour de la bonne mère, en cercle amical et joyeux, c'était son tour de nous donner quelque occupation agréable et peu fatigante pour l'aider dans les soins du ménage. Ainsi, par exemple, nous nous appliquâmes à perfectionner notre fabrique de cierges et de bougies en mêlant à la cire des baies celle des abeilles, et en nous servant des moules de roseau inventés par Jack. Ayant éprouvé quelque difficulté à en faire sortir les bougies lorsqu'elles étaient refroidies, j'imaginai de fendre les moules en deux, de bien nettoyer l'intérieur, de le frotter avec un peu de beurre, pour que la cire ne s'y attachât pas, puis de réunir ces deux moitiés avec un lien, qui se détachait ensuite pour en faciliter la sortie. Les mèches furent ce qui nous donna le plus de souci, n'ayant point de coton; nous essayâmes, sans beaucoup de succès, les fils du carata, ceux de l'agave ou bois de lumière. Tous avaient l'inconvénient de se charbonner et de se réduire en cendre; ce que nous trouvâmes de mieux pour le moment, ce fut la moelle d'une espèce de sureau, qui ne nous empêcha pas de désirer vivement de trouver le cotonnier ou arbre à coton. J'inventai aussi une manière de rendre nos bougies égales et luisantes en les faisant rouler entre deux planches : il n'y avait plus que la couleur verdâtre qui les distinguait de celles de l'Europe. Ayant appris à mes enfants que la cire se blanchit comme la toile en l'exposant, sur des linges, à la rosée et au soleil, ils voulurent l'entreprendre; mais je trouvai que puisque nos bougies vertes brûlaient à merveille, c'était un luxe inutile et une perte de temps que de chercher à les blanchir. Je préférai employer ce temps à la fabrique de nos bottes de caoutchouc imperméables et sans couture. Je commençai par les miennes, et j'encourageai mes enfants à essayer leur industrie en se fabriquant des flacons et des gobelets qui ne pussent pas se casser. Ils firent d'abord des moules en terre glaise, pour les enduire de couches de gommé, ainsi que je leur avais expliqué.

Quant à moi, je pris une paire de mes vieux bas, que je remplis exactement de sable ; j'étendis dessus une couche de limon, que je fis sécher d'abord à l'ombre, ensuite au soleil. Je coupai sur un de mes souliers une semelle de cuir de buffle, que j'avais bien battue avec un marteau ; je plantai tout autour de petits clous à tête, qui me servirent comme d'anneaux pour la fixer solidement sous le pied du bas, et dans tous les interstices je versai de la gomme liquide, qui fit, en séchant, un point de réunion solide entre la semelle de cuir et celle du bas. Ensuite, avec un pinceau de poil de chèvre, j'enduisis le tout d'une couche de résine un peu épaissie : dès qu'elle fut tout-à-fait prise, j'en étendis une seconde, et ainsi de suite, jusqu'à ce que je les jugeasse assez épaisses. Alors je fis sortir aisément le sable de l'intérieur du bas, puis le bas lui-même, puis la croûte de terre ; je secouai bien la poussière, et j'obtins ainsi une paire de bottes sans couture, aussi bien faite que par le meilleur cordonnier anglais, souples, chaudes, douces, unies, et complètement impénétrables à l'eau. Je les mis tout de suite à mes jambes, pour qu'elles achevassent de sécher sans se rétrécir ; elles allaient à merveille, et mes quatre garçons en furent si enchantés, qu'ils sautèrent de joie en me suppliant de leur en faire de pareilles. Je ne leur promis rien encore, parce que je voulais mettre à l'épreuve la solidité de cette chaussure, et la comparer avec celle des bottes de simple cuir de buffle. Je me mis aussitôt à l'ouvrage pour en faire une paire à Fritz avec la peau de la jambe de buffle ; j'eus beaucoup plus de peine qu'avec le caoutchouc, que j'employai aussi pour couvrir les coutures, afin que l'eau ne pût y pénétrer. Il en résulta un ouvrage imparfait, qui n'était pas comparable à mes superbes bottes ; de sorte que Fritz se fit violence pour les porter, attendu que ses frères se moquaient de lui parce qu'il avait de la peine à courir quand il les avait mises. Mes fils, de leur côté, avaient passablement réussi à confectionner leurs vases, quoiqu'ils fussent loin d'être parfaits ; mais pour un premier ouvrage de ce genre, exécuté par de petits garçons, j'en fus assez content.

Nous arrangeâmes aussi notre fontaine projetée, qui fut pour ma femme et pour nous une source d'agréments. Avec des pieux et des pierres, nous construisîmes dans le haut du ruisseau une espèce de batardeau, qui élevait l'eau de manière qu'elle pouvait entrer dans nos canaux de palmier de sagou, et arriver ainsi, par une pente convenable, près de notre demeure, où elle était reçue dans l'écaille de tortue qui servait de bassin. Nous avions posé cette écaille sur des pierres à une certaine hauteur pour notre commodité ; le trou du harpon se trouva placé de manière à faciliter l'écoulement du superflu de l'eau au moyen d'une canne qui y fut adaptée. Je plaçai deux bâtons plats en travers pour y poser les calebasses, qui nous servaient de seaux, et nous eûmes ainsi tout près de nous une charmante fontaine, dont le murmure nous enchantait, et qui nous donnait une eau très pure, ce qui nous avait quelquefois manqué lorsque nous n'avions que le lit du ruisseau, souvent troublé par les feuilles et la terre qui y tombaient, ou par les jeux de notre volaille aquatique. Le seul inconvénient était que l'eau, coulant ainsi à découvert dans les canaux et en petit volume, nous arrivait très chaude et peu restaurante ; je me proposai de remédier plus tard à ce mal en me servant, au lieu de canaux, de grosses cannes de bambou, enterrées assez profondément pour conserver à l'eau toute sa fraîcheur.

En attendant que cela pût s'exécuter, nous nous réjouîmes de cette nouvelle acquisition, et gloire en fut rendue à Fritz, qui en avait eu le premier l'idée.

XXX. — L'ANE SAUVAGE. — EDUCATION DIFFICILE. — LE NID DE GELINOTTE A COLLET.

Nous étions à peine levés, un matin, pour mettre la dernière main à notre escalier tournant, lorsque nous entendîmes dans le lointain deux voix singulières qui ressemblaient à des hurlements de bêtes féroces entremêlés de sifflements et de sons mourants ; je ne pouvais concevoir ce que cela voulait dire, et je ne fus pas sans inquiétude ; nos chiens aussi dressaient les oreilles, et paraissaient aiguiser leurs dents pour un combat meurtrier avec quelque ennemi dangereux.

D'après leur contenance, nous jugeâmes prudent de nous mettre en état de défense ; nous chargeâmes nos fusils et nos pistolets, nous les rangeâmes les uns à côté des autres dans le château aérien, et nous nous préparâmes à repousser de là une attaque hostile. Cependant ces hurlements ayant cessé pendant quelques instants, je descendis bien armé de notre citadelle ; je mis à nos deux fidèles gardiens leurs colliers de clous et leurs cottes de porc-épic ; j'appelai notre bétail autour de l'arbre, pour l'avoir en vue, et je remontai pour regarder de tous côtés si l'ennemi n'arrivait pas. Jack désirait que ce fussent des lions. « Je voudrais, disait-il, voir de près le roi des animaux, et je n'en aurais pas la moindre peur : on dit qu'il est généreux.

Le père. Je ne te conseille pas de t'y fier ; je crois bien que tu n'as pas peur des lions à quarante pieds au-dessus d'eux ; mais les animaux auxquels nous avons affaire n'en sont pas ; les hurlements du lion, plus prolongés, sont plus majestueux, et inspirent à tous les animaux un effroi, une inquiétude que je ne remarque en ce moment dans aucun des nôtres.

Fritz. Je croirais plutôt que c'est une troupe de chacals, qui voudraient venger sur nous la mort de leur camarade.

Ernest. Ce n'est pas le cri du chacal ; je crains plutôt que ce ne soient des hyènes ; leur hurlement doit être aussi affreux que leur aspect.

François. Pour moi, je suis sûr que ce sont des sauvages, qui viennent dans notre île manger leurs prisonniers. Si, comme Robinson, nous pouvions les sauver et nous procurer un bon *Vendredi!*

Le père. Quoi que ce soit, mes enfants, ne nous laissons pas intimider par l'effet de l'imagination ; nous sommes ici en sûreté. » Au même moment, les hurlements recommencèrent ; ils s'étaient très rapprochés de nous. Fritz s'avança autant que possible, écouta attentivement, regarda de tous ses yeux, puis jeta son fusil en riant aux éclats et en s'écriant : « Moi, je vous dis que c'est notre âne, notre fugitif, qui revient chez nous et nous chante l'hymne de retour ; écoutez ! ne distinguez-vous pas ses touchants *hi han! hi hân!* répétés sur tous les tons? » Nous écoutâmes, et nous ne pûmes douter que Fritz n'eût raison ; nous fûmes tous presque en colère d'avoir eu peur, et d'avoir fait des préparatifs de défense pour nous mesurer contre maître Aliboron.

Cependant j'en étais charmé au fond ; un nouveau hurlement, bien caractérisé, à la manière de l'âne, excita de bruyants éclats de rire suivis de railleries réciproques sur nos craintes et nos suppositions. Bientôt après, nous eûmes le plaisir de voir de loin, entre les arbres, notre bon vieux grison venir à nous tranquillement, en s'arrêtant de temps en temps pour brouter. A notre grande joie, nous aperçûmes qu'il était suivi d'un compagnon de son espèce, mais infiniment plus beau ; et, lorsqu'il fut près, je reconnus que c'était un onagre, ou âne sauvage, et je désirai vivement m'en rendre maître, quoique je susse que cet animal est très difficile à apprivoiser et à se soumettre à l'homme. Quelques auteurs qui l'ont dépeint sous le nom de *dshikkey*, ou *cheval à longues oreilles*, que les Tatars lui donnent, prétendent que c'est impossible ; mais j'avais là-dessus une idée que j'étais résolu à suivre, si je pouvais m'approprier ce bel animal. Sans tarder, je descendis avec Fritz, en exhortant ses frères à rester tranquilles, et je consultai mon conseiller privé sur les moyens de m'emparer du compagnon de notre déserteur. Je préparai aussi vite qu'il me fut possible une longue corde avec un nœud coulant, dont j'attachai fortement un bout à une racine d'arbre ; le lacet fut tenu ouvert par le moyen d'une baguette posée légèrement dans l'ouverture, et qui devait tomber d'elle-même en le jetant au cou de l'animal, que le nœud serrerait aussitôt qu'il voudrait prendre la fuite.

En outre, je préparai un morceau de bambou d'environ deux pieds ; je le fendis par le bas, et le liai fortement dans le haut, pour qu'il pût me faire l'office d'une pincette. Fritz regardait avec curiosité mon ouvrage, et n'en comprenait pas l'utilité ; impatient comme un jeune homme, il prit la fronde à balle, et me proposa de la jeter contre l'âne sauvage ; ce qui serait, disait-il, beaucoup plus tôt fait ; mais cette fois je ne voulus pas permettre la chasse des Patagons ; je craignais que, le jet ne réussissant pas, cette belle bête ne prît la fuite avec la célérité qui lui est propre, et ne fût perdue pour toujours. Je lui expliquai mon projet de le prendre au lacet, que je lui remis pour en faire usage, attendu qu'il était plus leste et plus adroit que moi. Peu à peu les deux ânes s'approchèrent de nous. Fritz, tenant à la main le lacet ouvert, sortit sans bruit de derrière l'arbre où nous étions cachés, et s'avança autant que la longueur de la corde put le lui permettre. L'onagre fut singulièrement étonné quand il aperçut cette figure d'homme ; il sauta de quelques pas en arrière, puis s'arrêta comme pour examiner cette créature qui lui était inconnue ; mais Fritz restant immobile, il continua à brouter. Fritz s'approcha de notre ancien serviteur, espérant que sa confiance en donnerait à son compagnon ; il lui présenta une poignée d'avoine mêlée de sel ; l'âne accourut aussitôt pour prendre cette nourriture, dont il est très friand, et la mangea avec avidité, ce qui fut remarqué par son compagnon, qui s'approcha aussi, leva la tête, souffla fortement, et vint si près de notre grison, que Fritz, saisissant le moment, parvint à lui jeter la corde autour du cou. Le mouvement et le coup effrayèrent tellement l'animal sauvage, qu'il voulut prendre la fuite ; alors la corde se serra si fort qu'elle lui ôta presque la respiration ; il s'arrêta, et, la langue pendante, il fut obligé de se coucher par terre. Je me hâtai de sortir de mon poste, et d'aller relâcher la corde, afin qu'il ne fût pas étranglé. Je lui jetai promptement à la tête le licou de notre âne ; je plaçai son museau dans ma canne fendue, que j'attachai fortement au bas avec de la ficelle. J'avais dompté cette bête sauvage à la manière des maréchaux lorsqu'ils ferrent un cheval pour la première fois. J'ôtai entièrement le lacet, qui pouvait être dangereux ; avec deux longues cordes j'attachai le licou à deux racines voisines à droite et à gauche, et je laissai l'onagre revenir à lui, en observant ce qu'il ferait, et comment on pourrait le dompter complètement.

Pendant ce temps, le reste de ma famille était descendu de l'arbre, et chacun regardait avec admiration ce bel animal, dont la construction gracieuse et svelte le met si fort au-dessus des ânes, qu'elle l'élève presque à la dignité de cheval. Après quelques instants, il se releva, frappa du pied avec fureur, et parut avoir le projet de se délivrer de ses liens ; mais la douleur de son nez, pris entre le bambou et violemment serré, le força de se coucher de nouveau. Alors mon fils aîné et moi nous allâmes doucement détacher les cordes, et nous le menâmes, en le traînant à demi, entre deux racines très rapprochées, où nous l'attachâmes de nouveau si court, que la possibilité de se mouvoir et de s'échapper lui fut absolument ôtée, et que nous pûmes avec assez de sécurité nous approcher de ce nouveau captif. Nous nous occupâmes aussitôt à prévenir une seconde fuite de notre baudet, et il fut fortement lié avec un nouveau licou ; ses pieds de devant furent attachés ensemble avec une corde lâche ; je le mis ensuite près du sauvage, et je plaçai devant tous les deux une nourriture abondante pour les consoler de leur captivité.

Nous résolûmes d'employer tous les moyens imaginables pour dresser et rendre propre au service ce superbe onagre. Mes fils se réjouissaient de l'espoir de le monter, et nous ne pouvions assez nous féliciter de ce que la fuite de notre âne nous avait valu cette excellente capture. Je ne me dissimulais cependant pas les difficultés que nous aurions à vaincre pour l'apprivoiser, quoiqu'il parût être très jeune et n'avoir pas même fait son crû. Cependant je pensai aussi que jusqu'alors on s'y était mal pris, que les chasseurs, presque aussi sauvages que les onagres, n'y avaient pas mis assez de soins et de patience, et n'en sentaient pas autant que nous l'avantage. Je me décidai donc à user de tous les moyens possibles ; je lui laissai ses pincettes au nez ; elles le gênaient beaucoup et le domptaient complètement ; sans elles on n'aurait pas même pu en approcher. Cependant je les lui ôtais de temps en temps, lorsque je lui apportais sa nourriture, afin qu'il pût manger plus à l'aise, et je commençai, comme j'avais fait avec le buffle, à lui attacher sur le dos un paquet de toile à voiles, pour l'accoutumer à porter. Lorsqu'il y fut habitué, j'essayai de le rendre plus docile par la soif et par la faim, et je vis avec plaisir que, quand il avait jeûné quelque temps et que je lui apportais sa nourriture, ses regards et ses mouvements étaient un peu moins farouches. Je l'obligeais aussi à rester droit sur ses quatre jambes en resserrant les cordes qui l'attachaient, pour lui ôter peu à peu, par la fatigue, son naturel sauvage. Mes enfants venaient tour à tour le caresser et lui gratter doucement les oreilles, qu'il avait particulièrement sensibles ; et ce fut sur cette partie que je résolus de tenter une dernière épreuve, si nos premiers essais étaient infructueux. Nous désespérâmes longtemps de le rendre docile ; il faisait des sauts de furieux quand on s'approchait de lui, frappait des pieds de derrière, et cherchait même à attaquer avec les dents ceux qui le touchaient ; il m'obligea par là à lui faire une muselière, que j'arrangeai assez bien avec des roseaux, et que je lui mettais chaque fois qu'il avait mangé. Pour ne pas être frappé par ses pieds de derrière, je passai deux cordes qui les liaient à ceux de devant, sans cependant trop gêner ses mouvements. Ces moyens de contrainte furent continués si longtemps, qu'il s'y habitua ; il ne se mettait plus en fureur quand on l'approchait ; il s'accoutumait davantage à nous tous les jours, et permettait même qu'on le touchât et qu'on le caressât.

Enfin nous entreprîmes de relâcher peu à peu ses liens, et de le monter comme nous avions fait avec le buffle, en lui laissant toutefois les pieds de devant attachés ; mais, malgré cette précaution et toutes celles qui l'avaient devancée, il n'en fut pas un moment moins farouche. Le singe, que nous mîmes le premier sur son dos, s'y tint assez ferme en se cramponnant à ses crins, où il restait comme suspendu quand l'onagre se démenait comme un furieux ; aucun de mes fils ne put parvenir à le monter. Nous perdions toutes nos peines auprès de cet obstiné, et nous redoutions le moment de sa leçon, qui n'était pas sans danger. Il nous paraissait assez doux dans son écurie; mais, dès qu'il se sentait un peu en liberté, il se démenait comme un fou.

Je me décidai enfin à employer un dernier moyen, qui me coûtait cependant beaucoup, comme on pourra en juger; et j'étais résolu, s'il ne réussissait pas, à lui rendre la liberté. Je fis l'essai de le monter, et au moment où un haut-le-corps terrible m'en empêcha, je saisis avec mes dents une des longues oreilles du furibond, et je la mordis jusqu'au sang; à l'instant même il s'arrêta presque droit sur ses pieds de derrière, sans faire le moindre mouvement, et il resta roide comme un bâton; peu à peu il se baissa. Je le tenais toujours par l'oreille; Fritz saisit ce moment et s'élança sur son dos. Jack, avec le secours de sa mère, en fit autant en se tenant à son frère, qui, de son côté, se cramponna à la sangle de toile que l'animal avait sur le dos. Lorsqu'ils furent tous deux placés et assez fermes, à ce qu'ils m'assurèrent, je lâchai l'oreille; l'onagre fit d'abord quelques sauts moins violents que les précédents, et, retenu par les liens de ses pieds, il se résigna peu à peu, commença à trotter plus tranquillement de côté et d'autre, et devint enfin si docile, que cet exercice de manège fut un de nos plus grands plaisirs. Mes fils ne tardèrent pas à être bons écuyers, et leur cheval, malgré ses oreilles un peu longues, était vraiment beau et bien dressé.

« Cher ami, me dit ma femme un soir après un des premiers essais, d'où t'est venue cette singulière idée de mordre l'oreille de cet animal? — Je l'ai apprise, lui dis-je, d'un dompteur de chevaux que le hasard m'a fait rencontrer. Il avait été longtemps en Amérique, et avait fait le commerce de pelleteries avec les sauvages, à qui il portait en échange toutes sortes de marchandises européennes. Il se servait dans ses voyages de chevaux demi-sauvages, qui se trouvent dans les provinces méridionales de cette république, et qu'on prend dans des pièges avec des lacets. Ils sont d'abord indomptables, et ne veulent absolument pas se laisser charger de fardeaux; mais du moment qu'un des chasseurs leur mord l'oreille, ils deviennent doux et soumis, et on peut en faire ce qu'on veut. Le voyage continue, au travers de forêts et de bruyères, jusqu'à la demeure des sauvages; on échange les marchandises apportées contre des pelleteries, que l'on charge de nouveau sur le dos des chevaux. On se remet en route en se dirigeant, par le moyen de la boussole et des astres, vers les établissements européens, où l'on vend avec avantage et les peaux et les chevaux. J'avais regardé, je l'avoue, comme un conte cette singulière manière de dompter un animal sauvage; mais l'essai que je viens de faire sur notre jeune onagre prouve que ce voyageur m'a dit la vérité. »

Après quelques semaines, cet animal fut si bien apprivoisé, que nous pouvions tous le monter sans crainte; je continuai cependant à lui tenir les deux jambes de devant liées par une corde lâche, pour modérer l'extrême vélocité de sa course. A défaut de mors pour le diriger, je lui fis une espèce de caveçon qui réussit assez bien, et au moyen d'une gaule dont on lui touchait l'oreille, il allait à droite ou à gauche, comme on le jugeait à propos. Je le montais aussi quelquefois avec un plaisir mêlé d'un sentiment d'orgueil. J'étais fier d'être parvenu seul à dompter un animal regardé par tous les voyageurs et tous les naturalistes comme indomptable, et j'étais ravi quand je voyais mon Fritz s'élancer sur ce bel animal, en faire ce qu'il voulait, parcourir sur lui, comme l'éclair, notre longue avenue. Je pensais que, dans cette île déserte, ignorée, je pouvais rendre ces chers enfants propres à rentrer un jour dans la société et à en faire l'ornement. Leur force et leurs grâces physiques se développaient et se perfectionnaient en même temps que leur esprit et leur intelligence ; élevés dans cette retraite, loin du tumulte du monde et de ce qui excite les passions, ils pouvaient devenir tout ce que désirait mon cœur paternel. Je n'avais pas perdu l'espoir qu'un jour nous pourrions retourner en Europe, soit sur quelque vaisseau que le hasard amènerait dans ces parages, soit avec notre pinasse ; mais je sentais déjà, et ma femme bien plus encore, que ce ne serait pas sans un vif regret que nous abandonnerions notre île, où je résolus, en attendant, de continuer à m'arranger comme si nous devions y passer notre vie, avec la satisfaction de voir tout prospérer autour de nous.

Pendant l'éducation de notre âne sauvage, que nous avions nommé *Leichtfuss* (pied léger), une triple couvée de nos poules nous avait donné une foule de petits êtres emplumés ; une quarantaine au moins pipaient et sautillaient autour de nous, au grand contentement de ma femme : elle les soignait avec un zèle qui me faisait quelquefois sourire. La bonne mère ne murmurait point de la peine que lui donnait cette quantité de petits poussins ; elle la prenait avec grand plaisir, et ne pouvait se lasser de les admirer, ce qui ne l'empêchait pourtant pas d'en destiner une partie à paraître rôtis sur notre table, et l'autre à former de petites colonies, qui s'élèveraient et se nourriraient elles-mêmes dans le désert, où nous pourrions les retrouver. « Voilà, nous disait-elle, des bêtes bien plus utiles au ménage que vos singes, vos chacals, vos aigles, qui ne font que manger, sans être eux-mêmes bons à nous nourrir au besoin. » Cependant elle nous pardonnait le buffle, qui lui apportait ses provisions, et *Leichtfuss*, sur lequel elle aimait à voir galoper ses fils. Depuis que nous l'avions rendu propre à cet usage, le rude buffle, qui nous faisait sauter les entrailles, n'était plus monté ; on le réservait uniquement pour le trait.

Cette augmentation dans notre basse-cour nous rappela la nécessité d'un travail auquel nous avions pensé depuis longtemps et qu'on ne pouvait plus remettre ; c'était de construire entre les racines de notre gros arbre des loges couvertes pour tous les animaux bipèdes et quadrupèdes. La saison pluvieuse, qui est l'hiver de ces contrées, s'avançait à grands pas, et si nous ne voulions pas risquer d'en perdre la plus grande partie, il fallait les mettre à l'abri.

Nous commençâmes donc à construire une espèce de toit au-dessus des racines voûtées de notre demeure ; nous employâmes à cet usage des cannes de bambou ; les plus longues et les plus fortes soutinrent la toiture en guise de colonnes ; les minces furent attachées et liées fortement les unes à côté des autres pour la couverture. Dans les interstices, je fis entrer de la mousse et de la terre grasse, et j'étendis sur le tout une couche épaisse de goudron. Il en résulta un toit si solide qu'on pouvait se promener dessus ; je le munis tout autour d'une balustrade ou garde-fou ; de sorte qu'il ressemblait à un joli balcon, sous lequel, entre les racines, se trouvaient plusieurs appartements à l'abri de la pluie et du soleil, et qu'il était aisé de fermer et de séparer les uns des autres au moyen de quelques planches clouées contre les racines. Ils pouvaient nous servir les uns d'écurie et de basse-cour, les autres de salle à manger, de dépense, etc., etc., ou de fenil pour tenir au sec nos provisions et notre foin. Cet ouvrage nous prit peu de temps ; mais il s'agissait ensuite de remplir nos cellules de provisions de toute espèce pour la mauvaise saison. Nous nous en occupâmes sans relâche, et tous les jours nous allions de côté et d'autre avec notre char pour ramasser quelque chose d'utile et qui pût aussi nous fournir de l'ouvrage pendant que nous serions enfermés.

Un soir, nous revenions de la récolte aux patates ; notre char, chargé de sacs, roulait doucement, traîné par le buffle, l'âne et la vache : voyant qu'il y avait encore place sur le char, j'eus l'idée d'envoyer ma femme à la maison avec mes deux plus jeunes fils, pendant qu'avec Ernest et Fritz je ferais un détour par le bois des Chênes aux glands doux, pour en ramasser autant que nous pourrions en rapporter. Il nous restait encore quelques sacs vides ; Ernest avait sur son épaule son cher Knips, qui ne le quittait guère, et Fritz, comme un écuyer, montait l'onagre, qu'il s'était approprié, parce qu'il m'avait aidé à le prendre et à le dompter, et qu'il savait, il est vrai, le diriger mieux que ses frères. Ernest était trop paresseux, et préférait marcher paisiblement avec son singe, qui lui épargnait même la peine de cueillir des fruits. Jack était si étourdi, qu'à peine osait-on lui confier seul le cheval, qu'il montait souvent en croupe derrière son frère, et François était trop petit même pour l'essayer. Quoique l'onagre fût devenu docile à la monture, il était encore trop vif et rétif à l'attelage, auquel il fut même impossible de le soumettre ; mais quelquefois il souffrait qu'on lui mît sur le dos un ou deux sacs assez bien garnis, pourvu, toutefois, que Fritz se plaçât devant ; alors il les apportait à la maison, et servait ainsi au bien-être général.

Quand nous fûmes arrivés sous les chênes, *Leichtfuss* fut attaché à un buisson, et nous nous mîmes avec activité à ramasser des glands qui étaient tombés en quantité sur le terrain. Nous y étions tous occupés ; le singe avait quitté l'épaule de son maître et s'était jeté dans le buisson voisin sans que nous nous en fussions aperçus. Il y était depuis quelque temps, lorsque nous entendîmes de ce côté des cris d'oiseaux et des battements d'ailes très bruyants ; ce qui nous fit juger qu'il y avait un vif combat entre maître Knips et les habitants du buisson. J'envoyai Ernest voir ce qui s'y passait ; il se glissa doucement dans la haie, et au bout d'un moment nous l'entendîmes s'écrier : « Papa, venez, venez vite ! un nid de belles poules à fraise tout plein d'œufs ! monsieur mon singe voudrait les croquer ; la mère les défend. Fritz, viens vite la prendre ! moi, je tiens maître Knips. »

Fritz y courut aussitôt, et peu de moments après il rapporta vivants une poule et un coq à collet semblable à celui qu'il avait précédemment tué, et dont la mort m'avait causé tant de regrets. Je fus très réjoui de cette trouvaille, et j'aidai mon fils à mettre le beau couple dans l'impossibilité de nous échapper, en leur liant les pieds et les ailes avec de la ficelle, et en les tenant dans mes bras pendant que Fritz retournait au buisson chercher les œufs. Au moment même, nous en vîmes sortir le singe, qu'Ernest chassait devant lui ; peu après, il arriva lui-même, portant avec précaution son chapeau dans ses mains ; il avait garni en entier sa ceinture de feuilles étroites et pointues, semblables à des lames de couteaux, et qui me parurent être des feuilles de glaïeul ; mais j'y fis alors peu d'attention, étant tout occupé de notre chasse aux œufs, et regardant cette parure comme un enfantillage. Dès qu'il fut près de moi, il leva le mouchoir qui couvrait son chapeau, l'ôta avec soin et me le présenta avec des cris de joie. « Voilà, cher papa, me dit-il, des œufs de poule à collet ; je les ai trouvés dans un nid si bien caché sous ces longues feuilles, que je n'aurais pu le découvrir, si la poule, en se défendant contre le singe, n'en avait dérangé quelques-unes. Je vais les porter chez nous avec précaution ; ils feront bien plaisir à maman, je le parie, et ces feuilles, que j'ai prises à dessein, amuseront beaucoup François ; voyez, elles ressemblent à de petits glaives : ce sera pour lui un charmant joujou. »

Je louai Ernest de ses attentions pour sa mère et son petit frère, et j'exhortai Fritz, aussi bien que lui, à penser toujours avec intérêt à ce qui pouvait faire plaisir aux absents et leur prouvait qu'on s'était occupé d'eux ; il y a plus de mérite encore dans les complaisances que l'on a pour une personne dont on est séparé, et elle vous en sait plus de gré que lorsqu'elle est là pour les rendre. Nous pensâmes ensuite au retour; mes deux fils achevèrent de remplir de glands les sacs, et les chargèrent sur la croupe de *Leichtfuss*. Fritz s'assit entre eux; Ernest portait les œufs, moi la poule, et nous reprîmes ainsi le chemin de Falkenhorst, suivis de notre char; nos braves bêtes n'avaient plus besoin que de la voix pour conduire leur charge en sûreté. Pendant la marche, je voyais Ernest approcher souvent son oreille du chapeau où étaient les œufs; il prétendait entendre un petit bruit, comme si les poussins allaient en sortir : j'écoutai, je regardai, et je m'aperçus, en effet, que quelques coquilles étaient déjà cassées, et qu'on entrevoyait, au-devant du trou, les petites bêtes naissantes. Cette circonstance nous causa une grande joie, et Fritz ne put résister au plaisir de mettre sa monture au trot pour aller annoncer cette bonne nouvelle à sa mère. Mais l'onagre alla plus vite qu'il n'aurait voulu : il avait pris aussi un paquet de feuilles pointues, qui, voltigeant autour des oreilles et des yeux de l'animal, effrayèrent tellement celui-ci, qu'il prit le mors aux dents, et partit comme un trait, emportant sacs et cavalier, si bien que nous les eûmes bientôt perdus de vue. Pleins d'inquiétude pour lui, nous les suivîmes aussi vite que nous pûmes, mais sans les apercevoir. Cependant, en arrivant à Falkenhorst, nous eûmes la satisfaction d'y trouver Fritz sain et sauf. Sa mère avait été effrayée de le voir arriver comme un éclair, mais se tenant ferme entre les sacs. Maître *Leichtfuss*, qui méritait bien cette fois son nom, s'arrêta de lui-même devant son écurie. Il fut ensuite question d'examiner les œufs. La poule à collet était trop effarouchée et trop sauvage pour retourner à sa couvée : par bonheur, ma femme en avait une qui couvait, elle lui ôta ses œufs et y substitua ceux que nous venions d'apporter; la poule à fraise fut mise à part, dans la cage du perroquet défunt; nous la plaçâmes dans notre salle à manger pour l'accoutumer à nous peu à peu. Il ne se passa pas trois jours avant que tous les petits fussent sortis de leurs coquilles; ils restèrent fidèlement autour de leur mère adoptive, et mangèrent avec avidité d'un mélange de glands doux pilés et de lait, dont nous nourrissions notre volaille. A mesure qu'ils grandissaient, je leur retranchais les longues plumes des ailes, de peur que leur naturel ne les portât à s'envoler. Mais, peu à peu, et les petits et leur vraie mère furent si bien apprivoisés, qu'ils allaient, le jour, avec les nôtres, chercher de tous côtés leur nourriture, et revenaient le soir d'eux-mêmes dans le réduit que je leur avais arrangé, et où cette jolie peuplade paraissait se plaire.

XXXI. — LE LIN ET LA SAISON PLUVIEUSE.

François s'était fort amusé de ces petites feuilles à glaive, et puis, comme tous les enfants, léger dans ses plaisirs, il s'en était ennuyé et les avait jetées là. Fritz en ayant ramassé quelques-unes, qui étaient tout-à-fait molles et flétries, il en trouva qui cédaient comme des rubans. « Petit garçon, dit-il à son frère, tu pourrais à présent faire des fouets de tes glaives; relève-les et soigne-les pour cet usage; tu t'en serviras pour conduire tes chèvres et tes brebis. » C'était la tâche de François de les mener au pâturage.

« Eh bien! aide-moi, » lui dit le petit. Ils s'assirent à côté l'un de l'autre; François fendit les feuilles en longues courroies, et Fritz les tressa en cordes de fouet ; cela lui réussit très bien. Je remarquai avec plaisir, pendant ce travail, combien ces bandes étaient flexibles et fortes ; je les examinai de plus près, et je trouvai qu'elles étaient composées de longues fibres ou filaments, ce qui me fit soupçonner que ces soi-disant glaïeuls pourraient fort bien n'être autre chose que la plante de lin vivace de la Nouvelle-Zélande, que des naturalistes nomment *phormium*. Cette découverte était précieuse dans notre situation ; je savais que ma femme soupirait après le lin. Je me hâtai donc d'aller lui faire part de notre trouvaille ; elle en fut transportée de joie. « Voilà, dit-elle, ce que vous avez trouvé jusqu'à présent de plus utile ; je vous prie d'aller chercher de ces feuilles et de m'en apporter autant que vous le pourrez ; je vous ferai des bas, des chemises, des habits, du fil à coudre, des cordes... Enfin, qu'on me donne du lin et des métiers, et je ne serai pas en peine de les employer utilement. » Je ne pus m'empêcher de rire du chemin que faisait son imagination au seul mot de lin : il y avait loin de ces feuilles à la toile qu'elle cousait déjà en idée. Fritz dit un mot à l'oreille de Jack : tous deux allèrent à l'écurie, et, sans même me le demander, l'un monta sur *Leichtfuss*, l'autre sur le gros buffle, et ils galopèrent si vite vers le bois que, quand je voulus les rappeler ils avaient déjà disparu. Leur empressement à obliger leur mère dans cette occasion fit que je leur pardonnai et les laissai aller leur chemin sans les suivre, me réservant, s'ils tardaient à revenir, de les aller chercher et de les ramener.

En les attendant, je m'entretenais avec ma femme, qui, tout animée et active, m'expliquait quels instruments je devais lui faire pour filer et ourdir son lin, en faire des étoffes et nous vêtir de la tête aux pieds ; ses yeux pétillaient de joie en parlant, et je lui promis tout ce qu'elle voulut.

Au bout d'une demi-heure, nos jeunes cavaliers revinrent au trot, et j'eus grand plaisir à les revoir. Comme de vrais hussards, ils avaient fourragé le bois, et rapportaient sur leurs bêtes des paquets immenses de la précieuse plante, qu'ils jetèrent avec des cris de joie aux pieds de leur mère ; nous n'eûmes le courage ni l'un ni l'autre de les gronder de leur évasion. Jack nous fit rire en nous racontant, avec sa vivacité ordinaire, quel courage il avait mis à faire trotter son buffle pour rester sur les talons de *Leichtfuss*, et comme son gros cheval cornu l'avait jeté par terre en faisant un saut de côté ; il finit en nous assurant que, malgré cela, lui et son buffle n'en étaient pas moins au service de leur reine. « Eh bien ! lui dis-je, je veux que vous y soyez tous pour l'aider dans ses préparatifs de travail et pour rouir son lin.

Fritz. Comment prépare-t-on le lin, et qu'est-ce que c'est que de le rouir ?

Le père. Rouir le lin ou le chanvre, c'est l'exposer en plein air en le couchant sur la terre, à la pluie, au vent, à la rosée, pour dissoudre la plante jusqu'à un certain point : alors les parties ligneuses ou l'écorce du lin se séparent plus aisément des parties filamenteuses ; une espèce de colle végétale qui les lie se dissout, et l'on peut ensuite avec plus de facilité le nettoyer complètement et n'avoir que la filasse ou ce qui peut se filer.

Fritz. Mais ne court-on pas risque que cette partie aussi se dénature et se pourrisse, exposée si longtemps à l'humidité ?

Le père. Cela peut sans doute arriver quand on ne calcule pas bien et qu'on n'a pas la précaution de le retourner ; mais le danger n'est pas grand. Cette partie fibreuse a une ténacité particulière qui la fait résister beaucoup plus longtemps à l'action de l'humidité ; on peut même rouir le lin en le mettant tout-à-fait dans l'eau sans qu'il en souffre. Bien des personnes jugent cette méthode meilleure et plus prompte, et je suis assez de cet avis. »

Ma femme pensait de même, surtout pour le climat brûlant que nous habitions. Elle nous proposa donc d'aller mettre notre lin dans le marais du Flamant, mais de nous occuper d'abord à ranger les feuilles en paquets comme on fait du chanvre en Europe. Nous y consentîmes, et nous y travaillâmes tout le reste de la journée. Le lendemain matin, nous attelâmes l'âne à notre petit char léger, rempli de feuilles. François et maître Knips s'assirent dessus, et le reste de la famille suivit gaiement; nous étions chargés de pelles et de pioches. Arrivés au bord du marais, nous nous arrêtâmes; nous divisâmes les grands paquets en petits, que nous rangeâmes dans l'eau du marais en mettant des pierres dessus pour les faire enfoncer, et nous les abandonnâmes à leur sort jusqu'au moment où notre souveraine jugerait qu'il serait temps d'aller les tirer de là et de les mettre au soleil pour les faire sécher et pour rendre fragiles les tiges mouillées, afin de pouvoir les teiller facilement. Pendant cette occupation, nous eûmes l'occasion d'admirer en plusieurs endroits l'instinct des flamants dans la construction de leurs nids, faits en cône, élevés au-dessus de la superficie du marais, ayant en outre un enfoncement où les œufs sont à l'abri de tout danger : la femelle peut les couver ayant les jambes dans l'eau. La matière des nids est de l'argile maçonnée si solidement, que l'eau ne peut ni les dissoudre ni les renverser jusqu'au moment où les petits sont en état de nager.

Quinze jours après cette opération, ma femme nous assura que son lin devait être suffisamment roui; nous retournâmes au marais pour l'ôter de l'eau et l'étendre au soleil sur l'herbe, où il sécha si parfaitement et si promptement que le même soir nous pûmes le charger sur notre chariot et le porter à Falkenhorst, où il fut serré en attendant que nous eussions le temps de nous en occuper et de faire les battoirs, les rouets, les dévidoirs, les peignes, que notre habile ouvrière en lin nous demandait. Il était plus urgent de garder cet ouvrage sédentaire pour la saison pluvieuse, et de préparer ce dont nous avions besoin pendant ce temps de retraite; dans l'incertitude de sa durée, il fallait avoir soin de ramasser des provisions suffisantes pour nous et pour nos animaux. Déjà de temps en temps nous avions quelques grains, avant-coureurs de la saison pluvieuse; le temps, qui jusqu'alors avait été serein, devint sombre et changeant; le ciel était souvent couvert de nuages; les vents orageux se faisaient entendre, et nous invitaient à profiter de chaque moment favorable pour rassembler autour de nous tout ce qui nous était nécessaire. Nous commençâmes par tirer de terre une quantité suffisante de patates et de racines de manioc pour faire du pain; nous ne négligeâmes pas non plus de ramasser des noix de coco et quelques sacs de glands doux. En bêchant la terre, il nous vint à l'esprit de profiter de ce travail pour semer, dans ce terrain remué et engraissé par le feuillage des plantes, tout ce que nous avions de blé d'Europe. Malgré toutes les friandises que ce pays étranger nous fournissait, l'habitude nous faisait regretter le pain, avec lequel nous avions été élevés et nourris. Nous n'étions pas encore en mesure pour labourer régulièrement, et je voulais essayer de fabriquer tant bien que mal une charrue, lorsque nous aurions assez de grain pour que cela en valût la peine; cette fois nous le mîmes en terre sans grande préparation. C'était le moment le plus favorable pour semer et planter; la pluie devait détremper et gonfler tous les sucs nécessaires aux différentes plantes, qui sans cela auraient été perdues dans ce sol sec et brûlé. Nous nous empressâmes donc de planter à Zeltheim toutes les diverses espèces de palmiers que nous avions découvertes dans nos courses, en ayant soin de les choisir aussi petites et aussi jeunes que nous pûmes les trouver. Nous fîmes aussi une grande plantation de cannes à sucre dans les environs pour avoir à l'avenir autour de nous tout ce qui nous était utile ou agréable, et ne plus perdre notre temps à aller le chercher au loin.

Ces différentes occupations nous tinrent pendant quelques semaines dans une activité continuelle; notre chariot roulait sans cesse de côté et d'autre pour transporter à la maison ce qui nous paraissait nécessaire pour notre hivernage. Le temps nous était si précieux, que nous ne nous permettions plus même des repas en règle; nous nous contentions de manger du pain, du fromage, des fruits, pour avoir plus tôt fait, et pouvoir retourner à l'ouvrage, afin de tout expédier avant que la mauvaise saison nous forçât de rester enfermés.

Hélas! ce moment prévu arriva plus tôt que nous ne l'avions pensé. Avant que nous eussions fini tout notre établissement d'hiver, il tombait déjà des averses si fortes, si abondantes, que le petit François me demandait tout effrayé si le déluge allait revenir, et que moi-même j'en étais alarmé, ne voyant pas moyen de nous préserver de cette quantité d'eau, qui faisait un lac de toute la contrée.

La première chose à faire, et qui nous fut extrêmement pénible, ce fut de transporter sans délai notre demeure aérienne dans le bas de notre arbre, et de nous établir entre les racines et sous notre toit goudronné; car il n'était plus possible d'habiter la cime, à cause des coups de vent qui chassaient des torrents de pluie jusque dans nos lits par la grande ouverture du devant. J'y avais cloué à la vérité une toile à voiles; mais elle fut bientôt pénétrée d'eau et déchirée. Nous fûmes donc obligés de descendre nos hamacs, nos matelas, et tout ce qui pouvait être endommagé par la pluie; trop heureux d'avoir fait notre escalier tournant, qui nous mettait à l'abri pendant ce déménagement. Il nous servit ensuite de garde-meuble; nous y laissâmes tout ce dont nous pouvions nous passer, et la plupart de nos ustensiles de cuisine, que ma femme prenait à mesure qu'elle en avait besoin. Les petites loges entre les racines, arrangées pour notre volaille et notre bétail, pouvaient à peine nous contenir tous. Les premiers jours furent vraiment cruels : entassés à ne pouvoir presque remuer dans ces réduits obscurs, et que l'odeur fétide de nos proches voisins, nos animaux, rendait presque insupportables, étouffés par la fumée dès que nous voulions nous procurer du feu pour faire la cuisine, et inondés par la pluie dès que nous ouvrions les portes. Pour la première fois depuis notre désastre, nous soupirâmes tristement après les maisons de notre chère patrie. Mais que faire? nous n'y étions pas; il ne fallait pas augmenter notre mal en perdant courage. Je tâchai de ranimer celui de tout mon monde, et de remédier à quelques-uns de ces inconvénients. L'escalier tournant nous fut, comme je l'ai dit, très utile; l'étage supérieur fut rempli de mille choses qui débarrassèrent le bas, et comme il était éclairé et garanti par les fenêtres, ma femme y fit souvent son établissement de travail, assise sur les marches, et son petit François à ses pieds. Nous resserrâmes un peu plus nos bêtes, et nous donnâmes un courant d'air aux endroits où elles étaient renfermées; nous fîmes sortir de l'étable celles qui étaient du pays, et pouvaient par leur nature se tirer d'affaire et chercher leur vie comme elles l'auraient fait si nous n'eussions pas été là. Pour n'avoir pas la crainte de les perdre, nous leur attachâmes des clochettes autour du cou, et tous les soirs Fritz et moi nous allions les chercher pour les ramener à l'étable, où souvent elles se rendaient d'elles-mêmes. Nous revenions mouillés jusqu'aux os, ce qui donna l'idée à ma femme de nous faire une espèce de vêtement qui pût nous garantir de cette excessive humidité. Elle prit dans la caisse qui nous restait deux chemises de matelot; avec des morceaux de nos vieux habits, elle fit une espèce de cape de drap cousue par derrière, et qui pouvait commodément se mettre sur la tête. Nous fîmes fondre de la résine élastique, dont il nous restait une assez grande provision ; nous en enduisîmes et les chemises et la cape, et nous eûmes ainsi des redingotes imperméables, qui nous rendirent les plus grands services et qui égayèrent beaucoup mes petits railleurs la première fois qu'ils nous en virent revêtus. Tous auraient voulu en avoir ; mais la gomme nous manquait, et nous nous servîmes tour à tour des manteaux que nous avions pour aller faire en plein air, malgré la pluie et sans danger pour notre santé, ce que les circonstances exigeaient.

Quant à la fumée, il nous fut impossible d'y remédier autrement qu'en laissant la porte ouverte lorsque nous faisions du feu ; nous prîmes donc le parti d'en faire rarement et de vivre de lait et de fromage ; nous n'en fîmes guère que pour la cuisson de nos gâteaux de manioc, et alors nous en profitions pour faire bouillir une quantité de patates et cuire un morceau de viande salée, qui nous suffisaient pour plusieurs jours. D'ailleurs, le bois sec nous manquait presque totalement, et nous remerciâmes le ciel de ce que la température n'était pas froide, sans quoi nous eussions été bien malheureux. Ce qui nous affligeait le plus, c'était de n'avoir pas amassé assez de foin et de feuilles pour la vache, l'âne, les moutons, les chèvres, que nous étions obligés de nourrir dans l'écurie et de tenir au sec, si nous ne voulions pas les perdre. Le nombre de nos bêtes européennes s'était augmenté ; ces animaux mangeaient beaucoup, et nous nous vîmes dans la nécessité de leur céder notre provision de patates et de glands doux, dont, au reste, ils s'accommodaient fort, et qui rendaient leur lait délicieux ; la vache, les chèvres et même les brebis nous en fournissaient autant que l'exigeaient nos besoins. Le soin de les traire, de les tenir propres, de préparer leur nourriture, nous occupait la plus grande partie de la matinée ; nous faisions ensuite de la farine de manioc, dont nous remplissions de grandes courges, rangées sur des tablettes à côté les unes des autres, pour la trouver prête au besoin. Notre demeure basse, sous un arbre, et sans fenêtre, rendait, pour nous, les journées beaucoup plus courtes qu'elles n'auraient dû l'être ; nous avions heureusement fait une immense provision de bougies, et nous n'en manquâmes pas. Dès que la nuit nous obligeait à avoir de la lumière, nous nous rassemblions autour de notre table ; un gros cierge, planté dans une courge, nous éclairait tous à merveille. La mère travaillait à raccommoder quelques vêtements, tandis que je mettais au net mon journal, et que j'écrivais tout ce qu'on vient de lire, l'histoire de notre naufrage et de notre séjour dans cette île ; mes fils et leur mère m'aidaient dans ce travail en me rappelant telles ou telles circonstances ; je donnais mes pages à copier à Ernest, qui avait une très belle écriture. Fritz et Jack s'amusaient à dessiner de mémoire, soit les plantes, soit les animaux qui les avaient le plus frappés ; tous enseignaient à leur petit frère à lire et à écrire. Nous faisions ensuite nos prières, et nous allions nous coucher, contents de nous-mêmes et de notre vie innocente et paisible. Notre bonne ménagère nous faisait souvent quelque agréable surprise pendant que nous étions occupés avec nos bestiaux ; elle allumait un petit fagot de cannes sèches, et rôtissait vite, à ce feu clair et très chaud, tantôt un poulet, un pigeon, un canard, un pingouin de notre basse-cour, tantôt quelques grives conservées dans le beurre, qui se trouvèrent excellentes, et furent pour nous un vrai régal. Tous les quatre ou cinq jours elle nous battait, dans la baratte de courge, du beurre frais et délicieux, dont nous faisions, sur nos gâteaux de cassave, des tartines avec du miel parfumé ; nos goûters auraient fait envie à tous les gourmands européens. Ces jours de régal inattendu étaient des espèces de petites fêtes qui nous faisaient oublier pendant quelques heures notre emprisonnement, lequel, du reste, était plutôt causé par l'humidité de la terre et les grandes flaques d'eau que nous rencontrions à chaque pas, que par la pluie elle-même : car, s'il ne se passait pas de jour où il ne tombât plusieurs averses, dans les intervalles le soleil luisait et la chaleur était étouffante.

Les restes de nos repas appartenaient de droit à nos animaux domestiques, qui faisaient partie de la famille : nous avions alors à nourrir avec nous le petit chacal, l'aigle et le singe ; mais ils pouvaient se fier à l'amitié de leurs maîtres respectifs, qui s'ôtaient volontiers les morceaux de la bouche pour les donner à leurs chers élèves. Ma femme était chargée de Bill et moi du brave Turc. Ainsi chacun de nous avait son acolyte, dont il prenait soin, et personne ne fut en souffrance. Mais si le buffle, l'onagre et le cochon n'eussent point trouvé leur vie au-dehors, nous aurions été obligés de les tuer ou de les voir périr de faim, ce qui nous aurait cruellement affligés. Il fut donc décidé unanimement que nous ne nous exposerions plus à passer une seconde saison pluvieuse dans un si pitoyable état ; ma femme même, qui avait une si grande prédilection pour sa demeure de Falkenhorst, était souvent d'assez mauvaise humeur, et insistait plus que personne pour que nous nous fissions ailleurs une habitation d'hiver plus spacieuse, pourvu, disait-elle, que nous revenions toujours, l'été, habiter notre château aérien : et nous étions tous du même avis. Nous ne cessions de réfléchir pour savoir où et comment nous pourrions nous établir. Fritz alla fouiller au fond de la caisse qui contenait nos propres effets, et, triomphant, il revint en rapportant un livre.

« Voici, dit-il, notre modèle, *Robinson Crusoé* ; puisque le ciel nous a destinés au même sort que lui, nous ne pouvons rien consulter qui nous soit plus utile. Autant qu'il m'en souvient, il se creusa une demeure solide dans un rocher ; voyons comment il s'y prit, et nous ferons comme lui, et bien plus facilement, puisqu'il était seul et que nous sommes six, dont quatre au moins en état de travailler.

— Bien, mon fils, lui dis-je, j'aime à te voir ce courage. Voyons donc si nous ne pouvons pas être aussi habiles que Robinson.

— Et pourquoi pas ? dit Jack ; n'avons-nous pas comme lui une île, des rochers, des instruments du vaisseau, et, comme dit mon frère, beaucoup plus de bras pour s'en servir ? »

Nous fîmes donc cette lecture avec un grand intérêt ; elle nous sembla toute nouvelle ; nous y puisâmes une foule d'instructions, et une vive reconnaissance pour la bonté de Dieu, qui nous avait sauvés tous ensemble, et n'avait pas permis qu'un de nous fût, comme le pauvre Robinson, seul dans cette île. Nous ne pouvions cesser de nous embrasser les uns les autres et de nous trouver les plus heureuses créatures qu'il y eût au monde. François disait toujours qu'il voudrait bien que, comme Robinson, nous eussions un Vendredi ; mais ses frères lui répondaient qu'il valait bien mieux n'avoir point de Vendredi, mais aussi point de sauvages à combattre. Jack n'était pas tout-à-fait de cet avis ; il aurait, je crois, assez aimé à faire la guerre. Enfin le résultat fut que, dès que le temps le permettrait, nous irions examiner les rochers de Zeltheim pour voir s'il y en aurait un qu'on pût entamer et creuser.

Le dernier travail de notre hivernage, pour lequel ma femme me tourmentait sans cesse, fut de faire un battoir pour son lin et de grosses cardes pour le peigner. Le battoir se fit très facilement, mais les cardes me donnèrent assez de peine. Je limai de grands clous égaux, ronds et pointus : je les passai à égale distance dans une feuille de ferblanc que j'avais trouvée sur le vaisseau ; je relevai les bords de cette feuille en manière de boîte ; je fondis ensuite du plomb, que je fis couler sur la feuille entre les clous et jusqu'au rebord, pour donner aux pointes, qui sortaient encore de quatre pouces, beaucoup de solidité. Je clouai ensuite cette feuille sur une planche, et la machine fut faite et en état de recevoir les paquets de lin et de les peigner à merveille. Il tardait à ma femme de pouvoir en faire usage : sécher son lin, le teiller et le filer, c'était pour elle une source inépuisable de plaisirs.

XXXII. — LE PRINTEMPS. — LA FILATURE. — LA CAVERNE DE SEL.

Je puis à peine décrire notre joie, lorsque, après de longues semaines pluvieuses, le ciel commença à s'éclaircir. Nous sortîmes de nos réduits sombres, étouffés et chauds, pour nous promener autour de notre habitation, respirer un air frais et balsamique, et délecter nos yeux de la belle verdure qui commençait à pousser de tous côtés. La nature était rajeunie, une vie nouvelle animait toutes les créatures, et nous sentions nous-mêmes l'influence de ce ciel pur et azuré, que nous n'avions pas vu depuis si longtemps, et qui revenait, comme un ami, après une longue absence, nous apporter plaisir et bénédictions. Nous oubliâmes un instant tous les tourments, tous les ennuis de la saison pluvieuse ; et, le cœur plein de joie et d'espérance, nous allâmes en imagination au-devant des travaux auxquels un temps constamment beau allait nous permettre derechef de nous livrer.

Notre plantation d'arbres commençait à pousser ; les semences que nous avions confiées à la terre en sortaient en filets d'herbe menue qui se balançaient mollement ; une agréable parure de feuilles tendres ornait les arbres ; la terre se couvrait d'une variété innombrable de fleurs dont les belles couleurs comparent agréablement le vert des prairies. Des vapeurs balsamiques étaient répandues dans les airs, on entendait de tous côtés le chant des oiseaux : à travers le léger feuillage, on les voyait sauter d'une branche à l'autre ; leurs formes variées, leur plumage brillant, animaient ce délicieux tableau, et nous étions à la fois émerveillés et pénétrés de reconnaissance envers le Créateur. Aussi nous célébrâmes en plein air le premier dimanche de cette saison bienfaisante sur cette côte si riche, si belle, où nous avions été conduits et protégés d'une manière si miraculeuse. Nous étions plus que dédommagés de quelques mauvais moments, et, pleins d'un nouveau zèle, résignés à passer, si Dieu le voulait, notre vie entière dans cette solitude, avec une âme contente et l'activité qui nous était nécessaire. Mon cœur paternel formait, à la vérité, pour mes enfants quelques vœux de plus, dont je ne leur parlais pas ; mais, en me permettant de souhaiter quelque événement qui pût prolonger et doubler leur bonheur, je m'en remettais en toute soumission à la volonté de Dieu, et je l'attendais avec patience.

Nous commençâmes nos travaux par arranger et par nettoyer notre château aérien, que la pluie et les feuilles jetées par le vent avaient sali ; mais il n'avait d'ailleurs pas souffert, et dans peu de jours il fut en état d'être habité de nouveau. L'escalier tournant fut débarrassé ; les appartements entre les racines furent rendus à leur destination primitive, et nous nous livrâmes à d'autres entreprises.

Ma femme ne tarda pas un instant à s'occuper de son lin et à lui donner tous ses soins. Pendant que nos fils conduisaient notre bétail dans des pâturages frais et que le soleil avec déjà séchés, je portais les paquets de lin au grand air, et je composai avec des pierres amoncelées une espèce de four pour le sécher complètement. Dès la même soirée, nous nous mîmes à le teiller, puis nous le plaçâmes sous le battoir pour en ôter l'écorce; il fut peigné ensuite avec ma machine à clous, qui réussit à merveille. Ce fut moi qui me chargeai de cet ouvrage assez pénible, et j'en tirai des quenouilles de lin prêtes à filer, si longues, si douces, que ma femme vint m'embrasser avec la plus tendre reconnaissance, et me pria de lui fabriquer tout de suite un rouet, pour qu'elle pût commencer son ouvrage favori.

J'avais jadis tourné pour m'amuser : ici il n'en était pas question, n'ayant ni tour ni aucun des outils nécessaires; mais au moins je savais par cœur ce qu'il fallait pour la composition d'un rouet et d'un dévidoir, et, à force d'application, je vins à bout de construire ces deux machines à son contentement. Elle filait avec tant de zèle qu'elle ne se permettait pas une seule promenade, et que c'était avec assez de peine qu'elle pouvait se résoudre à quitter son rouet pour préparer notre dîner. Elle était ravie quand nous la laissions seule avec son petit garçon, qui dévidait pour elle à mesure qu'elle travaillait. Elle aurait bien voulu quelquefois engager aussi les aînés à filer pour avancer l'ouvrage, lorsqu'elle était occupée à la cuisine; mais ils s'y montrèrent peu dociles, à l'exception du paresseux Ernest, qui souvent aima mieux cet ouvrage que d'autres plus pénibles. Cependant nous avions un tel besoin de linge et de vêtements, que nous aurions très bien fait de nous en occuper tous; mais nous préférions nos courses et notre liberté à ce travail de femme. Nous commençâmes nos promenades par Zeltheim : nous étions curieux de voir les ravages des eaux, et nous en fûmes effrayés. Zeltheim avait été beaucoup plus maltraité que Falkenhorst; l'orage et la pluie avaient abattu la tente, emporté une partie des toiles, et tellement attaqué toutes nos provisions, que beaucoup de choses n'étaient plus bonnes à rien, et que les autres ne pouvaient être sauvées qu'en les faisant sécher sans délai. Heureusement, du moins, notre belle pinasse avait été passablement épargnée; elle était encore à l'ancre, prête à nous servir au besoin; mais notre bateau de tonneaux avait été entièrement avarié, et je n'osais plus espérer de pouvoir m'en servir.

Dans la recherche exacte de nos provisions, nous eûmes la douleur de voir que celle qui avait le plus souffert était la poudre à canon, dont j'avais laissé trois barils sous la tente, au lieu de les porter sous la voûte des rochers. J'ouvris deux de ces barils, et je les trouvai abîmés par l'eau qui avait pénétré dans l'intérieur. Il fallut jeter leur contenu en entier, et je m'estimai encore heureux de ce que le troisième n'était pas en aussi mauvais état; mais cette grande et irréparable perte fut pour moi un puissant motif de penser à des quartiers d'hiver, où nos provisions et nos richesses fussent désormais à l'abri d'un tel malheur.

Cependant j'espérais peu, malgré le plan gigantesque de Fritz et le courage de Jack, qu'il nous fût possible de créer une demeure dans cette paroi de rocher. Robinson Crusoé est censé avoir trouvé une grotte spacieuse, qu'il n'eut que besoin d'arranger. Dans toute sa longueur, notre rocher n'en offrait aucune; il avait l'air d'être partout de roc primordial, d'une extrême dureté; et, avec nos forces si bornées, l'emploi de trois ou quatre étés paraissait à peine suffisant. Cependant le désir ardent d'avoir une demeure plus solide et à l'abri de l'eau me tourmentait sans relâche : je résolus de faire au moins un essai, et de creuser, s'il était possible, une espèce de cave pour préserver notre poudre, le plus précieux de nos trésors, des intempéries de l'air. Je partis donc un jour à la tête de mes deux braves ouvriers, Fritz et Jack, laissant la mère à la filature avec ses deux aides Ernest et François. Nous étions chargés de pieux, de ciseaux, de marteaux, de barres de fer, pour essayer nos forces contre le rocher. Je choisis une place où il était presque perpendiculaire, et beaucoup mieux situé que notre tente. La vue, en cet endroit, était si étendue, que l'on découvrait en entier la baie du Salut, les rivages du ruisseau des Chacals avec son pont, et toutes les saillies pittoresques des rochers. Je marquai avec du charbon le contour de l'ouverture que nous voulions tailler, et nous commençâmes, à la sueur de notre front, le pénible ouvrage de carriers. Le premier jour, nous avançâmes si peu que, malgré notre courage, nous fûmes sur le point d'abandonner notre besogne. Cependant nous persistâmes encore, et ce qui me donna quelque espérance, ce fut qu'à mesure que nous avancions dans la profondeur, la dureté de la pierre diminuait. Nous supposâmes que le soleil ardent frappant contre ce roc en avait durci la couche extérieure, et qu'en-dedans la masse de la pierre se trouverait toujours plus tendre; il nous parut enfin que c'était une espèce de pierre calcaire. Lorsque j'eus creusé environ à la profondeur d'un pied, on pouvait presque la détacher avec la bêche, comme du limon desséché. Alors nous nous décidâmes à continuer sans relâche; mes fils me secondaient avec un zèle et une assiduité au-dessus de leur âge.

Après quelques jours de travaux assidus, nous mesurâmes notre ouverture, et nous trouvâmes que nous avions déjà sept pieds de profondeur. Fritz, avec une brouette, conduisait les décombres, et les rangeait au-devant pour faire une espèce de terrasse : moi, je travaillais dans le haut pour élargir l'ouverture. Jack, comme le plus petit, pouvant déjà être caché dans cette espèce de grotte, était en bas et creusait dans la profondeur; il avait pris une barre de fer assez longue et l'avait enfoncée à coups de marteau pour détacher un gros morceau de roc. Tout-à-coup je l'entends crier d'une voix forte : « Papa, j'ai percé! Fritz, j'ai percé!

LE PÈRE. Oui-da, mon fils! qu'as-tu donc percé, je t'en prie? est-ce la montagne? Pourvu que ce ne soit pas ta main ou ton pied?

JACK. Non, non, c'est la montagne; » et il fit retentir les rochers de son cri de joie accoutumée : « *Vivat! vivat!* j'ai percé la montagne! »

Fritz était accouru à ses cris. « Tu as percé la montagne, mon petit! lui dit-il d'un ton moqueur; pourquoi pas le globe tout entier? cela t'aurait été tout aussi facile; tu n'avais qu'à enfoncer bravement ton fer jusqu'à ce que tu eusses atteint l'Europe, qui est, dit-on, sous nos pieds. J'aurais été bien aise de guigner dans ce trou.

JACK. Eh bien! tu pourras avoir ce plaisir, mais je ne sais pas trop ce que tu verras. Viens d'abord examiner comme ce fer est enfoncé, et dis-moi si je fais à présent une fanfaronnade : tiens, regarde toi-même si je mens; il est sûr que, s'il n'y avait pas un grand vide par derrière, je n'enfoncerais pas ainsi cette barre dans le roc.

FRITZ. En effet. Voyez, papa! c'est très singulier; son fer paraît être parvenu dans un grand espace vide; on peut le tourner comme on veut. » Je m'approchai, car cette observation me parut digne de mon attention. Je saisis l'instrument, qui était encore planté dans le roc, et, en le secouant avec vigueur de côté et d'autre, je fis un trou assez grand pour qu'un de mes fils pût y passer, et je vis qu'en effet une partie des décombres tombait en-dedans, et qu'il y avait là une cavité dont je ne distinguais pas l'étendue; le bruit des pierres me fit cependant juger qu'il ne s'abaissait pas beaucoup au-dessous du sol sur lequel nous nous trouvions. Mes deux garçons m'offrirent ensemble de passer par ce trou pour aller voir ce que c'était; mais je le défendis sévèrement, et je les fis même s'éloigner bien vite, parce que je sentais qu'il sortait de cette ouverture une si grande quantité d'air méphitique, que je commençais moi-même à éprouver des vertiges pour m'en être trop approché, de sorte que je fus obligé de me retirer promptement, afin de respirer un air plus pur. « Gardez-vous, mes chers enfants, dis-je avec effroi, gardez-vous de pénétrer dans ce creux : vous pourriez y trouver subitement la mort.

Jack. La mort, papa ! croyez-vous donc qu'il y ait là-dedans des lions et des tigres ? Donnez-moi un fusil, je ne les craindrai pas.

Fritz. Comment peux-tu penser que de tels animaux puissent vivre là ? Mais papa craint peut-être qu'il n'y ait des serpents ou des vipères.

Jack. Et ne peut-on pas aussi les tuer, ces vilaines bêtes ?

Le père. J'aime à te voir ce courage, mon vaillant petit mineur ; mais, cette fois, il ne sera pas mis à l'épreuve. Il n'y a pas plus de lions, de tigres et de serpents là-dedans qu'il n'y a d'hommes ; mais le danger n'en existe pas moins. Que ferait mon petit héros si, en entrant dans ce trou, il ne pouvait plus respirer ?

Jack. Plus respirer ! et pourquoi pas ?

Le père. Parce que l'air y est méphitique, c'est-à-dire corrompu, et qu'il ne vaut plus rien pour la respiration. Les personnes qui imprudemment ou par ignorance entreraient dans ce gouffre y seraient étouffées.

Fritz. Mais comment l'air peut-il se corrompre ?

Le père. De différentes manières : soit quand il se charge de vapeurs nuisibles, soit lorsqu'il renferme trop de parties ignées ou inflammables, soit enfin lorsqu'il est trop pesant, comme l'air qu'on appelait autrefois fixe, et qui est désigné dans la chimie sous le nom d'*acide carbonique*. Mais, en général, dès que l'air perd de son élasticité, il ne pénètre plus dans les poumons, et on ne respire plus ; alors on étouffe promptement, parce que l'air est absolument nécessaire à la vie et à la circulation du sang.

Jack. Il n'y a qu'à se sauver bien vite, quand on sent qu'on ne peut plus respirer.

Le père. C'est ce qu'on fait quand on en a la force ; mais ordinairement cet état commence par un vertige ou un tournoiement de tête tel qu'on a peine à marcher. Ce malaise est suivi d'une oppression que l'on ne peut vaincre ; on fait des efforts pour respirer, on perd connaissance, et on meurt subitement si l'on ne reçoit de prompts secours.

Fritz. Quelle espèce de secours peut-on donner ?

Le père. Il faut d'abord transporter le malade dans un air pur et frais, et lui jeter de l'eau fraîche sur le corps. Après l'avoir bien essuyé, on le frotte avec des linges chauds, on lui souffle de l'air sain dans les poumons, on lui donne des lavements de fumée de tabac, enfin on le traite comme un noyé, jusqu'à ce qu'on l'ait fait revenir à la vie : ce qui n'arrive malheureusement pas toujours.

Fritz. Quelle raison avez-vous, papa, de croire que l'air de cette caverne soit méphitique, ou mauvais à respirer ?

Le père. Parce que peu à peu tout air renfermé et entièrement séparé de l'air atmosphérique perd son élasticité, et contracte des qualités nuisibles et contraires à la respiration. C'est quand on respire que l'air atmosphérique, ou celui qui est répandu dans l'espace, entre en liaison avec le sang, auquel il communique une de ses parties les plus essentielles, qu'on nommait autrefois *air vital*, aujourd'hui *oxygène*, sans lequel l'homme ne peut exister. Si cet oxygène manque, la respiration cesse, on meurt dans quelques minutes ; et la même chose arrive si cet air est imprégné en trop grande quantité de parties malfaisantes.

Fritz. Et à quoi reconnaît-on que l'air est bon ? Comment peut-on savoir qu'ici, quoique nous ne soyons qu'à deux pas de cette caverne méphitique, on peut respirer en sûreté ?

Le père. Par le moyen du feu, mon fils ; car le feu ne brûle pas dans l'air méphitique ; il y a plus, c'est par le feu qu'on le corrige. Ici, dans ce trou, il faut en allumer assez pour purifier l'air qui en sort et le rendre bon à respirer ; le feu s'éteindra d'abord, mais peu à peu il corrigera le mauvais air, et brûlera.

Fritz. Oh ! s'il n'y a que cela, c'est bien aisé. Dès qu'il sera pur, nous ferons un trou immense, et nous irons nous promener là-dedans, comme en rase campagne. »

Sans tarder, ils allèrent tous deux ramasser de l'herbe sèche ; ils en firent des paquets, battirent le briquet et les allumèrent, puis les jetèrent tout embrasés dans le trou ; mais, ainsi que je le leur avais annoncé, ils s'éteignirent et nous donnèrent la preuve que l'air était corrompu au plus haut degré : le feu ne put pas brûler même à l'entrée. Je vis qu'il fallait le purifier d'une manière plus efficace. Je me souvins à propos que, dans le temps, nous avions apporté du vaisseau une caisse qui avait appartenu à l'artificier, que nous l'avions serrée dans la tente, et qu'elle devait être pleine de grenades et de raquettes d'artifice ; on en avait beaucoup embarqué, tant pour faire des signaux que pour l'amusement de l'équipage. J'allai la chercher, je pris quelques pièces et un mortier de fer pour les jeter au fond de la caverne. Je revins bien vite pour attaquer, avec mon artillerie, le mauvais air. Je jetai le tout avec une mèche qui répondait en-dehors et qui fut allumée. Tout partit à la fois ; un fracas épouvantable se fit entendre dans cet antre ténébreux. Les grenades voltigeaient de tous côtés comme des météores rayonnants ; nous les lancions au fond, elles rebondissaient et crevaient avec un bruit terrible. Un torrent d'air méphitique sortit par l'ouverture. Nous lançâmes alors les raquettes, qui firent aussi merveille ; elles sifflèrent dans la caverne, comme des dragons volants, en faisant voir à nos yeux étonnés sa grande étendue. Nous crûmes aussi apercevoir une quantité de corps éblouissants qui brillèrent soudainement, comme par un coup de baguette, et dont l'éclat disparut avec la rapidité de l'éclair, ne laissant apercevoir qu'une obscurité profonde. Une fusée à étoiles nous donna un spectacle dont nous eussions bien voulu prolonger la durée. Quand elle creva, il en sortit comme une foule de petits génies ailés, ayant chacun à la main une lampe allumée, et qui dansaient de tous côtés, formant mille réverbérations variées. Tout étincelait dans cette caverne, qui nous offrit pendant une minute une scène vraiment magique ; mais ces génies s'inclinèrent l'un après l'autre, tombèrent sans bruit, et disparurent comme de vrais esprits aériens.

Après avoir ainsi fait les artificiers, je tentai un second essai avec du foin allumé. A notre grande satisfaction, les paquets jetés brûlèrent très bien et se consumèrent entièrement ; nous pûmes alors espérer que, du moins sous le rapport de l'air, il n'y avait plus rien à craindre ; mais il y avait encore le danger d'être engloutis dans quelque abîme où nous trouverions un amas d'eau, et je jugeai prudent de différer notre entrée dans ce réduit inconnu jusqu'à ce que nous eussions des moyens d'éclairer notre marche. Je donnai l'ordre à Jack de dételer son buffle, de monter et d'aller jusqu'à Falkenhorst communiquer cette découverte à sa mère et à ses deux frères, de revenir ensuite avec eux, et d'apporter autant de cierges qu'ils en auraient de faits : je voulais, en les réunissant autour d'un bâton, en composer un gros flambeau, avec lequel nous irions tous examiner l'intérieur de cette grotte. Ce n'était pas sans intention que j'avais choisi Jack pour ce message : cet enfant avait une imagination vive et poétique ; j'étais sûr qu'il raconterait à sa mère tant de merveilles de la grotte enchantée, du feu d'artifice, et de tout ce que nous y avions entrevu, que, malgré le charme du rouet, il saurait l'engager à le suivre promptement, et à nous apporter des lumières pour pénétrer dans cet obscur sanctuaire.

Tout joyeux de sa commission, Jack s'élança sur son buffle, qu'il s'était presque approprié, fit gaiement claquer son fouet, et partit avec une telle hardiesse, qu'il me fit dresser les cheveux. Ce petit téméraire ne redoutait rien, et faisait de son bucéphale cornu un vrai cheval de course.

En attendant son retour, je proposai à Fritz d'agrandir l'entrée de la grotte souterraine, d'en ôter les gravois, et de frayer un chemin pour que sa mère pût y pénétrer facilement. Il y avait trois ou quatre heures que nous travaillions, quand nous le vîmes arriver sur notre char de parade, sur celui que j'avais arrangé pour les patates; il était attelé de la vache et de l'âne, et conduit par Ernest. François s'en mêlait aussi, et disputait à son frère les cordes qui servaient de rênes. Jack, grimpé sur son buffle, caracolait devant eux, soufflait dans son poignet fermé comme à travers un cor de chasse, et fouettait de temps en temps l'âne et la vache pour les faire avancer. Lorsqu'ils eurent passé le pont, il prit les devants au galop. Arrivé près de nous, il descendit de sa monture, qui devait l'avoir éreinté; il se secoua en faisant deux ou trois sauts, puis il courut au char aider sa mère à en descendre.

J'allumai promptement mes flambeaux; mais au lieu de les attacher ensemble, comme j'en avais eu l'idée, je préférai en donner un à chacun, ainsi qu'un instrument qui pût servir à nous tirer d'affaire dans le cas où quelque éboulement aurait lieu. Une bougie non allumée dans la poche, un briquet à la ceinture, nous fîmes notre entrée solennelle dans l'intérieur du rocher, moi à la tête, mes fils ensuite, et leur mère la dernière, avec son petit François, dont la curiosité était mêlée d'un peu de peur. Moi-même je n'étais pas sans cette espèce de crainte que cause une entreprise hasardeuse. Nos chiens, qui nous avaient suivis, témoignèrent même une sorte de timidité, et ne coururent pas en avant, comme à l'ordinaire; mais nous n'eûmes pas fait quatre pas dans l'intérieur de cette grotte, que nous n'éprouvâmes plus que de la surprise et de l'admiration. Le plus beau, le plus magnifique spectacle s'offrit à nos yeux : les parois étincelaient comme des diamants; nos six flambeaux étaient répétés de tous côtés, et produisaient l'effet d'une superbe illumination. Du haut de la voûte naturelle pendaient d'innombrables cristaux de toutes longueurs et de toutes formes qui, se joignant à ceux des parois, formaient des colonnades, des autels, des entablements, des buffets d'orgues, et paraissaient autant de diamants énormes. Il nous semblait être dans le palais d'une fée ou dans un temple illuminé. A différentes places, les couleurs du prisme, se peignant dans les angles des cristaux, leur donnaient l'apparence de pierres précieuses. Le jeu des lumières, leur reflet, l'obscurité de quelques endroits, le jour éblouissant répandu sur d'autres, tout cela offrait un coup d'œil vraiment magique.

L'étonnement de ma famille était tout-à-fait risible; elle était dans une espèce de stupeur muette, ne sachant si c'était un rêve ou une réalité. Pour moi, j'avais déjà eu occasion de voir des stalactites, et j'avais lu la description de la fameuse grotte d'Antiparos, bien plus considérable encore que celle-ci, qui pouvait cependant en donner une idée. Le sol en était uni, couvert d'un sable blanc très fin, comme si on l'y avait étendu à dessein, et si sec, que je ne pus découvrir nulle part la moindre trace d'humidité; ce qui me fit espérer qu'elle serait très saine et très agréable, ayant le projet d'y établir notre demeure. Je fus amené alors à une conjecture particulière sur la nature des cristallisations qui sortaient de tous côtés, et surtout de la voûte. Elles pouvaient difficilement être de la même espèce que nos cristaux de roche, qui sont produits par des suintements d'eau tombant en gouttes et se coagulant à mesure; on ne les trouve pas ordinairement dans des cavités aussi sèches que l'était celle-ci, et il n'y en a pas autant de perpendiculaires et de parfaitement unies. Je m'empressai de me convaincre, par une épreuve, de la vérité ou de la fausseté de ma conjecture, et je trouvai, à ma joie inexprimable, en en cassant un morceau, que je ne m'étais pas trompé en pensant que j'étais dans une grotte de sel gemme, qui se trouve dans le sein de la terre en masses solides et cristallisées, ordinairement sur un fond de spath ou de gypse, et entouré de couches de fossiles ou de roches. Nous étions enchantés de cette trouvaille, dont nous ne pouvions plus douter. La forme des cristaux, leur peu de solidité, et enfin leur goût salé, étaient des preuves décisives. Quel immense avantage pour nous et pour notre bétail que cette énorme quantité de sel pur et tout prêt, qui ne demandait d'autre peine que de le prendre avec la pelle, et qui valait mieux, à tous égards, que celui que nous ramassions sur le rivage, et qu'il fallait toujours purifier !

Ma femme admirait mon bonheur d'avoir creusé à cet endroit; je lui fis observer que, suivant toute apparence, cette mine de sel s'étendait beaucoup plus loin, et que nous l'aurions toujours trouvée, quel que fût l'endroit où j'eusse attaqué le roc, mais qu'il eût été possible que je n'eusse pas découvert la grotte miraculeuse où nous étions. Le petit François assurait tout bas à ses frères que c'était bien sûrement le palais de quelque bonne fée, qui viendrait, d'un coup de baguette, leur faire don, s'ils étaient sages, de tout ce qu'ils demanderaient. « Eh bien ! dit Jack, je lui demande de rendre mon petit frère un peu moins savant et un peu moins crédule. N'entends-tu pas que papa dit que tous ces diamants ne sont que du sel, et ne sais-tu pas qu'il n'y a point d'autre fée que le bon Dieu ? » Le pauvre petit se tut en secouant sa jolie petite tête blonde; il lui en coûtait de renoncer à son palais de fée, et vraiment je comprends facilement que cet enfant ait eu cette idée. En nous avançant dans la grotte, nous remarquâmes des masses et des figures singulières que la matière saline avait produites. Il y avait des piliers entiers qui montaient depuis le sol jusqu'à la voûte et semblaient la soutenir; d'autres où se trouvaient des moulures et des chapiteaux; dans quelques endroits on voyait des couches ondulées qui, à une certaine distance, ressemblaient à la mer. L'imagination pouvait se représenter tout ce qu'elle voulait dans ces formes variées et bizarres : des fenêtres, de grandes armoires ouvertes, des bancs, des ornements d'église, même des figures singulières d'hommes et d'animaux, les uns comme des cristaux polis ou des diamants, les autres comme des blocs d'albâtre.

Nous ne pouvions nous lasser de parcourir cette merveilleuse enceinte. Déjà nous avions allumé nos seconds cierges, lorsque je m'aperçus qu'il y avait sur le terrain, dans quelques endroits, une quantité de fragments de cristaux qui semblaient être tombés de la voûte. Cette chute pouvait se répéter et menacer notre sûreté; une de ces lames cristallisées tombant sur la tête d'un de mes enfants aurait pu le tuer à l'instant. Mais un examen plus exact me prouva que ces morceaux n'étaient pas tombés d'eux-mêmes et spontanément, toute la masse étant trop solide pour qu'il pût s'en détacher d'aussi grosses pièces; si c'eût été l'humidité, elles se seraient dissoutes peu à peu. J'imaginai avec raison que ces fragments avaient été détachés de leur couche primitive par l'explosion de notre artillerie et de notre feu d'artifice, qui avaient occasionné une secousse extraordinaire dans ce palais souterrain que nul être vivant n'avait visité depuis la création du monde. Je jugeai pourtant qu'il serait prudent de nous retirer : d'autres morceaux pouvaient n'avoir été qu'ébranlés et tomber sur nous d'un moment à l'autre. Je fis donc sortir ma femme et mes enfants ; ils nous attendirent à l'entrée ; et avec Fritz nous examinâmes soigneusement tout ce qui nous parut suspect. Nous chargeâmes à balle nos fusils, et nous les tirâmes au milieu de la grotte, pour mieux nous assurer des causes de la chute des morceaux qui étaient à terre ; il en tomba encore un ou deux ; mais le reste ne bougea pas, quoique nous frappassions tout autour de nous avec de longues perches tout ce que nous pûmes atteindre. Nous fûmes enfin rassurés et convaincus que, du côté de la solidité, nous n'avions rien à craindre, et que nous pouvions, sans courir le danger d'être écrasés, arranger notre demeure. Notre joie de cette importante découverte n'éclata véritablement qu'après ces expériences. De bruyantes exclamations, mêlées de questions variées et multipliées, de projets, de consultations, succédèrent à notre muet étonnement. Nous fîmes une quantité de plans pour arranger cette superbe grotte en une demeure commode et agréable. Toute la puissance de notre imagination se fixa là-dessus. Le plus difficile était fait : nous avions la place, il n'y avait plus qu'à en tirer parti, et nous ne pouvions parler d'autre chose ; il y eût même des avis ouverts pour nous y établir aussitôt ; mais ils furent repoussés par les têtes sages et raisonnables ; et il fut arrêté que notre ancien Falkenhorst serait encore, cette année, notre demeure habituelle. Nous y retournions coucher tous les soirs ; mais, pendant le jour, nous étions à Zeltheim, auprès du nouveau château pratiqué dans le rocher. Sans cesse occupés à faire les arrangements nécessaires pour avoir une habitation d'hiver chaude, claire, et au milieu de nos possessions les plus essentielles, nous n'étions à Falkenhorst que pour nourrir, traire le bétail, et y chercher un repos restaurant après les fatigues du jour.

XXXIII. — LA MAISON DANS LA CAVERNE DE SEL. — LA PÊCHE AUX HARENGS.

L'heureuse découverte de la caverne de sel avait, comme on comprend, diminué de beaucoup notre travail : nous étions dispensés de creuser ; j'avais bien plus de place qu'il ne m'en fallait pour établir notre demeure, il ne s'agissait plus que de la rendre habitable, ce qui ne me présentait pas de grandes difficultés. La dernière couche du roc au-devant de la caverne, que mon petit Jack avait percée avec tant de facilité, était d'une nature si tendre, si aisée à travailler, qu'il ne fallait pas de grands efforts pour arriver au but que je voulais atteindre. J'avais de plus l'espoir qu'à présent qu'elle serait exposée à l'air et à l'ardeur du soleil, elle deviendrait peu à peu aussi dure et aussi solide que la première couche, qui m'avait donné tant de peine. Je me hâtai donc de commencer, pendant qu'elle était encore tendre, à percer la porte et les fenêtres de la façade. Je pris pour cela la mesure de celles que j'avais placées dans mon escalier tournant, et que je jugeai à propos de reprendre pour les mettre à notre maison des pluies. Ne voulant plus habiter notre arbre que pendant l'été, il était inutile que les ouvertures de l'escalier fussent fermées ; et quant à la porte, je préférais en faire une d'écorce, comme celle de l'arbre même, qui masquerait mieux notre demeure au premier abord, dans le cas d'une invasion de sauvages. Portes et fenêtres furent donc apportées à Zeltheim, et appliquées sur le rocher aux places où nous voulions les mettre. Je dessinai tout le tour avec des charbons, puis nous taillâmes ces ouvertures, où nous fîmes entrer les cadres dans les rainures, qui les rendirent très solides. Je tâchai, autant que possible, de ne pas briser la pierre que j'ôtais, ou de l'avoir au moins en morceaux assez grands pour pouvoir m'en servir ensuite ; avec ma scie et mon ciseau, je les coupai en morceaux carrés longs, d'un pouce et demi d'épaisseur, comme des carreaux ou de fortes tuiles. Je les étendis au soleil, et j'eus le plaisir de voir qu'en effet ils se durcirent en peu de temps. Alors je les relevai, et mes fils les rangèrent en ordre contre le rocher, pour nous en servir ensuite dans l'intérieur.

Lorsque je pus entrer librement dans la caverne par une bonne porte, et qu'elle fut suffisamment éclairée par les fenêtres, je fis un plan de division pour nos appartements, afin d'y avoir toutes nos aises. L'espace était assez grand pour qu'il fût inutile de le ménager, je pouvais même laisser de côté et d'autre de grandes places destinées provisoirement à nous servir de magasins à sel. A la prière de mes enfants, je ménageai, autant que possible, les ornements de notre demeure ; mais je fus obligé de les ôter absolument des pièces destinées aux écuries ; le bétail est trop friand de sel, il les aurait mangés et aurait pu s'en trouver mal. Pour faire plaisir à mes enfants, je conservai les plus beaux piliers et les plus beaux blocs, afin de les placer dans le salon. Ces blocs nous servirent de siéges et de tables, et les colonnes égayaient, embellissaient l'appartement et quadruplaient le soir, par leur reflet, l'effet des lumières.

Voici quelle fut ma disposition intérieure. Une très grande place carrée fut d'abord divisée en deux parties : celle de droite fut destinée pour notre demeure ; celle de gauche pour la cuisine, les écuries et la chambre de travail. Je résolus de placer au fond de cette dernière, où l'on ne pouvait pratiquer de fenêtres, la cave et le magasin ; le tout devait être séparé par des cloisons, communiquer par des portes, et nous procurer une demeure agréable et commode. Trop heureux que la nature nous eût épargné la plus grande partie du travail, nous étions loin de nous plaindre de celui qui nous restait à faire, et nous espérions bien terminer, avant l'hivernage, au moins l'essentiel.

La partie que nous nous proposions d'habiter fut séparée en trois chambres : la première, à côté de la porte, était destinée à être la chambre à coucher du père et de la mère ; la seconde devait être la salle à manger, et la dernière devait servir d'habitation aux enfants. Comme nous n'avions en tout que trois fenêtres, nous en mîmes une à chaque chambre à coucher ; la troisième fut pour la cuisine, où ma femme devait passer une grande partie de la journée. L'ouverture de la salle à manger ne fut, pour le moment, fermée que par un grillage, et nous résolûmes de prendre nos repas dans une de mes chambres, lorsque l'humidité se ferait sentir. Je pratiquai dans la cuisine un foyer près de la fenêtre ; je perçai le rocher un peu au-dessus, et quatre planches clouées ensemble et passées dans cette ouverture firent une espèce de cheminée qui conduisait la fumée au-dehors. Nous donnâmes assez d'étendue à la chambre de travail, à côté de la cuisine, pour pouvoir y faire des ouvrages un peu considérables ; elle nous servait en même temps de remise pour notre char et pour notre claie ; enfin les écuries, qui furent divisées en quatre compartiments pour séparer les différentes espèces d'animaux, occupèrent le fond de la caverne de ce côté-là ; de l'autre, se trouvaient, comme je l'ai déjà dit, la cave et le magasin.

Il est facile de concevoir que ce plan assez étendu ne pouvait s'exécuter comme par enchantement, et qu'il fallait se contenter d'abord d'arranger le plus pressé, en réservant le reste pour la saison des pluies ; mais cependant chaque jour nous avancions notre besogne plus que nous ne l'avions espéré. En allant et venant, nous apportions toujours de Falkenhorst quelque chose qui trouvait sa place dans la nouvelle maison, où nous mettions aussi en sûreté ce qui nous était resté des provisions placées sous la tente.

Le long séjour à Zeltheim pendant ces occupations nous donna l'occasion de connaître plusieurs avantages sur lesquels nous n'avions pas compté, et que nous ne tardâmes pas à mettre à profit. Très souvent il se montrait au bord de la mer d'immenses tortues qui déposaient leurs œufs dans le sable et nous fournissaient un parfait régal; mais nous portâmes plus loin nos prétentions, et nous cherchâmes à nous assurer en provisions les tortues elles-mêmes, vivantes, pour les manger quand bon nous semblerait. Dès que nous en vîmes une sur le rivage, un de mes fils fut dépêché pour lui couper la retraite. Pendant ce temps, nous approchâmes de la mer, nous la tournâmes promptement sur le dos sans lui faire aucun mal; nous passâmes une longue corde dans son écaille, et nous attachâmes 'autre bout à un pieu, que nous plantâmes aussi près du bord que possible. Nous remîmes la prisonnière sur pied; elle se hâta de rentrer dans la mer, mais ne put s'éloigner que de la longueur de la corde; elle n'en était en apparence que plus heureuse, trouvant sa nourriture bien plus facilement au bord que dans la haute mer, et nous fûmes charmés de pouvoir la prendre au besoin. Je ne parle pas des homards, des huîtres et de beaucoup de petits poissons, que nous prenions facilement et en quantité. Nous avions fini par nous accoutumer aux huîtres et à nous en régaler. Les gros homards, dont la chair est dure et coriace, furent abandonnés aux chiens, qui les préféraient aux patates; mais bientôt nous eûmes pour notre hiver une autre provision excellente, que Dieu nous ménagea.

Un matin, nous partîmes de très bonne heure de Falkenhorst : lorsque nous fûmes près de la baie du Salut, nous aperçûmes, à notre grand étonnement, dans la mer, à quelque distance du bord, un singulier spectacle que nous n'avions point encore vu, quoique ce fût au moins la centième fois que nous fissions ce chemin. Une étendue d'eau très considérable paraissait être dans une forte ébullition, et comme échauffée par un feu souterrain; elle s'élevait et s'abaissait en écume comme de l'eau qui bout; au-dessus voltigeaient une quantité d'oiseaux aquatiques de l'espèce des mouettes, des frégates, des fous, des albatros, et une foule d'autres que nous ne connaissions pas. Des cris perçants sortant de cette nue déchiraient nos oreilles; la troupe emplumée restait dans une agitation continuelle : tantôt ils se précipitaient en foule sur la surface de l'eau, tantôt ils s'élevaient au haut des airs, volant en cercle et se poursuivant de tous côtés. Ils nous laissaient dans l'incertitude si les jeux ou la guerre étaient le but de leurs évolutions. Dans cette espèce de bande bouillonnante se montrait aussi quelque chose d'un aspect singulier; de tous côtés s'élevaient de petites lumières, comme des flammes, qui s'éteignaient aussitôt et se renouvelaient à chaque moment. Nous observâmes encore que le mouvement de cette place se portait de la haute mer vers le bord, et se dirigeait surtout du côté de la baie du Salut, où nous nous hâtâmes d'aller examiner ce phénomène. Tout en cheminant, nous fîmes mille suppositions sur ce que ce pouvait être : ma femme était avec nous pour ranger les provisions dans les nouveaux magasins; elle croyait tout simplement que c'était un grand banc de sable que le reflux faisait paraître en mouvement, et qui, réfléchissant les belles couleurs de l'aurore, faisait paraître les flots enflammés et causait une illusion d'optique. Cette opinion parut beaucoup trop simple à l'imagination vive de Fritz; il soutenait qu'il se passait quelque chose de très extraordinaire au fond de la mer; que c'était quelque feu souterrain qui cherchait une issue, ou bien un tremblement de terre; que peut-être un nouveau volcan allait s'ouvrir quelque part. Mais Ernest faisait de fortes objections contre cette idée. « Les oiseaux, disait-il, s'en éloigneraient par instinct, au lieu de se rassembler en foule au-dessus, et de voltiger avec gaieté, tellement qu'on dirait qu'il y a un second banc en l'air, aussi agité que celui de la mer : voyez comme ils s'y précipitent, disait-il; si c'était de l'eau chaude, comme le croit Fritz, ils se brûleraient les pattes et le bec. » Fritz n'eut pas grand'chose à répondre. « Eh bien ! monsieur le savant, lui dit-il, dis-nous donc ce que c'est.

Ernest. Je suis fort tenté de croire que c'est quelque énorme monstre marin, un cachalot, ou une baleine, qui élève de temps en temps comme une île son dos, sur lequel se trouvent une quantité de petits poissons qui offrent une proie facile aux oiseaux. C'est dans ce but qu'ils suivent ce monstre, et qu'ils cherchent avidement à saisir tout ce qu'ils peuvent prendre en se précipitant sur lui ; ceux qui y ont réussi s'envolent avec leur proie, et les autres les poursuivent pour la leur enlever. Je parie que c'est cela même, et que si nous regardons bien, nous verrons ce géant aquatique étendre ses immenses bras ou ses nageoires; et quand il sera assez réchauffé au soleil, quand il aura bien humé l'air, il se précipitera dans l'immense profondeur de l'eau et y occasionnera un tourbillon capable d'engloutir un vaisseau.

Jack. Oui, oui, papa, Ernest a bien raison. Tout au fond de ce banc, et à mesure qu'il s'approche, je vois distinctement quelque chose qui s'abaisse et se relève ; je suis sûr que ce sont les terribles bras du monstre marin ; il me semble aussi que je vois d'énormes pinces. Si cet animal venait à s'élancer hors de l'eau, n'y aurait-il pas pour nous du danger?

Le père. Il avalerait peut-être mon Jack comme une pilule. Mes enfants, vos hypothèses sont pleines d'imagination ; et c'est grand dommage qu'il n'y ait pas l'apparence de vérité. Comment pouvez-vous croire à l'existence d'un monstre de la longueur de ce banc mouvant?

Ernest. Je vous assure, papa, que j'ai lu que des baleines avaient renversé, en se mettant dessous, les plus gros vaisseaux, et que très souvent des navigateurs les prenant pour des îles sont descendus dessus, et ont été submergés et dévorés.

Le père. Il y a du moins, mon fils, beaucoup d'exagération dans ces récits, si même ils ne sont pas entièrement fabuleux. Il est possible que quelque monstre marin ait, par ses mouvements, fait chavirer quelque petit navire, quoique je pense que cela a dû être difficile ; je crois aussi que, de loin, on a pu prendre le dos d'une baleine pour un îlot ; mais, on a dû être détrompé par la forme et par les mouvements de cet énorme poisson. Je sais aussi que les pêcheurs de la baleine vont sur son dos pour la harponner ; mais voilà, je crois, à quoi se bornent ces étonnants récits. Quant au banc que nous avons sous les yeux, je croirais plutôt qu'il se compose d'un grand nombre de petits poissons, et si nous étions dans l'hémisphère boréal, je gagerais que c'est un banc de harengs, qui va entrer dans notre baie du Salut et tomber entre nos mains : si cela pouvait être, ils seraient très bien reçus, et il vaudrait bien la peine d'y arriver aussi vite que possible ; il ne faudrait pas laisser échapper un des dons les plus précieux de la Providence.

François. Mais qu'est-ce que c'est qu'un banc de harengs, cher papa?

Le père. C'est une énorme quantité de petits poissons qu'on appelle *harengs*, et que tu dois connaître, car tu en as souvent mangé en Europe. Ils passent dans la mer si près l'un de l'autre, et dans une si grande étendue, qu'ils ressemblent à un banc ou à une île de sable de plusieurs lieues de large, de plusieurs toises de profondeur, et quelquefois de plus de cent milles de longueur, au moment où cette bande innombrable sort de la mer Glaciale. De là elle se divise en colonnes, qui traversent l'Océan et se poussent vers les côtes et dans les baies, où elles viennent déposer leurs œufs dans les pierres et dans les plantes maritimes ; c'est là que les pêcheurs de tous les pays vont en faire capture. Les bancs sont toujours suivis d'une légion des plus grands poissons de mer, tels que les bonites, les dorades, les esturgeons, les chiens de mer, ou squales, etc., etc., qui en sont extrêmement friands. Ce ne sont pas leurs seuls ennemis : ils attirent, de plus, une horde d'oiseaux voraces, qui, en vrais brigands, se jettent sur la superficie de l'eau et en attrapent le plus qu'ils peuvent. Il paraît que les harengs se hâtent d'arriver dans les endroits où la mer est très basse, pour se dérober du moins à la voracité des monstres marins, qui ne peuvent les y suivre ; mais alors ils tombent d'autant plus facilement sous celle des oiseaux et de l'homme. Avec tant de destruction, on aurait lieu de s'étonner que la race des harengs subsiste encore, si la nature n'y avait pourvu par leur étonnante fécondité : on a compté 68,656 œufs dans une seule femelle de médiocre grosseur : aussi, malgré tout ce qu'on en détruit, on ne remarque pas que la pêche diminue.

Fritz. Et croyez-vous réellement, mon père, que ce soient là des harengs ?

Le père. Je n'en douterais pas, comme je viens de te le dire, si j'étais en Europe. J'ignore si l'on en a jamais trouvé dans les mers de l'hémisphère austral. Je sais qu'il y en a une espèce qui fréquente les côtes de la Chine ; mais je ne sache pas qu'elle voyage par troupes, comme nos harengs septentrionaux. Quoi qu'il en soit, profitons de notre bonne chance, et, harengs ou non, prenons ces poissons ; donnons-leur un nom qui nous soit familier, et laissons aux naturalistes à venir le soin de les classer.

Fritz. Voyez, voyez comme le banc se précipite dans la baie. » Et, en effet, l'entrée en fut remplie. Ces harengs faisaient assez de bruit dans l'eau, et sautaient les uns par-dessus les autres, en laissant voir leur ventre couvert de petites écailles argentées. Nous reconnûmes que c'était là ce qui produisait ces étincelles de lumière que nous avions remarquées dans la mer, sans pouvoir comprendre alors ce que ce pouvait être. Mais nous n'avions plus de temps à perdre dans cette contemplation ; nous nous hâtâmes de dételer notre char et de revenir prendre ces petits poissons avec nos mains, à défaut de filets. Mes enfants accoururent avec des seaux de calebasses ; il n'y avait qu'à puiser pour qu'ils en fussent pleins, et nous n'aurions su où les mettre, si je ne m'étais avisé d'employer à cet usage notre bateau de cuves, qui ne pouvait plus nous servir à naviguer. Sitôt dit, sitôt fait. Je le fis à l'instant tirer par le buffle sur le rivage ; il fut placé sur des rouleaux ; puis ma femme et ses petits garçons le nettoyèrent pendant que leurs aînés allaient chercher du sel dans la caverne, et que je dressais promptement une espèce de tente de toile sur le rivage, pour pouvoir, malgré l'ardeur du soleil, nous occuper à saler ces poissons afin de les conserver. Nous nous y mîmes tous ; je distribuai les occupations suivant les forces et l'habileté. Fritz se mit dans l'eau pour prendre les harengs et nous les jeter à mesure ; Ernest et Jack les nettoyaient avec un couteau, la mère broyait du sel ; François aidait à tous, et moi je les rangeais dans les cuves, ainsi que je l'avais vu pratiquer. Un cri joyeux fut le signal de l'activité générale. Nous eûmes d'abord un peu de peine à nous accorder ; souvent un de nous n'avait rien à faire, et les autres étaient surchargés d'ouvrage ; mais bientôt tout fut en train et si bien ordonné, que c'était un vrai plaisir. Je mis une couche de sel au fond de la tonne, puis une couche de harengs ayant tous la tête tournée vers le centre, puis un nouveau lit de sel, puis un de poissons la tête vers le bord, et toujours de même jusqu'à ce que mes cuves fussent à peu près remplies. Je mis sur la dernière couche de sel de grandes feuilles de palmier, ensuite un morceau de toile, sur lequel j'enfonçai deux demi-planches rondes bien jointes ; je les chargeai de pierres ; j'attelai de nouveau à ce bateau notre buffle et notre âne, et je le menai dans notre cave, que la voûte de sel rendait très fraîche. Au bout de quelques jours, lorsque la masse fut abaissée, je les fermai mieux encore par le moyen d'une couche de terre glaise pétrie avec des étoupes de lin et posée sur la toile ; ce qui fit une croûte que ni l'air ni l'humidité ne pouvaient pénétrer, et qui nous assura une excellente provision pour les mauvais temps.

Ce travail, qui nous occupa plusieurs jours, nous retint une semaine entière à Zeltheim. En travaillant du matin jusqu'au soir, nous ne pouvions préparer et saler que deux tonnes, et nous voulions au moins en avoir huit. Pendant tout ce temps-là, le hareng frais fut à peu près notre seule nourriture, et nous nous en trouvâmes à merveille.

A peine eûmes-nous fini notre salaison, qu'il se présenta une autre occupation, qui en était la suite. Il arriva dans notre baie, et même dans le ruisseau, une quantité de chiens marins qui les avaient suivis jusque-là avec une extrême voracité, et qui s'amusaient dans l'eau et sur le rivage, sans paraître nous craindre. Ce poisson, dont la chair est très mauvaise, n'était nullement attrayant pour notre palais ; mais, sous un autre rapport, c'était une capture très avantageuse ; sa peau, tannée et préparée, fait un cuir excellent ; j'en avais le plus grand besoin pour confectionner les courroies de l'attelage de nos bêtes, pour faire à Fritz et à Jack des espèces de selles lorsqu'ils montaient l'onagre ou le buffle, et enfin pour nos semelles de souliers, nos ceintures, nos pantalons, qui étaient complètement usés ; je savais de plus que leur graisse donne une très bonne huile à brûler, qui pourrait suppléer à nos bougies, et dont je pourrais me servir aussi pour la tannerie, afin de donner de la souplesse à nos peaux.

J'ordonnai donc à mes trois aînés de tuer une douzaine de ces gros poissons avec des bâtons et des pieux, voulant ménager ma poudre : ils allèrent d'abord, pleins de joie, à ce combat. Il est à remarquer que les jeunes garçons ont presque tous un goût de destruction qui peut facilement les rendre cruels envers les animaux. J'étais fâché de ce que notre position m'obligeait quelquefois à nourrir en eux ce penchant : aussi en cette occasion éprouvai-je un vrai plaisir quand, au bout de quelques moments, ils revinrent tous les trois me supplier de leur donner un peu de poudre et quelques balles pour tuer ces innocentes bêtes d'un seul coup et sans les faire souffrir, parce qu'il était trop cruel pour eux de les mutiler avec leur massue. On pense bien que je me rendis à leur prière, en les louant de cette idée, qui prouvait leur humanité ; je ne regrettai pas mes munitions en leur voyant ce sentiment de pitié. Sans doute il nous était impossible de nous laisser aller à cette sensibilité exagérée qui défend d'ôter un poil à un animal ; elle est d'autant plus ridicule que ceux qui l'affectent ne craignent pas de voir sur leur table un poulet, un poisson, des écrevisses et tant d'êtres qui ont autant de droits à vivre que ceux que nous étions obligés de tuer ; mais je ne cessais de représenter à mes fils que la cruauté, la passion de détruire sans nécessité, dégradent l'homme et peuvent le conduire à tous les crimes. Je fus charmé de voir que dans cette circonstance ils avaient été plus sages et plus humains que moi. En très peu de temps le nombre des poissons que nous désirions avoir fut complet.

Pendant ces jours-là, je fis aussi une amélioration à notre claie, pour transporter plus facilement nos provisions de Falkenhorst dans notre demeure du rocher de Zeltheim. Je la posai sur deux poutres, à chaque bout desquelles j'attachai une des petites roues ôtées aux canons que j'avais fait sauter avec le vaisseau.

J'obtins ainsi une voiture légère et très commode par son peu de hauteur ; nous pouvions y placer, sans beaucoup d'efforts, des caisses et des tonneaux. Contents de notre semaine et de notre travail, nous revînmes gaiement passer notre dimanche à Falkenhorst, et remercier Dieu de tout notre cœur des grâces qu'il nous avait accordées.

XXXIV. — NOUVELLE PÊCHE. — NOUVELLES EXPÉRIENCES. — NOUVELLES CHASSES. — NOUVELLES DÉCOUVERTES. — NOUVELLE MAISON.

L'arrangement de notre grotte allait toujours son train, et devint tantôt une occupation principale, tantôt un accessoire, suivant que nous avions d'autres affaires plus ou moins importantes ; nous avancions lentement, mais assez cependant pour espérer d'y être établis commodément à la saison pluvieuse.

Depuis que j'avais découvert dans notre grotte le spath gypseux comme fond ou base du cristal de sel, j'espérais en tirer un avantage immense pour notre bâtiment ; mais, ne voulant pas agrandir notre demeure en creusant davantage, je cherchai, dans la continuation du rocher, quelque endroit facile à faire sauter. J'eus bientôt le bonheur de découvrir près de notre magasin, derrière une avance de rocher, un passage naturel qui y conduisait, et une quantité de fragments de gypse détachés. J'en fis porter beaucoup près de notre cuisine, et chaque fois que nous avions du feu, j'en faisais rougir quelques morceaux. Lorsqu'ils étaient calcinés et refroidis, on les réduisait en poudre blanche avec la plus grande facilité ; j'en remplis des tonnes que je fis mettre à l'abri pour l'employer dans l'intérieur de la grotte. Je voulais me servir de mes carreaux de pierre, les réunir avec ce gypse, en former nos parois et nos séparations, épargner par là une quantité de planches, et rendre notre bâtiment plus solide et plus joli.

On ne saurait croire combien nous obtînmes de plâtre en peu de temps ; mes fils s'en étonnaient, et prétendaient que j'augmentais le tas pendant leur sommeil ; mais je les assurai que je n'avais garde de ne pas dormir moi-même, et qu'avec mes bons aides je n'avais nul besoin d'user de tels moyens. « Vous voyez, leur dis-je, comme on avance lorsqu'on ne perd pas un moment, et qu'on va toujours droit à son but. Nous avions d'abord regardé comme impossible de bâtir une maison, n'étant ni charpentiers ni maçons ; à présent nous voilà stucateurs, et si nous l'avions bien à cœur, nous pourrions faire à nos chambres des plafonds unis comme une glace, nous avons la matière et l'intelligence, et, avec de la patience et du courage, l'homme vient à bout de tout, même de ce qui d'abord lui paraissait impossible. »

Le premier emploi que je fis de mon plâtre fut d'en poser une couche sur nos tonnes de harengs, ce qui leur donna un couvert parfaitement impénétrable à l'air ; je n'en mis cependant qu'à quatre tonnes, je destinais les autres harengs à être fumés et séchés. A cet effet, nous arrangeâmes dans un coin écarté une hutte à la manière des pêcheurs de harengs hollandais et américains ; elle était composée de roseaux et de branches ; et au milieu nous plaçâmes, à une certaine hauteur, une espèce de gril, sur lequel les harengs furent déposés ; nous allumâmes en dessous de la mousse et des rameaux frais, qui donnèrent une forte fumée ; nous fermâmes soigneusement la hutte, et nous obtînmes des harengs bien fumés, d'un jaune d'or brillant et appétissant : nous les serrâmes dans les sacs suspendus dans notre magasin.

Environ un mois après la grande expédition des harengs, qui avaient quitté nos parages, nous eûmes une autre visite, qui nous fut tout aussi profitable. La baie du Salut et les rivages voisins se trouvèrent pleins d'une quantité de gros poissons qui s'efforçaient de pénétrer dans l'intérieur du ruisseau pour déposer leurs œufs entre les pierres et dans l'eau douce. Jack fut le premier qui guetta l'arrivée de ces étrangers. « Papa, s'écria-t-il, j'ai vu une quantité de baleines nager dans le ruisseau des Chacals ; mais elles viennent beaucoup trop tard si elles veulent manger des harengs : il n'y en a plus pour ces gourmandes-là.

Le père. J'ai grand'peur, petit homme, que tes baleines ne soient imaginaires comme les grands bras du monstre que tu voyais dans la mer : un régiment de baleines dans notre ruisseau me paraît très singulier ; à peine pourrait-il en contenir une.

Jack. Mais venez, papa, venez voir vous-même ; il y en a qui sont aussi grosses que vous, et si ces poissons ne sont pas des baleines, ce ne sont pas non plus des harengs, je le parie.

Le père. A la bonne heure ; tu permets au moins qu'on marchande avec toi ; mais du hareng à la baleine il y a une énorme différence. »

Nous profitâmes cependant de l'avertissement de Jack pour aller voir ces nouveaux venus. Nous descendîmes au bas du rivage, à l'embouchure du ruisseau. Je vis effectivement une quantité immense de très beaux poissons de mer s'approcher lentement pour chercher à remonter le ruisseau, où quelques-uns étaient déjà entrés ; il y en avait de quatre à huit pieds de longueur. Au museau pointu des plus gros, je les pris pour des esturgeons ; d'autres, moins grands, ressemblaient à des truites, et je jugeai que c'étaient des saumons ; leur nombre était considérable, et leur marche plus fière et plus redoutable que celle des harengs. Mon petit Jack triomphait comme si c'eût été une armée à ses ordres. « Eh bien ! papa, me dit-il, vous conviendrez que c'est bien autre chose que vos petits harengs ! Un seul de ces drôles-là remplirait une tonne.

— Oui, sans doute, lui dis-je d'un ton sérieux. A présent, mon petit ami, je te prie de sauter dans l'eau et de me jeter ces poissons l'un après l'autre pour que je les sale et les fume. »

Il me regarda avec des yeux étonnés, et semblait douter que je parlasse sérieusement ; puis tout-à-coup il prit son parti : « Oui, papa, de tout mon cœur ; je reviens à l'instant. » Il courut du côté de la caverne, d'où il revint bientôt avec des flèches, un arc, des vessies de chiens marins et un paquet de ficelle. « J'attraperai avec cela tous ces beaux messieurs, » me dit-il en me montrant ce qu'il apportait. Je le regardais avec intérêt et surprise, sans comprendre ce qu'il voulait faire ; sa physionomie animée, ses mouvements prompts et gracieux, et sa contenance déterminée, m'amusaient infiniment. Il attacha ces vessies par le milieu avec une longue ficelle, dont il noua un bout à une flèche, à laquelle il avait fixé un crochet de fer ; il laissa le paquet de ficelle à terre près du rivage, chargé des plus grosses pierres qu'il put soulever ; il prit après cela son arc et posa la flèche dessus... elle partit, et alla percer le plus gros des saumons. Mon petit chasseur fit un saut de joie. Au moment même, Fritz nous avait rejoints ; il fut témoin du triomphe de son frère, et n'en eut aucune jalousie. « Bien, Jack, lui dit-il ; tu seras bientôt aussi bon tireur que moi. A mon tour à présent. » Il courut à la maison, et revint avec le harpon et le dévidoir. Ernest, qui l'accompagnait, voulut aussi se signaler contre quelques monstres marins. Nous fûmes bien aises de les voir arriver à notre secours : le saumon blessé se débattait tellement que, malgré nos efforts pour retenir la ficelle, nous avions peur qu'elle ne se cassât et que cette belle proie ne nous échappât ; enfin le poisson s'affaiblit peu à peu ; Ernest et Fritz joignirent leurs forces aux nôtres, et nous parvînmes à le tirer sur le rivage, où j'achevai de le tuer.

Cet heureux commencement de pêche nous donna de l'émulation. Fritz saisit le harpon avec le dévidoir à corde ; moi, comme Neptune, je pris en main un trident ; Ernest prépara le grand hameçon, et Jack sa flèche avec les vessies qui servaient à retenir sur l'eau la proie qu'elle frappait. Nous sentîmes alors la perte de notre bateau de cuves, avec lequel nous aurions pu suivre les poissons et les prendre plus facilement, au lieu que nous étions forcés d'attendre qu'il en vînt à notre portée ; mais il y en avait une si grande quantité, et ils se pressaient tellement pour entrer dans le ruisseau, que nous n'eûmes bientôt plus qu'à choisir, et que nous fîmes une pêche abondante. Jack manqua deux fois ; mais il eut enfin le bonheur d'attraper un esturgeon formidable, que nous eûmes assez de peine à amener ; il appela à son secours sa mère et le petit François, qui arrivèrent aussi. Pour ma part, j'avais pris deux gros esturgeons ; mais j'avais été obligé d'entrer à mi-corps dans l'eau pour m'en emparer. Ernest, avec son hameçon à grand crochet, en eut aussi deux petits. Fritz avait jeté son dévolu et son harpon sur un esturgeon de huit pieds au moins ; tous ses efforts pour tourner la corde du dévidoir furent inutiles ; je fus obligé d'aller à son aide, et nous eûmes besoin pour l'attirer sur le rivage d'une seconde corde, à laquelle nous attelâmes notre buffle.

Tous nos poissons furent d'abord ouverts et rangés comme il le fallait pour les conserver. Je fis mettre à part tous les œufs, dont il se trouva au moins une trentaine de livres, pour en faire du caviar, ce mets si estimé des Russes, et je destinai les vessies à la fabrication d'une colle excellente, qui nous deviendrait de la plus grande utilité.

Je conseillai à ma femme de faire bouillir quelques saumons dans de l'huile, comme on prépare le thon dans la Méditerranée ; et pendant qu'elle s'en occupait, je préparai aussi mon caviar et ma colle. Pour le premier, après avoir fait laver bien proprement dans plusieurs eaux cette masse d'œufs, je les mis pendant vingt-quatre heures dans une calebasse percée de petits trous, et où ils étaient fortement pressés. Lorsque le liquide fut écoulé, nous les retirâmes de là en masse solide comme des fromages ; on les porta dans la cahute à fumer, et nous eûmes encore une petite consolation de plus pour la saison des longues pluies. « A présent, dis-je à mes enfants, préparons les vessies pour faire une des plus fortes et des meilleures colles de poisson que l'on connaisse. » Je leur fis couper les vessies en lanières, qu'ils attachèrent fortement par un bout ; ensuite ils prirent l'autre avec une large pince, et tournèrent jusqu'à ce que la lanière formât une espèce de nœud ou de coquille, que l'on mit sécher au soleil. C'est la seule préparation qu'il y ait à faire pour obtenir cette colle ; elle devient d'une dureté extrême, et lorsqu'on veut s'en servir, on la coupe en petits morceaux, que l'on place sur un feu doux. Nous nous mîmes tous à l'ouvrage, et nous obtînmes une colle si belle et si transparente, qu'elle me donna l'idée de faire des *vitres pour les fenêtres* avec de grands morceaux de ces vessies séchées.

Après ce travail, il fut question de construire une nacelle pour remplacer notre bateau de cuves et naviguer près du rivage. Je voulais, à l'imitation des sauvages, la faire d'écorce d'arbre, et je n'avais pas de temps à perdre pour profiter encore de la sève. Comme il fallait choisir un tronc d'arbre assez gros pour remplir ce but, je proposai à mes enfants de faire une expédition lointaine pour en chercher un. Il y en aurait eu peut-être dans le voisinage ; mais tous m'étaient précieux, les uns par leurs fruits, les autres par leur ombrage, et je ne voulais pas dégarnir le paysage autour de notre habitation.

Comme à l'ordinaire, nous tâchâmes dans cette course d'atteindre plus d'un but. Nous étions avant tout avides de nouvelles découvertes ; mais en passant nous voulions voir nos plantations et nos champs semés par ma femme de graines européennes ; nous voulions aussi avant les pluies faire une bonne provision de baies à cire, de gomme élastique et de calebasses. Notre jardin potager près de Zeltheim réussissait à merveille ; la végétation y était étonnante, et sans beaucoup de soins nous avions toutes sortes de légumes d'un goût excellent, qui fleurissaient et mûrissaient successivement, et nous promettaient pour tous les mois d'été une abondante récolte de pois, de haricots, de fèves, de laitues. Il n'y avait autre chose à faire que des arrosements fréquents pour prévenir la sécheresse du sol, et les canaux de palmiers y conduisaient de l'eau du ruisseau autant que nous en voulions. Nous eûmes aussi des concombres et des melons délicieux, qui nous furent très agréables pendant les grandes chaleurs. Nous moissonnâmes une immense quantité de blé de Turquie, dont les épis étaient longs d'un pied. Nous vîmes prospérer la canne à sucre, plantée et cultivée ; et enfin nos ananas, sur les hauteurs à côté de l'avenue, nous promettaient un délicieux régal.

Cette prospérité dans notre voisinage nous donna de douces espérances pour les plantations lointaines ; résolus d'aller les visiter, nous partîmes un matin tous ensemble de Zeltheim.

Nous passâmes d'abord par Falkenhorst ; nous voulions nous y reposer et y coucher. Nous allâmes visiter le champ que ma femme avait très libéralement ensemencé ; les grains avaient levé d'une telle épaisseur, qu'ils formaient des touffes ou des paquets de différentes espèces de céréales, partie en fleurs, partie en épis, qui faisaient l'effet le plus singulier. Nous coupâmes tout ce qui nous parut être mûr, puis nous le liâmes en gerbes, et le portâmes à Falkenhorst pour le mettre en sûreté contre des moissonneurs plus habiles que nous ; car ce champ était rempli d'oiseaux de toute espèce. Nous y récoltâmes de l'orge, du froment, du seigle, de l'avoine, des pois, du millet, des lentilles, en petite quantité, il est vrai, mais assez pour les semailles de l'année suivante. La moisson la plus considérable fut celle du maïs, auquel ce terrain paraissait surtout convenir : nous en avions eu beaucoup dans notre jardin ; ici il y en avait un petit champ couvert de beaux épis dorés ; c'était à ces grappes que tous les oiseaux en voulaient. Au moment où nous en approchâmes, une douzaine au moins de grosses outardes prirent la fuite avec un grand bruit, qui réveilla l'attention de nos chiens : ils sautèrent dans le blé, et un essaim immense d'oiseaux de toutes les grosseurs et de toutes les espèces prit la volée ; une foule de cailles couraient en fuyant : enfin quelques kanguroos se mirent aussi en fuite, et échappèrent à nos chiens à l'aide de leurs échasses et de leurs sauts prodigieux.

Nous fûmes tellement troublés par ces surprises, qu'aucun de nous ne songea qu'il était armé d'un fusil pour punir ce brigandage ; nous restâmes comme pétrifiés, regardant les fuyards en l'air ou sur la terre, et nous les eûmes bientôt perdus de vue. Fritz, déterminé chasseur, fut le premier qui revint à lui avec une vive expression d'indignation contre lui-même ; il chercha à la hâte les moyens de réparer son oubli. Sans tarder, il prit son aigle, qu'il portait toujours sur sa gibecière ; il lui ôta son petit capuchon de dessus les yeux, lui montra de la main les outardes en fuite qui s'élevaient en l'air. L'aigle prit rapidement son vol. Fritz sauta sur son onagre, galopa par-dessus les ronces et les pierres après son élève, et disparut dans un moment à nos yeux. Nous vîmes alors dans les airs un spectacle qui excita vivement notre intérêt et notre curiosité. L'aigle eut bientôt sa proie en vue; il s'éleva comme un faucon, directement au-dessus sans en détourner ses yeux perçants, puis fondit tout-à-coup sur elle avec la rapidité de l'éclair. De tous côtés on voyait les outardes effrayées tantôt se réunissant, tantôt se dispersant, tantôt cherchant à éviter leur redoutable ennemi en se cachant dans quelque buisson; mais il les laissa faire, et se borna à l'oiseau qu'il avait suivi et qui ne put lui échapper; il se cramponna sur son dos, et le tint là sous ses redoutables serres et sous son bec jusqu'à ce que Fritz, arrivant au galop, descendit, remit le capuchon sur les yeux de l'aigle, le posa sur sa gibecière, délivra la pauvre outarde de son persécuteur, et nous appela avec de grands cris de joie et de triomphe. Nous courûmes à lui. Jack resta seul sur le champ de maïs pour nous donner aussi un échantillon du savoir-faire de son jeune chacal; celui-ci s'était glissé doucement auprès des oiseaux, qui m'avaient paru être des cailles, et qui s'évadaient de leur côté. Il les eut bientôt retrouvées; il en saisit une par l'aile, et l'apporta à son maître; il en avait pris au moins une douzaine quand nous revînmes auprès de lui avec notre outarde; et il fallait entendre comme ces petits garçons se félicitaient de la belle éducation et du succès de leurs élèves sauvages, que nous admirâmes beaucoup. En récompense, on leur donna à chacun une caille grasse; j'en admirai le plumage, et je vis qu'elle était de l'espèce que Buffon appelle la grosse caille du Mexique.

Après cette aventure, nous allâmes en avant pour arriver aussitôt que possible à Falkenhorst, et guérir avant toutes choses l'outarde des légères blessures qu'elle avait reçues dans son combat avec l'aigle. Nous vîmes avec plaisir que c'était un mâle, et que nous pourrions l'associer à notre outarde solitaire, qui était parfaitement apprivoisée. Je chargeai promptement encore quelques gerbes de maïs sur le char, et sans autre retard nous arrivâmes à notre château aérien, altérés, affamés et accablés de fatigues. Ma femme, qui l'était autant que nous, s'occupa d'abord à nous restaurer tous par une liqueur de son invention. Elle écrasa entre des pierres des grains mûrs de maïs que nous venions de cueillir; elle mit cette espèce de pâte sur un linge qu'elle pressa; elle y ajouta du jus de canne à sucre, et nous présenta cette boisson douce, agréable, blanche comme du lait, nourrissante et rafraîchissante, qui fut acceptée et bue avec grand empressement, et nous fit un bien extrême.

Je m'étais mis d'abord en arrivant à soigner notre belle outarde mâle; j'avais lavé ses blessures avec de l'eau, du vin et du beurre, ce qui était notre baume universel; je l'attachai ensuite par une jambe dans le poulailler; Jack n'avait pu sauver que deux cailles vivantes; il me les apporta; je les traitai de la même manière; toutes les autres, que le chacal avait tuées en les prenant, furent plumées et mises à la broche pour notre souper. Le reste de cette journée fut employé à tirer les différentes espèces d'épis et à les séparer de la paille; nous plaçâmes dans des calebasses ceux que nous voulions conserver pour semer. Le blé de Turquie fut mis en gerbes sous le toit jusqu'à ce que nous eussions le temps de le battre et de le vanner. « Il faudra aussi le moudre, dit Fritz. Comment ferons-nous? — As-tu oublié, lui dis-je, que nous avons trouvé un moulin à bras sur le vaisseau, et que nous l'avons apporté avec nous?

FRITZ. Non, mon père; mais ce travail est, je crois, bien pénible, et le moulin est sujet à se déranger. Pourquoi ne ferions-nous pas un moulin à eau semblable à ceux d'Europe? nous avons assez de chutes d'eau ici pour faire tourner la roue.

LE PÈRE. J'en conviens; mais ce mécanisme est très compliqué, et la roue seule me paraît une entreprise au-dessus de nos forces et de notre capacité. Au reste, mon fils, j'aime à te voir ce courage et ce zèle ; il faudra mûrir cette idée ; nous avons du temps devant nous jusqu'à ce que nous récoltions assez de grains pour avoir besoin d'un grand moulin. En attendant, faisons nos préparatifs pour notre course ; nous partirons demain dès l'aube du jour. » Chacun se dispersa dans ce but ; ma femme alla choisir dans le poulailler quelques poules avec une paire de coqs, que nous voulions établir loin de notre demeure comme une colonie pour chercher eux-mêmes leur nourriture dans la campagne et s'y multiplier à leur gré. J'allai dans cette intention prendre à l'étable quatre de nos jeunes porcs, deux brebis, deux chèvres, et un mâle de chaque espèce ; notre troupeau était déjà assez considérable pour hasarder cet essai. Si nous réussissions à les acclimater ainsi dans l'île, nous n'aurions plus la peine de les nourrir, et nous les retrouverions toujours au besoin.

Le lendemain donc, nous partîmes de Falkenhorst après avoir chargé notre char, sans oublier l'échelle de corde et la tente de campagne. Tous nos colons animaux étaient sur le char ; ils avaient les pattes attachées de manière à ne pouvoir tenter d'en descendre. Nous laissâmes abondamment à manger aux bêtes qui restaient à la maison ; nous attelâmes la vache, l'âne et le buffle au char, et Fritz, grimpé sur son onagre, caracolait en avant, examinant où l'on pourrait passer le plus facilement et sans danger.

Cette fois nous prîmes une nouvelle direction, exactement au milieu, entre les rochers et le rivage, pour connaître toute la contrée qui s'étendait en longueur depuis Falkenhorst jusqu'à la grande baie, au-delà du cap de l'Espérance trompée. C'était là proprement l'étendue de notre domaine, quoique nous eussions découvert dans une précédente course la délicieuse plaine des Buffles derrière les rochers ; mais l'entrée en était trop difficile, et elle était trop loin de notre demeure et de nos plantations pour songer à y faire un établissement. D'abord nous eûmes, comme à l'ordinaire, un peu de peine à franchir les hautes herbes ; et lorsque nous fûmes entrés dans le bois, il nous fut difficile de nous tirer des lianes et des broussailles, qui nous empêchaient d'avancer. Souvent nous fûmes obligés de faire des détours et de nous frayer un passage avec la hache ; mais cette occupation me fit découvrir plusieurs petits objets utiles, entre autres des racines d'arbres, dont la courbure naturelle était exactement celle des selles et des jougs dont nous avions besoin pour nos bêtes de trait. J'en sciai plusieurs, que je mis sur le char.

Après une heure de marche très pénible, nous avions pénétré jusqu'à l'autre extrémité du bois, où nous fûmes frappés tout-à-coup d'un aspect bien singulier : une petite plaine s'étendait devant nous, ou plutôt une espèce de bosquet de buissons assez bas, qui nous parut de loin presque entièrement couvert de flocons de neige. Mon petit François fut le premier qui l'aperçut ; il était sur le char, où nous l'avions posé, ne pouvant le faire marcher à travers les hautes herbes. « Oh ! oh ! s'écria-t-il, de la neige ! de la neige ! quel plaisir ! Maman, aidez-moi vite à descendre du char, que j'aille faire des pelotes ! Ah ! que je suis content de voir enfin ici un hiver à neige, et non pas toujours cette éternelle pluie qui tombe si tristement ! »

Je ne pus m'empêcher de rire, et l'on comprend bien que je ne croyais pas à la neige par une température très chaude ; mais je ne pouvais imaginer ce que c'était que ces flocons blancs qui éblouissaient nos yeux et ressemblaient en effet à de la neige. Je soupçonnai enfin ce que ce pouvait être, et Fritz, qui avait galopé en avant pour s'en assurer, me confirma dans mon idée en nous apportant de cette prétendue neige, qui était comme je l'avais pensé de très beau coton ; ces charmants arbrisseaux, qui croissaient dans cette plaine, étaient des cotonniers. Cette production végétale, la plus utile peut-être que le ciel ait accordée à l'homme, lui fournit de quoi se vêtir et se coucher mollement, sans autre peine que de récolter et de filer cette belle bourre blanche ; on la trouve avec tant d'abondance dans toutes les îles, que j'avais été surpris de n'en pas rencontrer encore. Les capsules, crevées par leur maturité, avaient répandu de tous côtés la bourre dont elles étaient remplies ; une partie était au pied des arbres, l'autre pendait aux branches où elle s'était accrochée ; le reste enfin, agité par un vent léger, tournoyait et voltigeait dans l'air avant de tomber sur la terre.

La joie que causa cette découverte fut bruyante et générale. Le petit François regrettait bien un peu ses boules de neige ; mais sa mère lui en fit de coton, qui ne fondaient pas, et lui promit des chemises neuves et de beaux habits. Elle ne cessait de raconter tout ce qu'elle ferait de ce coton, si je voulais lui fabriquer des rouets et des métiers pour le mettre en œuvre.

Nous en ramassâmes autant que nos sacs vides purent en contenir, et ma femme remplit ses poches de graines pour les semer à Zeltheim.

Après quelques moments, j'ordonnai le départ, et je me dirigeai vers une pointe qui terminait le bois des Calebasses, et qui, étant assez élevée, me promettait une très belle vue sur toute la contrée. J'avais envie d'établir notre colonie dans le voisinage de la plaine des Cotonniers et des Arbres à courges, où je trouvais tous mes ustensiles de ménage. Je me faisais d'avance une idée charmante d'avoir dans ce beau site tous mes colons européens emplumés ou à quatre pieds, d'établir là une métairie sous la sauve-garde de la Providence, de venir m'y promener quelquefois, et d'avoir le plaisir d'étendre en arrivant le caquetage de notre volaille, qui, sur ce sol étranger, me rappellerait ma patrie.

Nous dirigeâmes donc notre course à travers le champ de coton, et nous arrivâmes en moins d'un quart d'heure sur cette hauteur, que je trouvai très favorable à mon dessein. Derrière nous la forêt s'élevait doucement ; au-devant elle se perdait insensiblement dans une plaine couverte d'une herbe épaisse et arrosée par un limpide ruisseau, ce qui était d'un avantage inappréciable pour nos bêtes, ainsi que pour nous-mêmes, lorsque nous viendrions les visiter.

Chacun approuva ma proposition de former là un petit établissement. Nous nous hâtâmes de dresser notre tente, de faire un foyer de pierres et de préparer notre dîner. Nous nous partageâmes pour le reste de la journée les occupations préliminaires. La mère avec ses fils s'occupa à nettoyer son coton, en ôtant les grains qui y étaient attachés ; elle le remit ensuite dans les sacs, qui cette nuit-là nous servirent d'oreillers et de matelas. Pendant ce temps, je parcourais la contrée d'alentour, soit pour me convaincre de sa sûreté et de sa salubrité, soit pour trouver quelques gros arbres dont je pusse prendre l'écorce pour ma nacelle, soit enfin pour découvrir un groupe d'arbres convenablement distants les uns des autres, et qui pussent me servir de piliers pour établir ma métairie. Je fus bientôt assez heureux pour trouver à la pointe de la forêt, à peine distante de deux portées de fusil de la place où nous étions arrivés, ce qui convenait pour la métairie ; mais je ne réussis pas aussi promptement pour ma nacelle : les arbres d'alentour étaient trop minces ; elle n'aurait pas eu la profondeur nécessaire pour se soutenir sur l'eau. Je rejoignis mes enfants, qui s'étaient assis et travaillaient près de leur mère ; ils préparaient d'excellentes couches de coton, sur lesquelles nous allâmes de bonne heure chercher le repos pour entreprendre et exécuter avec succès les travaux du lendemain.

XXXV. — ETABLISSEMENT DE DEUX MÉTAIRIES. — LE LAC. — LA BÊTE A BEC.

Les arbres que j'avais choisis pour la construction de ma cabane étaient la plupart d'un pied de diamètre ; ils avaient crû presque régulièrement, formant un carré long, dont le grand côté donnait sur la mer ; ce côté avait vingt-quatre pieds d'étendue, et le petit seulement seize. Je taillai des emboîtures ou mortaises dans les troncs à dix pieds de hauteur et de distance, pour former deux étages ; celui d'en haut devait être moins élevé de quelques pouces sur le derrière, pour que le toit fût incliné. Des perches de cinq pouces de diamètre furent placées en travers de ces mortaises, et formèrent la cage du bâtiment. Nous clouâmes ensuite des lattes d'arbre en arbre, à égale distance, pour former le toit, et nous arrangeâmes en ordre des morceaux d'écorce coupés comme des tuiles et posés de manière à laisser écouler la pluie. Comme nous n'avions pas beaucoup de clous de fer, nous nous servîmes pour tout ce bâtiment, en place de clous, de fortes épines d'acacia que nous avions découvertes le jour précédent. Cet arbre, qui porte une belle fleur, est connu sous le nom d'*acacia à trois épines*. Il y en a, en effet, toujours trois ensemble, si fortes, si pointues, si acérées, qu'on pourrait en faire une arme dangereuse. Nous en coupâmes beaucoup, que nous fîmes sécher au soleil ; elles devinrent presque aussi dures que le fer, et nous rendirent de très bons services. Nous eûmes plus de peine à peler les arbres dont nous voulions employer l'écorce à garnir notre toit. Je commençai par la scier tout autour, au bas du tronc jusqu'à l'aubier, puis de même de deux pieds en deux pieds de hauteur ; je fendis ensuite perpendiculairement et en deux parties l'écorce d'un de ces cercles, et avec des coins de bois j'enlevai les morceaux entiers ; je les chargeai de pierres pour qu'ils ne se missent pas en rouleaux, et je les fis sécher au soleil ; je les clouai après cela l'un sur l'autre comme des écailles de poissons, ce qui produisit un très joli toit, qui nous rappela ceux de notre patrie.

A cette occasion, nous fîmes une découverte agréable. Ma femme s'était servie des petits morceaux d'écorce qui restaient pour allumer son feu, pensant qu'ils brûleraient facilement ; tout-à-coup nous fûmes surpris d'une odeur aromatique qui parfumait l'air. Nous examinâmes de plus près les copeaux à demi consumés, et nous vîmes que les uns renfermaient de la térébenthine, et les autres du mastic ; en sorte que nous pûmes espérer d'obtenir en abondance de ces deux matières sur les arbres que nous avions pelés. C'était moins dans le but de flatter notre odorat par ce genre de parfum que dans l'idée de faire avec ces deux ingrédients une espèce de poix pour goudronner notre nacelle, ce qui ne me rendit point insensible à cette trouvaille. L'instinct de nos chèvres ou leur odorat nous en fit faire une autre, qui ne nous fut pas moins agréable. Nous fûmes surpris de les voir accourir d'assez loin et se jeter avec avidité sur quelques-uns des morceaux d'écorce qui étaient à terre ; elles les choisissaient parmi tous les autres, et les mâchaient avec un air de plaisir qui fit envie à mes petits gourmands. « Je veux savoir quel goût a cette écorce, et si les chèvres ont raison d'en être friandes, dit Jack en en prenant un morceau. Excellent! Mesdames les chèvres ne sont pas malavisées. Goûte, Fritz ; on dirait que c'est de la cannelle sucrée. » Fritz en prit un morceau, et fut du même avis. Nous en goûtâmes ma femme et moi, et nous demeurâmes convaincus que c'était en effet de la cannelle, non pas aussi fine que celle de l'île de Ceylan, mais ayant cependant un parfum très agréable.

Cette découverte n'était pas sans doute de première utilité dans cette circonstance; nous la regardâmes cependant comme un bonheur, qui ajouterait quelque chose à nos jouissances; tous en voulurent goûter, et la trouvèrent très bonne; elle avait été prise sur un vieil arbre, ce qui la rendait sûrement plus grossière; je me rappelai qu'on préférait celle que l'on recueille sur de jeunes plants. Du reste, il était sans doute de l'espèce qu'on appelle *cassia lignea*, ou cannelle de la Chine, qui est beaucoup moins forte que celle de Ceylan.

Pendant notre repas, nous parlions de ce que nous avions découvert dans la journée; il fallut raconter à mes enfants tout ce que ma mémoire me fournit sur la térébenthine, le mastic et la cannelle. Je leur dis que les deux premiers avaient été découverts par les Vénitiens, qui avaient été les chercher dans les îles de l'ancienne Grèce, d'où ils s'étaient répandus en Europe par le commerce. « Et qu'est-ce qu'on fait de la térébenthine? » me demandèrent-ils.

Le père. On s'en sert en médecine; on l'emploie aussi pour du vernis, pour de la colophane; en la faisant cuire et en la mêlant avec de l'huile de poisson, on en fait un excellent goudron, dont je compte me servir pour notre nacelle; on peut aussi en faire usage pour graisser les roues.

Ernest. Et le mastic?

Le père. Le mastic se recueille sur des arbres que l'on nomme *arbres à mastic*; il sort en gouttes transparentes, qui se durcissent promptement au soleil, à peu près comme l'ambre. On en met dans les parfums; en le faisant dissoudre dans l'esprit de vin, on en fait un vernis léger et transparent pour la porcelaine. Quant à la cannelle, la meilleure croît dans l'île de Ceylan; on la recueille sur de jeunes plants de canneliers, auxquels on ôte d'abord l'écorce extérieure, ce qui fait de la cannelle grossière et commune. On prend alors avec soin une fine écorce qui se trouve sur l'aubier, et dont le parfum est délicieux; on la fait sécher au soleil; elle se roule d'elle-même en grands et petits morceaux, selon que l'on a coupé l'écorce; on lie ces morceaux en petits paquets, et on les coud soigneusement dans des sacs de coton, que l'on recouvre de nattes de roseaux; ces paquets sont ensuite renfermés dans des peaux de buffle aussi dures et aussi imperméables que de la corne. De cette manière la cannelle est si bien préservée qu'on la transporte sur des vaisseaux dans toute l'Europe sans qu'elle perde rien de son parfum. On en fait des liqueurs délicieuses. »

Après notre repas, nous nous remîmes de nouveau à la construction de notre métairie, qui fut continuée avec activité pendant plusieurs jours.

Nous tressâmes les parois de notre bâtiment avec de longs roseaux pliants et des perches minces et souples, jusqu'à la hauteur de six pieds; le reste de l'espace jusqu'au toit fut seulement fermé par une espèce de grillage, pour que l'air et la lumière pussent y pénétrer. Une porte fut placée au milieu de la façade, qui donnait sur la mer. Nous arrangeâmes ensuite l'intérieur aussi commodément qu'il nous fut possible de le faire en si peu de temps, sans employer beaucoup de bois; une cloison, qui s'élevait jusqu'à la moitié de la hauteur du bâtiment, le divisa en deux parties inégales, dont la plus grande fut destinée aux moutons et aux chèvres, et la plus petite à notre usage, lorsqu'il nous conviendrait d'y passer quelques jours. Au fond de l'étable aux moutons, nous établîmes un poulailler avec des perches pour les poules; au-dessus une pièce de fenil pour le fourrage. Devant l'entrée du bâtiment nous plaçâmes deux bancs tressés, pour nous reposer à l'ombre des arbres entre lesquels nous avions construit notre maisonnette, et pour jouir de la belle vue qui s'ouvrait au-devant de nous. Notre chambre fut provisoirement pourvue de deux claies d'osier élevées de deux pieds au-dessus de terre, devant servir de bois de lit et recevoir des matelas de coton.

Tout prit pour le moment une forme et une destination provisoires, en attendant que nous eussions le temps d'arranger notre métairie avec plus de commodité, et même de l'orner ; nous voulions la maçonner en-dehors avec du sable et de la terre grasse mêlés ensemble, et en-dedans avec du plâtre, pour que l'humidité ne pût y pénétrer. Il nous suffisait d'abord que nos colons fussent à l'abri et s'accoutumassent à se retirer d'eux-mêmes tous les soirs dans leur étable en revenant du pâturage. Pendant plusieurs jours, nous remplîmes leurs auges de leur nourriture favorite mêlée avec du sel, et nous nous proposâmes de venir de temps en temps renouveler cet appât, jusqu'à ce qu'ils eussent pris l'habitude que nous désirions leur voir contracter.

J'avais cru pouvoir achever ce travail en trois ou quatre jours ; mais cette bâtisse nous prit une semaine entière. Nos provisions de bouche finirent avant notre ouvrage. Nous réfléchîmes au meilleur moyen de remédier à cet embarras ; je ne pouvais me résoudre à retourner à Falkenhorst avant d'avoir terminé ma métairie ; j'avais résolu d'en établir une seconde un peu plus loin, vers le cap de l'Espérance trompée. Je me décidai donc à envoyer Fritz et Jack à Falkenhorst et à Zeltheim, pour nous procurer une provision de fromage, jambons, patates, poissons fumés et gâteaux de cassave, et pour renouveler la nourriture et le fourrage des animaux que nous y avions laissés. Je leur fis monter l'onagre et le buffle. Mes deux petits cavaliers, bien fiers de leur mission, partirent au grand trot. Je leur avais aussi ordonné de prendre avec eux notre vieux baudet pour rapporter les provisions ; Fritz le menait en laisse, et maître Jack, pour hâter sa marche, faisait claquer son fouet autour de ses longues oreilles. Il est certain que, soit l'influence du climat, soit l'exemple de son camarade l'âne sauvage, il avait beaucoup perdu de sa nonchalance naturelle ; j'en étais d'autant plus content que je le destinais à servir de monture à ma femme dans nos excursions, dès que j'aurais pu faire une selle où elle pût être commodément assise.

Pendant l'absence de nos deux pourvoyeurs, je rôdai avec Ernest dans les environs, tant pour connaître cette nouvelle contrée que dans l'espoir de trouver quelques noix de coco, qui nous manquaient, ou quelque nourriture.

Nous remontâmes un ruisseau que nous avions remarqué dans le voisinage, jusque vers la paroi de rochers où nous comptions retrouver l'ancien chemin que nous avions déjà fait une fois ; mais nous arrivâmes bientôt vers un grand marais et un petit lac dont l'aspect était très pittoresque. Nous étant un peu avancés, je vis avec un joyeux étonnement que le sol, marécageux jusqu'au bord du lac, était couvert de riz sauvage en pleine maturité, et qui avait attiré une quantité d'oiseaux voraces. A notre approche, ils s'élevèrent peu à peu dans l'air avec un grand bruit, et nous reconnûmes quelques outardes et d'autres oiseaux plus petits que nous ne connaissions pas. Nous réussîmes à abattre cinq ou six poules, et Ernest montra une habileté à tirer juste que je ne lui connaissais pas et qui me surprit ; il l'emportait même sur Fritz, qui se vantait d'être si adroit.

Ernest, avec son flegme ordinaire, ne se passionnant pour rien, faisant tout lentement et presque malgré lui, venait à bout mieux que tous les autres de ce qu'il entreprenait, parce qu'il était observateur. Il n'avait guère tiré qu'à nos exercices du dimanche ; mais il avait réfléchi, et ses coups d'essai furent des coups de maître. Pourtant son habileté aurait été infructueuse sans le jeune chacal de Jack, qui nous avait suivis, et qui sautait avec beaucoup d'adresse dans la rizière pour ramasser et nous rapporter les pièces de gibier aussitôt qu'elles y tombaient. Un peu plus loin, maître Knips, qui avait aussi pris son poste sur le dos de Bill, nous aida à faire une découverte agréable, quoique peu importante. Dans une certaine place, il eut l'air de flairer, sauta à bas de sa monture, courut au milieu d'une épaisse verdure, et cueillit quelque chose qu'il porta avec avidité à sa bouche en ayant l'air de le manger avec délices. Nous accourûmes pour voir ce que c'était, et, à la grande satisfaction de notre palais altéré, nous trouvâmes les plus belles, les plus excellentes fraises qu'on pût désirer : c'était cette belle et grosse fraise blanchâtre que l'on nomme en Europe *fraise du Chili* ou *fraise ananas.*

Pour cette fois, les hommes s'abaissèrent généreusement à être les imitateurs du singe ; nous nous jetâmes aussi par terre à côté de Knips, et nous nous restaurâmes avec ce délicieux fruit : il y en avait beaucoup de la grosseur du pouce ; nous en mangeâmes à en être rassasiés, et surtout Ernest, qui n'entendait pas raillerie quand il trouvait quelque chose de bon. Il pensa cependant aussi aux absents ; nous en remplîmes jusqu'au bord la petite hotte que Knips portait sur son dos, et nous la couvrîmes soigneusement de grosses feuilles et de roseaux entrelacés comme un couvercle, de peur qu'en chemin il ne lui prît fantaisie de les manger ou de les renverser. Je ramassai de mon côté un échantillon de riz pour en réjouir ma femme, et nous assurer, par ses connaissances en cuisine, que c'était effectivement du riz.

Après avoir marché quelque temps en côtoyant le marais, nous arrivâmes au bord du petit lac que nous avions aperçu de loin avec tant de plaisir ; le rivage, de l'autre côté, était entièrement couvert d'épaisses broussailles, qui avaient dû nécessairement nous le cacher dans nos excursions sur les hauteurs, d'autant plus qu'il était situé dans un fond. Il faut être Suisse pour comprendre l'espèce d'émotion que nous donna ce charmant bassin irrégulier, rempli d'une eau limpide, azurée et légèrement ondulée. Tous les lacs de ma belle patrie se présentèrent à mon souvenir, et des larmes bordèrent mes paupières. « Que je suis donc heureux de revoir un lac ! me disait Ernest ; il me semble que nous sommes en Suisse ! »

Hélas ! un regard sur les atterrages, sur les rives bordées d'arbres si différents des nôtres, sur la vaste mer au-delà, eut bientôt détruit cette illusion et ramené nos pensées vers une terre étrangère. Ce qui, dans cet instant, nous rappela surtout que nous n'étions pas en Europe, ce fut la quantité nombreuse de cygnes que l'on voyait nager dans cette belle eau bleue. Au lieu d'être blancs comme en Europe, ils étaient noirs comme du charbon, mais d'un noir extrêmement luisant, et dont l'effet, doublé dans l'eau, avait quelque chose d'étonnant. Les six grandes plumes de l'aile de ces oiseaux sont blanches et font un contraste frappant avec la couleur des autres. D'ailleurs leur structure, leurs mouvements ont la même fierté, la même grâce, la même volupté que les cygnes européens. Nous nous délectâmes à les voir nager, s'arrêter, se mirer dans le cristal des eaux, se chercher, se caresser ; de charmants petits cygnes suivaient leur mère : inquiète, attentive, elle les rassemblait autour d'elle, leur cherchait de la nourriture. Ce spectacle était si beau que j'aurais eu horreur de le troubler par aucune scène sanglante. Ernest, fier de ses succès et de mes éloges, n'y aurait été que trop disposé ; mais je le lui défendis positivement, en lui promettant cependant de chercher quelque moyen d'avoir au moins une paire de ces oiseaux noirs pour les mettre sur notre ruisseau de Falkenhorst. En revanche, une quantité d'oiseaux de marais, qui caquetaient de tout côté sur le lac et sur les rivages, furent déclarés, pour l'avenir, de bonne prise, et seulement ménagés dans ce moment, parce que nous étions déjà suffisamment pourvus par les poules à fraise, et que nous ne voulions pas sans nécessité effrayer ceux-ci par des coups de fusil. Mais notre camarade Bill ne fut pas aussi généreux ou aussi prévoyant que nous; et sans penser si, pour l'avenir, il allait gâter la chasse dans ce quartier-là, il sauta dans l'eau, et eut bientôt atteint une bête très singulière : il allait la dévorer, lorsque nous accourûmes pour la lui ôter. Mais combien nous fûmes surpris en l'examinant de plus près! elle ressemblait, à quelques égards, à une loutre; ses quatre pieds étaient pourvus de membranes comme les oiseaux aquatiques; elle avait une longue queue poilue dressée en l'air, la tête fort petite, les oreilles et les yeux presque cachés; à ces formes assez ordinaires se joignait un très long bec de canard au bout de son museau, qui lui donnait une mine si plaisante, que nous ne pûmes nous retenir d'éclater de rire. Toute la science du *savant Ernest*, comme l'appelaient ses frères, fut en défaut, ainsi que la mienne, pour savoir seulement dans quelle espèce classer cet animal, qui tenait à la fois de l'oiseau, du poisson et du quadrupède. Nous restions stupéfaits comme des écoliers ignorants, sans pouvoir nous rappeler d'avoir jamais rien lu qui pût nous mettre sur la voie. Pour moi, je crus que nous venions de faire la découverte d'un animal ignoré jusqu'alors de tous les naturalistes; je lui donnai le nom de *bête à bec*, et je le destinai à être empaillé soigneusement, comme une rareté.

Nous le joignîmes à notre butin et nous reprîmes le chemin de la métairie, en montant d'abord sur une petite colline, d'où nous pûmes regarder autour de nous, afin de nous orienter pour notre retour. En effet, nous vîmes très bien de là le chemin que nous avions parcouru; nous découvrîmes le bois des Calebasses, celui des Singes, et d'autres lieux qui nous étaient connus. Nous coupâmes au plus droit pour retourner à notre habitation, persuadés que nous allions trouver la bonne maman très inquiète de notre longue absence. Nous la rejoignîmes sains et saufs, et il y avait à peine un quart d'heure que nous étions près d'elle, lorsque nous entendîmes le trot du buffle et de l'onagre, et que nous vîmes arriver nos deux pourvoyeurs, Fritz et Jack, joyeux et contents; ils reçurent un bon accueil, et me firent sans retard un rapport détaillé de leur mission. J'appris avec plaisir qu'ils avaient non-seulement rempli avec exactitude les commissions que je leur avais données, mais qu'en outre ils avaient fait de leur chef beaucoup d'excellentes choses.

« Il était temps, papa, me dirent-ils, que nous allassions renouveler les provisions de la volaille enfermée; elle avait mangé tout ce que nous lui avions laissé. » La faim avait tellement apprivoisé l'outarde mâle, que Fritz avait hasardé de lui ôter entièrement ses liens. Mes enfants avaient placé de plusieurs côtés, dans un vase, une quantité suffisante de nourriture pour pouvoir prolonger encore notre absence d'une dizaine de jours : ils nous avaient aussi apporté de quoi fournir à notre subsistance pendant tout ce temps-là, sans compter la ressource du lac et des oiseaux aquatiques, dont nous leur parlâmes de manière à leur donner une grande impatience de les voir.

La mère et son petit François n'étaient pas non plus restés oisifs; ils avaient épluché beaucoup de coton, en avaient rempli de la toile à voiles, et fait d'excellents matelas pour nos lits de la métairie. Après avoir entendu ces différents rapports, nous fîmes, Ernest et moi, les honneurs de notre promenade en présentant, au dessert, notre belle corbeille de faises, qui fut reçue avec des cris de joie. Ma femme ne fut pas moins contente de voir du riz, qu'elle jugea de la meilleure espèce, quoique le grain fût petit.

La merveilleuse bête à bec fut regardée et examinée avec une curiosité insatiable. Fritz était un peu piqué de n'avoir pas été de cette chasse, et de n'avoir pas

15

assisté aux succès de son frère dans le noble métier de chasseur. Jack, avec sa légèreté ordinaire, ne fit qu'en rire, fut enchanté de la conduite de son élève le chacal, et nous parla beaucoup de sa longue promenade sur le buffle, et de ses talents pour le conduire. J'adoucis l'humeur de Fritz, en lui disant que je ne me serais fié qu'à mon fils aîné pour me remplacer à Falkenhorst. « Notre confiance en toi, lui dis-je, ne te fait-elle pas mille fois plus d'honneur que la mort de quelques oiseaux que tout autre aurait tués comme toi ? et n'es-tu pas bien aise que ton frère réussisse dans un art que vous pourrez exercer ensemble comme deux bons camarades ? » Fritz n'avait jamais que le premier moment contre lui, il fut honteux du mouvement de dépit qu'il avait eu ; et sautant au cou de son frère, il lui dit que, si je le permettais, ils retourneraient ensemble au lac avant de quitter ces parages : j'y consentis de bon cœur.

Ma femme s'occupa ensuite à plumer et à saler les poules à collet que nous avions apportées : nos pourvoyeurs n'avaient pas oublié de prendre un sac de sel, qui vint fort à propos pour les conserver. Nous en mangeâmes une toute fraîche, qui fut trouvée excellente par tous les convives affamés. Notre salle à manger fut établie au-devant de la nouvelle métairie, et nos siéges furent les bancs que nous y avions placés. Nous donnâmes à la métairie elle-même le nom de *Waldegg*, conformément au but de sa construction. Nous remplîmes l'étable de fourrage, nous mîmes du grain dans le poulailler, et, laissant le tout ouvert et à la discrétion de nos colons, nous nous disposâmes à les quitter. Il fallut quelque peine pour empêcher ces bonnes bêtes de nous suivre. Fritz fut obligé de rester avec l'onagre jusqu'à ce que nous fussions tout-à-fait hors de leur vue et cachés derrière un buisson. Alors il sauta légèrement sur son cher *Leichtfuss*, laissa les colons à l'abandon et nous eut bientôt atteints au galop.

Nous dirigeâmes nos pas vers le bois des Singes, que nous avions aperçu de loin ; mais bientôt il disparut à nos yeux derrière un autre bois situé plus près de nous, et dont les arbres très élevés nous dérobaient celui que nous voulions atteindre. Il nous semblait que nous entrions dans une forêt de notre patrie, car nous nous trouvâmes tout-à-coup au milieu de pins et de sapins. Nous avions à peine joui pendant quelques instants de cette illusion, qu'elle fut troublée par une foule innombrable de singes, qui prirent la fuite devant nous en grinçant des dents, en descendant des arbres et y remontant avec une grande rapidité. Le premier moment d'effroi passé, ils poussèrent des cris lamentables et commencèrent à nous bombarder lestement de pommes de pin d'une forme singulière et qu'ils lançaient d'une telle hauteur qu'il y aurait eu un danger réel à pénétrer plus avant. Quelques coups de fusil chargés à mitraille et bien ajustés éloignèrent promptement cette malicieuse cohorte et rendirent le passage libre : quoique nos ennemis ne fussent pas blessés bien dangereusement, le bruit leur fit prendre la fuite. Mes fils relevèrent quelques-unes des pommes de pin qu'ils nous avaient jetées. Fritz prit une pierre pour en casser une et voir si cette écorce ligneuse ne cachait pas quelque bonne amande. Je m'approchai, j'examinai aussi, et je reconnus aussitôt que nous avions trouvé le pin pinier ou pignon doux, que je connaissais pour porter un fruit onctueux très bon à manger, mais précieux surtout par l'huile excellente qu'on peut en exprimer ; ce qui nous fit grand plaisir.

« Finis ton pénible ouvrage, dis-je à Fritz ; ramasse seulement ces pommes de pin qu'on nomme *pignoles* ou *pignons doux*, et lorsque nous ferons du feu quelque part pour notre dîner, je t'apprendrai une meilleure manière de les ouvrir. En frappant dessus, tu perds ton temps, et tu cours risque d'écraser l'amande avec l'écorce ; mais en les mettant quelques minutes sur les charbons ardents, tu entendras un feu roulant : bientôt elles éclateront d'elles-mêmes, et tu pourras ôter les amandes avec la plus grande facilité.

— C'est excellent, papa! c'est excellent! » s'écrièrent Fritz et ses frères, qui se mirent, ainsi que lui, à ramasser autant de pommes de pin qu'ils pouvaient en emporter. Nous passâmes de là dans le vrai bois des Singes ; ils s'y étaient réfugiés au sommet des arbres, où l'on en voyait de tout côté et de toute espèce; mais, encore effrayés de notre artillerie, ils nous laissèrent passer assez tranquillement. Nous arrivâmes dans le voisinage de la colline de l'Espérance trompée ; de l'autre côté était le champ de cannes à sucre, sur la hauteur. Je remarquai là une colline très avantageuse pour mon projet. On devait avoir, de cet endroit, une vue très étendue sur toute l'île du côté de Falkenhorst, et, de l'autre côté, sur la mer et sur le cap de l'Espérance trompée. Je choisis cette agréable place pour le but de notre course. Etant montés par une pente douce au-dessus de la colline, nous trouvâmes qu'une seconde maison de campagne ne pouvait être mieux placée et pour l'agrément et pour l'utilité. Une source de l'eau la plus pure sortait de terre à peu près vers le sommet; elle serpentait en un joli petit ruisseau dans la verdure à travers la pente, et formait, dans son cours rapide, trois ou quatre cascades, telles qu'un peintre de paysages aurait pu les désirer pour embellir un tableau. Au bas s'étendait jusqu'aux sables de la mer une prairie coupée çà et là de bouquets d'arbres ; derrière nous, des bois de teintes différentes. « Voici l'Arcadie, m'écriai-je; c'est ici que nous bâtirons une petite demeure d'été, qui sera un véritable Elysée.

— Bâtissons! bâtissons! » s'écrièrent ensemble mes quatre fils.

Ernest décida tout de suite que la nouvelle métairie se nommerait *Belle-Vue* ou *Prospect-Hill*, pour nous donner un petit air anglais. En bon allemand, j'avais envie de l'appeler *Schauenbach* ou *Schattenburg;* mais *Prospect-Hill* l'emporta à l'unanimité, et je cédai.

Nous commençâmes, comme à l'ordinaire, par faire du feu pour satisfaire la curiosité générale au sujet des pignons; ils furent étendus sur le brasier, et le plaisir des enfants fut bientôt complet en entendant les *pif, pâf, pouf*, répétés comme si des partis ennemis étaient engagés dans de vives escarmouches. Ils se hâtèrent alors de les retirer avant que l'amande fût brûlée ; ils les mangèrent, et les trouvèrent fort à leur goût. Ma femme ne pensait qu'à la bonne huile que nous pourrions en retirer, et me parlait déjà de faire au plus tôt un pressoir convenable.

Après ce déjeuner supplémentaire, nous allâmes gaiement nous occuper de la construction de la cabane, qui fut arrangée à peu près comme celle de Waldegg, mais exécutée plus promptement, parce que nous allions moins à tâtons; elle fut aussi perfectionnée : le toit, relevé au milieu et penché des quatre côtés, ressemblait plus à une ferme européenne. Mes fils arrangèrent un cabinet pour eux à côté du nôtre, et ma femme demanda à la suite des écuries un magasin fermé pour des provisions. Le tout fut achevé en six jours aussi bien que nous pouvions le désirer, et nous eûmes là une maisonnette pour nous, et un abri pour les nouveaux colons que nous voulions y établir.

XXXVI. — LA NACELLE. — L'ERMITAGE. — LE TAUREAU. — TRAVAUX DANS LA DEMEURE DES ROCHERS.

Lorsque notre bâtiment fut terminé, nous parcourûmes la contrée, afin de trouver un arbre tel que je le désirais pour ma nacelle d'écorce; il fallait qu'il fût assez près de la mer pour que nous pussions essayer notre construction, et nous assurer ainsi qu'il ne présenterait aucun danger. Après un long examen, je trouvai enfin une couple d'arbres superbes et à hautes tiges, qui ressemblaient assez à des chênes; le gland était beaucoup plus petit, et l'écorce, qui ressemblait à du liége, était plus serrée, plus compacte que celle de nos chênes d'Europe, et convenait parfaitement à mes vues.

Il fallut cependant se casser un peu la tête pour savoir comment je pourrais enlever en entier un morceau d'écorce de dix-huit pieds de longueur et de cinq de diamètre : c'est à cela que devait nous servir l'échelle de corde que j'avais apportée. Nous la dressâmes et l'attachâmes aux branches inférieures, pour que Fritz pût travailler avec commodité à cerner l'arbre à la hauteur du tronc, en coupant tout autour l'écorce avec une petite scie jusqu'à l'aubier. Il grimpa dessus en un clin d'œil, et nous nous mîmes à travailler avec courage; c'était à qui de nous avancerait le plus. Quand cela fut fait, nous ôtâmes une bande en longueur d'un cercle à l'autre; ensuite, avec des coins de bois, nous séparâmes peu à peu l'écorce de l'arbre, et comme il était en pleine sève, que l'écorce était flexible et coriace, notre travail fut assez facile et réussit à souhait, surtout au commencement; mais nous eûmes assez de peine à la fin à forcer la séparation de l'écorce sans la briser. A mesure que la besogne avançait, je faisais soutenir en l'air cet immense morceau d'écorce avec des cordes et des poulies, de peur qu'en tombant il ne se fracassât. Nous le laissâmes glisser doucement jusqu'à terre, et, à notre grande joie, il arriva tout entier couché sur l'herbe. Nous pûmes alors, à notre aise, l'examiner et le travailler, ce que nous entreprîmes sur-le-champ pendant que l'écorce était encore fraîche et flexible, et pouvait prendre la forme que je voulais lui donner. Mes fils, dans leur impatience, croyaient qu'il n'y avait qu'à clouer aux deux bouts un morceau de planche, et que la nacelle serait aussi bonne et aussi commode que la plupart de celles des sauvages; mais j'avais la prétention de lui donner un petit air plus civilisé, et de ne pas me contenter de ce gros rouleau d'écorce. Je leur répétai ce que je leur avais dit cent fois, que, lorsque avec du temps et de la patience on peut perfectionner son travail, on ne doit pas se rebuter; que d'ailleurs une nacelle telle qu'ils l'entendaient serait lourde et pénible à conduire, sans compter qu'elle ferait un effet désagréable à la suite de de notre jolie pinasse. Cette dernière réflexion l'emporta, et ils me laissèrent agir et me promirent leur aide. Je ne savais moi-même comment je devais m'y prendre pour lui donner la forme d'une chaloupe. Je commençai à faire avec la scie une fente de cinq pieds à chaque bout de ce rouleau, puis je rejoignis ces deux parties en les croisant l'une sur l'autre, tellement qu'elles finissaient par une pointe semblable aux extrémités d'une nacelle, et se relevaient naturellement. Je les joignis solidement avec notre colle forte et des morceaux de bois plats cloués sur l'ouverture, de manière qu'elles ne pouvaient plus se séparer, et facilitaient, par leur forme, la navigation. Cette opération, en élargissant les bords, aurait rendu ma nacelle trop plate dans le milieu et pas assez profonde ; mais en la serrant fortement avec des cordes, et la mettant ensuite sécher au soleil, je forçai les côtés à se relever. Alors la première disposition de la nacelle fut achevée, et mes fils convinrent qu'elle avait pris une meilleure tournure. Mais il me manquait encore bien des choses avant qu'elle fût en état d'être employée. N'ayant pas avec moi les outils qui m'étaient absolument nécessaires pour l'achever, il fallut me résoudre à envoyer de nouveau mes deux ambassadeurs chercher la claie à Zeltheim, afin d'y transporter la nacelle pour la perfectionner.

Fritz et Jack partirent donc en courriers avec leurs deux montures et notre âne, qui devait au retour être attelé à la claie.

Pendant le voyage de mes fils à Zeltheim, j'allai avec mon camarade Ernest visiter les environs, et chercher le bois dont j'avais besoin pour faire des espèces de douves avec lesquelles je voulais doubler les côtés de ma nacelle, afin de les retenir droits et élevés. Je fus bientôt assez heureux pour découvrir le pin à feuilles *aciculaires* ; les grandes écailles des cônes m'en fournirent d'excellentes, quoiqu'un peu petites. Nous découvrîmes aussi à un tronc d'arbre une espèce de poix facile à manier, et qui se durcit extrêmement au soleil : ma femme, idée de François, en ramassa une bonne provision ; je la préférai au mastic pour goudronner ma nacelle.

La soirée était déjà très avancée quand nos deux messagers arrivèrent avec la claie ; il était trop tard pour rien entreprendre, nous ne songeâmes donc qu'à souper et à nous reposer. Le lendemain, dès que le ciel fut coloré à l'horizon, nous nous levâmes ; après la prière faite en famille, et qu'on n'oubliait jamais, nous déjeunâmes et nous retournâmes à l'ouvrage. Notre nacelle fut posée sur le char avec les douves, la poix et ce dont nous pouvions avoir besoin. Avant de nous mettre en marche, nous allâmes de côté et d'autre arracher de jeunes plants d'arbres que nous voulions transplanter à Zeltheim, et que je plaçai commodément dans ma nacelle ; je voulais aussi, dans le passage étroit entre la grande rivière et les rochers, construire une fortification qui aurait le double but de nous mettre en sûreté contre l'invasion des bêtes sauvages, et de tenir enfermés, dans la savane derrière les rochers, quelques jeunes cochons que nous voulions y amener pour qu'ils y multipliassent en paix, sans danger pour nos champs et nos plantations.

Nous nous mîmes en route pour cet ouvrage ; comme nous traversions le grand buisson des cannes à sucre, où nous fîmes un chemin en travaillant avec la hache, nous trouvâmes des tiges énormes de bambous, telles que je n'en avais encore vu de ma vie : nous en coupâmes une pour servir de mât à notre bateau.

Au bout de quelque temps, nous eûmes franchi l'épais buisson, et nous nous trouvâmes dans un espace libre. Nous eûmes alors, en place de la mer, à notre gauche, une grande rivière, et à notre droite la grande chaîne de rochers qui se courbaient pour laisser l'étroit passage que j'ai décrit plus haut. Nous donnâmes à ce détroit le nom de la *Cluse*. A la place la plus étroite, à quelques pas du ruisseau qui se précipitait dans le fleuve, nous construisîmes un rempart devant un grand fossé, qu'on ne pouvait traverser qu'avec un pont mouvant, que nous établîmes. Au-delà du pont, nous plaçâmes une porte étroite et très forte de bambous entrelacés, pour pouvoir, quand nous le voudrions, entrer dans le pays intérieur. L'espace du rempart fut garni, en outre, de palmiers nains à piquets, de figuiers d'Inde, et d'autres plantes à fortes épines. Nous pratiquâmes au milieu un sentier tortueux pour pouvoir passer ; une fosse à loup, cachée, se trouvait au centre, et nous était indiquée par quatre morceaux de bois destinés à soutenir une planche lorsque nous voudrions y passer. Tout ce que nous pouvions faire pour le moment à cette fortification étant achevé, nous donnâmes le nom d'*Ermitage* à cette partie de plantations en-deçà du ruisseau, et nous y plaçâmes, en face de la cascade, une petite cabane d'écorce pour nous reposer. Après trois ou quatre jours d'un travail assez pénible, nous reprîmes la route de la métairie de Prospect-Hill, où nous nous accordâmes quelque repos. Notre seul ouvrage fut de couper et de préparer pour notre mât la grande canne de bambous et de la joindre sur la claie aux autres objets dont elle était chargée.

Le matin suivant, nous prîmes le plus court chemin pour retourner chez nous, à Zeltheim, où je voulais finir ma chaloupe dans le voisinage de la mer; nous nous arrêtâmes seulement deux heures à Falkenhorst pour dîner et pour prendre soin de notre volaille, puis nous continuâmes notre route vers Zeltheim, où nous n'arrivâmes pas trop tard, mais excessivement fatigués.

Après quelques arrangements domestiques, on travailla à force à la nacelle, qui fut bientôt complètement en état d'être mise à l'eau ; elle était à la fois élégante et solide. Elle fut doublée partout de côtes et de lattes flexibles, où furent attachés des anneaux pour y passer les câbles du mât et y fixer les rames. En place de lest, je fis au fond un pavé en pierres, recouvert d'argile, sur lequel je posai un plancher, où l'on pouvait, au besoin, coucher à sec. En travers, je clouai des bancs de rameurs; au milieu fut placé le mât de bambou avec une voile latine; par derrière, j'attachai le gouvernail, qui pouvait être dirigé facilement par une manivelle avançant dans le bateau, et je pus alors me vanter d'avoir construit une excellente pirogue. Mais ce qui fit le plus d'honneur à mon génie inventif, ce furent des outres de peaux de chien marin que je fis coudre par ma femme; elles furent gonflées d'air, bien goudronnées et attachées des deux côtés le long de ma nacelle avec une forte corde bien enduite de goudron ; ce qui devait empêcher mon petit bâtiment d'être submergé, même lorsqu'il serait trop fortement chargé. Ma nacelle fut partout calfeutrée avec de la poix et des étoupes; de sorte que dès la première fois que nous la mîmes à l'eau nous fûmes extasiés de la manière sûre et agréable dont elle s'y soutenait, ainsi que de sa jolie structure. Notre flotte fut, dès ce moment, très bien montée : nous pouvions, suivant nos désirs, aller en mer avec la pinasse ou la nacelle, ou même avec les deux, en les attachant l'une à l'autre.

J'ai oublié de dire, dans le temps, que notre vache avait eu un veau aussitôt après la saison des pluies : je lui avais percé la narine comme au buffle, pour le dompter plus facilement, et le conduire ainsi avec une bride et une baguette. Ce jeune taureau était déjà fort et vigoureux, et, depuis qu'il était sevré, j'avais commencé à l'exercer à sa destination future, et à lui faire porter, un peu mal gré lui, la sangle et la selle de toile du jeune buffle.

« A quoi destinez-vous notre taureau ? me demanda Fritz un soir. Il est plein de feu et de bravoure; mon avis serait de le dresser au combat, à la manière des Hottentots. » Ma femme, effrayée de ce mot, prétendit que nous n'avions nul besoin, dans notre île paisible, de nous donner ce genre de spectacle, dont elle avait lu, dans des voyages en Espagne, une description qui lui avait fait horreur.

LE PÈRE. Il y a peu de rapport, chère amie, entre les combats de taureau des Espagnols, et ceux dont te parle Fritz : dans les premiers, ce fier animal, qui ne redoute rien lorsqu'il est animé, donne souvent la mort aux insensés qui engagent avec lui une lutte sanglante; mais chez les Hottentots, c'est pour l'utilité générale qu'on le dresse aux combats. Cette peuplade de sauvages habite un pays rempli de bêtes féroces ; les Hottentots, divisés en tribus, vivent presque entièrement du produit de leurs troupeaux, qui sont toujours en plein air sur les pâturages, et par conséquent exposés à la fureur des tigres, des panthères, des lions et de plusieurs animaux carnassiers très communs dans les déserts de l'Afrique. Dès que le taureau combattant sent, par son instinct, l'approche d'un ennemi, il avertit les vaches du danger par un beuglement particulier; il les fait ranger en cercle, les veaux au milieu, et toutes les vaches, serrées en rond, présentent à l'ennemi leurs têtes cornues : le taureau va de l'une à l'autre jusqu'à ce qu'elles soient en ordre de bataille, et, s'il est bien dressé, il doit courir en hurlant sur l'ennemi et le forcer à s'éloigner. Si c'est un lion, lequel ne recule jamais, le taureau sacrifie généreusement sa vie à la défense du troupeau qui lui est confié; mais lorsque c'est un animal moins dangereux, il le combat vaillamment, le tue ou le met en fuite, et revient à son poste. Lorsqu'une tribu est en guerre contre une autre, ses troupeaux l'accompagnent; les taureaux font l'avant-garde, et souvent décident la victoire. Fritz a raison; notre taureau, élevé de cette manière, pourra nous devenir fort utile. »

Cette destination militaire eut l'assentiment général. Il fut alors question de savoir lequel d'entre nous serait particulièrement chargé de l'élever. J'avais d'abord eu l'idée de l'instruire moi-même, chacun ayant déjà son élève, à l'exception de mon petit cadet François, que les jeunes chiens avaient abandonné : mais craignant que cet enfant, gâté par sa mère et toujours près d'elle, ne devînt trop délicat, je saisis cette occasion pour éprouver et réveiller son courage.

« Petit homme, lui dis-je, serais-tu bien aise d'élever le taureau? »

Ses jolis yeux bleus s'animèrent, il joignit les mains : « O mon papa, me dit-il, je ne demande pas mieux. Vous m'avez une fois raconté l'histoire d'un homme bien fort qui s'appelait *Milon*, et qui avait commencé par porter un veau sur ses épaules : il se fit une loi de le porter ainsi tous les jours, et devint si fort, qu'il pouvait encore le soulever quand ce fut un bœuf. Je ne puis plus porter le veau, qui est déjà beaucoup plus gros que moi; mais je puis m'en faire aimer, le conduire, l'accoutumer à moi, et de cette manière, quand il sera tout-à-fait grand, je ne le craindrai pas; alors, moi aussi, je serai grand et vigoureux.

Le père. Il ne faut pas t'attendre, cher enfant, à ce que tes forces croîtront dans la même proportion que celles du taureau. L'homme, destiné à vivre plus longtemps, se développe bien plus lentement : dans un an, tu seras encore un faible petit garçon, et ton taureau sera déjà dans toute sa force; mais tu peux, comme tu dis, t'en faire aimer, et l'accoutumer à se laisser mener par toi.

François. Et à me mener aussi, car je veux monter sur lui comme Jack sur le buffle; ce sera mon cheval.

Fritz. Et comment veux-tu l'appeler? Voyons! cherche-lui un beau nom bien sonore.

François. Je veux l'appeler *Vaillant;* ce nom lui portera bonheur, puisque nous voulons en faire un taureau de combat.

Jack. Pour moi, je veux que mon buffle se nomme *Sturm* (Tempête). Voyez comme cela ira bien quand on dira : Jack arrive sur la Tempête! — Ce sera comme les ombres gigantesques des héros de mon Ossian, dit Ernest, qui aimait beaucoup cet ouvrage, ce sera tout-à-fait majestueux. »

Dès le même jour, François ne voulut plus que personne s'occupât de son veau. Il lui donnait sa nourriture, l'embrassait, le conduisait partout avec une corde, et réservait toujours pour lui la moitié de son pain; de sorte que l'animal reconnaissant s'attacha à cet enfant et le suivit partout.

Nous avions encore deux mois devant nous avant la saison des pluies; nous les employâmes à travailler dans notre belle grotte de sel, pour en faire une demeure agréable. Nous fîmes avec des planches les divisions intérieures; mais celles qui nous séparaient des écuries furent construites en pierres, qui interceptaient mieux l'odeur, nous réservant tout ce qui tenait à l'embellissement intérieur pour notre passe-temps d'hivernage. Notre travail assez difficile, sans doute, le devenait moins tous les jours, parce que nous acquérions plus d'habileté et que nous avions une très belle provision de poutres et de planches du vaisseau, toutes rabotées et peintes à l'huile; les roseaux pour tresser ne nous manquaient pas, non plus que le plâtre, et nous fîmes de grands progrès dans l'art de travailler le stuc. Nous confectionnâmes des parois tressées en osier et roseaux, et recouvertes les deux côtés d'une couche de plâtre bien blanc et bien glacé, comme le font les stucateurs, à l'aide d'une petite planche lisse. Cet ouvrage nous amusait beaucoup. J'eus l'idée d'en entreprendre un autre, qui nous rappela le luxe européen; ce fut de fabriquer des tapis de pied avec le poil de nos chèvres, et la chose réussit assez passablement. Pendant qu'il faisait encore assez beau pour que notre ouvrage pût sécher promptement, nous couvrîmes le terrain de nos chambres avec du limon bien battu, comme on fait les aires des granges. Lorsqu'il fut sec, nous étendîmes dessus une grande pièce de toile à voiles, dont ma femme avait cousu ensemble toutes les largeurs, jusqu'à ce que le plancher fût entièrement garni. Nous prîmes ensuite le poil de chèvre et quelque peu de laine de nos brebis, que nous étendîmes également sur la toile. Alors nous versâmes sur cette masse de l'eau chaude, dans laquelle nous avions fait dissoudre de la colle de poisson; nous roulâmes ensuite la toile, et nous donnâmes des coups de gros bâtons de bois dur sur ce rouleau. Nous recommençâmes à arroser, à battre, à travailler tellement ce mélange, qu'il en résulta une espèce de feutre qu'on put détacher de la toile. Nous l'étendîmes au soleil pour achever de le faire sécher, et nous nous en servîmes pour couvir le plancher de notre salle à manger et du salon de compagnie : ces deux pièces étaient finies et en état d'être habitées lorsque les pluies commencèrent. Nous les attendions presque avec impatience pour emménager dans notre jolie maison, et nous y livrer à des travaux sédentaires qui ne nous étaient pas moins utiles que ceux de l'été.

Tout ce que nous avions souffert pendant l'hivernage précédent releva encore nos jouissances et notre bonheur; nous ne pouvions nous lasser d'admirer notre demeure sèche, éclairée, commode, remplie de provisions plus abondantes qu'il n'était nécessaire à nos besoins et à ceux de nos bêtes. Le matin, en nous levant, nous allions les soigner sans beaucoup de peine, parce que tout était couvert et à notre portée; l'eau de pluie, recueillie avec propreté, nous dispensait d'aller en chercher au ruisseau : nous nous rassemblions ensuite dans la salle à manger pour faire la prière et déjeuner; nous passions ensuite dans celle du travail, où ma femme s'établissait avec son rouet ou un métier de tisserand, que je lui fabriquai tant bien que mal, et avec lequel elle nous tissa une très bonne étoffe, moitié laine et moitié coton, et de la toile pour des chemises et des draps : tout le monde y travaillait tour à tour, et le métier n'était jamais vacant. Je trouvai moyen aussi, avec une petite roue de canon, de m'arranger une espèce de tour, avec lequel je fis plusieurs ustensiles et plusieurs meubles, et j'appris à mes fils à y travailler. Le penseur Ernest y devint bientôt plus fort que moi; il fit à sa mère une quantité de jolies choses. Après un bon et joyeux dîner, l'ouvrage recommençait jusqu'à la nuit. Alors lampes et bougies s'allumaient; et, comme cette lumière ne nous coûtait que la peine de la recueillir, nous ne l'épargnions pas, et c'était un de nos grands plaisirs que ces illuminations répétées par nos belles cristallisations. Nous avions arrangé une petite chapelle dans un des coins de la caverne, où nous les avions toutes conservées, et il en existe peu de plus magnifiques que la nôtre, avec ses colonnades, ses portiques, ses autels. Nous y venions souvent prier et bénir Dieu. Le reste du jour de repos était consacré à des jeux qui pouvaient nous donner de l'exercice et entretenir les forces physiques de nos jeunes gens. Jack et François avaient un talent naturel pour la musique ; je leur fis des flageolets de roseaux, sur lesquels ils s'exercèrent et devinrent assez habiles ; ils accompagnaient leur mère, qui avait une jolie voix, dont le volume était doublé par les échos de la grotte : ainsi nous eûmes aussi de très jolis concerts.

Nous avions fait, comme on le voit, des pas considérables dans notre civilisation. Séparés de la société, condamnés peut-être à passer notre vie entière sur cette côte inconnue, nous pouvions encore y vivre heureux ; nous avions en abondance tout ce qu'il nous fallait pour notre nourriture et pour la plupart des besoins de la vie. Nous étions actifs et laborieux ; nous étions joyeux et contents ; nos forces et notre santé augmentaient ainsi que notre attachement mutuel ; tous les jours, nous apprenions à mieux employer nos facultés physiques et morales ; nous apercevions, nous reconnaissions partout les traces de la bonté et de la sagesse divine ; nos cœurs étaient pénétrés d'amour, de reconnaissance, de vénération pour cette céleste Providence qui nous avait sauvés et protégés si miraculeusement, et conduits à la vraie destination de l'homme, qui est de vivre en famille du travail de ses mains ; je me fiais à sa bonté, soit pour nous ramener un jour dans la société, soit pour nous envoyer les moyens de commencer dans notre île chérie une colonie heureuse et florissante. En attendant ce qu'il lui plairait d'ordonner de notre sort futur, notre existence actuelle était pleine de jouissances et d'innocents plaisirs. J'évitais, autant qu'il m'était possible, tout ce qui pouvait, soit dans la conversation, soit dans nos lectures, éveiller les passions de mes enfants, ou exciter leurs regrets ou leurs désirs. A peine une année s'était écoulée depuis que nous habitions ces rivages ; la perspective de les voir visiter par un vaisseau européen était trop éloignée et trop incertaine pour qu'il fût prudent de s'en occuper, et de nous donner le tourment de l'attente et de l'impatience ; nous vivions tranquilles et heureux, comme si nous devions rester toujours ainsi dans notre petit ménage.

FIN DE LA PREMIÈRE PARTIE DU JOURNAL DU ROBINSON SUISSE.

POST-SCRIPTUM DES ÉDITEURS.

Il nous reste à apprendre au lecteur comment cette partie du journal est parvenue à notre connaissance.

Trois ou quatre ans après que cette famille eut été jetée sur cette côte déserte, où nous les avons vus mener une vie si heureuse, arriva un vaisseau de transport anglais, jeté de même sur ces mêmes côtes par une tempête. Ce vaisseau, nommé l'*Adventurer*, capitaine Johnson, revenant de la Nouvelle-Zélande, devait passer par Otahiti et par la mer du Sud, vers les côtes orientales de l'Amérique septentrionale, y chercher une cargaison de pelleteries pour la Chine, et retourner ensuite de Canton en Angleterre. Une violente tempête, qui dura quelques jours, le porta, peu de temps après son départ de Botany-Bay, hors de sa route dans la direction nord-ouest. Pendant toute une semaine il erra sur une mer inconnue; le vaisseau était endommagé par la force de la tempête, et le capitaine, ainsi que tout son équipage, n'aspiraient qu'à trouver une terre pour le radouber. Enfin on découvre une côte rocailleuse, et, comme la violence du vent avait cessé un moment, on cingla avec empressement vers le rivage. A la distance d'un quart de lieue, on jeta les ancres; une chaloupe fut mise à l'eau pour visiter la côte et trouver une place d'abordage : dans ce bateau se trouva un officier, nommé Bell, qui savait un peu d'allemand. On longea le rivage rocailleux sans trouver aucun endroit où l'on pût descendre, à cause des écueils; enfin on passe un promontoire, et l'on aperçoit tout-à-coup une baie, au fond de laquelle une mer calme promet la possibilité d'un abord : c'était notre baie du Salut. La chaloupe y entre, et l'équipage voit avec le plus grand étonnement toutes les traces d'une demeure d'hommes. Une pinasse en très bon état et une nacelle à voile sont à l'ancre; sur le rivage est une tente, et plus loin, dans le rocher, des portes et des fenêtres annoncent une habitation européenne. Les gens descendent, et ils voient s'approcher d'eux un homme de moyen-âge, habillé à l'européenne, bien armé, qui s'avance et leur parle après un salut amical, d'abord allemand, puis prononce quelques mots d'anglais. Le lieutenant Bell répond : on a toute confiance réciproque. On sait déjà que cet homme était notre Robinson suisse, dont toute la famille était en ce moment à Falkenhorst, où elle passait les étés. Le père avait aperçu le matin avec sa lunette un vaisseau en mer : ne voulant donner ni l'alarme, ni un espoir précipité à sa famille, il n'en avait pas parlé, et il avait pris seul le chemin du rivage.

Après les communications les plus cordiales des deux côtés, après avoir régalé l'équipage du bateau de tout ce que la demeure des rochers put fournir, le Suisse remit au lieutenant Bell la moitié de son journal pour le montrer au capitaine Johnson, et lui donner ainsi des éclaircissements sur cette famille solitaire. Au bout d'une heure d'entretien, on se sépara, dans l'agréable espérance de se revoir le jour suivant; mais le Ciel en avait ordonné autrement.

Pendant la nuit s'éleva de nouveau une affreuse tempête; le vaisseau anglais se trouva dans l'impossibilité de se tenir à l'ancre; il fallut le laisser ballotter sur la vaste mer, pour ne pas être jetés par les vagues sur les rochers du rivage, et retomber en débris. Comme cette effroyable tourmente dura plusieurs jours encore, le vaisseau fut jeté si loin de ces côtes, que toute possibilité de rechercher les habitants de l'île fut anéantie pour le moment, et le capitaine Johnson dut, à son grand regret, renoncer pour cette fois à faire la connaissance du Robinson suisse et de sa famille, et à les ramener en Europe avec lui, ainsi qu'il l'avait espéré.

C'est de cette manière qu'est arrivée la première partie du journal du Suisse naufragé; il fut porté d'Angleterre en Suisse, où on l'envoya aux amis de cette famille. Le capitaine écrivit dans le même temps qu'il n'aurait point de repos avant d'avoir retrouvé la petite colonie, qu'il la chercherait dans ses navigations, et qu'il dépendrait d'elle de retourner en Europe ou de former un établissement dans l'île.

Plus tard est arrivée la continuation de ce *journal*, qui a été publiée chez nous en un volume grand in-8°, semblable à celui de cette première partie, sous le titre de LA FAMILLE NAUFRAGÉE, *deuxième partie de* ROBINSON SUISSE.

Nous publierons également une suite, œuvre de Mme DE MONTOLIEU; cette suite, que nous recommandons particulièrement aux lecteurs du ROBINSON SUISSE, formera un beau volume grand in-8°, qui ne le cède en rien à l'intéressant ouvrage de J.-R. WYSS.

FIN.

TABLE.

A Messieurs les Editeurs.	v
CHAPITRE Ier. Naufrage et préparatifs de délivrance.	7
— II. Prise de terre et abordage. — Premières occupations sur le rivage.	13
— III. Voyage de découvertes.	21
— IV. Retour du voyage de découvertes. — Alarmes nocturnes.	31
— V. Retour sur le vaisseau échoué.	38
— VI. Troupeau à la nage.	44
— VII. Second voyage de découvertes par la mère de famille.	49
— VIII. Construction d'un pont.	56
— IX. Changement de demeure.	62
— X. Construction d'une échelle.	70
— XI. Etablissement sur l'arbre.	76
— XII. Le dimanche et la parabole.	79
— XIII. Conversation. — Promenade. — Découverte importante.	86
— XIV. Continuation du chapitre précédent et des découvertes.	92
— XV. L'ours supposé. — La claie. — La leçon de physique.	99
— XVI. Le bain. — La pêche. — Le lièvre sauteur. — La mascarade.	103
— XVII. Nouveau butin sur le vaisseau échoué.	108
— XVIII. La tortue attelée.	112
— XIX. Nouveau voyage au vaisseau naufragé.	117
— XX. La boulangerie.	121
— XXI. La pinasse et le pétard.	125

CHAPITRE XXII.	Exercices gymnastiques. — Découvertes différentes. — Animaux singuliers, etc.	131
— XXIII.	Excursion dans des contrées inconnues.	143
— XXIV.	Occupations et travaux utiles. — Embellissements. — Sentiment pénible et naturel.	151
— XXV.	Nouvelle excursion. — Le vin de palmier.	156
— XXVI.	Nouvelle contrée découverte. — Le troupeau de buffles. — Précieuse acquisition.	163
— XXVII.	L'aigle de Malabar et la fabrique de sagou.	170
— XXVIII.	Origine de quelques arbres fruitiers européens. — Les abeilles.	176
— XXIX.	Conquête sur les abeilles. — L'escalier tournant. — Education de divers animaux. — Fabriques diverses. — Fontaine.	183
— XXX.	L'âne sauvage. — Education difficile. — Le nid de gelinotte à collet.	189
— XXXI.	Le lin et la saison pluvieuse.	195
— XXXII.	Le printemps. — La filature. — La caverne de sel.	201
— XXXIII.	La maison dans la caverne de sel. — La pêche aux harengs.	208
— XXXIII.	Nouvelle pêche. — Nouvelles expériences. — Nouvelles chasses. — Nouvelles découvertes. — Nouvelle maison.	214
— XXXV.	Etablissement de deux métairies. — Le lac. — La bête à bec.	221
— XXXVI.	La nacelle. — L'ermitage. — Le taureau. — Travaux dans la demeure des rochers.	228
POST-SCRIPTUM DES EDITEURS.		235

FIN DE LA TABLE.

LIMOGES ET ISLE. — Typographies Eugène Ardant et C. Thibaut.

www.ingramcontent.com/pod-product-compliance
Lightning Source LLC
Chambersburg PA
CBHW070528170426
43200CB00011B/2356